Kate Harris
Auf der Seidenstraße

KATE HARRIS

Auf der Seidenstraße

Zwei Räder,
eine legendäre Route
und keine Grenzen

Aus dem Englischen von
Henriette Zeltner

Mit 29 farbigen Abbildungen
und einer Karte

MALIK

Mehr über unsere Autoren und Bücher:
www.malik.de

Die kanadische Originalausgabe erschien 2018 unter dem Titel
»Lands of Lost Borders. Out of Bounds on the Silk Road«
bei Alfred A. Knopf Canada,
einem Imprint von Penguin Random House Canada Limited, Toronto.

Die Übersetzerin bedankt sich bei Sylvia Bieker für die Unterstützung
bei der Recherche.

MIX
Papier aus verantwor-
tungsvollen Quellen
FSC® C083411

ISBN 978-3-89029-517-6
© Kate Harris, 2018
© Piper Verlag GmbH, München 2019
Redaktion: Antje Steinhäuser, München
Bildteilfotos: Kate Harris
Karte: Marlise Kunkel, nach einem Entwurf von © Five Seventeen
Satz: Kösel Media GmbH, Krugzell
Litho: Lorenz & Zeller, Inning am Ammersee
Druck und Bindung: CPI books GmbH, Leck
Printed in the EU

Für meine Familie, vor allem für Nevs

INHALT

Von Wissen zu sprechen ist vergeblich.
Alles ist Experiment und Abenteuer.
Wir vermischen uns ständig mit unbekannten Größen.

VIRGINIA WOOLF, *DIE WELLEN*

PROLOG

Das Ende der Straße war immer gerade nicht sichtbar. Der rissige Asphalt verschmolz außer Reichweite unserer Stirnlampen mit der Nacht. Die spärlichen Strahlen wurden von der Schwärze verschluckt, die vor uns zurückwich, egal, wie schnell wir auch fuhren. Das Licht war wie ein Straßenbelag, der vor unsere Räder geworfen wurde, und die Straße ging einfach immer weiter. Ich erinnere mich, dass mir der Gedanke kam, wenn ich je das Ende erreiche, fliege ich vom Rand der Welt. Ich trat noch fester in die Pedale.

Am Vorabend hatten Melissa und ich die orangefarbenen Reflektoren an unseren Reifen sorgsam mit Isolierband überklebt. Gleich nach Mitternacht waren wir dann in langer schwarzer Funktionswäsche aus den Schlafsäcken gekrabbelt, hatten all unsere Sachen gepackt und waren auf die Fahrräder gestiegen. Während wir auf Kudi, einen winzigen Außenposten im Westen Chinas, zufuhren, verrieten uns nur unsere Stirnlampen. Zwei schwache Lichter unterm Sternenhimmel. Sobald wir uns der Stadt näherten, schalteten wir auch die aus.

Es war drei Uhr morgens und eine mondlose Nacht. Für Juli war die Luft kühl, und sie duftete süß nach Pappeln und Weiden, die schlank am Flussufer aufragten. Himmel und Erde, Licht und Schatten ließen sich nicht klar unterscheiden. Es gab nur eine satte, absolute Schwärze. Ich konnte die Berge rundherum nicht sehen, aber spüren. Den scharf gezackten Fels. Eine Landschaft, die nur aus Kanten bestand. Manchmal stießen Mel und ich blind zusammen, wobei unsere prallen Packtaschen als Puffer fungierten. Wir orientierten uns am Geräusch unserer Reifen: Gedämpftes Surren wies auf Asphalt hin, knirschender Kies signalisierte den Straßenrand und dass wir unseren Kurs korrigieren mussten. Wenn man mit dem Rad reist, nimmt man die grundlegenden Dinge des Lebens ernst: Hunger, Durst, Freundschaft, das Wetter, das Gemurmel der Welt unter den Reifen. Ich lauschte dermaßen konzentriert auf die Straße, dass ich das schimmernde Metall nicht bemerkte. Mel sah es.

»Da ist er«, flüsterte sie. »Der Grenzübergang.«

Eine Schranke ragte halb hochgezogen vor uns über die Straße. Irgendwo dahinter lag, mythisch und verboten, die Tibetische Hochebene. Obwohl Kudi sich genau genommen nicht in der Autonomen Region Tibet, wie China das ehemals autonome Land nennt, befindet, liegt hier der erste und am besten gesicherte Grenzübergang an der einzigen Straße, die in den Westen Tibets führt. Ausländer benötigen Genehmigungen und Führer, um die Gegend zu besuchen. Mel und ich hatten beides nicht. Wir wollten die chinesischen Besatzer nicht finanziell unterstützen, indem wir für unseren Besuch bezahlten, abgesehen davon, dass wir das Geld für die Genehmigungen sowieso nicht besessen hätten. Wir hatten gerade erst unseren Universitätsabschluss gemacht, fühlten uns jung und frei und leichtsinnigerweise unangreifbar – noch nie waren wir auf ein unüberwindliches Hindernis gestoßen. Also holten wir tief Luft, schauten nach links und rechts und radelten schnurstracks unter dem geöffneten Schlagbaum hindurch.

Nichts passierte. Irgendwo links von mir rauschte ein Fluss wie der Wind. Die Sterne sahen aus wie frisch angelötet über dem dunklen Gestein der Berge. Sie waren schwach zu erkennen, nachdem unsere Augen sich inzwischen an die Dunkelheit gewöhnt hatten. Mel war nur ein vager Schatten links neben mir. Ich spürte, wie aufgekratzt sie war, doch vielleicht war es auch nur meine eigene Aufregung, die die Luft irgendwie schimmern ließ. Alles wirkte wie übernatürlich vergrößert, unser Blick und unser Gehör geschärft. Ich sah eine Sternschnuppe hinterm Horizont verschwinden. »Hast du die auch gesehen?«, flüsterte ich. Als die Sternschnuppe in umgekehrter Richtung wieder auftauchte, stießen wir unsere Räder in den Graben und rannten los.

Das Licht der Taschenlampe glitt über die Straße und kam in deutlichen gelben Strichen immer näher. Mel duckte sich ein paar Meter von unseren Fahrrädern entfernt an die Böschung, während ich wie von Sinnen auf das nächste Gebäude zurannte und mich dann flach an eine Mauer presste. Ich hörte Schritte näher kommen, das Geräusch von Absätzen auf Beton, und tiefe Reue erfasste mich. Jetzt würde ich niemals den Mars erforschen, sondern stattdessen den Rest meiner Tage in einem chinesischen Gefängnis fristen, wo ich mir verzweifelt etwas zu lesen wünschte. Die Wange an die Mauer geschmiegt, starrte ich nach oben. Wenn nur ein einziges Sternbild am Himmel sichtbar wäre, redete ich mir ein – der Große Bär oder Kassiopeia –, dann wären wir gerettet. Ich scannte den Nachthimmel auf der Suche nach einem beruhigenden Zeichen, irgendeiner vertrauten Konstellation, an der ich mich orientieren könnte. Eigentlich ein Witz, wenn ich daran denke, dass damals das große Ziel meines Lebens war, mich dem Unbekannten hinzugeben. Doch die Sterne wirbelten irgendwie herum und weigerten sich, ihre vertrauten Positionen einzunehmen. Die Schritte kamen näher und näher und hielten inne.

Da entdeckte ich den Großen Bären, der über den Himmel tapste. Die Stiefelschritte waren wieder zu hören, näherten sich und verloren sich dann in der Ferne. Ich wagte nicht, mich zu bewegen oder einen Blick in Mels Richtung zu werfen, die sich offenbar noch irgendwo im Graben tot stellte. Ein paar Minuten oder auch eine ganze Ewigkeit später fuhr ein Lastwagen stotternd an und entfernte sich in die Richtung, aus der wir gekommen waren. Die Nacht wurde wieder ganz still.

Wir nahmen unsere Räder und setzten unsere rasende Fahrt durch Kudi reuelos fort. Aus Furcht wurde rasch Euphorie, eine gewisse irrationale Hoffnung. Der Mann mit der Taschenlampe hatte uns bestimmt gesehen, wie wir erbärmlich und betend im Graben gekauert und an der Wand gelehnt hatten. Wie zwei Hunde, die die Köpfe unters Sofa schieben und glauben, perfekt versteckt zu sein. Zumindest musste er unsere Fahrräder im Graben bemerkt haben, deren Reifen sich nutzlos in der Luft drehten. Warum er sich entschieden hatte weiterzugehen, war ein Rätsel, über das wir nicht sprachen. Nicht zuletzt, weil wir zu sehr außer Atem waren.

Aber während Mel und ich Richtung Tibetisches Hochland in die Pedale traten, bemerkte ich das Tickern eines zu langen Stücks Klebeband über dem Reflektor, das ständig gegen die Lenkergabel schlug. Es erinnerte mich an eine Zeitbombe. *Ticker-ticker-ticker-ticker-ticker*, ein leises, aber bedrohliches Stottern. Das sollte ich wegschneiden, dachte ich. Doch in diesem Moment tauchte auch schon ein zweiter Kontrollposten, der richtige Grenzposten, wie ein böser Traum aus der Dunkelheit auf. Diesmal war der Schlagbaum unten und zudem mit Ketten gesichert. Beleuchtete Wachhäuschen aus Beton standen rechts und links davon. Wir konnten darin allerdings niemanden sehen.

»Äh ...« Ich hörte auf zu treten und ließ mein Fahrrad nur noch rollen.

»Tja ...«, bemerkte Mel, aber ihre Stimme kam von irgendwo weiter vor mir.

Ich zögerte nur noch einen Herzschlag lang und begann wieder zu treten. Wenn Mel keinen Rückzieher machte, würde ich auch nicht kneifen. »Wirf dein Herz über das Hindernis«, hatten die Reitlehrer in unserem Ponyklub uns immer aufgefordert. »Dann kommt der Rest von euch schon hinterher. Hoffentlich auch das Pferd und der Sattel«, pflegten sie grinsend hinzuzufügen. Die einzige Methode, um zu überprüfen, ob eine Grenze wirklich existiert, besteht darin, in hohem Tempo darauf zuzusteuern und dann drüberzuspringen – oder, wenn die Umstände es erfordern, unter ihr durchzukriechen. Im bleichen

Licht der Wachgebäude warfen Mel und ich einander einen letzten Blick zu. Dann krabbelten wir auf allen vieren unter der Schranke durch, zerrten unsere schwer beladenen Räder hinter uns her und radelten anschließend, so schnell wir konnten, in das verbotene Gebiet.

Erster Teil

Wie wir unsere Tage verbringen,
so verbringen wir auch unser Leben.

ANNIE DILLARD, *THE WRITING LIFE*

MARCO POLO WAR SCHULD
Nordamerika

Vielleicht beginnt jede bedeutsame Reise mit einem Fehler. Mit einer Übertretung, falschen Entscheidung oder dummen Idee, die eine unaufhaltsame Odyssee in Gang setzt. Nachdem ich in einer Kleinstadt im kanadischen Bundesstaat Ontario aufgewachsen bin, wo die höchste Erhebung ein Heuhaufen war und der Horizont mit einem Maisfeld endete, schien mein Fehler unvermeidlich, war aber zugleich nicht wirklich meine Schuld: Anscheinend war ich für das mir vorbestimmte Leben einfach Jahrhunderte zu spät geboren.

Rastlosigkeit liegt bei uns in der Familie, auch wenn meine Eltern ihre vor allem in Form von Umzügen auslebten. Die ersten zehn Jahre meines Lebens verbrachten wir in Oakville, einem Vorort von Toronto. Aber nachdem die beiden in ihrer Jugend regelmäßig Pferdeställe ausgemistet und im elterlichen Gemüsegarten geholfen hatten, wünschten sich mein Vater, ein Diplomingenieur, und meine Mutter, eine Künstlerin, die gleiche rustikale Umgebung für mich und meine kleinen Brüder. Also zogen wir auf ein paar Morgen Zedernwald und Sumpf nördlich von Ballinafad. Dieses Dörfchen ohne Ampel ist heute eine idyllische Touristenfalle mit einem Gemischtwarenladen, der bestickte Satteldecken und überteuerte Potpourris aus Trockenblumen verkauft. In meiner Jugend war es noch ein Kaff, in dem sogar der Schulbus Gas gab, um schnell wieder wegzukommen. Als ich vierzehn war, zogen wir wieder um, diesmal in den Südosten von Ballinafad, auf eine ehemalige Pferderanch mit siebzig Morgen Wald und Weiden, zwei von Quellen gespeisten Teichen, einem Stall voll leerer Boxen und staubiger Sonnenstrahlen, einer Holzhütte, so winzig, dass man mit ausgestreckten Armen fast gleichzeitig die einander gegenüberliegenden Wände berühren konnte, und mit einem zerfallenden Gebäude, das einst als Schafstall gedient hatte – aber ohne Haus.

Irgendwie quetschten sich dann drei rastlose Kinder, zwei geduldige Erwachsene, ein nicht ganz stubenreiner Labradorwelpe und eine nur ans Haus gewöhnte Abessinierkatze mit Fluchttendenz während der ersten sechs Monate, die wir dort verbrachten, in einen knapp vier Meter langen Wohnwagen. Das musste reichen, um den heruntergekommenen Schafstall so weit zu renovieren, dass er als eine Art menschliche Behausung dienen konnte. Ich sage »eine Art«, weil es anstelle einer Toilette mit Wasserspülung nur ein Trockenklo gab, weil eine Maus einmal als blinder Passagier im Rucksack meines Bruders mit in die Schule kam und weil ein andermal im Frühling, als ich gerade meine Hausaufgaben machte, eine Schlange über meinen Fuß glitt. Diese Details waren meinen Eltern peinlich, aber ich hatte Spaß daran, da sie das Abenteuer, dort zu leben, nur noch aufregender machten. »Wer als Erster beim Schafstall ist«, forderte ich meine Brüder heraus, wenn wir nach einem Einkauf in der Stadt aus dem Kombi meiner Eltern sprangen. »Beim *Cottage*«, pflegte meine Mom mich zu verbessern. Sie bestand nämlich darauf, dass der wahre Charakter einer Sache mehr von ihrem Geist bestimmt wird und weniger von ihrer ursprünglichen Bezeichnung. Aber da war ich längst auf und davon.

Verglichen mit dem Wohnwagen, kam einem der renovierte Schafstall mit seinen gut achtzig Quadratmetern wie ein Palast vor. Es machte mir nicht einmal etwas aus, ein paar Jahre lang ein Zimmer mit meinen Brüdern zu teilen. In unserem früheren Haus, in dem ich noch ein eigenes Zimmer gehabt hatte, hörte ich Dave und James immer durch die

Wand lachen, Witze reißen oder Lehrer nachmachen, die uns im Laufe der Jahre unterrichtet hatten, wie Mrs Dingwall, deren komischer Name einen herrlichen Kontrast zu ihrem eleganten britischen Akzent bildete, oder Miss Pillon, eine Physiklehrerin, die Kreide durchs Klassenzimmer warf, um die schwache Erdanziehung zu demonstrieren, und so bei ihren Schülern die lebenslange Assoziation von theoretischer Wissenschaft und dem Instinkt, sich zu ducken, verankerte. Ich war oft rübergegangen, und morgens pflegten unsere Eltern mich, in mein Federbett gekuschelt, auf dem Fußboden im Zimmer meiner Brüder vorzufinden. Ich war einfach nicht bereit, zugunsten einer weichen Matratze auf den ganzen Spaß zu verzichten.

Da es in der Nähe kaum Kinder unseres Alters gab, mussten wir drei uns selbst unterhalten. So tuckerten wir auf dem Rasentraktor zum Teich hinunter und transportierten im Anhänger Sand, um uns einen Strand zu bauen. Das funktionierte, bis Dave ein bisschen zu nah an den Rand fuhr und die schwere Ladung den Traktor ins Wasser zog. Oder wir übten auf dem Trampolin stundenlang Rückwärtssalto und taten dabei so, als befänden wir uns auf kleineren Planeten, Pluto oder Mars, wo die Schwerkraft uns nicht so stark nach unten zog. In einem Winter versuchte James, das Trampolin für eine Übungseinheit außerhalb der Saison eisfrei zu kriegen, und hackte dabei mit der Spitzhacke ein Loch hinein. Wir sprangen jahrelang trotzdem weiter darauf herum und wichen dabei dem Loch gekonnt aus, bis einmal ein Freund, der uns besuchte, durchkrachte und unseren hochfliegenden Experimenten ein Ende bereitete. Nachdem unsere Großmutter uns verraten hatte, dass wir mit William Clark von der legendären Lewis-und-Clark-Expedition verwandt waren, zogen wir auf rostigen Rädern los, um eine neue Route Richtung Pazifik zu finden. Dabei legten wir Pausen im Gemischtwarenladen von Ballinafad ein, um die Vorräte an roten Lakritzen aufzufüllen.

Aber in welche Richtung wir auch loszogen, immer stießen meine Brüder und ich unvermeidlich an Grenzen. Manchmal war es ein Zaun, über den wir klettern konnten, aber meistens ein Highway oder eine langweilige Siedlung identischer Häuser, asphaltiert und abweisend, die uns aufhielt. Je älter ich wurde, desto verschrobener und limitierter kam mir unsere Gegend vor, eher hinterwäldlerisch als rau. Dave und James, die drei beziehungsweise fünf Jahre jünger sind als ich, schien das nicht zu stören. Sie waren drinnen genauso glücklich. Dort bauten sie Raumschiffmodelle wie die *Enterprise* aus der gleichnamigen Fernsehserie oder komponierten Songs auf dem Synthesizer, den Dad gebaut hatte. Doch je zahmer meine Umgebung wurde, desto stärker sehnte ich mich nach dem Gegensatz: nach Wüsten und polarer Tundra, nach Bergen und Gletschern, nach windumtosten Klippen und steilen Felsen. Kurz gesagt, nach der Art von Wildnis, die mich auslöschen würde, wenn ich nicht ebenso vorsichtig wie mutig wäre. Im Südwesten Ontarios fand ich solche Gegenden hauptsächlich in Büchern.

Mein literarischer Geschmack neigte wie meine Fantasie zum Fremdartigen und Extremen. Zwischen Hausaufgaben und Ausmisten der Pferdeställe, im Schulbus und am Abendbrottisch – bis meine Eltern drohten, mir den Nachtisch zu streichen, wenn ich das Buch nicht weglegte – durchstreifte ich mit Bedu die Rub al-Chali, suchte auf Cape Royds nach einem Pinguinei, plagte mich auf Holzskiern von Ost nach West durch Grönland, schoss Fotos von der dunklen Seite des Mondes, folgte dem Ruf der Wildnis im Yukon und durchquerte das Hochland von Tibet, getarnt als buddhistischer Pilger. »Ich habe Heimweh nach einem Land, das nicht das meine ist«, schrieb Alexandra David-Néel über ihre heimliche Reise durch Tibet, das 1924 für Ausländer noch verbotener war als heute. »Die Steppen, die Einsamkeit, das ewige Eis und der weite Himmel verfolgen mich.«

David-Néels Buch über diese Expedition, *Arjopa – Die erste Pilgerfahrt einer weißen Frau nach der verbotenen Stadt des Dalai Lama*, kam für mich dem Porträt einer jungen Frau als Entdeckerin am nächsten. Es spielte keine Rolle, dass sie schon fünfundfünfzig war, als sie sich ihren Umhang aus Schaffell über die Schultern warf und verwegen nach Tibet marschierte (begleitet von ihrem tibetischen Adoptivsohn Yongden). Das Alter interessierte mich weniger als die Motivation. David-Néel versuchte nicht, beim Reisen »sich selbst zu finden«. Sie floh auch nicht vor der Langeweile einer häuslichen Existenz oder aufgrund einer emotionalen Krise – als ob eine Frau nur aus Trauer oder wegen eines Verlusts oder auf der Suche nach Liebe Risiko und Abenteuer auf Reisen suchen dürfte. Wie erfrischend, dass David-Néel sich selbst durchaus kannte, und falls sie überhaupt etwas suchte, dann eine Umgebung, die so wild war, wie sie sich fühlte. Und sie konnte, was Tibet betraf, nicht einmal eine literarische oder geografische Lücke schließen. Dutzende Europäer waren bereits dort gewesen, als Diplomaten, Missionare oder Soldaten. Sie hatten Landkarten gezeichnet, Berichte verfasst, sogar in Lhasa Immobilien erworben. Dass nichts davon diese Französin abschreckte, tröstete mich sehr. Auch wenn vor ihr andere dort gewesen waren, so war Erkundung dennoch möglich, und willkürlich gezogene Grenzen stellten per Definition Grenzen dar, die man schon aus Prinzip durchbrechen sollte. Was David-Néel ins Tibetische Hochland brachte, waren ihre ausgeprägte Fähigkeit zu staunen, extreme Gewieftheit und eine Vorliebe für Reisen unter dem nächtlichen Sternenhimmel – nicht zuletzt, um tagsüber nicht erwischt zu werden. Zu ihrer Zeit galt es nicht, der chinesischen Polizei zu entgehen, sondern den tibetischen Behördenvertretern.

Aber schon früher hatte Tibet mich fasziniert, mit vielleicht zehn oder elf, als ich auf eine illustrierte gekürzte Fassung von Marco Polos Reisen entlang der Seidenstraße gestoßen war. Auf dieser uralten Karawanenroute waren Tausende Jahre lang Menschen mit Waren, Glaubensüberzeugungen und Ideen zwischen Europa und Asien gereist. Das Buch hatte meiner Mutter als Kind gehört, und ich liebte es, ihren Mädchennamen in Schönschrift auf dem Vorsatzblatt zu lesen, als hätte sie damit die im Buch beschriebenen Abenteuer bestätigt. Auf den Illustrationen sah man den siebzehnjährigen Polo, wie er mit einer Kamelkarawane hinter sich ferne Länder durchstreifte und zum Horizont blickte, wo Fata Morganas schillerten: Kuppeln mit türkisfarbenen Kacheln, Wanderdünen, labyrinthische Basare und schneebedeckte Berge. Polo sah kühn und zäh aus, ein furchtloser Abenteurer durch und durch. Ich beschloss, genau wie er zu werden, wenn ich einmal groß war.

Inzwischen kartierte ich seine Reisen auf den Seiten eines Atlas und zeichnete darin die Seidenstraße nach, die ja in Wirklichkeit aus vielen Straßen besteht und teilweise ausgefranst über Konstantinopel, Trabzon, Erzurum, Buchara, Samarkand, Badachschan, Kashgar, Hotan nach Cathay führt, wobei jeder dieser Namen bereits eine Einladung in den nächsten Ort bedeutet. Damals wie heute fand ich das Hinterland zwischen diesen Handelsstützpunkten sogar noch faszinierender. Nicht nur das Hochland von Tibet, diese Erhebung aus Fels, Eis und Himmel, sondern auch das Pamir-Gebirge, wo Herden von Schafen mit unglaublich riesigen Hörnern Lawinen ausweichen und Schneeleoparden sich mit einer Eleganz bewegen, die an Fliegen grenzt. Oder die Taklamakan, eine Wüste mit Wanderdünen, die an Größe nur von der Wüste Gobi und der Sahara übertroffen wird und deren Name zwar nicht wörtlich, aber der Legende nach bedeutet: Wer sie betritt, findet nie mehr heraus.

Nur zu gern wäre ich dorthin gereist, wo zuvor noch nie jemand gewesen war, ohne Versprechen auf Rückkehr, um auch nur die Spur einer Ahnung von den grundlegenden Rätseln des Daseins zu bekommen: Woher kommen wir, sind wir allein im Kosmos, und was genau – oder auch nur ganz ungefähr – bedeutet das alles? Orte wie das Hochland von Tibet oder die Taklamakan-Wüste schienen zwar nicht gerade Antworten zu versprechen, dafür aber eine Lebensweise, die der Wildheit der Existenz an sich entsprach. Noch verlockender als entlegene Berge und Wüsten waren die Sterne darüber und noch weiter dahinter ferne Sonnen, die in wer weiß welchen anderen Welten schienen. Nur konnte ich mir nicht vorstellen, wie diese zu erreichen wären: Die Raumschiffe *Voyager I* und *Voyager II* waren, als ich geboren wurde, längst abgeflogen.

1977 von der NASA ins All geschossen, um die fernsten Planeten des Sonnensystems zu erforschen und dann für immer im interstellaren Raum zu schweben, waren die *Voyager*-Sonden die fernsten von Menschenhand gemachten Objekte im Universum. So lernte ich es im Naturwissenschaftsunterricht der achten Klasse. Ich bekam Gänsehaut, wenn ich mir vorstellte, wie diese robotischen Emissäre über die

Heliopause – die äußere Grenze unseres Sonnensystems – hinaus in die unvorstellbarsten Gefilde überhaupt rasten. Was würden sie dort sehen? Wem würden sie begegnen? Wie konnten wir es aushalten, all das wegen der Probleme beim Datentransfer über Galaxien hinweg nie zu erfahren?

Ich hätte sofort die Chance genutzt, an Bord einer der *Voyagers* mitzufliegen, und mich von fehlenden Lebenserhaltungssystemen nicht abhalten lassen. Natürlich hätte ich mich nach Familie und Freunden gesehnt, wenn ich ohne Fluchtweg oder Rückflugticket zu einem so fernen Ort aufgebrochen wäre. Aber immerhin wäre ich der Wahrheit, dem größten Wunder, auf der Spur gewesen. Drunter machte ich es nicht. Über »das Das« schrieb Wallace Stevens in einem Gedicht, das ich Jahre später las. Ich war froh, dass es immerhin jemand geschafft hatte, zu artikulieren, was auch mich bewegte.

Die ursprüngliche Bedeutung des englischen Wortes *desire*, also »Sehnsucht«, lautet »von den Gestirnen erfleht«, und als ich auf die Highschool kam, wurde das nur allzu offensichtlich. Nachdem ich alle Atlanten studiert hatte, die ich in die Finger bekommen konnte, folgerte ich mit einer gewissen Panik, dass ich offenbar ungezähmter war als die Welt, egal, wohin ich schaute. Nicht nur meine direkte Umgebung wurde von einem wachsenden Netz aus Autobahnen und Trabantenstädten eingeschnürt; der größte Teil des Planeten befand sich in einer Art Belagerungszustand. Meine Familie konnte es sich nicht leisten, ins Ausland zu reisen, und ich befürchtete, wenn ich irgendwann endlich genug Geld gespart hatte, um Tibet mit eigenen Augen zu sehen, würde es dort wahrscheinlich genauso zahm zugehen wie in Ballinafad. Anscheinend gab es nur noch wenige Möglichkeiten, der Rastlosigkeit in mir nachzugeben, diesem verrückten Wunsch nach einer Welt ohne Straßenkarten. Letztendlich stellte ich fest, dass meine einzige Hoffnung darin bestand, die Erde hinter mir zu lassen. Also verfasste ich einen Brief, in dem ich auf eine bemannte Mission zum Mars drängte, und schickte ihn an zweiundzwanzig Staatsoberhäupter in aller Welt.

»Ich bin ein siebzehnjähriges Mädchen, das einen Traum hat«, erklärte ich 1999 Bill Clinton, Tony Blair, Jean Chrétien, Jacques Chirac und anderen einflussreichen Staatschefs. »Dieser Traum ist, dass die Menschheit zum Mars reist.«

Warum ausgerechnet der Rote Planet angesichts der Vielzahl möglicher Welten? Weil die menschliche Physiologie genauso pingelig ist wie Goldlöckchen im Märchen *Goldlöckchen und die drei Bären* und es auf den meisten anderen Planeten entweder zu heiß oder zu kalt ist oder sie zu groß oder zu gasförmig sind, um bewohnbar zu sein. Der Mars jedoch, selbst wenn er wegen seiner giftigen und tödlich dünnen Atmosphäre nicht ganz passt, kommt der Sache zumindest relativ nah: ein Planet, der unserem in Konsistenz und Größe grob vergleichbar ist, allerdings mit einem Tag, der dank seiner langsameren Bewegung neunundzwanzig Minuten länger dauert als auf der Erde, und mit einer aufgrund geringerer Masse etwas schwächeren Anziehungskraft. Sich leichter bewegen zu können – was für ein zeitgemäßes Geschenk! Was sollte einem daran nicht gefallen? Mit Schluchten, fünfmal tiefer als der Grand Canyon, Wüsten, um ein Vielfaches trockener als die Taklamakan, und einem Berg, dreimal so hoch wie der Mount Everest, ist der Mars ein Ort der geologischen Superlative, der nur darauf wartet, zum ersten Mal erkundet zu werden. Und auch wenn es auf dem Roten Planeten vermutlich keine kleinen grünen Bewohner gibt, so existieren dort vermutlich kleine grüne Mikroben, die für Menschen eine echte Überlebenschance darstellen. Denn diese einzelligen Organismen überstehen ähnlich kalte, trockene Bedingungen wie auf der Erde. Die Oberfläche des Mars ist darüber hinaus pockennarbig und mit Hinweisen auf eine wärmere, feuchtere Vergangenheit übersät, als dort die Umstände für ein Leben, wie wir es kennen, gnädiger gewesen sein müssen. Kurz gesagt, diese Nachbarwelt könnte eine Antwort sein auf die uralte Frage: »Sind wir im Universum allein?«

In meinem Manifest schwärmte ich den Staatsoberhäuptern davon vor, dass der Drang, das Unbekannte zu erforschen, tief in der menschlichen Seele verwurzelt sei. Ich schlussfolgerte damals, wir hätten zwar die gesamte nötige Technologie, um Menschen zum Mars zu schicken, doch was uns fehle, sei einzig und allein politischer Wille. Ich erklärte, dass das Wissen, das wir auf dem Mars sammeln könnten, wie zum Beispiel der Nachweis von außerirdischem Leben, unermessliche Vorteile für die Menschen auf der Erde haben könnte, etwa weil wir uns dann weniger einsam fühlten. Ich betonte, dass eine solche Reise die Leidenschaft der Jugend der Welt entfachen würde. »Es ist der vorbildliche Forschergeist mutiger Träumer und Entdecker wie Magellan und Kopernikus, die dazu beitragen, die Grenzen des Wissens zu sprengen, damit die Menschheit mehr verstehen und über den Tellerrand hinausschauen kann«, schrieb ich und bemerkte, dass eine bemannte Mission zum Mars das moderne Äquivalent zu berühmten historischen Reisen wäre – und ein Unternehmen, das außerdem für immer an die Namen der Staatschefs erinnern würde.

Als Antwort erhielt ich nur ein paar halbherzige Formbriefe. Aber obwohl mein Schrieb keine neue Ära der interplanetaren Erforschung einleitete, gewann ich doch den von der Mars Society verliehenen Hakluyt-Preis für den besten Schüleraufsatz über die menschliche Erforschung und Besiedlung des Mars. Ich erhielt ein acht Zoll großes Bushnell-Teleskop, durch das ich mithilfe meines Vaters eines Nachts auf dem Rasen vor dem Schafstall zum ersten Mal die Ringe des Saturn sah. Zur Auszeichnung gehörte außerdem eine Einladung zur International Mars Society Convention, die all meine Reisekosten abdeckte.

Die meisten Teenager träumen von anderen Welten, aber soweit ich das in Ballinafad überblicken konnte, sehnte ich mich als Einzige nach dem Mars. Der internationale Kongress fand in jenem Jahr in Boulder, Colorado, statt und bedeutete das Ende meiner inneren Isolation. Ich stand schüchtern auf einem Podium und las mein Manifest einem Auditorium voller Wissenschaftler, Ingenieure und anderer anachronistischer Forschertypen vor, die sich vielleicht genau wie ich auf einem deprimierend eingezäunten und zugepflasterten Planeten gestrandet fühlten. Unter den Zuhörern waren aber auch der oscarprämierte Filmemacher James Cameron und der Astronaut Buzz Aldrin, der schon auf dem Mond herumspaziert war. Als ich fertig war, bekam ich vom Publikum stehende Ovationen. Nichts weiter als eine süße, ermutigende Geste für ein Kind, aber in diesem Moment, als ich das Gefühl hatte, gehört worden zu sein, spürte ich keine inneren Grenzen mehr. Das waren meine Leute, jubelte ich innerlich. Ich schwor mir, eine von ihnen, nämlich Wissenschaftlerin, zu werden und zum Mars zu reisen.

Nicht nur wegen des Roten Planeten waren die Naturwissenschaften schon seit Langem meine Lieblingsfächer in der Schule. Die Projekte für die alljährliche Wissenschaftspräsentation waren immer ein großartiger Grund für mehrere Wochenendübernachtungen in Folge bei meiner besten Freundin Melissa, die fast eine Stunde entfernt wohnte. Abgesehen vom Ponyklub, für den man sich nur im Sommer traf, konnte ich sie sonst nur selten außerhalb der Schule sehen. In der sechsten Klasse testeten sie und ich, ob der menschliche Speichel bakteriell vielfältiger (um nicht zu sagen »ekelhafter«) war als Hundesabber – ein Experiment, das zunächst unsere jüngeren Brüder in Verlegenheit bringen sollte, weil wir sie mit dem Anliegen überrumpelten, uns ihre Spucke zu spenden. Aber dann gewannen wir bei der Wissenschaftsausstellung eine Medaille, auch wenn in der Jury einige pikiert die Augenbrauen hochzogen. Ich staune noch heute darüber, dass ich jemals gedacht habe, meine Zukunft liege in der Mikrobiologie.

Schuld war das Mikroskop, das ich mit ungefähr dreizehn zu Weihnachten bekommen hatte. Schnell wurde mir klar, dass dieses Geschenk meiner Eltern weniger ein wissenschaftliches Instrument war als vielmehr eine Möglichkeit, alles mit ganz neuen Augen zu sehen. Gewöhnliche, alltägliche Dinge – die Nagelhaut meines Daumens, ein Tropfen Teichschaum – wirkten bei genauerer Betrachtung fremd, mit nicht kartierten Bergketten und namenlosen Ozeanen, die vor Leben nur so strotzten. Mein Magen drehte sich geradezu um, als ich in die weite Ferne einer einzelligen Alge starrte, deren langer lateinischer Name und zuckende, durchsichtige Form mir ein Beweis dafür zu sein schienen, dass das Leben so war, wie ich es schon immer vermutet hatte: ein Geheimnis, das wir kaum begreifen, geschweige denn im Blick behalten können. Ein paar Jahre später in der Highschool schuf dann die darwinsche Evolutionstheorie eine ganz neue Dimension der Existenz für mich. Als hätte ich jahrelang nur auf ein Porträt der Biologie gestarrt, ihre Augen, Ohren und Nase studiert, die Poren und Falten ihres Gesichts gespeichert, um dann plötzlich ihren *Ausdruck* zu erfassen. Darwins siebenjährige Reise auf der *Beagle*, mit der er um Südamerika segelte, seltsame Lebensformen sammelte und begann, seine Theorie der natürlichen Auslese zu formulieren, brachte mir eine weitere wertvolle Lektion über Wissenschaft bei: Mit ihr kann man zu einigen wirklich weit entfernten Orten reisen. Und als mir die Morehead-Cain Foundation ein Vollstipendium für ein Biologiestudium an der University of North Carolina in Chapel Hill anbot, nahm ich es telefonisch, ohne zu zögern, an, obwohl ich den Campus nie zuvor besucht hatte und nichts vom amerikanischen Süden wusste. Dieses Stipendium beinhaltete aber die Förderung von Forschungsreisen im Sommer, und das war alles, was ich wissen musste. Denn ich wollte das Hochland Tibets oder die Taklamakan-Wüste unbedingt anders als nur in Pixeln oder über geschriebene Worte in einem Buch kennenlernen.

Im Sommer vor meinem ersten Studienjahr, also noch bevor mein eigentliches Stipendium begann, bekam ich bereits stabile Wanderstiefel und einen vierwöchigen Expeditionskurs unter freiem Himmel in Utah finanziert. Bis dahin hatte ich lediglich mit der Familie in den provinziellen Naturparks von Ontario gecampt. Trotz meiner unersättlichen Leseleidenschaft und aller Abenteuer von Ballinafad aus entmutigte mich die Aussicht auf eine ernsthafte Expedition zunächst, weil sie technische Fähigkeiten und Ausrüstung erforderte, die ich einfach nicht besaß. Aber Utah war eine Offenbarung: Ich lernte, wie man sich über Berge und durch Wüsten schlägt, und trug einen zwanzig Kilo schweren Rucksack mit allem, was ich zum Überleben brauchte – hauptsächlich Haferflocken, eine Plane, einen Schlafsack und natürlich einen geheimen Vorrat an Büchern. Ich lernte in den Umrissen der Karten zu lesen, wo verborgene Wüstenquellen zu finden sind, und andernfalls, wie man aus Regenpfützen mit toten Fröschen Trinkwasser gewinnt. In meinen Poren sammelte sich so viel roter Staub, dass ich anfing, dem Roten Planeten zu ähneln. Täglich zwang mich das raue Wunder dieser Gegend und dieser Erfahrung in jeder Hinsicht in die Knie. Es war eine Qual. Es war erhaben. Es war im Grunde alles, was ich mir je gewünscht hatte.

Und deshalb verbrachte ich auch die nächsten vier Sommer damit, mich durch ähnliche Großartigkeiten aus Stein und Himmel zu schleppen, bewaffnet mit Büchern, die quasi genauso viel wogen wie ich. Ich reizte diese Reiseförderungen so weit wie nur möglich aus, was, wie sich herausstellte, immer und überall so ziemlich einer Marsexpedition glich. Obwohl die Finanzierung dieser Reisen selbst Stipendiaten nicht zugesichert wurde, konnte ich mir, wenn ich gute Gründe dafür vorbrachte, einen Ort zu erkunden, und diese in einem schriftlichen Antrag darlegte, praktisch mein eigenes Ticket ausstellen. Und so folgte ich Sumatra-Nashörnern im Dschungel von Borneo, wilden Pferden durch die Wüste Gobi in der Mongolei und fuhr mit Skiern über das Juneau-Eisfeld im Rahmen eines Gletscherkundekurses, zu dem ich mich angemeldet hatte, obwohl ich noch nie einen Gletscher gesehen hatte, und nach dem ich nur wenig anderes mehr sehen wollte. Die kalte Eisfläche, der Fels und der Himmel, die an Alaska und British Columbia grenzten, brachten mich mit ihrer ganzen Pracht wirklich ins Schleudern, oder vielleicht war es auch mein mangelndes Können auf Skiern. So oder so, zurück an der Uni, wurde die Internetsuche nach Hütten, die in der abgelegenen Stadt, in der unser Gletscherkundekurs geendet hatte, also in Atlin in British Columbia, zum Verkauf standen, zu meiner Lieblingsbeschäftigung, um nicht lernen zu müssen. Außerdem entwickelte ich eine gewisse Besessenheit von der Antarktis, einem Kontinent, den ich mir als überdimensionales Juneau-Eisfeld auf Anabolika vorstellte. Doch eine Reise dorthin würde weit mehr kosten, als mein Stipendium abdeckte.

Dann wurde mir auf einmal klar, dass ich mir immer noch mein eigenes Ticket dorthin ausstellen konnte, wenn ich nur den richtigen

Leuten zum richtigen Zeitpunkt die richtige Idee auf so überzeugende Weise schilderte, dass sie unmöglich Nein sagen konnten. Und so kam ich während meiner Zeit an der Universität zum Schreiben. Weniger aufgrund meiner Liebe zu Worten (obwohl es die sicher auch gab), sondern vielmehr, weil es mich an Orte brachte wie die antarktischen McMurdo-Trockentäler. Dorthin reiste ich als Forschungsassistentin eines brillanten, generösen Wissenschaftlers, den ich jahrelang umworben hatte. Mit einem ähnlichen Maß an Hingabe, Fleiß, Training, Opferbereitschaft und noch mehr Lobbyarbeit in eigener Sache und in Form einer schriftlichen Bewerbung gelang es mir danach, zum Mars zu reisen – beziehungsweise zumindest nach Hanksville in Utah, einem Ort, der fast ebenso rot und weit entfernt von menschlichen Belangen ist. Einst das Wüstenversteck von Butch Cassidy und seiner »Wild Bunch«, die in dem Labyrinth aus roten Schluchten die Gesetzeshüter abschüttelten, beherbergt Hanksville mittlerweile Teams von Wissenschaftlern und Ingenieuren, die sich in Raumanzüge gekleidet auf zweiwöchige simulierte Marsmissionen begeben. Stellen Sie sich Raupenfahrzeuge inmitten von Wüstengras vor und daneben eine weiße Raumkapsel, die kinofilmmäßig funkelnd vor einer komplett verrosteten Kulisse steht.

Für eine Weile machte das echten Spaß, ein Erwachsenenspiel mit der Fantasie. Doch als ich gemeinsam mit vier Crewmitgliedern in Raumanzügen aus Segeltuch durch Utah tappte, nervte es mich irgendwann, dass mein Blick auf die Berge durch Plexiglas ging. Und dass ich, als ich die glutroten Wände der Schlucht berührte, statt des glatten, sonnengewärmten Sandsteins nur den synthetischen Stoff meines Handschuhs spürte. Während außerhalb meines Raumanzugs alle Arten von Wetter heulten, hörte ich entweder das Rauschen des Funkverkehrs oder mein durch den Kunststoffhelm verstärktes Keuchen, als würde ich in meinem eigenen Hals Luft holen. Ausgerechnet die Technologien, die mich auf dem Mars am Leben erhalten würden, führten dazu, dass ich mich entfremdet fühlte und mir meine Handlungen seltsam unfruchtbar und steril und mehr als nur leicht absurd vorkamen.

»Okay, Crew«, befahl Commander Roger, ein Ingenieur in den Fünfzigern. »Schwärmt aus, und sucht uns frisches Essen!«

Nachdem uns nämlich auf dem Roten Planeten die Nahrung ausgegangen war, streiften wir durch die Gänge des örtlichen Lebensmittelgeschäfts. Dabei trugen wir unsere Raumanzüge, um zu vermeiden, dass die Simulation komplett unterbrochen würde. Das wäre nämlich das schlimmste denkbare Vergehen künftiger Marskolonisten. Ich begab mich mit Tiffany, einer Molekularbiologin, zur Gemüseabteilung, während ein Ingenieur namens Allan und ein Geologe namens Shahar in Richtung Gefrierschränke mit Hamburgerfleisch abschoben. Dann fiel mein Blick auf Gernot, einen Astronomen, der mit von innen beschlagenem Helm wie erstarrt vor dem Regal mit getrocknetem Rindfleisch die Geschmacksrichtungen bestaunte, die es in seiner österreichischen Heimat nicht gab: Honigglasur, Salt 'n' Pepper, Teriyaki, Chipotle und Mesquite Barbecue.

»Geh weiter, Gernot«, schimpfte Roger. »Ich sagte *frisches Essen*.«

Eine halbe Stunde später trafen wir uns an der Kasse wieder, und in unseren Armen türmten sich irdische Köstlichkeiten. Die Kassiererin mittleren Alters hatte unsere Spezies schon einmal gesehen: »Wie ergeht es euch im Weltraumcamp?«

Roger echauffierte sich in seinem etwas zu engen Raumanzug aus Segeltuch sichtlich. »Das ist kein Weltraumcamp«, rief er durch seinen Helm, »sondern eine Marssimulation!«

»Ruhig Blut, Kumpel«, beschwichtigte Allan ihn schulterklopfend. Gernot, der seine Chance witterte, schob unauffällig zwei Beutel Dörrfleisch aufs Band. Tiffany blätterte durch eine Boulevardzeitung, als würde sie uns nicht kennen und wäre nur irgendeine Touristin, die zufällig auch wie die Astronautin Sally Ride gekleidet war. Eine ältere Dame schlurfte in den Laden, erblickte uns und schlurfte eilig wieder hinaus.

»Also«, meinte die Kassiererin, nachdem sie unsere Rationen sorgfältig eingepackt hatte, »ich nehme mal an, die Rechnung dafür geht an die NASA?«

Vielleicht unterschieden sich meine Motive doch nicht so sehr von Butch Cassidys und seinem wilden Haufen: der Realität entkommen, in weniger bekannte und gesetzestreue Gebiete fliehen und als Streuner leben. Seltsamerweise schienen meine Crewmitglieder auf dem Mars nichts zu vermissen, weder die frische Luft noch den Gesang der Vögel, nicht mal die Freiheit, ihren Tag selbst zu gestalten. Aber natürlich beschwert sich der ideale Marskolonist auch nicht. Tatsächlich muss der ideale Marskolonist eine zutiefst paradoxe Mischung von Persönlichkeitsmerkmalen besitzen: Er muss emotional belastbar und einfühlsam sein, um unter stressigen Bedingungen in einer so kleinen sozialen Gruppe zurechtzukommen, sich aber dennoch derart weit vom Leben auf der Erde verabschiedet haben, dass er sie für immer hinter sich lassen kann. Er muss mutig und rebellisch genug sein, um in Bereiche des Möglichen vorzudringen, wie es niemand zuvor gewagt hat, aber nicht so unabhängig oder rebellisch, dass er sich Anordnungen widersetzt, wenn diese endlich dort eintreffen. Ein geselliger Einsiedler beziehungsweise ein gefügiger Abenteurer. Ich hatte mich immer für die perfekte Kandidatin gehalten.

Doch nach zwei Wochen, die geprägt waren vom Ausführen von Befehlen, Sprechen in Abkürzungen und Inhalieren recycelter Luft, hatte ich genug davon, in einer Blase zu leben. Gegenüber der Crew habe ich es nie zugegeben, aber ich hatte Heimweh nach meinem Heimatplaneten. Darum rutschte ich in der letzten Nacht der Simulation, als alle schliefen, heimlich durch die Luftschleuse, ohne meinen Helm oder den Raumanzug zu tragen, ohne die Einsatzleitung zu informieren und ohne ein Funkgerät, das jedes Hatschi übertrug. Hätte ich die entsprechende Schwelle auf dem Mars überschritten, wäre ich auf viele Arten gleichzeitig gestorben: vergiftet, erfroren, erstickt. Aber hier machte sich die Erde unter einem klaren Sternenhimmel einfach mit einem Windstoß bemerkbar, der von Salbeiduft getränkt war.

Das erste Anzeichen von Zweifel ist zunehmender Fanatismus. Zurück an der Universität, arbeitete ich in der Hoffnung, Astronautin zu werden, härter als je zuvor. Und das, obwohl ich mir tief im Inneren die Frage stellte, ob ich überhaupt dauerhaft zum Mars auswandern wollte, wenn das lebenslanges Eingesperrtsein bedeutete. In meiner Freizeit leitete ich einen Weltraumklub und war ehrenamtlich in einem mikrobiologischen Meereslabor tätig, wo ich lange, unsichtbare DNA-Fäden aus der Basaltkruste des Pazifischen Ozeans hervorlocken sollte. Obwohl für mich nicht die Möglichkeit bestand, diese Meeresbodenproben von einem U-Boot aus zu sammeln, befand sich das Labor trotzdem passenderweise in einem fensterlosen Keller, der eine ähnliche Erfahrung der sensorischen Entbehrung bot – nur ohne jegliches Abenteuer. Wann immer ich nach draußen zurückkehrte, blass und blinzelnd, fühlte ich mich, als wäre ich monatelang unter Wasser gewesen. Bücher hielten mich am Leben wie Sauerstoffblasen im Ozean. Eines Nachmittags schirmte ich mein Gesicht nach mehreren Stunden im Flackern der schwachen Laborlampen mit einer Hand vor der Sonne ab und ließ mich mit meinem alten Freund Marco Polo auf dem Rasen des Campus nieder. Voller Hoffnung, dass sich meine Augen mithilfe eines Helden aus der Kindheit wieder an weite Horizonte gewöhnen würden – diesmal in seiner vollständigen und ungekürzten Pracht.

Aber als ich *Il Milione: Die Wunder der Welt* las, war ich schockiert darüber, in dem venezianischen Entdecker auf einmal einem Fremden zu begegnen, jemandem, der es nicht mochte, durch Länder zu stolpern, die mich vor Sehnsucht fast schwindelig machten. Stattdessen ging dieser Polo so weit wie möglich an den Wanderdünen der Taklamakan vorbei und versperrte kleinmütig die Ohren vor geisterhaften Stimmen, von denen er fürchtete, dass sie ihn in den weglosen Sand locken wollten. Vermutlich hatte er nie ein lebendiges Argali-Schaf im Pamir gesehen, bloß seine Hörner, aus denen Schalen geschnitzt oder die als Zaunlatten verwendet wurden, obwohl diese Spezies, *Ovis ammon polii*, später nach ihm benannt wurde: das Marco-Polo-Schaf. Als er das Tibetische Hochland bereiste, tat er es als verdorbene Ödnis ab. Man reite zwanzig Tage lang, ohne einen bewohnten Ort zu finden, beschwerte er sich, sodass die Reisenden verpflichtet seien, all ihre Vorräte mitzunehmen, und ständig wilden Tieren, die so zahlreich und gefährlich seien, begegnen könnten. Immer wieder ließ der sogenannte Entdecker Berge und Wüsten so schnell wie möglich hinter sich und verfluchte die Wildnis als bloßes Hindernis beim schnellen Vorankommen und Geschäftemachen.

Ich konnte ihm das nicht mal verübeln, denn schließlich war die Seidenstraße im 12. Jahrhundert eine Handelsstraße, und Polo ein Kaufmann. Nachdem er seinen Onkeln, die allesamt Geschäftsleute waren, nach Cathay, also ins heutige Nordchina, gefolgt war, wo Kublai Khan den venezianischen Teenager ins Schwärmen brachte, wurde Polo damit beauftragt, den Wert und die Vielfalt der Waren im gesamten mongolischen Reich, das damals von Asien bis an den Rand Europas reichte, aufzulisten und zu schätzen. Polo nahm diese Aufgabe sehr ernst, und so liest sich sein Reisebericht eher wie ein Katalog. Das Buch zählt die Kostbarkeiten entlang der Seidenstraße auf: Silber in Armenien, Rubine in Badachschan, Amulette schwarzer Magie in Kashgar, Elfenbein in Indien. In Bezug auf weniger offensichtlich auszubeutende Länder wie Tibet fällt sein Text hingegen recht knapp aus.

Ich war enttäuscht. Wie so viele Entdecker, die in meinen Geschichtsbüchern an der Highschool fälschlicherweise als edle Wegbereiter dargestellt wurden – von Christoph Kolumbus bis Sir John Franklin –, schien also auch Marco Polo bloß nach Ruhm und Reichtum gestrebt zu haben. War denn niemand außer Alexandra David-Néel um des Aufbruchs willen losgezogen, angetrieben von dem grundlegenden Bedürfnis, etwas komplett Neues zu entdecken, und ohne Hintergedanken bezüglich Vermögensbildung und Eroberung fremder Länder? Als ich da im Hof der Universität saß und mich meiner Illusion beraubt fühlte, beschloss ich, die Seidenstraße selbst kennenzulernen, auf einer Pilgerreise in die Wildnis, die Marco Polo am meisten gefürchtet und gemieden hatte. Ich dachte kurz darüber nach, zu Pferd zu reisen, aber der Wassermangel in der Taklamakan war besorgniserregend. Kamele waren für solch trockene Gegenden besser geeignet, doch das Gelände an sich war schon buckelig genug. Ein Fahrrad erschien mir als der perfekte Ersatz: Ich konnte es selbst antreiben, und es war unwahrscheinlich, dass es mich anspuckte.

Noch am gleichen Abend rief ich meine Eltern an und skizzierte meinen absurden Plan. Am anderen Ende der Leitung herrschte lange Schweigen. Dann sagte meine Mutter: »Kannst du bitte eine Freundin mitnehmen?«

Also fragte ich Mel, ob sie mich auf einer Fahrradtour begleiten wolle. Für den Anfang nur entlang des chinesischen Teils der Seidenstraße, beruhigte ich sie, dort gebe es schließlich die höchste Konzentration von Orten, vor denen sich Marco Polo am meisten gefürchtet habe. Nachdem wir im Sommer zum Aufwärmen eine Tour durch die Kontinentalstaaten der USA gemacht hatten, schlossen wir im folgenden Jahr das Studium ab und reisten danach zur Seidenstraße. Und so landeten wir also bei den Erdrutschen im Pamir-Gebirge, denen wir gerade noch rechtzeitig ausweichen konnten, spürten nach Sandstürmen in der Taklamakan-Wüste, wie es zwischen unseren Zähnen knirschte, und schlichen uns Richtung Tibet, während die Sterne in die andere Richtung schauten.

DAS DACH DER WELT

Tibetisches Hochland

Die Kunst des Entdeckens und Erforschens zu neuem Leben zu erwecken war dann doch nicht ganz so einfach. Als Mel in China unter dem Schlagbaum durchkroch, ließ sie klugerweise genügend Abstand zwischen ihrem Rücken und der Metallstange. In meiner Eile und Panik robbte ich jedoch nicht tief genug darunter durch. Ich bin mir nicht sicher, ob es mein Rucksack oder mein Fahrradhelm war, der zuerst gegen die Stange und dann gegen die Sicherungsketten knallte, aber ich hätte genauso gut einen Gong schlagen können. Hunde bellten, Lichter gingen an, eine Stimme rief laut in die Nacht – doch da waren wir schon weg und rasten in die pechschwarze Finsternis. Wir wurden von ihr verschluckt, konnten nicht schnell genug in die Pedale treten und sahen nichts außer den Sternen über uns. Ich verlor fast die Kontrolle über mein Fahrrad, als ich blindlings in ein Schlagloch fuhr und kurz danach gegen einen Strommast. Beim ersten Hinweis auf Scheinwerfer, die uns verfolgten, war ich bereit, mein Fahrrad stehen und liegen zu lassen und auf einen Berg oder in den Fluss zu fliehen. Doch Minuten später und selbst nach Stunden tauchten keine Verfolger auf.

Ich spürte die Erleichterung zuerst in den Händen, deren Griff am Lenker sich langsam lockerte, und dann in den Beinen, die weich wie

Pudding wurden. Eigentlich war die TAR, das Autonome Gebiet Tibet, noch mehr als hundertsechzig Kilometer und mehrere hohe Pässe entfernt, aber Kudi stellte die größte bürokratische Hürde auf dem Weg dorthin dar. Weil der Checkpoint in einem engen Tal direkt neben einem reißenden Fluss lag, nahmen die chinesischen Behörden an, dass die Leute nicht um ihn herumschleichen könnten, was bedeutete, dass Mel und ich auf dieser Seite etwas befreiter atmen konnten: Wer uns sah, würde annehmen, wir hätten die Erlaubnis, hier zu sein. Es sei denn, es handelte sich um Polizei vom Checkpoint, die uns doch verfolgte.

Schließlich erhellte die Morgendämmerung das Land um uns herum und enthüllte Berge, die so rau waren wie abgenagte Fingernägel. So weit mein Blick reichte: zerklüftete Gipfel in allerlei verrückten Formen. Im niedrig stehenden Sonnenlicht wirkte der Fels zuerst rostrot, und als die Sonne höher stieg, verblasste die Farbe zu Umbrabraun und Grau. Ein Schwarm staubgrauer Vögel einer Art, die ich nicht kannte, strich über den Fluss, dessen trübe Fluten in dieser Höhe seinen Ballast abwarf und zu einem klaren Strom wurde, der nicht länger die Farbe und Textur von Schokoladenmilch besaß. Ich fühlte mich schlapp und unbedeutend wie ein Schatten, aber der Tag hatte ja gerade erst angefangen. Vor jeder nächsten Kurve war ich entweder auf einen Polizeikonvoi gefasst oder darauf, einen Blick auf das Tibetische Hochplateau zu erhaschen, oder auf ein wollhaariges Mammut. Gar nichts hätte mich überrascht, denn die Welt schien mir weniger unbekannt als unbegreiflich, und sie waberte um mich herum wie ein halb fertiger Gedanke. Dann wurde mir klar, dass mir vor Durst schwindelig war.

Ich griff nach meinen Wasserflaschen, aber die erste war leer, und ich konnte die zweite nicht finden – wahrscheinlich war sie in dem Chaos am Checkpoint verloren gegangen. Ich sagte Mel, sie solle weiterfahren, während ich anhielt, um meine Flasche in dem Fluss aufzufüllen. Wegen des stetigen Wasserrauschens hörte ich nicht, wie hinter mir ein Auto anhielt. Ich drehte mich um, und da stand es einfach, mit so etwas wie einem Regierungswappen auf der Tür. Als ein molliger Chinese in einer frisch gestärkten marineblauen Uniform ausstieg, wusste ich zum dritten Mal an diesem Tag, dass es vorbei war.

Ohne ein Wort zu sagen, trat der chinesische Polizist gegen meine Fahrradreifen und versuchte, den Rahmen anzuheben. Das schwere Bike rührte sich kaum. Er schüttelte den Kopf, kehrte zum Auto zurück und fummelte im Kofferraum herum. Er suchte bestimmt nach einem Haftbefehl und möglicherweise Handschellen, da war ich mir sicher. Aber stattdessen kam er mit drei knackigen Salatgurken zurück.

»Hallo!«, grunzte er, als er mir das Gemüse gab.

»Oh«, sagte ich völlig perplex. »Danke!«

Ohne ein weiteres Wort stieg er wieder in das Fahrzeug und fuhr davon.

Ich holte Mel ein, die von der Begebenheit nichts mitbekommen hatte, und reichte ihr eine Gurke. Sie wirkte verblüfft, aber ein echter Radfahrer lehnt keinen Snack ab. Wir fuhren weiter und aßen geräuschvoll, während wir in die Pedale traten. So erreichten wir am Mittag den Fuß eines dreitausend Meter hohen Passes, unserer ersten Stufe auf der sauerstoffarmen Treppe der Pässe, die auf und über das Tibetische Hochland klettert, wo die durchschnittliche Höhe fast so hoch ist wie der Mont Blanc. Da uns sowohl die Kraft als auch die Nerven fehlten, den Pass noch an diesem Tag zu bewältigen, suchten wir uns eine Senke, die tief und breit genug war, um dort den Nachmittag über zu rasten. Die ständig drohende Entdeckung durch die chinesische Polizei versuchten wir zu ignorieren. Der Gurken-General hatte seinen Kollegen wahrscheinlich ausgerichtet, dass es keinen Grund zur Eile gebe, weil er davon überzeugt war, dass wir auf so schweren Rädern nicht weit kommen würden.

Aber stattdessen wurden wir an diesem Nachmittag von unseren neuen Freunden entdeckt. Ich hatte Ben im Sommer zuvor in einem Hostel in San Francisco kennengelernt. Nachdem ich damals erfahren hatte, dass er Fahrradmechaniker war, hatte ich ihn eingeladen, mit Mel und mir im kommenden Sommer eine Radtour nach China zu unternehmen, und zu unserer Überraschung hatte er die Einladung angenommen. Florian und Mattias, zwei deutsche Radfahrer, hatten wir in einem Hotel in Kashgar kennengelernt, und bis vor ein paar Tagen, als Mel und ich uns schon früh auf den Weg gemacht und dann ein spontanes Nickerchen im Schatten eingelegt hatten, waren wir als Gruppe unterwegs gewesen. Wir hatten angenommen, die Jungs würden uns einholen, am Straßenrand dösen sehen und dann unsere Wecker sein. Doch stattdessen wachten wir erst auf, als es schon dämmerte, und wussten nicht, ob sie bereits vor uns fuhren oder noch hinter uns waren.

Nach dem Checkpoint erwarteten wir nicht mehr, noch einmal auf sie zu treffen. Und tatsächlich wären sie fast an unserer schlecht einsehbaren Senke vorbeigefahren, aber Ben erspähte eine Locke von Mels rotem Haar zwischen den Felsen. Verwirrt hielt er das rötliche Aufblitzen zunächst für ein Kamel, dann aber stoppte er für einen genaueren Blick und entdeckte uns. Als wir wieder vereint waren, erzählten Mel und ich ihnen von unserer Grenzüberquerung – von dem Lastwagen, den Rufen, unserer blinden und verzweifelten Flucht! Dann hörten wir uns ihre Version an.

»Wir haben den Checkpoint tagsüber und aus der Ferne ausgespäht«, sagte Ben. »Genau wie ihr wollten wir nachts durch, aber dann sahen wir diese aggressiven Wachhunde!«

»Ich mag keine Hunde«, erklärte Mattias mit breitem bayerischen Akzent, der jede seiner Äußerungen tiefgründig klingen ließ.

»Also fuhren wir am helllichten Tag zum Checkpoint«, fuhr Ben fort.

»Und zeigten den Wachen unsere Pässe«, fügte Florian hinzu.

»Und sie winkten uns durch«, beendete Ben die Geschichte grinsend, »ohne auch nur eine Frage zu stellen.«

Je höher wir ins Tibetische Hochland radelten, desto besser konnte ich atmen. Ich spürte eine seltsame Leichtigkeit in meinen Beinen, eine Art Hochgefühl. Jede Umdrehung der Pedale brachte mich den Sternen näher, als es mir bisher jemals gelungen war. Obgleich ich sie bei Tag nicht sehen konnte, wenn der Himmel, bis auf ein paar Wolken am späten Vormittag, meist strahlend blau war. Die Schatten der Wolken warfen Tupfen auf die Berghänge und den Boden eines klaren Bachs, sodass sich der Aufstieg zum Pass anfühlte wie das Schwimmen an die Wasseroberfläche nach dem Tauchen, wie das Durchstoßen einer Grenze oder ein Aggregatswechsel. Von der Erde zum Himmel, von China nach Tibet.

Meine Reifen suchten Halt auf den lockeren Steinchen der Schotterpiste der Nationalstraße 219, der einzigen Straße, die ins und durch das westliche Tibet führt. Nach nur zwei Serpentinen waren wir hoch oben über unserem letzten Lager, und ich sah weiter unten Ben und die Deutschen herumschlendern und wie gewöhnlich trödeln. Mel und ich zogen es vor, früh aufzustehen und loszuradeln, wenn die Landschaft im schrägen Morgenlicht erwachte und es schien, als hätten wir genug Zeit, um bis zum Einbruch der Dunkelheit in Lhasa oder auf dem Mond zu landen. Florian, Mattias und Ben schliefen lieber länger, kochten zum Frühstück riesige Töpfe mit süßem Milchreis und begaben sich dann gegen Mittag auf die Straße. Normalerweise begegneten wir uns am späten Nachmittag wieder, entweder weil sie uns einholten oder weil sie unser Lager fanden.

Mel und ich fuhren nebeneinander den Pass hinauf, wir sprachen kaum ein Wort miteinander, denn der anstrengende Aufstieg schickte uns in einsame Parallelwelten. Ich könnte gar nicht genau sagen, wohin meine Gedanken abschweifen, wenn ich stundenlang so strampele, außer in die Verzückung des Nichts. Wobei »das Nichts« in diesem Fall auch einen geradezu wütenden Rausch von Pedaltritten auf einem beladenen Fahrrad entlang der – beschönigt ausgedrückt – Landstraße durch den Himalaja beinhaltete. Aber im Zentrum dieser einzigartigen Aufgabe von fast tantrischer Einfachheit – atmen, treten, atmen – nahm ich alles auf einmal wahr: den Staub, der sich auf meine Haut legte, den Schmerz und das abwechselnde Anspannen und Loslassen meiner Quadrizepse, den Fluss, der weit unten wie eine Arterie aus Licht glitzerte, eine glänzende Silberader und nicht mehr der schlammige Strom, an dem wir noch vor ein paar Tagen gecampt hatten. Fährt man noch ein wenig weiter, empfindet man sich selbst als seltsam und fremd, ganz zu schweigen von der Reisebegleitung.

»Schöne Gesichtsmaske, Buddy«, schnaufte Mel zwischen zwei Pedaltritten. »Hast du auch genug Sonnencreme aufgetragen?«

Ich grinste durch eine dicke Maske aus Schweiß, Dreck und Sonnencreme, die ich nie, wie auf der Packung angegeben, in die Haut einmassierte, weil ich davon überzeugt war, dass sie als dicke, undurchlässige Schicht besser funktionierte.

»Das sagt die Richtige!«, antwortete ich. »Deine Haare bilden schon einen Buckel.«

Ich kann mich nicht genau erinnern, wie Mel und ich eigentlich Freundinnen wurden, aber ich glaube, es hatte etwas mit Volleyball zu tun. Ich war zehn Jahre alt, als meine Familie in den Norden von Ballinafad zog, und ich war das klischeemäßig neue Kind an der Schule, wo Mel für ihre vielen Sommersprossen und die roten Haare, die sie hasste, für ihren schrägen Humor und ihre Angewohnheit, den Kopf beim Lachen in den Nacken zu werfen, von allen angebetet wurde. Wir hatten wenig gemeinsam bis auf unseren Ehrgeiz im Sportunterricht, wo wir beide zu den wenigen Kindern gehörten, die keinen Ball verloren gaben, egal, wie sinnlos weit weg er war oder wie gnadenlos hart der Boden auch war. Unser Team verlor trotzdem in den nächsten drei Grundschuljahren jedes Spiel – nicht nur jedes Spiel, sondern jeden Satz. Es machte mir nichts aus, und Mel auch nicht. Wir waren uns einig: Der Sinn des Lebens bestand darin, alles zu geben. Das Einzige, was für uns infrage kam, war, immer zu weit zu gehen.

Deshalb Tibet. Eine Stunde nach dem Anstieg brannte die Sonne direkt über uns aus einer schmalen Lücke im Himmel, die nicht von Bergen beschattet wurde, also hielten wir an, um erneut Sonnenschutz aufzutragen. Ich schmierte noch mehr auf mein Gesicht, und Mel rieb sich den unteren Rücken ein, weniger um sich vor UV-Strahlung zu schützen, denn sie trug ja ein Shirt, sondern um die Haut mit Feuchtigkeit zu versorgen, weil die dort bereits knallrot abblätterte. Am Tag, bevor sie sich unter dem Checkpoint durchgeschlängelt hatte, war sie gerade dabei gewesen, die Ausrüstung zu sortieren und zu packen, als ihr T-Shirt nach oben gerutscht war und sie ihren Rücken dem Sonnenlicht des Hochgebirges ausgesetzt hatte, was die Haut ein paar Schattierungen heftiger als Scharlachrot gefärbt hatte. Mel beschwerte sich nicht – das tat sie nur selten, außer sie überspitzte ihr Leiden zur Satire, eine Form von Stoizismus, die ich bewunderte und gelegentlich auch unerträglich fand. Ich hatte aber zuvor schon bemerkt, dass sie verkrampft geradelt war, um ihren verbrannten Rumpf nicht zu sehr zu bewegen. Keine leichte Aufgabe auf einer Straße voller Schlaglöcher.

Nach dem Eincremen seufzte Mel leise und entschlossen, und das bedeutete, sie war wieder bereit, es mit der Straße aufzunehmen. Ich aber nicht. »Hörst du das? Ist das ein Vogel? Oder sind das vielleicht die Jungs?«, fragte ich vorsichtig und hoffte, Mel abzulenken, damit wir noch ein bisschen länger Pause machten. Ein großer Teil des Reizes am Radfahren liegt im herrlichen Stehenbleiben. »Hey, hast du Hunger?«

Natürlich war sie hungrig, das waren wir immer. Obwohl wir für den gesamten Monat alle Grundvorräte eingepackt hatten, von Haferflocken bis zu Instantnudeln, überstieg unser Appetit das Fassungsvermögen unserer Taschen bei Weitem. Gestern hatten wir sogar ernsthaft darüber nachgedacht, das Zicklein zu essen, das Florian von einem chinesischen Motorradfahrer geschenkt bekommen hatte, der an unserem Lager vorbeigekommen war und wahrscheinlich den Eindruck gewonnen hatte, dass wir alle unterernährt aussahen. Florian, ein sanftmütiger Mathematiker, der mit Differenzialgleichungen vertraut war, aber unfähig, die Ziege zu schlachten, hielt die strampelnde Kreatur in seinen Armen und starrte uns fragend an. Mattias leckte sich die spröden Lippen. Ben nickte wie in sabbernder Trance. Da machte die Ziege etwas sehr Raffiniertes; sie streckte ihr süßes, geplagtes Köpfchen in die Höhe, meckerte hinreißend, und das muss in Mels Ohren wie der schmachtende Elvis Presley geklungen haben.

»Das war's, Jungs, gebt sie zurück!«, sagte sie in einem Ton, der klarmachte, dass sie eher Ben und Mattias essen würde, als zuzulassen, dass der Ziege ein Haar gekrümmt würde. Eine Vegetarierin, die beim Anblick von allem Vierbeinigen und Flauschigen dahinschmolz und erst vor Kurzem eine halbe Stunde kostbares Videomaterial vergeudet hatte, um Zicklein zu filmen, die an einer Tankstelle herumtollten. Nach Mels Einspruch wirkte Florian sichtlich erleichtert und gab die Ziege behutsam dem chinesischen Motorradfahrer zurück, der sie in eine seiner Satteltaschen stopfte und davonfuhr. Also hockten wir jetzt auf dem Randstreifen der Nationalstraße 219 und aßen stattdessen muffige Kekse.

»Typisch«, nuschelte Mel nach einem Bissen.

»Was?«

»Kein einziger Chocolate Chip.«

Mel betrachtete nachdenklich ihren halb gegessenen Keks, dessen Hochglanzverpackung einen dichten Kosmos von Schokoladensplittern versprochen hatte. Ich hatte meine eigenen Kekse so schnell verputzt, dass mir das kaum aufgefallen war. Es war nicht das erste Mal, dass wir in China durch irreführende Werbung getäuscht worden waren. In den zwei Monaten vor Tibet, in denen wir durch die Region Xinjiang gefahren waren, hatten Mel und ich Eis am Stiel gekauft, das von sich behauptete, nach Erdbeere, Wassermelone, Fruchtpunsch oder Schokolade zu schmecken, um dann festzustellen, dass ausnahmslos alle Sorten aus dem gleichen geschmacklosen braunen Eisblock geschnitten waren, der mit roten Bohnen gespickt war. Bohnen! Wer tut denn bitte Hülsenfrüchte in Eis? Und warum um alles in der Welt haben wir es immer wieder gekauft?

Vermutlich aus demselben waghalsigen Optimismus, der uns veranlasste, uns illegal in ein Land zu schleichen, das fast so sauerstoffarm ist wie der Mars. Oder war es der sture Glaube von Pilgern, die immer wieder das gleiche Mantra wiederholen und davon überzeugt sind, dass es sie schließlich an einen anderen Ort führen wird? Zurück im Sattel, tat ich so, als würden weniger die Räder die Oberfläche des Planeten Erde überqueren, sondern als würde vielmehr alles verblassen und sich auflösen, wenn ich auch nur eine Sekunde nicht mehr in die Pedale trat.

Der mineralische Glanz der Berge und der wolkenverhangene indigoblaue Himmel und diese Straße, eine Aneinanderreihung von Umwegen, waren ein Traum, der nur durch die Bewegung meiner Beine fortdauerte.

Drei Stunden und genauso viele vermeintliche Passhöhen später wusste ich, dass wir endlich den Gipfel erreicht hatten, als Mel, die vor mir gefahren war, ihr Fahrrad fallen ließ und ein Rad schlug. Ich war derart benommen, und mir war so schwindlig, dass ich im Stehen ein Rad zu schlagen schien. Einer jener seltenen Momente im Leben, in denen man sich spürbar in eine neue Version seiner selbst weiterentwickelt, schlagartig und rasant. Dass ich radelnd eine Höhe erreicht hatte, die ich zuvor nur aus Flugzeugen kannte, und dass ich dennoch atmen konnte, war eine Offenbarung, wie die Entdeckung einer zusätzlichen Lunge oder die Fähigkeit, UV-Licht mit bloßem Auge zu sehen. Ich hatte immer gehofft, dass wir es bis ins Tibetische Hochland schafften, das formal betrachtet noch ein paar Pässe entfernt lag, von denen jeder einzelne höher war als der vorherige, aber jetzt, zum ersten Mal, *glaubte* ich daran.

Mel und ich feierten unseren Erfolg mit heißer Schokolade, während wir auf Ben, Mattias und Florian warteten. Auch dieses Getränk war ein Produkt aus China, das heißt, sein Kakaogehalt war auf das Design der Verpackung beschränkt, aber allein schon die Umstände boten reichlich Würze: Alles schmeckt köstlich, wenn man mit seiner besten Freundin hoch oben im Himalaja ist, völlig fertig, aber bereit zu mehr – mehr sich schlängelnden Straßen, mehr rauen Gipfeln, mehr tiefem und unteilbarem Himmel. Mehr von allem, das immer so weitergeht.

Die Abfahrt erfüllte diese Beschreibung auf ziemlich schmerzhafte Weise. Als wir den Pass hinunterrasten, verbanden sich all die kleinen Unebenheiten und Kieselsteine auf der Straße zu einem Untergrund, der direkt auf eine Gehirnerschütterung hinauslief. Das ist eben der Preis, den man zahlt, um das verbotene Tibet zu erreichen: Schmerzen in den Beinen, im Hintern und im Gehirn, das keinen zusammenhängenden Gedanken mehr fassen kann, denn alles, was es spürt, ist der

Presslufthammer, mit dem es untrennbar verbunden scheint. Mir war vorher klar, dass es beschwerlich sein würde, den Pass zu erklimmen, aber ich hätte nie gedacht, dass es noch schwieriger sein würde, ihn hinunterzufahren. Als wir schließlich unser Zelt im Gletscherschutt eines Taleinschnitts aufschlugen, hatte ich pochende Kopfschmerzen. Zwischen den Augenbrauen bohrten sich Schraubbolzen in den Schädel. Ich verkroch mich in meinen Schlafsack und war mir sicher, nicht mehr weiterfahren zu können.

Doch am nächsten Tag erwachte ich begierig darauf, erneut dem Rausch der Straße zu erliegen. Vielleicht war es die belebende Kraft von Instanthaferbrei, gemischt mit Erdnussbutter. Vielleicht war es auch der »Nescafé 3 in 1«, mit dem Mel und ich diesen klebrigen Brei herunterspülten. So oder so, jeden Morgen war ich seltsam überzeugt, am Rande einer großen Entdeckung zu stehen, obwohl ich mich auf der Handelsroute einer längst vergangenen Zeit und auf dem bevölkerungsreichsten Kontinent der Erde befand. Dies hier war wohl kaum Terra incognita, aber es fühlte sich so an, vor allem, als Mel und ich eine Woche später einen fünftausend Meter hohen Pass hinauffuhren, den höchsten und sauerstoffärmsten Abschnitt unserer Seidenstraße, und auf der anderen Seite fast nicht mehr herunterkamen.

Plötzlich breitete sich vor uns das Land aus wie breit gespreizte Flügel, die sich hier und da über die Berge wölbten. Keine Bäume, kein Grün, nirgends irgendwelche Farben, außer türkisfarbenen Salzseen, die in der Ferne wie Pfützen aus Himmelsblau schimmerten. Der Horizont wirkte eher zerzaust als gerade, und ab und zu spuckte er einen Staubwirbel aus, der bald nur wenige Meter vor uns in unheimlicher Stille über die Straße gleiten würde, wobei sein Kamin ein Fragezeichen bildete, dem der untere Punkt fehlte. Wo auf diesem sich drehenden Planeten war ich nur?

An einem Ort, wo Bergsteiger auf Gipfeln fossile Muscheln finden, wo die flachsten Ebenen höher sind als die höchsten Gipfel der Gebirge der Vereinigten Staaten, wo der Wind nach Salz duftet und der Horizont mitunter an windgetriebene Wellen erinnert. Willkommen im Tibetischen Hochland, dem höchsten Landstrich unseres Planeten, einem perfekten Kompromiss zwischen Himmel und Erde.

Mel und ich besuchten das Hochland zufällig in einer Ruhephase seiner leiderprobten jüngsten Geschichte. Es war der Sommer 2006, knapp zwei Jahre vor den gewaltsamen Übergriffen auf Tibeter im Vorfeld der Olympischen Spiele in Peking, vor der erzwungenen Ansiedlung von Nomadenstämmen in düsteren Trabantenstädten sowie bevor in den Hauptnachrichten regelmäßig von der Selbstverbrennung von Mönchen und Nonnen berichtet wurde. Die chinesischen Behörden konnten sich damals einfach nicht mit einem Haufen ungekämmter Radfahrer befassen, obwohl Mel und ich wussten, dass sich das jeden Moment ändern konnte, sodass wir erschraken, als der Motor eines Militärlasters hinter uns aufheulte und zwei Soldaten heraussprangen.

Die Männer trugen getönte Sonnenbrillen, schwarze Stiefel und dschungelgrüne Tarnanzüge, die in dieser sowieso schon kargen Landschaft sonderbar wirkten. Als sie sich unsere Räder schnappten, befürchteten wir das Schlimmste, aber sie wollten nur damit herumfahren. Die Soldaten schaukelten abwechselnd die Straße hinunter, fotografierten sich gegenseitig mit ihren Handys und atmeten so angestrengt, als würden sie Geburtstagskerzen auf der Torte ausblasen. Nach ein paar Runden gaben sie uns die Fahrräder zurück, winkten zum Abschied, und offenbar war es ihnen gleichgültig, dass wir im Begriff waren, in die Hochlandregion Aksai Chin einzudringen.

Dieses besondere Gebiet aus Salz und Wind, fast unbewohnt und weithin als Ödnis abgetan, ist eine der am meisten umkämpften Regionen Asiens. Tibetisch wegen des kulturellen Erbes, indisch wegen eines Staatsvertrags und chinesisch durch bloßen Besitz, ist das Aksai Chin aufgrund seiner strategisch bedeutenden Lage in einem territorialen Tauziehen gefangen. Alles begann, als China 1957 klammheimlich eine querverbindende Straße baute. Jene Straße, auf der wir uns jetzt befanden und die sich wie ein sich langsam voranfressender Kabelbrand über mehr als fünfzehnhundert Kilometer am tristen Rand des Plateaus entlangwand. Indien hatte erst ein halbes Jahrzehnt später die Existenz der Nationalstraße 219 bemerkt, und seine Entdeckung löste einen Krieg um das Grenzgebiet aus. Hunderte indischer und chinesischer Soldaten starben durch Granaten, Maschinengewehrsalven und Mörserfeuer, weil der jeweilige Staat ein Gebiet beanspruchte, das Jawaharlal Nehru, der damalige indische Premierminister, als so unfruchtbar bezeichnete, dass dort »kein Grashalm wächst«. Noch heute ist der größte Teil der Himalaja-Grenze zwischen Indien und China umkämpft, wobei große Abschnitte dieser Grenze immer noch unklar sind, so als ob jemand die Tinte auf der Landkarte verschmiert hätte, bevor die Beschriftungen und Linien trocknen konnten.

Nicht, dass der chinesische Straßenatlas, den Mel und ich mit uns schleppten, näheren Aufschluss gewährt hätte, denn seine Seiten waren schmierig fettig und fast durchsichtig, weil sie x-fach von Sonnencreme-Fingern umgeblättert worden waren. Was unsere Landkarten aber dennoch mit wenigen kräftigen Strichen deutlich machten: Das Tibetische Hochland gehörte eindeutig zu China. Das widersprach der von den Deutschen mitgebrachten Landkarte, die das Aksai Chin diplomatisch mit gestrichelten Linien markierte.

Wir sind es gewohnt, Nationen als selbstverständlich zu betrachten, Karten als vertrauenswürdige Autoritäten, die Staatengrenzen erhaben und sicher markieren. In Ländern wie Tibet jedoch bleiben diese Linien nicht lange erhalten. Grenzen können sich über Nacht verschieben, weil sie auf einmal durch stabile Schranken neu bestimmt wurden oder auch weil sie nur auf höchst suggestive und geisterhafte Weise existierten. Zumindest habe ich sie im Aksai Chin so empfunden – als einschüchternden Horizont, der eigentlich nur vom Wind kontrolliert wird. Was, wenn Grenzen grundsätzlich nur der Ausdruck eines Wunsches sind und auf Länder und in Köpfe geschrieben werden, um zu versuchen, dem wahren Fluss des Lebens Beständigkeit aufzuzwingen?

Sand wurde an mir vorbeigeweht, gefolgt von Staubwolken. Ich atmete die Umgebung tief ein und trat weiter in die Pedale. Dann wurde mir klar, dass der chinesische Militärkonvoi, der hinter uns beschleunigte, für den Wirbel sorgte. Wir ließen die Fahrzeuge passieren, Dutzende und Aberdutzende von schwarzen Jeeps mit einer langen Reihe keuchender Auspuffanlagen. Ich betrachtete genervt die vielen Soldaten, die durch das Aksai Chin patrouillierten, aber vielmehr frappierte mich, wie ich mich selbst plötzlich inmitten von ihnen sah. »Sehnsucht im großen Stil«, sagt der Schriftsteller Don DeLillo, »macht Geschichte.« Und Sehnsucht in kleinerem Maßstab ist es, was Forscher ins Unbekannte schickt, wo sie typischerweise als Erstes eine Karte zeichnen.

Zugegeben, wenn ich erst wieder zu Hause wäre und besser atmen könnte, würde ich mehr Zeit haben, über Grenzen und Entdecker nachzudenken. Vorläufig jedoch war ich damit beschäftigt, auf dem Rad zu bleiben. An manchen Tagen war die Straße kaum noch zu erkennen, eine vage Narbe im Sand oder ein steinerner Faden, der sich kaum vom restlichen Berggeröll unterschied. Irgendwann verschwand der Weg ganz unter einem Bach. Eisiges Gletscherschmelzwasser schwappte zwischen meine Zehen, während ich mein Fahrrad hindurchschleppte, und danach konnte ich meine Füße stundenlang nicht mehr spüren. Genauso zuverlässig eisig war auch der Gegenwind, bitter und konstant, als ob er tief verborgen im Himalaja lauerte, dem Herzen aller Winde der Erde, und die Landschaft formend, während er über das Gletschereis strömt.

Nicht besonders hilfreich war, dass unsere schweren Fahrräder wie sperrige Segel wirkten, dass sie mit Zelten, Schlafsäcken, Ersatzteilen, Werkzeugen und Lebensmitteln bepackt waren – all die Instantnudeln, die Erdnussbutter und die Snacks mit ihren irreführenden Verpackungen, die wir zum Überleben brauchten, zum knappen Überleben. Selbst wenn in Westtibet Lebensmittelgeschäfte und Restaurants normal gewesen wären, Mel und ich hatten kein Geld mehr bei uns, um frische Rationen zu kaufen. Wir hatten unseren letzten Hundertdollarschein im hohlen Metallrohr meines Lenkers versteckt und so aus meinem Fahrrad ein Sparschwein gemacht. Aber nach all den Monaten auf der

Straße hatte sich das Geld bestimmt längst untrennbar mit dem Aluminium verbunden.

Gelegentlich spürten wir eine gewisse kalorische Erleichterung, weil Tibeter ihre Mahlzeiten mit uns teilten. In einem Moment waren wir noch allein auf dem Plateau, und im nächsten waren wir von Nomaden umgeben, die aus den Bergen kamen. In der Luft hing auf einmal der Duft von Rauch und Schafwolle, und da waren sie, Männer und Frauen und Kinder mit glänzenden kupferfarbenen Gesichtern und rissigen roten Wangen und dicken Strängen von lakritzschwarzem Haar. Die Männer trugen schicke zerfetzte Smokings und kecke Filzhüte. Die Frauen hatten Halsschmuck mit Anhängern aus hellen Brocken Bernstein und Türkis und Koralle angelegt. Wenn wir Glück hatten, luden sie uns in ihre Zelte ein, um mit ihnen Tsampa zu essen, einen Brei aus gerösteter Gerste, und Yakbuttertee zu trinken, ein Gebräu, das während des Trinkens gerann.

»Schmeckt nach ... Tier?«, grübelte Mattias mit schmalzähnlich glänzender Oberlippe. Er schlürfte wieder an der dicker werdenden Brühe und nickte. »Schmeckt nach Yak.«

Das Segeltuchzelt atmete ein und aus. Ein älterer Mann strahlte uns an, während er abwesend die Holzperlen einer Kette in seinen Händen rieb. Die Schwielen in seinen Handflächen sahen aus wie dunkle Münzen. Wir hockten auf harten Holzbänken und schlürften Tee, unsere Augen passten sich langsam an die Dunkelheit und den Dungrauch an. Es war ein einfaches Zuhause, jedoch mit tausend glänzenden Einzelteilen: porzellanähnliche Tassen und Schalen, Dosen, deren chinesische Etiketten ich nicht entziffern konnte, Töpfe und Wasserkessel, eine Uhr, die nicht funktionierte, ihre dünnen Zeiger wackelten unruhig im Wind, der die Stoffwände des Zelts erschütterte. Ich hatte keine Ahnung, wie die Familie das alles von Lager zu Lager schleppte oder wie oft sie ihr Lager überhaupt verlegte, und es gab noch eine Million anderer Details, die ich erfahren wollte, aber es fehlten mir die Worte, um danach zu fragen, also lächelte ich einfach stumm und schaufelte mir mit meinen Fingern buttrige Klumpen des Tsampa in den Mund.

An der gegenüberliegenden Zeltwand fiel mir ein Hochglanzposter auf, das an einen Stützträger geheftet war. Auf dem Bild waren saftige Burger, goldene Pommes frites, Schalen mit Kirschen und Orangen und Eiscreme und schaumige Milchshakes zu sehen, die auf einer rot-weißen Picknickdecke in einem üppigen Wald neben einem Wasserfall drapiert waren. In Westchina hatten wir ganz ähnliche Plakate gesehen, sei es in Han-Restaurants in Kashgar, in muslimischen Lehmziegelhütten in Xinjiang oder in Buddhistencamps in Tibet. Die Bilder faszinierten mich nicht nur wegen der quälenden Unerreichbarkeit dieser dargestellten Gelage – Essen, das noch Tausende von Kilometern entfernt nicht zu bekommen war –, sondern auch wegen der seltsamen Vertrautheit der Szenerie. Soweit ich das beurteilen konnte, zeigten sie das ländliche, bewaldete Ontario, wo an den Wänden meines Schlafzimmers Poster hingen, die Berge und Wüsten und vom steten Wind sauber gefegte Horizonte zeigten. Wir Menschen sehnten uns also aneinander vorbei.

Nach dem Essen holte Mattias seine Ausgabe von *Sieben Jahre in Tibet* heraus, in der es um die Flucht eines österreichischen Bergsteigers aus einem britischen Kriegsgefangenenlager in Indien nach Tibet geht. Er blätterte in die Mitte des Buches und zeigte unseren Gastgebern ein Schwarz-Weiß-Foto des jungen, grinsenden, in ein typisch ärmelloses Gewand gekleideten Tenzin Gyatso, Seine Heiligkeit der vierzehnte Dalai Lama und Träger des Friedensnobelpreises, den er für seinen gewaltlosen Widerstand gegen die Besetzung Tibets durch China erhalten hatte. Unsere tibetischen Gastgeber drängten sich um Mattias, damit sie einen Blick auf das Foto erhaschen konnten.

Die chinesische Regierung untersagte es, ein Foto des im Exil lebenden geistigen und weltlichen Führers Tibets zu besitzen. Die Tibeter nannten ihre Heimat im Laufe der überlieferten Geschichte »Bod«. Vom 7. bis zum 9. Jahrhundert, den glorreichen Tagen des tibetischen Reichs, erstreckte sich Bod bis zum heutigen Indien, Pakistan, Afghanistan, Tadschikistan, Kirgisistan und China. Etwa sechs Jahrhunderte später, als Marco Polo der Seidenstraße bis ins Hochland folgte, erreichte er ein viel kleineres Gebiet, das er »Thebeth« nannte. Was weniger der Name eines zusammenhängenden Nationalstaates moderner Ausprägung war, sondern vielmehr eine geografische Beschreibung, die aus einem alttürkischen Wort für »Höhe« stammte. Bis dahin hatte sich Tibet unter mongolischer Herrschaft befunden, obwohl Polo berichtete, dass sich die Bewohner dieses »trostlosen Landes« weigerten, Kublai Khans Papiergeld zu benutzen, und stattdessen ihre gewohnte Salzwährung bevorzugten.

In den darauffolgenden Jahrhunderten wurde Tibet vom dynastischen China verwaltet, vom britischen Königreich angegriffen und genoss dann eine seltene Ruhepause der Selbstbestimmung. Letztere endete 1950, als die Volksrepublik China in das buddhistische Land einmarschierte und den Dalai Lama schließlich zwang – unter Zusicherung regionaler Autonomie und Religionsfreiheit –, ein Abkommen zur Integration Tibets in China zu unterzeichnen. Acht Jahre später, als die Chinesen einen Aufstand in Lhasa gewaltsam unterdrückten, fürchtete der Dalai Lama um sein Leben und floh nach Indien. Zehntausende von Tibetern folgten ihm. Viele Hunderttausende sind seitdem geflohen, denn ihre einstige Heimat wurde 1959 von den Chinesen »befreit«, was bedeutete, dass die damalige Regierung Tibets für unrechtmäßig erklärt und die einst unabhängige Nation gewaltsam in die nicht autonome Region Xizang aufgenommen wurde. Recht aufschlussreich heißt Xizang, aus dem Mandarin übersetzt, so viel wie »westliche Schatzkammer«. Seither haben die riesigen Kupfer-, Lithium-, Gold- und Silbervorkommen des tibetischen Plateaus das Wirtschaftswachstum Chinas mitfinanziert. Und Tibets regionale Grenzen verfügen seitdem über Checkpoints, die, wie wir aus erster Hand erfahren hatten, nicht nur die Mobilität von Ausländern einschränken, sondern auch die der Einheimischen. Kein Wunder, dass die Tibeter als große Anhänger der Vergänglichkeit gelten. Als das Reich erblühte und danach ausgetrocknet wurde, als sich ihre Grenzen ausdehnten und dann wieder schrumpften und sich das Geschehen gegen sie wandte, bewies der jahrhundertelange Alltag im Hochland immer wieder, dass Beständigkeit eine Illusion ist.

Mattias riss die Seite mit dem Foto aus dem Buch und gab sie dem alten Mann, der das Bild an seine Stirn drückte, dann vorsichtig faltete, sodass das Gesicht Seiner Heiligkeit nicht zerknitterte, und es zur Aufbewahrung in seinen Umhang stopfte. Wir bedankten uns bei der Familie, standen auf, um zu gehen, und wischten uns die buttrig fettigen Hände an unseren Radlerhosen ab. Zurück auf der Straße, wirkte das Zelt, als ich mich noch einmal umblickte, wie ein winziger weißer Briefumschlag mit Gebetsfahnen. Gelb, Grün, Rot, Weiß und Blau, wobei jede Farbe ein Element und einen Geisteszustand beschreibt, sodass jede Fahne mit sogenannten Sutras zu Sehnsucht und Leid, Mitgefühl und dem Fluss der Kraft beschriftet ist – die Art von Worten, die immer stärker werden, je mehr sie verblassen.

Vielleicht ist der Pangong Tso, ein lang gestreckter Salzsee, der sich quer durch Tibet bis nach Nordindien zieht, die ehrlichste Art von Grenzland: Es ist jahreszeitlich durch Aggregatzustände definiert, von fest (zugefroren) bis flüssig. Der See war so riesig und türkisfarben, dass er fast tropisch aussah, wie ein Überbleibsel des alten Tethys-Meeres, dessen warmes blaues Wasser vom indischen Subkontinent verschluckt wurde, als dieser vor fünfzig Millionen Jahren auf Eurasien stieß und den ehemaligen Meeresboden zum Tibetischen Hochland zerknüllte. Auf mehr als viertausend Meter Höhe entpuppte sich der einladende See als eher frostig, aber wir hatten seit Wochen nicht gebadet.

Mel, die Deutschen und ich stellten die Fahrräder ab und tauchten sofort in das Wasser ein. Ich schwamm auf dem Rücken, das belebende Wasser linderte den Schmerz der vom Sattel wund gescheuerten Stellen. Zum Glück waren sie diesmal nicht so blutig wie damals, als Mel und ich durch die USA radelten und feststellten, dass Unterwäsche unter gepolsterten Radlerhosen ein großer Fehler ist. Hier nun trug das Wasser sanft mein ganzes Gewicht, löste mich von der Erde und gleichermaßen vom Himmel direkt über mir. Ich versuchte, bis nach Ladakh zu schauen, der Region in Nordindien, die als »Little Tibet« bekannt ist, aber der See erstreckte sich zu weit, um bis zur anderen

Seite sehen zu können. Was ich aber sah, war Ben, der immer noch ängstlich am Ufer stand. Schließlich watete er doch stirnrunzelnd ins Wasser und stürmte gleich wieder hinaus, weil er behauptete, einen Ölfilm auf der Oberfläche entdeckt zu haben.

»Ben, das bist du selbst«, versuchten wir, ihm klarzumachen. »Das ist dein Dreck, deine Sonnencreme.«

Aber er trocknete sich schon wieder ab und war wütend. Wegen der fürchterlichen Schlaglöcher in der Straße tat eine alte Schlüsselbein-verletzung wieder weh, und Bens Stimmung besserte sich auch nicht dadurch, dass dies noch der einfachste Teil der Reise gewesen sein sollte. Laut Landkarte erwarteten uns etwa einhundertfünfzig Kilome-ter sanfte, fließende Abfahrt, aber was die topografischen Höhenlinien nicht vermittelten, war die sandige, halb verschüttete Beschaffenheit der Straße. Eine zusätzliche Belastung für Bens Verletzung waren die großen Kieshaufen, die alle paar Meter entlang der Nationalstraße 219 auftauchten und darauf hindeuteten, dass Straßenarbeiter irgendwann den Sand festigen, die Schlaglöcher füllen und die waschbrettartigen Spuren glätten würden. Aber die Wochen vergingen, und die Last-wagen, manchmal ein, zwei oder gar drei pro Tag, vollgestopft mit chinesischen Arbeitern in gelben Sicherheitswesten, überholten uns. »Macht euren Job!«, tobte Ben, wenn sie vorbeifuhren. »Repariert die Straße!« Aber die chinesischen Arbeiter hielten sein Geschrei und Fuchteln für einen freundlichen Gruß und lächelten und winkten bloß fröhlich zurück, während sie sich auf den Weg machten, um eine andere Strecke als unsere auszubessern.

Das Hochland, ließ Ben uns mit kargen Worten wissen, lag seiner Vorstellung von Shangri-La denkbar fern. Dies war ein weiteres Etikett, das Tibet im Laufe der Jahre ungewollt erhalten hatte, vor allem dank James Hiltons Roman *Der verlorene Horizont* aus dem Jahr 1933. Hiltons Buch und der darauf basierende erfolgreiche Kinofilm schilderten einen vegetativ reichen, paradiesischen Himalaja-Adlerhorst, der in Tibet ver-steckt lag und fälschlicherweise in der öffentlichen Meinung das Bild eines prälapsarischen Refugiums verankerte, eines Orts der mystischen

Unschuld und Unsterblichkeit. Das echte Tibetische Hochland oder zumindest der westliche Teil, den wir bislang kennengelernt hatten, war hingegen »zweifellos eines der trostlosesten Gebiete der Welt«. So jedenfalls beschrieb Nehru das sogenannte Ödland Aksai Chin, um das er dennoch Krieg führte.

Um ehrlich zu sein, ich fand die Kargheit des westlichen Plateaus so jenseitig, so atemberaubend, dass ich verstehen konnte, warum jeder es für sich beanspruchen wollte. Tibet wird oft romantisch als das Dach der Welt beschrieben, als würde das Hochland einen aufwendig gestalteten Unterschlupf bieten. Doch es war seine raue Erscheinung, nach der ich mich sehnte und die ich dort auch fand. Das Plateau bietet in Wirklichkeit keinen Zufluchtsort, sondern einen neuen Erkenntnisrahmen. Aus dieser schwindelerregenden Höhe kann man nämlich das *wahre* Dach unserer Welt erblicken: die schwache Schicht von Sauerstoff und Stickstoff, die uns vom Himmel zurückhält, oder den Himmel von uns. Eine dünne blaue Kante, nicht mal hundert Kilometer dick, die alles Leben auf der Erde vor der bodenlosen Leere des Weltraums schützt.

Hundert Kilometer war auch ungefähr die Strecke, die ich an einem Tag fahren konnte – ach, wenn ich nur direkt in den Himmel hätte radeln können –, aber durch Tibet zu strampeln war schon anstrengend genug. Was für uns alle einen Teil des Charmes der Reise ausmachte, bis auf Ben, der die meiste Zeit Kopfhörer trug und stundenlang zur Musik mitbrüllte und absichtlich taub für den Wind und das Klappern der Räder auf dieser wunderschönen, die Eingeweide gründlich durchschüttelnden Straße war. Mattias hatte Ben großzügig seinen iPod geliehen. Darauf lief in Endlosschleife eine begrenzte Auswahl an Musikstücken, beispielsweise der *Baywatch*-Titelsong und Avril Lavignes *Sk8ter Boi*. Ich könnte mir kaum etwas Schlimmeres vorstellen als solch einen Soundtrack, aber nach dem entrückten, glückseligen Blick von Ben zu urteilen, gelang es der Musik, ihn fortzutragen, woandershin, nach Hause, in die späten Neunzigerjahre, überallhin, außer ins Hier und Jetzt in Tibet, dem einzigen Ort im Universum, an dem ich sein wollte.

Einen Monat nach dem Überqueren des Checkpoints in Kudi erreichten wir die kleine Stadt Ali, für Westtibet fast schon eine Metropole, die das Ende von Bens Seidenstraße markierte. Er war es müde, ständig müde zu sein und dass der Rest von uns jede noch so quälende Minute liebte. Mit seinem nur noch ein oder zwei Wochen gültigen chinesischen Visum fuhr er daraufhin in einem Transporter von Ali nach Lhasa, bestieg ein Flugzeug nach Peking und flog nach Hause ins kanadische Manitoba. Als Geschenk zu seiner Abreise überreichten Mel und ich ihm ein Päckchen mit einem getrockneten Yak-Penis, den allerdings leider der kanadische Zoll bei der Einreise sofort konfiszierte, wie wir später erfuhren.

Andere Radfahrer, die sich ebenfalls durch Westtibet geschlichen hatten, berichteten, dass man sich der örtlichen Polizei in Ali stellen und so einen vorläufigen Rechtsstatus erhalten konnte, was die Reise durch die zahlreichen Checkpoints auf dem Weg nach Lhasa erleichtern würde. Also atmeten Mel und ich tief durch und händigten den Beamten auf der Polizeiwache unsere Dokumente aus. Nachdem wir eine Reihe von Formularen ausgefüllt hatten, die wir eigentlich nicht entziffern konnten, und entsprechend reumütig aus der Wäsche guckten, gaben uns die Beamten widerwillig unsere Pässe zurück, die nun schmale Papierstreifen mit unserer Reisebewilligung und dem Schriftzug »Aliens' Travel Permits« enthielten. »Glückwunsch, Kate«, sagte Mel, als wir die Polizeistation verließen. »Endlich bist du offiziell als Marsmensch anerkannt!«

Im Tibetischen Hochland fühlte ich mich seltsam zu Hause, ein tiefes Gefühl von Angekommensein, das beinahe alles durcheinanderbrachte. Ich will nicht behaupten, gleich eine allgemeine Zugehörigkeit zu einer Kultur oder komplizierten Geschichte empfunden zu haben, die ich damals kaum kannte und noch heute nur versuche zu verstehen. Stattdessen spürte ich eine Affinität zum Land selbst, zu den nüchternen Konturen und der herben Tektonik, diesem Gebiet des Auftriebs und der Veränderung. Als Mel und ich aus Ali herausfuhren, musste ich unweigerlich an das Foto »Pale Blue Dot« denken, das Bild von dem hellblauen Punkt, das die *Voyager I* von der Erde geschossen hatte, bevor die Raumsonde für immer aus dem Sonnensystem flog. Das Bild zeigte unseren Heimatplaneten als einen winzigen blauen Fleck in der Dunkelheit des tiefen Weltraums, »ein Staubkorn in einem Sonnenstrahl«, so der Astronom Carl Sagan. Obwohl die Instrumente der *Voyager* auf ihrer streng wissenschaftlichen Mission unter anderem die Größe der Partikel in den Ringen des Saturn aufzeichneten, bot diese zufällige Momentaufnahme der Erde etwas weitaus Selteneres und Wichtigeres als all die Unmengen der anderen Daten: einen grundlegenden Perspektivwechsel. War das nicht das aussagekräftigste Ergebnis jedweder Forschung? Die alte Welt – und uns selbst – neu zu entdecken?

Das Tibetische Hochland bot einen ähnlich kosmischen Realitätscheck. Da war ich, selbst kaum mehr als ein Staubkorn, seit einem Monat ohne Dusche, und fuhr langsam zwischen den Gipfeln, die einst der Meeresboden gewesen waren. Es war wie auf dem Mond oder Mars, nur besser: Ich konnte atmen, laut lachen, den Wind im Gesicht spüren. Ich musste mich nicht bei der Einsatzzentrale melden oder über Funk sprechen. Und das einzige Mal, dass ich mir kurz nostalgisch den schützenden Puffer eines Raumanzuges gewünscht hätte, war, als ein Reifen meines Fahrrads platzte, während ich gerade einen Hügel hinunterfuhr und mich die Angelegenheit aus dem Gleichgewicht brachte und in den Dreck schleuderte.

»Guter Stunt, Kato!«, meinte Mel, als sie sich vergewissert hatte, dass ich mich nicht ernstlich verletzt hatte. Ich klaubte Splittstückchen aus meinen Handflächen und bedauerte, keine Handschuhe getragen zu haben. Nachdem sie monatelang Schweiß, Staub und Sonnencreme aufgesaugt hatten, waren sie steinhart, sodass ich mich trotz der heftigen Kälte im Hochgebirge im August dafür entschieden hatte, auf sie zu verzichten. Mel half mir, den Fahrradschlauch zu flicken, der bereits einem Quilt aus lauter Flicken ähnelte. Sie hielt das Rad, während ich den Schlauch mit einer kleinen Luftpumpe aufblies, die vor lauter Staub quietschte. Erst als ich wieder auf dem Rad saß, bemerkte ich weitere Kollateralschäden des Unfalls: Meine Daunenjacke war von einem spitzen Felsen aufgeschnitten worden, und nun flatterten winzige weiße Federn von mir, als ob ich mich in der Mauser befände.

Wolken rutschten die Hänge des Tales herab, das jetzt in bernsteinfarbenes, langsam dunkler werdendes Licht getaucht war. Die Luft war kalt und roch ausnahmsweise nach nichts. Der Wind bewegte sich wie etwas Lebendiges. Obwohl ich Klebeband auf den Riss in meiner Jacke geklatscht hatte, verlor ich immer noch die eine oder andere Feder. Aber es war mir egal. Denn das Hochland hätte all meine Federn und meinen Schweiß und sogar die Haut von meinen Handflächen haben können – was auch immer nötig war, um hier zu sein und diese grenzenlose Intimität zu verdienen. Ich kann mich noch daran erinnern, wie ich dachte, wenn ich wirklich eine Entdeckerin wäre, müsste ich Folgendes zeichnen: wie sich der Himmel in dieser Nacht über dem Hochland bewegte, dunkler wurde und die Sonne einen letzten goldenen Strahl durch die Wolken schickte. Wie um mich herum die Berge wie Mondgeröll leuchteten, für einen Moment aufglühten und dann plötzlich verschwanden.

NATURGESCHICHTE
England und Neuengland

Ein paar Wochen später flogen Mel und ich zurück nach Kanada. Der Staub der Radtour hing so fest in unseren Klamotten wie die Edelsteine, die Marco Polo angeblich in den Säumen seiner Kleidung nach Hause geschmuggelt haben soll. Ich sah aus dem Fenster des Flugzeugs China schrumpfen, und dann war da nur noch das Mikrowellenessen der Fluglinie, das nur unwesentlich geschmackvoller war als Instantnudeln. Nach viertausend Kilometern in vier Monaten war es fast eine Erleichterung, mal eine Weile still zu sitzen, ohne in die Pedale zu treten. Doch das hielt nicht lange an. Etwa einen Film der Bordunterhaltung später wurde ich schon unruhig, und Mel auch. Noch bevor das Flugzeug in Toronto landete, hatten wir uns geschworen, eines Tages auch den Rest der Seidenstraße zu fahren, nämlich das ziemlich gewaltige Stück zwischen Europa und Asien.

Zu Hause machte ich mir gar nicht erst die Mühe, mein Fahrrad auszupacken. Denn ich nahm es bald mit nach England, um in Oxford mein Examen vorzubereiten, und dort wollten einige neue Freunde und ich unser Studium mit einer Radtour beginnen. Wir fanden heraus, dass wir vor dem offiziellen Semesterstart gerade noch genug Zeit hatten, um nach Stratford-upon-Avon, in den Geburtsort von Shakespeare, zu radeln, wo Patrick Stewart, auch bekannt als Captain Jean-Luc Picard aus *Star Trek*, als Prospero in *Der Sturm* auftrat.

Wenn ich morgens in meinem zerlumpten Schlafsack aufwachte und den Reißverschluss des Zelts öffnete, erwartete ich immer, im nächsten Moment das Tibetische Hochland zu sehen. Aber stattdessen sah ich die grünen Hügel Englands und eine Gegend, die den idyllischen Postern ähnelte, die ich in China gesehen hatte. Zwei Tage lang fuhren Dominique, Kim, Jamie und ich an reetgedeckten mittelalterlichen Dörfern und schlossähnlichen Landgütern mit langen Rasenflächen vorbei, die als Start- und Landebahnen dienten, was wir mit Bestimmtheit sagen konnten, weil wir auf einer von ihnen ein Flugzeug sahen. Wir sammelten so viele Brombeeren von den Hecken, dass unsere Lippen und Zungen bei der Ankunft in Stratford ein royales Violett hatten. Doch dann erfuhren wir, dass das Stück an diesem Tag ausverkauft war. In der Hoffnung, am nächsten Morgen Resttickets zu ergattern, schlugen wir unsere Zelte direkt vor dem Royal Shakespeare Theatre auf, wobei wir das Gewicht unserer Fahrräder nutzten, statt Heringe in die Erde zu stecken, um den Stoff straff zu ziehen. Bemerkenswerte Verzierung unseres Campingplatzes war übrigens ein handgeschriebenes Pappschild mit der Aufschrift » Patrick Stewart's Biggest Fans «.

In Wahrheit waren wir alle keine Hardcore-Trekkies. Von Zeit zu Zeit hatte ich früher Wiederholungen von *Raumschiff Enterprise – Das nächste Jahrhundert* angeschaut, aber meine Brüder und ich mochten die Serie *Raumschiff Voyager* lieber, in der Captain Kathryn Janeway nicht nur mutig dorthin ging, wo noch niemand zuvor gewesen war, sondern dort auch noch jahrzehntelang blieb. Dominique, kurz Dom, ein Freigeist und Literaturwissenschaftler aus Quebec, fühlte sich vor allem von Shakespeare angezogen. Jamie hingegen, ein Jurastudent mit flammend roten Haaren, der in Buschcamps in Yukon aufgewachsen war, ging es vornehmlich um die Radtour selbst. Kim, eine angehende Ärztin aus Ontario mit großer Comedybegabung, konnte sich für alles begeistern, was eine gute Geschichte ergab. Wir alle waren Rhodes-Stipendiaten und hatten uns auf dem gemeinsamen Nachtflug nach London zusammengefunden. Als Kim, Dom und Jamie trotz des Jetlags vorschlugen, mit einer Radtour das Semester einzuläuten, wusste ich, dass wir gut miteinander auskommen würden.

Als wir im Morgengrauen aufwachten, entdeckten wir drei nervöse Menschen, die vor unseren Zelten Schlange standen. Glücklicherweise gab es ausreichend Restkarten. Nachdem wir im Waschraum des Theaters die Zähne geputzt und das Gesicht gewaschen hatten, nahmen wir unsere Plätze in der Mittagsvorstellung ein. Das Licht wurde dunkel, ein unheimlicher Soundtrack lief, und Shakespeares Worte verwandelten das Theater in eine düstere arktische Insel, auf der es nie aufhörte zu schneien, wo Vernunft und Wahnsinn nur von einer dünnen Schicht Eis getrennt waren und wo Jamie und ich in der Dunkelheit der Polarnacht Händchen hielten.

»O schöne neue Welt«, jubelte Miranda, »die solche Bürger trägt!«

»Es ist dir neu«, entgegnete ihr Vater Prospero mit trockenem Humor.

Als er herausgefunden hatte, dass Jamie und ich beide im Herbst nach Oxford gehen würden, hatte uns ein gemeinsamer Bekannter per E-Mail zusammengebracht. Während ich die Seidenstraße entlanggeradelt war und mich nach Tibet geschlichen hatte, hatte Jamie in Ägypten Arabisch und in Syrien Motorradfahren gelernt. Ich las seinen Reiseblog in verrauchten chinesischen Internetcafés, wo ich meine eigenen Berichte von der Straße postete, die wiederum Jamie las, und wir fanden in einander eine gemeinsame Sehnsucht und ein Lamento – nach der Ferne und Wildnis und dem Verlust von beidem in dieser Welt. »Als hätte man, wie Pascal sagte, ein gottförmiges Loch im Herzen, aber dieses Loch ist gefüllt mit leerem Raum, Stille und dem Nichts«, schrieb er aus Ägypten und schilderte die namenlose Sehnsucht, die ich so gut kannte und die offenbar nur Berge und Wüsten befriedigen konnten.

Im September reisten wir alle nach Ottawa zu einem Segelwochenende, wo sich die neuesten kanadischen Rhodes-Stipendiaten trafen, um sich das Parlament anzusehen und dort zu essen und zu trinken, bevor sie den Atlantik überquerten, wenn auch leider nicht mehr mit einem Schiff. Ich fürchtete damals, überhaupt nicht nach England zu kommen. Zwischen der Rückkehr von der Seidenstraße und der Reise nach Ottawa hatte ich kaum Zeit gehabt, meinen Pass rechtzeitig abzuschicken, sodass mein Studentenvisum noch nicht bearbeitet worden war. Glücklicherweise versicherte mir Arthur Kroeger, ein freundlicher ehemaliger Rhodes-Stipendiat und eine Legende des kanadischen öffentlichen Lebens, dass er mit seinen Verbindungen zur britischen Botschaft die Angelegenheit schon regeln werde. Und er erwähnte, ein weiterer Stipendiat sei in der gleichen Situation.

Natürlich handelte es sich dabei um Jamie, der gerade erst aus Ägypten zurückgekehrt war. Sein Gesicht war extrem blass, und sein rotes Haar wirkte wie eine lodernde Fackel. Er sprach mit tiefer Intensität und seinem eigenen Sinn für Eloquenz, also genau der Typ, auf den man sofort für den Sieg der World Universities Debating Championship setzen würde – allerdings tat Jamie darüber hinaus noch etwas ganz anderes. Der Wettbewerb hatte in diesem Jahr in Malaysia stattgefunden, und als die Debatten begannen, verwüstete ein Tsunami den Süden Thailands. Statt nach seinem Sieg nach Kanada zurückzufliegen, um sein Jurastudium zu beenden, reiste Jamie an die betroffene thailändische Küste und verbrachte einen Monat damit, Trümmer wegzuräumen. Er war fasziniert von Trümmern, es war eine anthropologische Besessenheit. Als wir uns kennenlernten, haben wir uns gleich am ersten Abend geküsst.

Das war in Ottawa. Kurz danach erhielten wir unsere Studentenvisa. Als uns einige Tage später ein Bus zwischen Oxfords verträumten Spitztürmchen absetzte, kam ich mir vor wie ein Raumfahrer aus einer Kleinstadt in Ontario, der plötzlich in einem Märchen gelandet war. Damit meinte ich nicht nur die aufkeimende Romanze mit Jamie, sondern auch das Stipendium selbst. Dass ich ausgewählt worden war, musste ganz gewiss ein Fehler sein, bestimmt eine Verwirrung seitens des Auswahlausschusses, aber ich wollte so weit und breit wie möglich die Welt kennenlernen. Obwohl ich ursprünglich vorhatte, in Oxford Naturwissenschaften zu studieren – als Teil meiner allumfassenden Mission, Astronautin zu werden und zum Mars zu fliegen –, hatte ich mich in letzter Minute umentschieden, einen Masterabschluss in Wissenschaftsgeschichte zu machen. Ich dachte, ich würde mich sowieso für den Rest meines Lebens mit Wissenschaft beschäftigen, warum sollte ich also zwei Jahre in Oxford in einem Labor versauern? Vor allem, da alle Labore der Welt genau gleich sind: steril, unpersönlich und austauschbar. Die Bodleian Library hingegen war einzigartig.

Mein Studium wurde von Professor Pietro Corsi betreut, einem opernhaften Italiener Ende fünfzig, der sich für Darwins siebenjährige Besessenheit von Seepocken begeisterte. Corsis Spezialgebiet war die Geschichte der Evolutionstheorie, und sein Vortragsstil war originell ungeradlinig. »Ich aß gestern mit einem sehr bekannten Biochemiker zu Abend, vierundachtzig Jahre alt, der über die Geschichte der Wissenschaft sprach, als wäre er ein Positivist, der in den 1870ern lebt!«, rief Corsi und schüttelte verzagt den Kopf. Wir Studenten sahen uns verblüfft an. »Schauen Sie«, fuhr Corsi fort und wedelte mit den Tweedärmeln, »der Glaube an die Logik, an den rationalen Fortschritt der Wahrheit, ist für Wissenschaftler verführerisch. Ich meine, ich hege überhaupt keinen Zweifel, dass der arme Mann falschliegt, aber trotzdem kann man ihn nicht töten!« Dann wanderte sein düsterer, wissender Blick durch den Raum. »Dieses Oxford ist ein wunderlicher Ort. Alles hier ist verboten, und deshalb ist alles möglich …«

Das meiste in Oxford – von den verwinkelten Kopfsteinpflasterstraßen bis hin zu Corsis Vorträgen – spornte zu Ausschweifung an, was ja auch nur eine andere Methode dafür ist, über weitere Zusammenhänge zu stolpern. Wie der zwischen Wissenschaftsphilosophie und Dichtkunst. Wenn man Emily Dickinsons Definition folgt, fühlt sich wahre Lyrik übrigens an, als wäre einem die Schädeldecke entfernt worden. Eines Abends krabbelte ich ins Bett und wollte zum Einschlafen nur noch ein paar Kapitel von Thomas S. Kuhns *Die Struktur wissenschaftlicher Revolutionen* überfliegen, über das unser Seminar am nächsten Tag diskutieren wollte. Stattdessen blieb ich die ganze Nacht wach und las bis zur letzten Seite mit wahnsinniger Begierde. Mein empirisches Verständnis der Welt wurde durch Kuhns Argumente völlig durcheinandergebracht. Kuhn erklärt, wissenschaftliche Theorien seien im Wesentlichen evolutionär ausgewählte Geschichten, also Fiktionen, die am besten zu den verfügbaren Fakten passten, bis die Entdeckung neuer Fakten einen Paradigmenwechsel zu einer anderen und besseren Fiktion erzwinge. Mehr noch, er argumentiert, dass Wissenschaftler, die in einem frühen Stadium ein neues Paradigma annehmen – also bevor genügend Beweise gesammelt wurden, um eine wissenschaftliche Revolution auszulösen –, dies nicht aus nüchterner Betrachtung der verfügbaren Fakten heraus tun, oder zumindest nicht *ausschließlich*, sondern auch mit einem subjektiven, irrationalen Glauben an ihr Bauchgefühl. Kuhn und andere Wissenschaftsphilosophen zu studieren war, wie in den Schädel eines Wissenschaftlers zu blicken und einen dieser Commander Spock ähnlichen Vermittler unvergänglicher Wahrheit zu entdecken, um dann im Inneren auf einen schwärmerischen Mystiker zu treffen. Ich besaß eine Vorliebe für Mystiker, besonders für die Schriftstellerin Annie Dillard, aber ich hätte mir nie träumen lassen, dass sich ihre Motive und Methoden nicht drastisch von denen von Wissenschaftlern unterscheiden, obwohl mich, im Nachhinein betrachtet, Dillards Bücher darauf hätten vorbereiten können. »Was ist der Unterschied zwischen einer Kathedrale und einem Physiklabor?«, fragt sie in einem ihrer Werke. Ihre Antwort lautet: »Fragen nicht beide: Hallo?« Im Morgengrauen legte ich Kuhns Buch weg und klopfte gegen meinen Kopf, um mich zu vergewissern, dass er noch da war.

Ein anderes Seminar in Oxford offenbarte die Verbindungen zwischen Krieg und Wissenschaft, die beiden Enden von Galileo Galileis Teleskop. Der italienische Mathematikprofessor wurde an der Universität von Padua für seine enormen Verbesserungen bei der Konstruktion eines Fernglases für militärische Zwecke ausgezeichnet. Natürlich benutzte Galilei selbst das Gerät, um, wesentlich friedlicher, den Himmel auszuspionieren, und beobachtete dabei Krater, die den Mond verunstalteten, Flecken, die die Sonne trübten, andere Monde, die den

Jupiter umkreisten, und die Tatsache, dass die Venus Phasen besaß – insgesamt Beobachtungen, die das statische Universum in Bewegung versetzten. Alles, was ich sah, als ich mittags in der Broad Street durch eine exakte Nachbildung von Galileis Teleskop schaute und dabei die im Inneren schnell feuchtwarm werdenden violetten Laborhandschuhe trug, die unser Professor zur Verfügung gestellt hatte, um die goldverzierte Lederröhre vor Fingerabdrücken zu schützen, war das Emblem des beliebten King's Arms Pub, dessen Buchstaben durch das Fernglas verschwommen und verzerrt wurden – eigentlich nicht sonderlich anders als das, was Studenten sahen, wenn sie den Pub verließen.

Das Beste am Studium der Wissenschaftsgeschichte? Auf einmal hatte ich als Hausaufgabe zu erledigen, was ich normalerweise zum Spaß machte: Expeditionsjournale lesen, wie die von Charles Darwins Reise auf der *Beagle*.

Obwohl ich Darwin seit der Highschool kannte, hatte ich bislang nie seine Tagebücher gelesen. Sie enthüllten, dass Darwin, als er mit zweiundzwanzig Jahren die Segel Richtung Südamerika setzte, kaum mehr als der nichtsnutzige Sohn einer wohlhabenden britischen Familie war. Nachdem er das Medizinstudium nicht abgeschlossen hatte (er konnte den Anblick von Blut nicht ertragen) und kein Landpfarrer geworden war (er war mehr daran interessiert, Käfer zu sammeln, als Seelen zu retten), bat Darwin seinen verzweifelten Vater, ihn an der *Beagle*-Expedition teilnehmen zu lassen – nicht als Naturforscher, sondern als Gentleman-Begleiter von Captain Robert FitzRoy, der befürchtete, verrückt zu werden, wenn er jahrelang der ehrwürdigen Gesellschaft beraubt würde. Darwin musste sogar seine Reise selbst finanzieren, obwohl er natürlich von seiner wohlhabenden Familie unterstützt wurde.

Als die *Beagle* die Segel setzte, war Darwin in seinem Element – bis auf die chronische Seekrankheit. Nach seinen Tagebüchern zu urteilen, schien der junge Naturforscher von den gleichen rastlosen, weitläufigen Impulsen getrieben zu sein, die ich von mir selbst kannte. Er frohlockte über den »Kampf der losgelösten Elemente« und den »unaussprechlichen Charme« des Lebens unter freiem Himmel. Nach einer Reise entlang der Küste Südamerikas und mit langen Aufenthalten an Land war Darwin so erschüttert von dem, was er sah – das Meer rund um die Kapverden, das vor lauter Chamäleon-Oktopussen rot schimmerte, der Himmel in Patagonien, aus dem es Schmetterlinge schneite –, dass er gestand, manchmal unfähig zu sein, auch nur einen Schritt weiterzugehen. In den letzten Zeilen seiner Tagebücher drängt Darwin junge, aufstrebende Entdecker dazu, alle Chancen zu ergreifen und eine lange Reise anzutreten – wenn möglich auf dem Landweg, empfahl er wohlmeinend, in der Hoffnung, dass andere die permanente Übelkeit vermeiden könnten, die er nie loszuwerden vermochte.

Ich verliebte mich dank der Tagebücher in diesen rundäugigen, seekranken Entdecker, aber nach weiterer Lektüre erledigte sich das dann auch wieder. Nach sechs Jahren im Ausland kehrte Darwin nach England zurück und sicherte sich in kurzer Zeit eine Ehefrau, ließ sich in einem Landhaus nieder und reiste nie wieder irgendwo hin. Fairerweise muss man sagen, dass er ausgerechnet in der Übergangszeit von unruhig zu verwurzelt seine Theorie der Evolution durch natürliche Auslese erarbeitete. Zehn Kinder, darunter eines, das früh starb, und eine mysteriös schlechte Gesundheit haben ihn schließlich in England bleiben lassen. Aber was mich an Darwin auf einmal störte, war nicht, dass seine lange Reise zu Ende war. Von Henry David Thoreau wusste ich, dass man selbst von einer Hütte in Concord aus weit reisen kann, und ich hoffte, eines Tages das Gleiche von einer Hütte in Atlin aus zu tun. Weitaus beunruhigender als Darwin, der zu Hause blieb, war sein Rückzug vom Staunen.

In seiner offenen, vertrauensseligen Autobiografie beschreibt Darwin, wie er »eine Art Maschine zum Schleifen allgemeiner Gesetze aus einer großen Sammlung von Fakten« wurde. Als er seine taxonomischen Fähigkeiten beim Studium von Seepocken, Tauben und anderen Exemplaren auf der *Beagle* verfeinerte, bemerkte Darwin, dass er zunehmend empfindungslos gegenüber Musik, Poesie und Natur wurde. »Ich habe eine Vorliebe für schöne Landschaften«, gestand er, »aber sie bereitet mir nicht mehr die exquisite Freude wie früher.« Die Wissenschaft wurde zur exklusiven Leidenschaft des älteren Darwin, aber dieser Begriff bedeutet gewöhnlich ein gewisses Maß an Genuss. Stattdessen schien Darwin sich kühl und manisch mit dem Sortieren von Fakten in theoretische Rahmen zu beschäftigen. In der Zwischenzeit beklagte er das Verkümmern seiner eher skurrilen, fantasievollen Empfindungen als »Verlust des Glücks«.

Ich konnte nicht glauben, dass der jüngere und der ältere Darwin ein und derselbe Mensch waren. Seine Verwandlung vom verrückten Entdecker zum verdrießlichen Wissenschaftler verursachte mir eine Gänsehaut, und ich hätte nie gedacht, dass mir das passieren könnte. Hatte ich mich nicht mein ganzes Leben lang wie Ralph Waldo Emerson gefühlt, der an einem bewölkten Tag ein nichtssagendes Feld überquerte und »glücklich bis an den Rand der Angst« war? So jedenfalls fühlte ich mich, als ich aus meinem Zuhause im Studentenwohnheim des Hertford College heraustrat, über eine Themse-Brücke und auf gewundenen Pfaden ging, die von hoch aufragenden Eichen auf der Christ Church Meadow beschattet wurden, und dann eine schmale gepflasterte Straße hinunter und eine knarrende Treppe hinauf zu Jamie lief.

Obwohl wir in unserem ersten Semester sowieso ziemlich unzertrennlich waren, schrieb mir Jamie trotzdem auch noch Briefe, schöne handgeschriebene Betrachtungen, die ich im Postfach im Wohnheim fand, dem *pidge*, wie die Briefkästen in der Pförtnerloge der Oxford Colleges genannt wurden. »Mentales Leben, spirituelles Leben ist wahres Leben«, schrieb Jamie in einem Brief. »Die Seele zu verwetten ist eine echte Wette. Wie Benedict Allen über Reisen und Entdeckungen sagte« – wir waren vor Kurzem bei einer Lesung des britischen Abenteurers auf dem Campus gewesen – »es geht nicht darum, einen Ort zu prägen, sondern sich von ihm prägen zu lassen.«

Ich stellte mir vor, dass Jamies Botschaften von Vögeln gebracht wurden und die Worte zwischen den nebelverhangenen Türmen und den schielenden Wasserspeiern Oxfords hin und her geschwebt waren. Alles war verboten, also war alles möglich. »Rasen nicht betreten«, stand auf den Schildern, die überall auf den gepflegten Grünflächen innerhalb der imposanten Steinquadrate der Campusbauten angebracht waren, aber perfekt manikürtes Grün war sowieso nicht nach meinem Geschmack. Stattdessen kletterte ich über das Stein- und Metalltor am Magdalen College in den Wildpark, in dem C. S. Lewis spazieren gegangen war, als er sich *Narnia* ausdachte. Oder ich lief an der Themse entlang, kam gerade rechtzeitig zum Duschen zurück in mein Wohnheim, um dort rasch das einzige Kleid anzuziehen, das ich besaß: ein elegantes schwarzes Kleid mit blassen Sternen, dessen Synthetikgewebe derart knitterfrei war, dass ich es in einen Rucksack stopfen, tagelang vergessen und dann zu einem formellen Ball tragen konnte. In Oxford, so schien es, fand alle zwei Wochen so etwas statt.

Als Jamie und ich von solch einem Ereignis nach Hause gingen, waren die Straßen um Mitternacht voller kostümierter Studenten, die versuchten, nicht auf dem Kopfsteinpflaster zu stolpern, und der Champagnerdunst der Straßenlaternen war gerade schwach genug, dass man einige Sterne am Himmel leuchten sah. Was ich dann empfand, beschrieb die strahlend schönen zwei Jahre, die ich in Oxford verbrachte: das köstliche Gefühl, mit etwas davonzukommen, als hätte ich dem wirklichen Leben den Laufpass gegeben.

An einem Wochenende im frühen Winter, als der englische Regen unerbittlich war, fegte mich Jamie in die italienischen Cinque Terre. Ein Reiseziel, das er ausgewählt hatte, weil es da sonnig war, reichlich billigen Rotwein und Pesto gab und dort Percy Bysshe Shelley ertrunken war. Wir schwammen im spuckewarmen türkisfarbenen Mittelmeer und lasen uns dann, während wir uns auf einem Felsen sonnten und trockneten, die Worte des toten Dichters vor. Jamie war ziemlich besessen von Shelley, dem rebellischen Dichter der Romantik, der wegen seines Atheismus aus Oxford vertrieben worden war, um dann später als überlebensgroßer Marmorakt in einem der Gebäude dort vergöttert zu werden. Viele der berühmtesten Alumni Oxfords haben ihr Studium nie wirklich abgeschlossen, von Shelley bis zum ehemaligen US-Präsidenten Bill Clinton, und Jamie strebte danach, in ihre Fußstapfen zu treten. Ein Jurastudent, der zum Fachbereich der Entwicklungszusammenarbeit gewechselt hatte. Er ließ oft den Unterricht ausfallen, schrieb mir Briefe statt Semesterarbeiten und verkündete leichthin, dass er nicht an Entwicklungshilfe glaube. Für seine Dissertation plante er, eine schöngeistige Widerlegung des gesamten Themas zu schreiben, und war sich sicher, dass er damit seinen Doktorvater ärgern und sich selbst aus dem Establishment katapultieren würde.

Obwohl ich nicht vorhatte zu scheitern, wenn ich es vermeiden konnte, wusste ich doch, dass nichts, was ich in Oxford tat, im Rahmen meiner außerplanetarischen Ambitionen wirklich bedeutend war: Das Doktoranden-Zulassungskomitee am MIT, dem Massachusetts Institute of Technology, wo ich hoffte, Mikrobiologie in extremen Umgebungen zu studieren, würde sich nicht um meine Ergebnisse eines geisteswissenschaftlichen Abschlusses scheren. Ich hatte es nach England geschafft, weil ich gut in der Schule gewesen war, daher das Stipendium für Oxford. Aber als ich dort ankam, lernte ich fast, mich nicht mehr darum zu kümmern, oder eher, das Ziel aus dem Blick zu verlieren: Das Studium in England war nicht Mittel zu einem marsianischen Zweck oder Erfolg, als welches es eigentlich bewilligt worden war, sondern eine Gelegenheit, zu denken, zu träumen und aus dem üblichen Rahmen zu fallen. Mit anderen Worten, ein Ort für Abenteuer.

Was würden Sie studieren, wenn es keine Zulassungsbeschränkung gäbe? In meinem Fall war ich besessen von den Berichten der frühen Himalaja-Forscher und untersuchte in der Bodleian Library jahrhundertealte Übersichtskarten, um hinter die Logik der Linien zu steigen, die Mel und ich im Tibetischen Hochland gesehen hatten (und über die wir hinweggeschlichen waren). Auf jeder Karte, die ich studierte, fiel mir ein riesiger weißer Fleck westlich des Aksai Chin auf, auch weil er mich an das Juneau-Eisfeld erinnerte. Diese langsam fließende riesige Eisfläche, erfuhr ich, war der Siachen-Gletscher, bis ins frühe 20. Jahrhundert eine der letzten unerforschten Stellen auf der Landkarte der

Erde. Doch dann schürzte die gefürchtete Mrs Fanny Bullock Workman ihren Tweedpetticoat und wanderte hinauf.

Sie trug Handschuhe und hielt ein Schild in die Höhe mit der Aufschrift »Frauenwahlrecht« – sie fragte nicht, sie bettelte nicht, vielen Dank. Gewiss schwerfällig atmend, befand sich ein paar Schritte hinter ihr Dr. Hunter Workman und hinter ihm wiederum ein Dutzend Träger, die die Expeditionsausrüstung schleppten. Die Workmans waren wohlhabende Amateurnaturforscher aus Amerika, ein Ehepaarteam. Nachdem ein Arzt frische Luft und Auslandsreisen als Heilmittel für Hunters chronische Abgeschlagenheit verschrieben hatte, starteten die beiden zu Radreisen durch Spanien, Indien, Birma, Ceylon, Java und Teile von Afrika. Als sie von den Straßen genug hatten, begannen sie, durch das damalige Baltistan in Britisch-Indien zu wandern, ein Gebiet, das Jahrhunderte zuvor zu Tibet gehört hatte und heute als Region Kaschmir hart umkämpft ist. Von dort aus überquerte das Paar den Karakorum-Pass und folgte einer südlichen Route der Seidenstraße zu einem weitgehend unbekannten Gebiet: dem Silver Throne Plateau des Siachen-Gletschers, wo Hunter das ikonische Foto von Fanny im Tweedkleid und mit einem Hut mit Bändern schoss, während sie in sechstausendvierhundert Meter Höhe für das Frauenwahlrecht eintrat.

Siachen heißt, aus dem Balti grob übersetzt, »der Ort der wilden Rosen« und ist nach den winterharten Blüten benannt, die an der Gletscherkante wurzeln. Laut Fannys Buch *Two Summers in the Ice-Wilds of Eastern Karakoram* von 1917 nannte sie den Gletscher lieber »die Rose«, denn sie freute sich über die Inkongruenz dieses zierlichen Begriffs für eine Naturgewalt aus Fels und Eis. Fanny behauptete, dass sie aus rein wissenschaftlichen Gründen dorthin gewandert war, um den Gletscher zu erkunden und alle seine wichtigen Gipfel zu triangulieren, aber das schien mir unlogisch, und ich schrieb ihre Motivation eher reiner Sehnsucht zu, weil ich dieses Gefühl so gut kannte. Alles, was ich auf dem Juneau-Eisfeld wirklich wollte, war herumwandern, die Welt aus einem anderen Blickwinkel betrachten, obwohl ich, wenn jemand gefragt hätte, natürlich auch behauptet hätte, nur da zu sein, um die

Geophysik des Gletscherflusses zu studieren. Ich war von der wilden Natur angetan und nur nebenbei von der Wissenschaft, und ich vermutete, dass das auch für Fanny galt.

Nicht, dass sie keine tüchtige und engagierte Wissenschaftlerin gewesen wäre: Sie war die Erste, die den gesamten Längenverlauf des Siachen studierte, was bedeutete, die biologische und geologische Vielfalt des Gletschers zu katalogisieren, seine unzähligen Gipfel zu benennen und seine Konturen zu vermessen – eine Arbeit, die ihn als den längsten bekannten Gletscher der Welt jenseits der Polarregionen offenbarte. Und doch erlangte sie mehr Ansehen für Suffragetten-Stunts auf Berggipfeln als für ihre wissenschaftlichen Beiträge – vielleicht weniger ein Spiegelbild der Qualität ihrer Forschung als vielmehr der Tatsache geschuldet, dass sie in einer Zeit, in der Entdecker nicht weiblich waren, weiblich war. Wie dem auch sei, ihre Ideen wurden in der zeitgenössischen geografischen Literatur übersehen, ihre Kartierung als ungenau kritisiert und ihre Vermessungsnomenklatur fast vollständig verworfen. Selbst moderne Historiker haben Fannys Arbeit als »absurd«, »amateurhaft« und »verantwortlich für das komödienhafte Image der atemberaubenden Welt der hohen Gipfel« abgetan.

Als ich diese Kritik in der Bodleian Library las, oder der »Bod«, wie die Studenten sie nannten, erinnerte ich mich an Tibet, wo mir ein molliger chinesischer Polizist keine saftige Geldstrafe oder Handschellen verpasst, sondern saftige Gurken geschenkt hatte. Gurken! Nur Menschen, die nie in den Himalaja gereist sind, können behaupten, dass Humor dort keinen Platz habe. Verglichen mit der Selbstgefälligkeit der meisten frühen Himalaja-Forscher brachte Fanny eine erfrischende Portion Flair und schrullig guter Laune in die höchsten Lagen. Ich bewunderte ihren unbegrenzten Elan und ihre Weigerung, zurückhaltend zu sein. Den Siachen »die Rose« zu nennen war vielleicht ein bisschen viel, aber ein Gletscher ist immer noch ein Gletscher, egal, wie man ihn nennt. So wie das Tibetische Hochland, ob man es nun Bod oder Xizang, Himmel oder Hölle nennt, immer noch ein himmelstürmender Tumult aus Fels und Eis und türkisfarbenem Wasser ist – eine Landschaft, die, wie selbst Fanny gestand, » meine Seele immer mehr in den Griff bekam «.

Das Tibetische Hochland war deutlich zu spüren, als Seine Heiligkeit der Dalai Lama nach Oxford kam. Ich schlängelte mich durch die Menschenmenge, um zu meinem Platz im Sheldonian Theatre zu gelangen, wo sich Hunderte von Studenten und Professoren nach vorne lehnten, um den lächelnden Mönch in der Mitte des Saals zu bestaunen. Hier war jemand, der seit seiner Kindheit als Gott verehrt wurde, jemand, der gezwungen war, aus einer von den Chinesen so verwandelten Heimat zu fliehen, dass er, sollte er es jemals nach Lhasa zurückschaffen (unwahrscheinlich, da die chinesische Regierung ihn für einen Terroristen hält), wahrscheinlich den Potala-Palast nicht wiedererkennen würde, wo eine vierspurige gepflasterte Straße die Rasenfläche ersetzt hat, auf dem sich sonst die Pilger versammelt hatten. Und doch saß der Dalai Lama im Theater und strahlte durch eine breit umrandete Brille und kicherte über seine eigenen Witze. Die Leichtigkeit seines Lachens im Kontrast zu den harten Fakten seines Lebens ließ ihn wie einen lebenden Koan erscheinen, ein Rätsel des traditionellen Zen-Buddhismus, das die Unzulänglichkeit von Logik demonstriert und zu Erleuchtung führt – oder in meinem Fall zurückkicherte. Ich war mir sicher, der Dalai Lama hatte nichts dagegen.

Er stellte sich als » nur ein einfacher Mönch « vor und hielt einen kurzen Vortrag über Freundlichkeit. Danach präsentierten, wie in Oxford üblich, eine Reihe von Wissenschaftlern Fragen, die nicht wirklich Fragen waren, sondern Aussagen, die die eigene Gelehrtheit belegen sollten. Jamie machte das manchmal nach, denn auch er konnte über jedes Problem aus jedem Blickwinkel so überzeugend argumentieren, dass man nicht erkennen konnte, was er eigentlich fühlte. Vielleicht wusste er es auch selbst nicht. » Du glaubst also nicht an die Grundrechte der Menschen auf Nahrung, Wasser, Bildung, Arbeit? «, löcherte ihn ein Freund eines Abends beim Essen. Ich wusste, Jamies Ablehnung von Entwicklungshilfe war nicht so aalglatt, wie sie klang, und wenn er den »Fortschritt« infrage stellte – unser kollektives Streben, das Leben für jeden einfacher und bequemer zu machen –, so war er doch hingebungsvoll am Zusammenhang von Leid und Moral interessiert. Jamie wollte viel lieber darüber sprechen, warum ein Wassertropfen in der Wüste so süß schmeckt. Aber statt sich zu öffnen, wich Jamie mit distanzierten, wissenschaftlichen Finten der Logik den Fragen des Freundes aus, was ihm sichtlich leichtfiel. Meiner Ansicht nach frustrierend leicht, aber andernfalls hätte ich sonst nie herausgefunden, dass für mich nichts anderes zählte, als die Dinge ernst zu meinen.

Der Dalai Lama hatte wenig Sinn für Semantik. Irgendwann stand ein Philosophieprofessor auf und hielt am Unterschied von »Mitgefühl« und »Freundlichkeit« fest. Der Professor lobte den Dalai Lama für seine kluge verbale Strategie, denn Freundlichkeit sei für die Massen ein zugänglicheres Konzept als Mitgefühl, das Konnotationen von Göttlichkeit, von exzessiver und unerreichbarer Tugendhaftigkeit besitze und daher weniger authentisch scheine.

»Oh nein!« Der Dalai Lama kicherte. »Es liegt an meinem Englisch, das nicht authentisch ist! Freundlichkeit und Mitgefühl sind das Gleiche. Keine Strategie, haha! So sind die einfachen Dinge, hmmm? Leicht zu sagen, schwerer zu leben.«

Ich verließ das Sheldonian Theatre und sehnte mich nach tausend Jahren Ruhe, um über die Worte des Dalai Lama nachzudenken. Doch stattdessen machte ich einen langen Spaziergang durch Port Meadow, ein seit tausend Jahren öffentliches Gelände nahe Oxford, auf dem buddhabäuchige Kühe und Schafe grasen. Die Tragödie, die allgemein zugängliches Gelände mitunter bedroht, kann nur durch gegenseitigen Respekt und Zurückhaltung abgewendet werden, oder durch die Art von Freundlichkeit, von der der Dalai Lama sprach: eine grundlegende Empathie für andere, die Erkenntnis, dass eigene Wünsche nicht mehr und nicht weniger zählen als die anderer. Im Gegensatz dazu waren Gier und Ego – sowohl auf individueller als auch auf nationaler Ebene – die treibenden Kräfte der Erforschung, wobei jeder alles, was er konnte, für sich beanspruchen wollte, bevor ihm jemand anderes zuvorkam. Jede Woche in Oxford schien ich eines meiner Forscheridole aus meinem persönlichen Pantheon zu verbannen, zuletzt Richard Hakluyt, einen Namensvetter des Briefeschreibpreises der Mars Society, den ich als Teenager gewonnen hatte. Obwohl Hakluyt sachlich betrachtet kein Entdecker war, war er ein wortgewaltiger Evangelist der europäischen Kolonisation der »Neuen Welt«, die für die dort lebenden Menschen nicht so gut ausfiel, ein Vermächtnis, das nun von den Chinesen in Tibet wiederholt wird. Aber fast ebenso beunruhigend wie die offene Ausbeutung der Kulturen war die Form der Forschung, die in völliger Unschuld und Rechtschaffenheit begonnen worden war und dennoch zu einer Katastrophe führte.

Ein halbes Jahrhundert nach Fannys Expedition beispielsweise verlor der Siachen die Ehre, der längste Gletscher der Welt zu sein (einer in Tadschikistan erwies sich als noch länger), allerdings erhielt er stattdessen die zweifelhafte Auszeichnung, das höchstgelegene Schlachtfeld der Welt zu sein. Nachdem 1972 eine Kontrolllinie durch das umstrittene Kaschmir gezogen worden war, die das Territorium zwischen den neu ernannten Nationen Indien und Pakistan aufteilte, hörte diese Grenze am Vermessungspunkt NJ9842 in den Ausläufern südlich des Siachen auf und wurde »von dort nach Norden zu den Gletschern« vage abgeleitet. Keines der beiden Länder kümmerte sich um den Siachen, einen Ort, der als Ödland abgetan wurde und deshalb über die Grenzen der territorialen Ambitionen hinaus ignoriert wurde. Die Situation begann sich in den späten Siebziger- und frühen Achtzigerjahren zu ändern, als Bergsteiger aus Japan, England und Amerika die Erlaubnis von Pakistan – und nicht Indien – einholten, die Gipfel des Gletschers zu besteigen, weil es einfacher war, von dort aus zum Siachen zu gelangen. Die Bergsteiger hatten nicht vorgehabt, sich für eine Seite zu entscheiden, aber ihre Passstempel implizierten, dass Pakistan über das ganze Eis herrschte. Was Indien auch ärgerte, waren ausländische Landkarten, die darauf hindeuteten, dass der Siachen zu Pakistan gehörte. Der ursprüngliche kartografische Fehler kann auf die Tactical Pilotage Charts für

Kaschmir des US-amerikanischen Verteidigungsministeriums (Department of Defense – DOD) aus dem Jahr 1967 zurückgeführt werden. Sie zeigten eine gepunktete Kontrolllinie, die – wie bereits angeführt – »von dort nach Norden zu den Gletschern« führte, sodass der Siachen andeutungsweise zu Pakistan gehörte. Statt, wie der Rest von Kaschmirs Grenzlinie, entlang der natürlichen geschwungenen Bergrücken zu verlaufen, war nun die DOD-Linie von NJ9842 zum Karakorum-Pass, der einst Teil der alten Seidenstraße gewesen war, schnurgerade wie ein Pistolenschuss. Ich habe mich oft gefragt, wer die fatale Entscheidung getroffen hat, diese gestrichelte Linie zu ziehen, und ob die Entscheidung pragmatisch getroffen wurde, zu rein navigatorischen Zwecken (vielleicht war der Karakorum-Pass ein idealer Navigationspunkt?), oder aus einer eher heimlichen Treue zu Pakistan, einem Land, das schon lange ein Bündnis zum US-Militär unterhielt. Auf jeden Fall waren die DOD-Linien keine offizielle Grenze, doch andere Karten reproduzierten sie vorbehaltlos, einschließlich der angesehenen Atlanten von Rand McNally, der Oxford Encyclopedia und des National Geographic. Als ein Oberst der indischen Armee zufällig einige Deutsche traf, die auf dem Indus River raften wollten, war er entsetzt zu sehen, dass die amerikanische Landkarte den Siachen Pakistan zuordnete. Indien marschierte 1984 auf den Gletscher ein, um zu verhindern, dass die Grenzen auf dem Papier Wirklichkeit wurden. Pakistan reagierte und schickte seinerseits Truppen zum Siachen, sodass ein immer weiter eskalierendes Rennen zu den schwindelerregenden Höhen der menschlichen Absurdität begann.

Seitdem leben Soldaten beider Armeen ganzjährig in Höhenlagen, auf die sich nur wenige Bergsteiger trauen. Seit Anfang der Neunzigerjahre besteht ein Waffenstillstand, aber die meisten Opfer im Siachen-Konflikt sind sowieso eher auf Naturgefahren wie Lawinen und Höhenkrankheit zurückzuführen als auf feindlichen Beschuss, sodass die Zahl der Todesopfer nicht wesentlich sinkt. Es werden Millionen von Dollar ausgegeben, um Soldaten auf dem Gletscher zu halten, und weil es zu teuer ist, den Müll den Berg hinunterzufliegen, werden menschliche

Fäkalien und andere Hinterlassenschaften einfach in den Eisspalten entsorgt. Drei Jahrzehnte militärischer Besatzung, und der Siachen-Gletscher, ein Ort, von dem ein früher Entdecker schwärmte: »unbeschreiblich großartig, seine wilde und elementare Grausamkeit, die in ungewöhnlichem Maße ein Gefühl der Begeisterung und der intensiven Abgeschiedenheit von der Menschheit erzeugt«, ist mittlerweile auf das reduziert, was die indische Armee als »die höchste und größte Müllhalde der Erde« bezeichnet.

Warum so viel kostspieliges Getue um ein entlegenes Stück Eis? Was dem Gletscher an strategischem Wert fehlt, gleicht er an symbolischem Wert aus, und kein Land will durch den Verlust des Siachen das Gesicht verlieren, auch wenn die Pattsituation genau das Gelände zerstört, das beide Seiten für sich beanspruchen. In dieser Hinsicht scheint der Konflikt um den Gletscher auch ein Koan zu sein, und als ich nach Oxford zurücklief, das von Port Meadow aus wie eine alpine Bergkette aus Spitzgiebeln und Türmchen wirkte, fragte ich mich, welche Art von Erleuchtung eine vom Krieg zerstörte Wildnis hervorbringen kann.

Vielleicht hatte das Lesen über den Himalaja meine natürlichen Wanderinstinkte wieder hervorgerufen. Vielleicht war Jamie nicht albern genug, oder ich habe seine leichtere Seite genauso wenig herausgekitzelt wie er meine, und deshalb existierte unsere Beziehung nur auf einer tiefgründigen, suchenden Ebene, auf der ich sowieso zu viel Zeit verbrachte, und deshalb fühlte sich unser Zusammensein nicht unendlich an. »Wahrscheinlich lieben wir uns am besten in Worten«, sagte ich grübelnd zu Kim, während wir am Holywell Ford den Tisch deckten. Wir befanden uns in einer malerischen Absolventenresidenz am Magdalen College, die ungefähr so aussah, wie ich mir Darwins ländlichen Rückzugsort mit weinverhangenen Steinmauern und einer idyllisch bewaldeten Umgebung vorstellte. Glücklicherweise war dieses Cottage mit viel mehr Musik, Poesie und Gelächter gefüllt, dank der ehrfurchtslosen Mitstudenten aus Südafrika, Australien, Mexiko, den USA und Kanada, die sich dort einmal in der Woche versammelten, um gemeinsam Abendessen zu kochen, Wein aus Krügen zu trinken (in der Gemeinschaftsküche fehlten Gläser) und ernsthafte akademische Fragen zu diskutieren wie »Wenn der Bereich der globalen öffentlichen Gesundheit eine berühmte Person wäre, wer wäre das dann?«.

Was uns »Krug-Kinder« über Länder und Studienfächer hinweg verband, war unsere gegenseitige Wertschätzung für das Absurde. Jamie war auf einer anderen Wellenlänge unterwegs, und darum war es unwahrscheinlich, dass er sich uns in Holywell Ford oft anschloss, sodass ich mehr und mehr Zeit auf meinem Fahrrad verbrachte oder in der Bod las und schrieb oder Streiche mit den Krug-Kindern machte, wie zum Beispiel die Schneekugel einer Freundin zu klauen, in der *Unsere Liebe Frau von Fátima* zu sehen war, und dann rund um den Campus mit der glitzernden katholischen Heiligen »Selfies« zu schießen, die Fatima auf ihrem eigenen Facebook-Profil veröffentlichte. Zwischen den Dinnerpartys in Holywell Ford lebte ich von billigem Müsli von Tesco, kostenlosem Kaffee und Kuchen aus Rhodes House und abgelaufenen Müsliriegeln, die ich in großen Mengen bei eBay gekauft hatte, um Geld für Billigflüge nach Marokko und Norwegen und später nach Indien, Chile und Nepal zu sparen. Einmal in der Woche trafen sich in Oxford Graduiertenseminare zur Wissenschaftsgeschichte, und der Rest der Zeit war frei für Abenteuer, solange ich meine Bücher dabeihatte, die in einem Zelt genauso zu studieren waren wie in der Bibliothek. Mein Leben war noch nie so frei und voller taumelnder Möglichkeiten gewesen – außer wenn ich mit Jamie zusammen war, was weniger seine Schuld, sondern Folge meiner chronischen Unruhe war. Warum sich Woche für Woche mit derselben Person treffen, wenn die ganze Welt ruft? Nicht lange, nachdem er vorgeschlagen hatte, dass wir zusammenziehen sollten, beschloss ich, ganz und gar aus der Geschichte auszusteigen.

Nach unserer Trennung ging ich ein Wochenende in Wales wandern und sehnte mich nach einer Landschaft, die meiner Verzweiflung glich – nie wieder würde ich einen Brief von Jamie in meinem Pidge finden, und aus weiterer solcher Gründe würde ich ihn wirklich vermissen. Beging ich einen großen Fehler? Immerhin lag ich falsch, was die Briefe betraf. Als ich nach Oxford zurückkehrte, um mich mit Jamie zu versöhnen, sagte er, er habe etwas für mich geschrieben, aber ich dürfe es nur unter zwei Bedingungen lesen: Ich solle bedenken, dass er sehr verärgert gewesen sei, als er das geschrieben habe, und ich solle ihm eine Kopie davon geben, weil das Geschriebene in das Archiv seines Lebens gehöre. Dann überreichte er mir nicht etwa einen der üblichen dünnen Umschläge, die ich sonst in meinem Pidge fand, sondern wie vor Gericht einen Stapel beschriebener Blätter.

Ich trug das sechzehnseitige, von Hand geschriebene Werk zu Kims Zimmer, weil ich nicht allein sein wollte, wenn ich das Ganze las. Ich brauchte zwei Stunden. Der Brief war eine dramatische Exegese unserer Beziehung, darüber, dass wir füreinander bestimmt seien, und dass ich mit meinem Herzen aus Stein, »das nicht einmal ein Anwalt knacken könnte«, alles vermasselt hätte. In diesem Punkt hatte er recht, aber wo die Logik versagt hatte, hätte etwas Leichtigkeit geholfen. Ich habe Jamie den Brief zurückgeschickt, ohne eine Kopie zu machen. Das Original für sein Archiv.

Am nächsten Tag rief an und meinte, er wolle reden. Ich ging nicht ans Telefon und rief auch nicht zurück, aber ein paar Tage später traf ich ihn in der Catte Street. »Warte«, bat er, »ich bin gleich wieder da.« Er kam mit einem Poster vom Mount Everest zurück, das er bei einem Vortrag in London von einem renommierten Alpinisten hatte unterschreiben lassen, einer Veranstaltung, zu der wir eigentlich gemeinsam hatten gehen wollen. »Ein Friedensangebot«, erklärte er mit noch blasserem Gesicht als sonst. Ich sah wahrscheinlich genauso aus. Mit einem riesigen Loch in meinem Herzen starrte ich auf das Plakat und sehnte mich danach, in dieser Wildnis zu sein, in diesem Licht, das so intensiv war, dass man glaubte, sich daran anlehnen und gehalten werden zu können.

Über den Himalaja zu lesen war das Zweitbeste. Ich beschloss, meine Masterarbeit über den Siachen-Gletscher zu schreiben, in der ich die Seifenoper-Saga der Erforschung und Geopolitik, die sich auf dem

Eis abgespielt hatte, aber auch die Möglichkeit der wissenschaftlichen Zusammenarbeit als mögliche Lösung des Konflikts untersuchen wollte. Wenn wissenschaftliche Expeditionen und ihre daraufhin entstandenen Landkarten den Weg in den Krieg gewiesen hatten, könnte die Wissenschaft, die angeblich neutrale, nicht nationalistische Suche nach der Wahrheit, nicht auch den Weg aus der Krise weisen?

Ein enger Freund hatte mich auf die Idee der »wissenschaftlichen Friedenssicherung« als mögliche Lösung des Siachen-Konflikts gebracht, indem er das eisige Schlachtfeld in eine entmilitarisierte, ausschließlich der wissenschaftlichen Forschung gewidmete Pufferzone verwandelte. Eine träumerische Vorstellung, aber so etwas war auch schon früher passiert: in der Antarktis zum Beispiel, wo sich Länder mit konkurrierenden territorialen Ansprüchen formell darauf einigten, nicht darüber zu streiten, wem der Kontinent gehört, sondern ihn gemeinsam der Wissenschaft zur Verfügung zu stellen. Wenn ein solcher Vertrag für einen eisigen, abgelegenen, unbewohnten Kontinent, der von Dutzenden von Ländern begehrt wird, möglich war, warum nicht für einen eisigen, abgelegenen, unbewohnten Gletscher, von dem nur wenige Menschen außerhalb von Indien und Pakistan überhaupt je gehört haben? Nicht, dass Dunkelheit oder Isolation ein Gegenmittel zu Begehren sind. Manchmal verstärken genau diese Eigenschaften die Sehnsucht, wie das trostlose, aber begehrte Aksai Chin zeigt. Trotzdem schien eine wissenschaftlich orientierte Vereinbarung über den Siachen vernünftig, ein Weg, eine sinnlose militärische Pattsituation zu entschärfen und den Gletscher in seinen ursprünglichen, unbesetzten Zustand zurückzuführen.

In Oxford hatte ich gelernt, dass die Geschichte der Forschung im Grunde gleichbedeutend mit imperialer Expansion und indigener Unterdrückung war – ein ziemlich katastrophales Erbe für ein Unterfangen, das ich einst im Kern nur für wundersam und interessant gehalten hatte. Wissenschaft und Forschung als Friedenskraft in umkämpften Grenzgebieten schienen eine Erlösung zu versprechen. Die Arbeit – und der Himalaja – fesselten mich so sehr, dass ich ernsthaft vorhatte, in

Oxford zu promovieren. Schließlich bot mir das Rhodes ein weiteres Jahr finanzielle Unterstützung an, und das Labor am MIT lief mir ja nicht weg. Ich wollte gar nicht unbedingt Wissenschaftshistorikerin sein. Aber was ich wollte, war das Leben des Lesens, Wanderns und Schreibens, das das Studium der Geschichte in Oxford ermöglichte.

Da ich wusste, dass ich für das Doktorandenstudium eine »Auszeichnung« brauchte, arbeitete ich an meiner Masterarbeit härter als je zuvor. Seltsamerweise fühlte es sich aber nicht so an wie bei den Laborwissenschaften und ihren Testreihen. Das Lesen und Schreiben gab mir auf mysteriöse Weise mehr Energie, als ich investierte. Ich fuhr jeden Morgen stundenlang mit dem Fahrrad durch Oxford, arbeitete dann den ganzen Tag und bis spät in die Nacht an meiner Arbeit. Ich war aufgekratzt, wach und voller Fragen.

»Gut gemacht, eine faszinierende Arbeit«, schwärmte Corsi, nachdem er in meinem zweiten Jahr in Oxford einen frühen Entwurf gelesen hatte. Wir sprachen über Fanny, das Aksai Chin, die Art und Weise, wie Landkarten Besitz und Herrschaft verwechselten. Wir diskutierten den Weltraumvertrag, der eine meiner Fallstudien für den Siachen darstellte, und das verführerische Trugbild einer »letzten« Grenze. Ich hatte gerade den Mut gefasst, ihn zu fragen, ob er bereit wäre, mein Doktorandenstudium zu betreuen, bei dem ich diese Arbeit auf umstrittene Grenzgebiete ausdehnen und vertiefen wollte, als sich Corsis Tonfall änderte. »Aber Kate, ich muss sagen«, begann er auf unheilvoll weniger opernhafte Art, »ich mache mir Sorgen, dass Ihre Dissertation nicht als Wissenschafts*geschichte* gilt. So viel davon betrifft die Gegenwart, die Zukunft, nicht wahr?«

Es stellte sich heraus, dass Bedenken die am schwersten zu überschreitende Grenze sind. Ich war von Corsis Worten derart erschüttert, dass ich den Glauben an mein Projekt, die Idee, in Oxford zu promovieren, verlor. Ich redete davon, sofort den zweiten Teil der Seidenstraße zu erkunden und mit dem Rad von der Türkei zurück nach Tibet und weiter zum Siachen zu fahren – damit ich beendete, was ich begonnen und was ich studiert hatte. Ich brauchte das Akademikertum nicht als

Vorwand, um zu lesen, zu wandern und zu schreiben. Aber Mel war mit ihrem eigenen Master in Gemeindeentwicklung beschäftigt, und ich war eine gelehrige Schülerin, in jeder verdammten Hinsicht. Weil ich die meiste Zeit meines Lebens leistungsorientiert gewesen war, hielt mich die Aussicht auf Rückzug, auf etwas ohne Zustimmung von außen, oder besser noch Beifall, gehorsam in der Spur, ohne dass ich überhaupt eine Spur erkennen konnte.

Ist das nicht der letzte und eindringlichste Erfolg von Grenzen? Wie sie uns dazu bringen, das, was wir eigentlich nicht sehen können, als wahr und unstrittig zu akzeptieren?

Jedenfalls ging ich zurück in mein Zimmer im Wohnheim und bewarb mich beim MIT.

Im Frühjahr gab ich meine scheinbar hoffnungslose Arbeit über den Siachen ab. Einen Monat später schrieb ich meine Abschlussprüfung, eine surreale, einzigartig oxfordsche Erfahrung, bei der die Studenten einen Doktorhut oder eine weiche Kappe tragen müssen sowie einen schwarzen Akademikerumhang, *subfusc* genannt, mit einer in Höhe der nicht existenten Brusttasche befestigten Blume. Aber nicht irgendeine Blume: Bei der ersten Prüfung trägt man eine weiße Nelke, eine rosafarbene für alle anderen, außer für die letzte Prüfung, da muss es eine rote Nelke sein, die den vor dem Gebäude wartenden Leuten signalisiert, dass man bereit ist, in Champagner, Schlagsahne und Glitter zu baden. Ein merkwürdig befriedigendes, wenn auch schwindelerregendes Ende eines Masterabschlusses, ein Erlebnis für sich, das einem vorkommt, wie in einer Schneekugel zu stecken und geschüttelt zu werden, bis das Glas schließlich zerbricht und man in die helle, feuchte und prickelnde Luft gespuckt wird, wo man dann mit Freunden Wein aus Krügen trinkt.

Kurz bevor ich Oxford verließ, lud mich Jamie zum Abendessen ein. Bei griechischem Salat und Wein sprachen wir über unsere Erinnerungen an die Seidenstraße, Ägypten und eine abgelegene arktische Insel vor langer Zeit in einer weit entfernten Galaxie, oder war es Stratford?

Merkwürdig übereinstimmend stellten wir fest, dass wir uns beide für unseren Master mit Müllproblemen beschäftigt hatten: In meinem Fall waren es die Abfallentsorgung auf dem Siachen-Gletscher, und in Jamies Fall die Zabbaleen Kairos, was, aus dem Arabischen übersetzt, so viel wie »Müllmenschen« bedeutet. Obwohl wir beide eine bestimmte Art von Fortschrittskritik beschrieben hatten oder zumindest eine Kritik gegen die natürlichen und spirituellen Trümmer, die der Fortschritt so oft nach sich zieht, bemerkte Jamie, dass wir gegensetzliche Methoden angewandt hatten: Er hatte sich in den tiefsten, degeneriertesten Kern der Zivilisation gegraben und in die Zukunft geschaut, während ich mich auf den äußeren, meist unberührten Rand der Zivilisation im Himalaja zurückgezogen und die Vergangenheit betrachtet hatte (obwohl ich nicht weit genug zurückgeblickt hatte, wie Corsi meinte, aber das behielt ich für mich). Verblüfft starrte ich Jamie an, denn ich ahnte plötzlich, warum unsere gegenseitige Faszination füreinander derart aufrichtig und schließlich unvergleichlich war: Wir betrachteten die Welt durch die einander gegenüberliegenden Enden eines Teleskops.

Traditionell schreibt man sich nicht in Oxford ein, sondern es heißt *come up*, und der Abschluss wird *going down* genannt. Nicht erst seit dem Auf und Ab der Radtour in der Tibetischen Hochebene fand ich diese Begriffe existenzialistisch passend. Wie hinter einem Schleier nahm ich verschwommen wahr, dass ich meine Taschen und mein Fahrrad packte und ein Flugzeug nach Ontario bestieg. Mein Bruder Dave fuhr mich nach Massachusetts, wo mich eine angehende Lehrerin namens Sara in dem Haus willkommen hieß, das ich künftig mit ihr und zwei anderen teilen würde, eine davon eine blasse, skeptisch dreinblickende Frau, die selten ihr Zimmer verließ, und wenn, dann nur auf Zehenspitzen. Als wir an ihrer verschlossenen Tür vorbeikamen, flüsterte Sara sozusagen erklärend: »Sie arbeitet auch am MIT.« Dann führte sie mich zu meinem Zimmer, einem niedrigen Kabuff, in das mein Futon nur passen würde, wenn ich ihn wie ein Hotdogbrötchen biegen würde. »Übrigens«, sagte Sara, bevor sie mich zum Auspacken allein ließ, »da ist Post für dich gekommen.«

Was bedeutet es eigentlich, in den eigenen vier Wänden zu leben? Man kann niemandem außer sich selbst die Schuld geben, dort zu wohnen. Meine Hände zitterten, als ich den dünnen weißen Umschlag aus Oxford aufriss, von dem ich wusste, dass er meine Studienergebnisse enthielt. Ich dachte daran, dass es keine Rolle spielte, weil Wissenschaftsgeschichte für mich ja nur ein Umweg gewesen war, ein Abstecher, überschwängliche Arbeit, die sich verwirrenderweise wie ein ernstes Spiel anfühlte. Ich las den Brief. Las ihn noch einmal. Mehrere Welten rauschten in unterschiedlicher Geschwindigkeit an mir vorbei.

Trotz des Bedauerns, das mich fast auffraß, weil mein Master in Oxford unerwartet »mit Auszeichnung« bewertet worden war, begann die Arbeit am MIT vielversprechend. Kaum hatte ich meine Koffer ausgepackt, schickte mich meine Doktormutter Dr. Tanja Bosak zusammen mit ihren anderen Studenten zur Feldforschung in den Yellowstone National Park. In Kroatien geboren und am California Institute of Technology ausgebildet, war Tanja eine brillante Wissenschaftlerin, eine freundliche und ermutigende Mentorin, die es für sich vorzog, die natürliche Welt innerhalb der Mauern eines Labors zu studieren, eine Einstellung, die ich erst spät bemerkte. Es hätte mir gleich eine Warnung sein sollen, denn sie schien nicht besonders untröstlich darüber zu sein, eine Woche Feldforschung im Hinterland von Wyoming zu verpassen. »Vergessen Sie nicht das Bärenspray«, erinnerte sie uns, und ihre Augen strahlten aus kaum verhohlener Erleichterung darüber, nicht mitfahren zu müssen.

Jeden Tag wanderten die Studenten und ich durch die heißen Quellen von Yellowstone, suchten nach Proben und sammelten aus brodelnden Pfützen schmierige Kleckse von mikrobiellem Schleim ein. Jeden Abend aßen wir unter den Sternen am Lagerfeuer und beobachteten, wie die gen Himmel ausbrechenden Geysire die Quelle der Milchstraße am Himmel zu sein schienen. Daran könnte ich mich gewöhnen, dachte ich jeden Abend, als ich in meinem Zelt verschwand. Doch als ich das nächste Mal im Namen der Wissenschaft campen ging, war das in meinem Büro am MIT.

Als um sechs Uhr morgens der Wecker läutete, setzte ich mich in meinem Schlafsack auf und schlug prompt mit der Stirn gegen die Schreibtischplatte über mir. Ich hatte lange an einer Versuchsreihe gearbeitet, bei der es unter anderem darum ging, den Fluss des Meeresschnees zum Meeresboden zu berechnen. »Was ist Meeresschnee?«, hatte ich heimlich einen Kommilitonen gefragt, als die Professorin den Auftrag verteilte. Ich stellte mir polare Schneestürme vor, Shackletons Schiff im Südpolarmeer und wie Nansen durch die Nordwestpassage inmitten des Packeises schlich.

»Plankton-Kotpellets«, erklärte der Kommilitone.

Mittlerweile funktionierte die Lockvogeltaktik fast perfekt. Nach unserer Rückkehr aus Wyoming hatte mich Tanja in ihr Büro gerufen, um mir zu erklären, dass sie genügend Studenten hatte, die an den Yellowstone-Proben arbeiten konnten. Sie fragte mich, wie es wäre, wenn ich, statt das Leben in extremen Umgebungen zu studieren, meine Doktorarbeit auf Laboruntersuchungen von molekularen Biomarkern konzentrierte. Wenn Mikroben sterben, erklärte sie, überleben Teile davon unter bestimmten geologischen Bedingungen als Fossilien. Vor allem Fett ist nach dem Tod genauso schwer loszuwerden wie zu Lebzeiten, und mikrobielle Lipide wie polyzyklische Triterpenoide können Milliarden von Jahren in Sedimentgesteinsschichten haften bleiben. Durch den Vergleich dieser molekularen Fossilien mit den Lipiden moderner Mikroorganismen wie *Rhodospirillum rubrum* ist es möglich, die Geschichte und Entwicklung allen Lebens auf der Erde zusammenzusetzen. Vor Milliarden von Jahren war unser Planet eine fremde Welt mit gewaltigen Kontinentalverschiebungen, und es herrschte ein Mangel an Sauerstoff. »Mit ähnlichen Techniken«, fügte Tanja hinzu, »könnte es möglich sein, nach Spuren von Leben auf dem Mars zu suchen.«

Wenn ich auch zunächst widerwillig war, überzeugte mich Tanja mit der Erwähnung des Roten Planeten, und ich zog auf lange Sicht ins Labor.

Warum ich immer noch dermaßen vom Mars besessen war, kann ich nicht wirklich erklären. Ich war in seiner Schwerkraft gefangen, nehme ich an, obwohl jeder MIT-Physikstudent diese Möglichkeit ausschließen würde, da der Rote Planet weniger Masse besitzt als die Erde, was seine Anziehungskraft um ein Drittel mindert. Andererseits setzt sich die Literatur mit Kräften auseinander, die die Naturwissenschaft weder erkennen noch ausdrücken kann. »Wir erzählen uns Geschichten, um zu leben«, schrieb Joan Didion, und Jahre später, als ich diese Worte las, erkannte ich, dass die Reise zum Mars genau das für mich war: eine Überlebensgeschichte, damit ich mich einer Welt zuwenden konnte, die nicht kartografiert und gezähmt schien. Ein Abenteuer, das auf einen Paradigmenwechsel wartet, der vielleicht nur zu einem anderen Abenteuer führt, aber einem aufregenderen oder zumindest wilderen.

Doch wenn ich ehrlich bin, war der Mars weit mehr als eine Geschichte. Er war fast ein Gott für mich, die galvanisierende Kraft meines Lebens, und in diesem Sinne war das MIT ein entschiedener Schritt näher zum Göttlichen: Schließlich haben an dieser Universität mehr Astronauten als an jeder anderen auf der Welt studiert. Das Problem war nur, ich war mir nicht mehr sicher, ob ich zum Mars reisen wollte. Vor allem, wenn die statistisch geringe Möglichkeit, als Marskolonistin ausgewählt zu werden, in den Jahrzehnten dazwischen erforderte, dass ich andauernd violette Nitrilhandschuhe, in denen es rasch feuchtwarm wurde, tragen und durch ein modifiziertes Bernstein-Teleskop schauen musste – nicht zu den Monden des Jupiters oder gar des King's Arms Pub in Oxford, sondern auf geistlose Bataillone von Mikroben in einer Petrischale.

Was nicht heißen soll, dass Abenteuer und Mysterien nicht auf allen Ebenen zu finden sind, von Bakterien bis hin zu schwarzen Löchern. Der Dichter Blake erkannte das Universum in einem Sandkorn. Ein Durchguck, kaum größer als meine Fingerkuppe, verschaffte Galilei eine unendliche Aussicht – winzige Nadelstiche aus Licht, die die göttliche Vollkommenheit und bis dahin glasklare Unveränderlichkeit des Himmels erschütterten. Und so überredete ich mich, im Labor zu blei-

ben, obwohl ich genauso wie der ältere Darwin einen datenbeding-
ten Glücksverlust erlitt und mir die Worte des jüngeren Darwin in den
Ohren klangen und mich drängten, »alle Chancen zu ergreifen und,
wenn möglich, auf dem Landweg zu reisen oder eine andere lange
Route zu wählen«. Stattdessen verbrachte ich meine Tage damit, das
mikrobielle Äquivalent von Cholesterin zu analysieren, und meine
Nächte damit, Probleme zu lösen, die auf den Fluss von Exkrementen
zum Meeresboden zurückzuführen sind. War es da ein Wunder, dass
ich anfing, den Sinn des Lebens infrage zu stellen?

»Kate, Kate, Kate«, gackerte Tanja mit ihrem kroatischen Akzent.
»Das ist keine wissenschaftliche Frage.« Sie forderte mich auf, experi-
mentellere Fragen zu stellen, beispielsweise welche Arten von polyzyk-
lischen Triterpenoiden von *Rhodospirillum rubrum* produziert werden,
wenn sie mit unterschiedlichen Konzentrationen von Schwefel und
Sauerstoff inkubiert sind.

Ich musste zugeben, dass ich es nicht wusste.

»Nun«, sagte Tanja strahlend, »dann gibt es hinter dieser Tür ein
ganzes Labor, in dem man die Antwort suchen kann!«

Ein Jahr kam und ging. Ich befand mich hinter einem betäubenden
Schleier von Forschungsreihen und Experimenten. Abgesehen von
einem zweiwöchigen Sommerurlaub in Indien, in dem ich versuchte,
dem Siachen-Gletscher aus dem Weg zu gehen, was nicht gelang, lebte
mein Schlafsack in meinem Büro und war mir dort nützlich. Ich mochte
Tanja und wollte sie nicht enttäuschen, also versuchte ich, nicht zu viel
über Oxford und über Umwege statt Ziele nachzudenken. Ich hatte es
mit einer wild um sich schlagenden Einsamkeit zu tun, die ich noch nie
zuvor empfunden hatte, und hoffte, dass die richtige Beziehung das falsche Leben in Ordnung bringen konnte. Ich dachte sogar noch einmal
über die Trennung von Jamie nach, obwohl ich in England, wo ich
glücklich gewesen war, an dieser Entscheidung kaum gezweifelt hatte.
»Ein Wort des Lobes über das, was ich schreibe, von dir«, hatte er mir
geschrieben, »bedeutet mir mehr als mein Oxford-Abschluss.« Trotzdem promovierte er in Entwicklungszusammenarbeit. Die meisten der

Krug-Kinder waren in Oxford geblieben, um das Gleiche zu tun. Das Märchen ging ohne mich weiter.

Zu der Zeit machte das Leben nur Spaß, wenn ich Fahrrad fuhr. Am MIT hatte ich mit meiner gewohnten draufgängerischen Begierde mit Cyclocross- und Mountainbike-Rennen begonnen, was Tanja beunruhigte, weil die Mitglieder des Radsportteams der Universität oft doppelt so lange brauchten, um ihre Doktorarbeit zu beenden. Ich vermute, die Wahrheit lautete, dass uns die Rennen überhaupt nur bei der Stange hielten: eine regelmäßige Dosis Endorphine, die den täglichen Druck und die Langeweile der Laborexperimente und Versuchsanordnungen überhaupt erst erträglich machte. Während ich konzentriert versuchte, auf den zerfurchten, kurvenreichen Rennstrecken im Sattel zu bleiben, konnte ich das Doktorandenstudium beinahe vergessen. Ich errang Medaillen in den nationalen College-Mountainbike- und Cyclocross-Meisterschaften, aber es ging mir weniger darum, andere zu schlagen, als der Qual meines beherrschenden Selbst zu trotzen: Als mein Verstand *Stopp!* schrie, brüllten alte Instinkte und mein Herz: *Weiter!*

Also fuhr ich Runde um Runde und tat so, als wäre die Rennstrecke die eng gespulte Seidenstraße. Wie viele Runden waren es zurück nach Lhasa? Wie viele Pedaltritte bis dorthin, wo der Siachen kalt ins Nubra-Tal ragt? Es war eine Erleichterung, wieder alles zu geben, sich auf etwas Klares und Greifbares wie eine Ziellinie einzustellen. War das zu meiner Linken nicht Fanny Bullock Workman in einem Tweedkostüm? Fuhr vor uns nicht Alexandra David-Néel, deren Gebetskette gegen den Fahrradrahmen klapperte? Ich beschleunigte, um sie einzuholen, aber nach ein paar Runden waren sie immer verschwunden, obwohl es gar keine Abzweigungen, keine alternativen Wege oder Fluchtwege gab, und dann irgendwann applaudierte eine gesichtslose Menge. Danach wurde die Welt wieder stumm, und ich war wieder allein, wie der ältere Darwin, der mechanisch in seinem Haus hin und her schritt, oder ein Astronaut, der sich endlos in einer niedrigen Erdumlaufbahn bewegte. Und von Mal zu Mal gruben sich meine eigenen Spuren tiefer.

Was mich schließlich zurück auf die Seidenstraße brachte, war ein Gespräch mit Dr. Maria Zuber, damals Vorsitzende der Abteilung Erd-, Atmosphären- und Planetenwissenschaften am MIT. Schlank, entschlossen und furchtbar schlau sah mich Zuber immer an, als würde sie sich gegen einen strammen Wind stemmen. Als Geophysikerin hatte sie mehrere NASA-Missionen geleitet oder war beteiligt gewesen, um verschiedene Asteroiden und Planeten zu kartieren, darunter auch den Roten. Darum wollte ich sie kennenlernen, auch, um Zugang zu einem Forschungsprojekt auf dem Mars zu bekommen. Dieser Planet hatte mich einmal dazu gebracht, Wissenschaftlerin zu werden, und ich hoffte inständig, dass es ihm noch einmal gelingen würde.

»Also«, begann Zuber in scharfem Ton, als ich in ihrem Büro im Gebäude 54 Platz genommen hatte. Die meisten Gebäude am MIT haben bloß Zahlen und keine Namen, eine Eigenart, die mir, als ich am MIT ankam, charmant erschien, und als ich ging, eine Gänsehaut verursachte. »Was hast du mit deinem Leben vor?«, fragte sie.

»Ich wollte schon immer Entdeckerin werden«, gestand ich und bedauerte es sofort. Solch eine streberhafte Aussage klingt bei einer siebzehnjährigen Schülerin, die ihren Traum verfolgt, allenfalls skurril, aber von einer siebenundzwanzigjährigen Doktorandin mit Frist für ihre Doktorarbeit klingt das einfach nur beunruhigend.

Überraschend reagierte Zuber mit Begeisterung. »Wunderbar! Du hast dir eine tolle Zeit ausgesucht, um zu leben«, jubelte sie, als ob ich tatsächlich eine Wahl gehabt hätte. »Was auch immer die Geschichtsbücher behaupten, jetzt ist das Zeitalter der Entdeckungen.« Sie schob rasch eine kleine Papierlawine auf ihrem Schreibtisch zusammen. »Ich meine, wie fantastisch ist es doch, dass wir an einem Schreibtisch sitzen, genau hier in einem Büro, und den Mars von einem Computerbildschirm aus erkunden können.«

Ich zuckte zusammen und hoffte, dass sie es nicht merkte.

»Stell dir vor«, fuhr sie vernichtend fort, »Magellan musste monatelang durch raue See segeln, sogar jahrelang. Skorbut, Kannibalen, unbekannte Krankheiten und wer weiß was! Aber heute können wir mit den Füßen auf dem Schreibtisch und einer Cola Zero in der Hand eine andere Welt erkunden. Es gab noch nie einen besseren Zeitpunkt für Entdecker.«

Auf ihrem Schreibtisch stand tatsächlich eine Getränkedose, die in der Mitte leicht verbeult war, als ob sie in einem nächtlichen Anfall von Frust zusammengedrückt worden wäre. Zubers Füße befanden sich fest auf dem Boden, und alles andere konnte ich mir nur schwer vorstellen. Ich dachte an die NASA-Raumsonde, benannt nach dem portugiesischen Forscher, den Zuber gerade erwähnt hatte: Die *Magellan*-Sonde wurde 1989 gestartet, um mittels Radar die Oberfläche der Venus zu kartieren und um die Wolken des Planeten zu durchdringen und es Wissenschaftlern – wie Zuber – zu ermöglichen, den Vulkanismus und die Tektonik der Venus zu studieren. Nach fünf Jahren im Orbit, ungefähr der Zeit, die man braucht, um eine Doktorarbeit zu schreiben, brachte die NASA in der dichten Atmosphäre der Venus die Sonde absichtlich zum Verglühen, eine Reihe von Ereignissen, die mir plötzlich wie eine Metapher erschienen.

Ich zwang mich, meine Aufmerksamkeit wieder auf Zuber zu lenken, die jetzt andere Themen wie die Pläne und die Logistik für das nächste Semester sowie Forschungsmethoden diskutierte. Ich hörte zu und nickte und betrachtete eine gerahmte Karte des Mars an der Wand. Sie hing leicht schief und war mit Begriffen übersät. Daneben verwelkten ein paar Pflanzen auf der Fensterbank.

»… und dann snacken wir die Wale«, beendete Zuber ihren Vortrag.

»Wie bitte?«, fragte ich erschrocken.

»Und dann knacken wir die Zahlen«, wiederholte sie. »So einfach geht das.«

Ich bedankte mich höflich für das Gespräch und verließ Zubers Büro. Und danach verließ ich das Labor und brach zu einer langen Reise auf.

Zweiter Teil

Sich niemals zu verlieren heißt, nicht zu leben; nicht zu wissen, wie man sich verliert, führt zu Selbstzerstörung, und irgendwo auf dem unbekannten Terrain dazwischen findet das Leben der Entdecker statt.

REBECCA SOLNIT,
DIE KUNST, SICH ZU VERLIEREN

UNTERSTRÖMUNGEN
Das Schwarze Meer

Die Geschichte der Seidenstraße ist eine olle Kamelle, eine Mär, die inzwischen mit der Realität nichts mehr zu tun hat. Einst herrschten dort zwischen Europa und Asien reger Handel und Gedankenaustausch. Heute ist die ehemalige Karawanenroute vor allem für Drogenhandel und übelste Gewalt bekannt und bestenfalls für Mythen und Souvenirs – lauter Sachen, von denen Mel und ich hofften, uns fernzuhalten, während wir die Seidenstraße auf dem Fahrrad erkundeten. Oder besser gesagt, *mit* dem Fahrrad. Ich versuchte, einen würdevollen Eindruck zu machen, obwohl ich einen Helm trug, während ich mein vollgepacktes Rad durch die überfüllten Straßen von Istanbul schob.

»Bau keinen Unfall!«, spottete ein schlaksiger Teenager.

Ich tat, als hätte ich nichts gehört.

Der Himmel an diesem Januarmorgen war trüb und konturenlos. Touristen mit Kameras um den Hals schlenderten auf dem Gewürzbasar aus der osmanischen Zeit an Kurkuma- und Paprikapyramiden vorbei. Durch die Schaufenster der Restaurants waren brutzelnde Riesenspieße aus marmoriertem Fleisch zu sehen, die sich drehten. Vor der Neuen Moschee verramschte ein Mann mit einem langen weißen

Schnurrbart türkische Flaggen, indem er sich den roten Stoff wie einen Umhang um die Schultern legte und so vielleicht auf die Superkräfte des Nationalismus hinwies oder sich als Teil des Pauschalangebots ausgab. Kaum bemerkte er meinen Blick, rief der Mann mir etwas zu und erschreckte damit einen Taubenschwarm, der plötzlich aufflatterte. Die fetten grauen Vögel verteilten sich über den Platz wie die Bestandteile eines kaputten Kugellagers.

Ich nahm den Helm ab und hängte ihn an meinen Lenker. Eines hatte sich in den Epochen, in denen aus Byzanz zunächst Konstantinopel und dann Istanbul geworden war, sicher nicht geändert: Der Ort war immer noch ein geschäftiges Zentrum. Mel und ich fuhren mit den Rädern durch die Menschenmassen zum Bosporus, eine kurvenreiche Meerenge, die Istanbul in zwei Kontinente teilt, bis sie ungefähr dreißig Kilometer hinter dem Schwarzen Meer in das Marmarameer und schließlich ins Mittelmeer mündet. Wir radelten an Fischern vorbei, die lange Leinen in den suppig grünen Kanal warfen, und dann weiter vorbei an verlockenden Straßenständen, die jede Menge erschrocken wirkender silberner Sardellen in Plastikbechern verkauften. Wir fanden den Ticketschalter für die Fähre, warteten in einer Schlange, und als der Gebetsruf über das Wasser hallte, schoben wir gerade unsere Fahrräder auf die Gangway.

Mel und ich lehnten uns über die Reling der Fähre und beobachteten, wie Istanbul hinter uns mehr und mehr verblasste und Nebel die Kuppeln, die Türme und die riesigen Plakatwände langsam schluckte. Es tat mir nicht leid, das Ganze verschwinden zu sehen. Denn obwohl die legendären Handelsplätze der Seidenstraße heute größtenteils in Schutt und Asche liegen oder ohne jegliche Nostalgie modernisiert wurden, gab es immer noch das jahrtausendealte Hinterland, das Marco Polo verflucht hatte: Wüsten, durch die sich nach wie vor gemächlich Kamelkarawanen quälten, und schneebedeckte Berge, die einsam in den Himmel ragten. So hoffte ich zumindest. Vorerst warf ich Istanbul einen letzten Blick zu. Wenn alles gut ging, würden wir fast ein Jahr lang nicht mehr so viele Menschen an einem Ort sehen.

Tiefe Wolken hingen am Himmel. Die Luft roch nach Salz und dem Rauch eines Kohlenofens. Um sich zu wärmen, schlang Mel die Arme um sich. Ein türkischer Geschäftsmann kam an Deck und paffte eine Zigarette. Er war ungefähr fünfzig Jahre alt, stämmig, trug einen Dreitagebart und verzog das Gesicht, um nicht zu gähnen. »Vergesst Radfahren am Schwarzen Meer«, sagte er zu mir und starrte in den verschmierten Spiegel des Bosporus, als hätte er vor langer Zeit etwas in dem trüben Wasser verloren und erwartete nun, dass es jede Sekunde wieder auftauchte. »Es ist Winter, sehr viel Regen«, ergänzte er. »Ihr müsst nach Süden fahren. Kappadokien, Konya, die Ägäis ...«

Ich lächelte den Mann an und zuckte die Achseln. Wir waren von anderen gewarnt worden, aber wie schlimm konnte das Winterbiken auf Meereshöhe schon sein? Lieber jeden Tag Stürme und Skorbut als ein langsamer, blasser Tod vor dem Computerbildschirm mit Cola Zero. »Ich trenne mich vom Mars«, hatte ich Mel kurz nach meinem Treffen mit Zuber am Telefon erklärt. »Eine Fernbeziehung ist einfach nichts für mich.«

Wie bei jeder anderen Trennung dauerte es noch eine Weile, bis es wirklich vorbei war, aber schließlich war ich frei, und Mel ebenfalls, und wir beschlossen, unsere Seidenstraßen-Tour zu beenden, die wir fünf Jahre zuvor begonnen hatten. Das bedeutete, etwa gut ein Jahr lang von der Türkei zurück nach Tibet und weiter zum Siachen-Gletscher zu radeln – einen Ort, den Polo eigentlich nicht besucht hatte, aber sicherlich nur wegen seiner Weite, der unwirtlichen Umgebung und des eklatanten Mangels an marktfähigen Gütern. Ich wollte nicht nur meine Kindheitsidole von Entdeckern rächen und herausfinden, wie ich selbst zu einer Entdeckerin werden konnte, sondern sah die Seidenstraßen-Tour auch als praktische Erweiterung meiner Masterarbeit in Oxford: Ich wollte erforschen, wie Grenzen das, was auf der Erde noch wild ist, von den Gebirgszügen bis zu den Köpfen der Menschen, formen und brechen und wie Wissenschaft, genauer gesagt der Schutz von Wildnis, diese Grenzen möglicherweise überwinden konnte. Da war ich also, reich an Universitätsabschlüssen, arm an herkömmlicher Arbeit und

Geld, besaß nichts außer meinem Namen, einem Zelt, einem Fahrrad und einigen Büchern. Meine Lebensentscheidungen fühlten sich genauso lange großartig an, bis sie mir Angst machten.

Die Schaufelräder der Fähre wirbelten einen Streifen Türkis im rauchigen, smaragdgrünen Wasser der Meerenge auf. Europa befand sich zu meiner Linken, Asien zu meiner Rechten und unter mir ein fließendes Grenzland, dessen Tiefen ich nicht ergründen konnte. Der Name Bosporus stammt aus dem Griechischen und heißt so viel wie »Ochsenfurt«, also auf Englisch *ox ford* – aber kam ich, oder ging ich? Es war noch zu früh, um das zu sagen, oder vielleicht war es auch eine zu simple Frage.

1680 warf ein junger italienischer Adliger namens Luigi Ferdinando Marsigli ein schweres Tau in den Bosporus und erkannte, als er sich hinunterbeugte, was türkische Fischer schon lange wussten: Das Wasser dort fließt in zwei Richtungen gleichzeitig. Die Geschichte der Wissenschaft und Forschung ist voll von wohlhabenden Ausländern, die Ruhm und Ehre errangen, weil sie die Dinge »entdeckten«, die die Einheimischen bereits wussten, aber Marsigli verdient dennoch Anerkennung. Nicht so sehr dafür, erkannt zu haben, dass der Bosporus Unterströmungen hat, sondern weil er herausfand, warum: Es liegt am unterschiedlichen Salzgehalt des Schwarzen Meers und des Mittelmeers. Während Flüsse Süßwasser in das Schwarze Meer und schließlich in den Bosporus transportieren, fließt zugleich dichteres, salzigeres Wasser aus dem Mittelmeer hinein. Auf dem Weg zum Schwarzen Meer stemmte sich die Fähre kräftig gegen die Oberflächenströmung des Bosporus. Dort angekommen, würde sie aber mühelos vorankommen, wenn sie nur ein paar Dutzend Meter weiter war.

Der Geschäftsmann drückte seine Zigarette aus und verschwand nach drinnen. Als ich ein paar Minuten später hineinging, fand ich Mel im Gespräch mit einem freundlich aussehenden jungen Mann mit runden Wangen. Als ich noch mal hinsah, wurde mir klar, dass es Jeremy war, ein Klassenkamerad aus der Grundschule, den ich seit der neunten Klasse nicht mehr gesehen hatte. Er und sein Verlobter Kerri machten in Istanbul Urlaub und fuhren zufällig mit derselben Fähre wie wir, was darauf hinauslief, dass wir einen Zeugen aus der Heimat hatten, als Mel und ich unsere Haltstelle verpassten.

»Also, wo steigt ihr beide aus?«, fragte Jeremy. Mel antwortete: »Beykoz«, und Jeremy machte ein besorgtes Gesicht. »Äh, sind wir da nicht gerade vorbeigekommen?«

Kleinlaut schoben wir unsere Fahrräder in Anadolu Kavagi den Steg hinunter, dem letzten Halt der Fähre, einem kleinen Dorf am zerklüfteten Ufer Kleinasiens. In einem Hafenrestaurant teilten wir uns mit Jeremy und Kerri ein Mittagessen aus fettigen Meeresfrüchten, dann warteten Mel und ich unbeholfen und hofften, die beiden würden irgendwann gehen: Wir wollten nicht zugeben, dass unsere hastig ausgedruckten Google-Karten nur die Route von Beykoz aus zeigten. Obwohl wir auch eine faltbare Karte der Seidenstraße dabeihatten, war sie so groß, dass sie für die detaillierte Navigation hier vollkommen nutzlos war. Statt sich jedoch zu verabschieden, bot Jeremy freundlicherweise an, uns zu filmen, während wir zu unserer Reise aufbrachen. Da wir nun keine weiteren Gründe für eine Verzögerung finden konnten, schwangen wir uns endlich in die Sättel, und die Tour zum Siachen begann.

Nur ein paar Sekunden später trennten sich unsere Wege. Mel fuhr nach rechts, während ich an der ersten Kreuzung nach links abbog, eine zeitlich gut getaktete, schöne Choreografie, bis auf das winzige Detail, dass sie nicht geplant war. Wir hatten vorher nicht darüber gesprochen, wo wir langfahren wollten, obwohl uns beiden klar war, keine Unterstützung von irgendeiner Straßenkarte erwarten zu können. Ein passender Start zu unserer Tour, finde ich, denn die Seidenstraße ist so verworren und kompliziert geknüpft wie türkische Teppiche, die ich im Großen Basar von Istanbul bewundert hatte, auch wenn ich gleich darauf beschlossen hatte, es sei noch zu früh, um Souvenirs zu erstehen. Stattdessen kaufte ich Baklava.

»Bloß eine Aufwärmrunde!«, brüllte ich Jeremy zu, als ich zurückkehrte, um Mel wiederzutreffen, und dabei versuchte, lässig und fit auszusehen, trotz der verräterischen Baklavareste in den Mundwinkeln. Die einzige Möglichkeit, sich auf die Seidenstraße, also auf jeden Tag den ganzen Tag fast ein Jahr lang Radfahren vorzubereiten – wie ich es vor der Reise faul begründet hatte –, war, jeden Tag den ganzen Tag fast ein Jahr lang zu radeln. Da dies momentan nicht machbar war, bestand mein Trainingsprogramm darin, türkische Süßigkeiten in mich hineinzustopfen.

Die lang ersehnte Rückkehr zur Seidenstraße habe ich nur bruchstückhaft in Erinnerung. Kurze Szenen wie Jump-Cuts in einem Kinofilm, die so geschnitten sind, dass die verbindende Geschichte verborgen bleibt. Vielleicht weil wir diesen ersten Tag und viele weitere mit dem Camcorder aufgenommen hatten, da wir ernsthaft hofften, einen Dokumentarfilm über unsere Expedition zu machen. Direkt hinter der Stadt keuchten wir eine gepflasterte Straße hinauf, bauten das Stativ auf, drückten den Aufnahmeknopf, fuhren wieder hinunter und keuchten wieder hinauf, um uns dabei zu filmen. Der Rest dieser Tage existiert nur unscharf in meinem Gedächtnis. Irgendwann machte ich ein kurzes Nickerchen auf einer Couch, die auf dem Bürgersteig vergammelte, und an einem anderen Tag flog bei einer Abfahrt der Laptop, den Mel für die Videobearbeitung mitgenommen hatte, von ihrem Hinterrad und überholte irgendwie das Fahrrad, sodass sie den Computer fast überrollte.

Die blattlosen Bäume und kahlen Felder, die die Straße säumten, wirkten blass und faltig, und die Erde verströmte das frische Aroma, das einem Regenguss folgt. Als die Abenddämmerung näher rückte, hielten wir an einem Straßenrestaurant, weil wir noch keine Tankstelle gefunden hatten, an der wir unsere Propangasflaschen zum Kochen hatten auffüllen können, was bedeutete, dass die aberwitzigen Mengen an Nudeln, die wir mitschleppten, im Moment nur nutzloser Ballast waren.

Das Restaurant war geschlossen, aber der Besitzer lud uns ein, auf seiner Wiese zu zelten, und bot uns Tee an – çay –, zubereitet in einer Art Doppeldeckerkessel, von dem wir bald erfuhren, dass er in der ganzen Türkei bei Holzöfen benutzt wird. Der untere Teil enthielt kochendes Wasser, und der obere Teil war bis zum Rand voll mit eingeweichtem Tee. Der Restaurantbesitzer gab einen Zentimeter davon in zwei winzige, schlanke Teegläser und verdünnte dieses Gebräu dann mit heißem Wasser aus dem unteren Kessel, das er in einem langen, perfekt ausgerichteten Bogen eingoss. Mit einer abschließenden feierlichen Geste legte er noch zwei Zuckerwürfel in jedes Glas. Während wir diese überaus sättigende Flüssigkeit auf nüchternen Magen schlürften, verwickelte uns der Mann in ein tiefes, seelenvolles Gespräch, was ich aus seiner ernsthaften Mimik und seinen eindringlichen Gesten schloss. Ich starrte ihn stumm an, während Mel nickte und in freundlichen Abständen »Ahhh« murmelte. Als wir gingen, fragte ich sie, was er eigentlich gesagt hatte. »Keine Ahnung!«, antwortete sie.

In der Nähe bellten ein paar Hunde ein vorbeifahrendes Auto an, dann schlenderte einer der Hunde zu unserem neuen, noch glänzenden Tunnelzelt, und bevor wir es verhindern konnten, pinkelte er an den Eingang. Wir öffneten vorsichtig den Glühwurm, wie wir unsere leuchtend rote neue Wohnung getauft hatten, und krochen durch den Vorraum zum Hauptschlafplatz. »Bitte ziehen Sie Ihre High Heels aus«, witzelte Mel mit italienischem Akzent und imitierte die Air-Italy-Borddurchsage auf unserem Verbindungsflug von Rom nach Istanbul, während sie im Zelt ihre verschwitzten Stiefel abstreifte. Die Fluggesellschaft war eindeutig an eine andere, weniger abenteuerlustige Kundschaft gewöhnt, wenn man diese Ansage und die Tatsache bedenkt, dass sie Mels Fahrrad verloren hatten. Daraufhin hatten wir uns selbst verloren gefühlt, denn wir hatten fast eine Woche in Istanbul darauf gewartet, dass es wieder auftauchte, und unsere Tage damit verbracht, Besorgungen und E-Mails zu erledigen und Einkaufsausflüge zu machen, um mit unserem schnell abnehmenden Budget last minute Reiseproviant zu beschaffen. Weil wir unsere Expedition bei Sponsoren und Stiftungen als Reise zur Erforschung des grenzüberschreitenden Schutzes der Wildnis angepriesen hatten, waren wir tatsächlich zu etwas Geld und Ausrüstung gekommen, aber trotzdem fehlten uns immer noch Tausende von Dollar, um bis nach Indien zu gelangen.

Nicht, dass es jetzt wichtig wäre, in dem Sinne, dass Mel und ich uns dieser Straße verschrieben hatten und daran nichts ändern konnten. Doch in der ersten Nacht auf der Seidenstraße hatte ich Schwierigkeiten zu schlafen. Oder vielleicht waren es auch der Zucker und das Koffein, die Salti in meinen Adern schlugen. So oder so, ich war von Mathematik auf eine Art und Weise besessen, wie sie mich am MIT nie ergriffen hatte. Ich machte einige schnelle Berechnungen im Kopf, während die Scheinwerfer eines vorbeifahrenden Autos über das Zelt huschten und das Innere zum Leuchten brachten, als ob Sonnenaufgang oder Sonnenuntergang wäre. Wir waren drei Stunden lang mit dem Fahrrad gefahren und hatten nur knappe zehn Kilometer zurückgelegt, auch weil wir so oft für die Dreharbeiten angehalten hatten. In diesem Tempo, errechnete ich mutlos, würden wir den Siachen in etwa drei Jahren erreichen.

Mel und ich wollten die Seidenstraße von Istanbul aus beginnen, weil wir dachten, dass der Winter in Kleinasien weniger frustrierend sei als im Himalaja. Aber der türkische Geschäftsmann auf der Fähre hatte recht. Gefrierender Regen an der Schwarzmeerküste war nicht nur Wetter, das vorüberging, es war die Regel.

Den gesamten folgenden Monat drehte sich unsere ganze Welt um Wasser. Am Himmel hingen tiefdunkle Regenwolken, das Meer darunter wirkte ebenso abgrundtief. Die Sonne wanderte niedrig über den Horizont, während ich mich auf meinem Fahrrad in etwa der gleichen Weise krümmte. Laut Strabo, einem dreiundsechzig Jahre alten anatolischen Geografen, war das Schwarze Meer früher als Axenos bekannt, was »unwirtlich« bedeutet, und hatte seinen Namen von seinen derben Urbewohnern und den heftigen winterlichen Stürmen. Das Meer stellte für die alten Griechen den Rand der bekannten Welt dar, jenseits dessen lag das Reich der feuerspeienden Stiere, Wächterschlangen und Drachen, deren Zähne, wenn sie wie Samen eingepflanzt wurden, angeblich Riesen zutage förderten. Später wurde das Schwarze Meer in Euxeinos umbenannt, was »freundlich zu Fremden« heißt und eine so

malerische und absurde Neutaufe war wie die von Fanny, die den Siachen »die Rose« nannte. Aber wenn schon das Wetter am Schwarzen
Meer nicht gastfreundlich war, so waren es die Menschen, die dort lebten, denn Nacht für Nacht wurden Mel und ich eingeladen, bei Familien zu wohnen.

In einem Haus bei Sinop verströmte der Holzofen eine Wärme wie
eine winzige Sonne. In einem Sessel in der Nähe kuschelte ein kleiner
Junge auf dem Schoß seines Großvaters wie in einem Boot, das in einer
Bucht aus Wolle und Weisheit lag. Seine Oma schleppte sich langsam
zu der Couch, auf der Mel und ich saßen, und grinste übers ganze
Gesicht, aber nur mit zwei goldenen Zähnen, die wie frisch polierte
Goldbarren glänzten. An der Wand hing ein Porträt von Atatürk, »Vater
der türkischen Nation«, der im Zuge des Osmanischen Reichs die
Trennung von Religion und Staat in der Türkei eingeführt hatte und
nun sämtliche Hauswände wie ein Gott schmückte.

Nach einem herzhaften Abendessen mit Linsensuppe, Brot und Salat
gähnten und rieben Mel und ich uns die Augen, deuteten auf unsere
Müdigkeit hin und hofften, dass wir alle bald zu Bett gehen würden.
Stattdessen stürzten wir uns in Autos und fuhren in die Stadt. Es war
der zehnte Geburtstag von Cousine Hande, erklärte ein Teenager, und
wir gingen zum Haus ihrer Familie, um zu feiern. Nach unserer Ankunft
verteilten sich die Männer sofort in den örtlichen Teesalon und überließen den Frauen und Kindern ein sehr enges Wohnzimmer, in dem
gelacht, geredet und gegessen wurde. Bald war die Luft vor Hitze und
verbrauchter Atemluft zum Schneiden; das Thermometer zeigte neunundzwanzig Grad Celsius an. Mel und ich saßen schweißnass in Ther-
mounterwäsche und Fleecehosen da, denn wir trugen Kleidung, die
besser geeignet war, einen Schneesturm zu überstehen als eine türkische Geburtstagsparty.

Das zweite Abendessen wurde serviert. Obwohl das erste Abendessen schon mehr Kalorien geliefert hatte als eine Woche Instantnudeln,
stopfte ich einen Teller Baklava in mich hinein, als wäre es mein Job. Die
Familie wirbelte um uns herum, wir verstanden kein Wort, es war ein

Chaos aus Ballons und Türken und Witzen, die wir nicht verstanden, über die wir aber trotzdem lachten. Dazu Techno-Musikvideos, die aus einem Fernseher plärrten und die Party mit einer Klubatmosphäre versorgten, die selbst die goldmundige Großmutter zu genießen schien, denn sie nickte mit ihrem verschleierten Kopf zu dem hippen Rhythmus im Takt. Die Temperatur stieg weiter. Jemand rief per Skype an, und die Kamera wurde auf uns gerichtet, also winkten Mel und ich den lächelnden, pixeligen Fremden auf dem Bildschirm zu und sahen uns dabei am unteren Bildrand mit einer leichten, aber entscheidenden Zeitverzögerung: zwei verschwitzte Ausländerinnen, die bei einer türkischen Party *lost in translation* waren.

Hande nutzte meine Ablenkung durch den Skype-Anruf und lackierte mir die Fingernägel rosafarben. Nicht ganz mein Stil, aber wer konnte schon zu einem Geburtstagskind Nein sagen? Genauer gesagt, wer konnte auf Türkisch Nein sagen? Ich wagte es nicht. Die Leute hier sagten selten Nein, hielten es für zu unverblümt und ablehnend. Stattdessen sagten sie *yok*, was so viel bedeutet wie: nicht existent, nicht hier. Ein Wort, auf der Zunge so dick und befriedigend wie Baklava, obwohl seine Auswirkungen viel weniger süß waren. Wie weit ist es nach Indien? *Yok.* Wird der Regen jemals aufhören? *Yok.* Im Namen von allem, was in dieser Welt gut ist, wo bleibt die Sonne? Sehr nachdrücklich *yok.*

Am nächsten Morgen wachte ich mit einem Baklava-Kater auf und aß in der Hoffnung auf Heilung noch etwas mehr davon zum Frühstück. Wir trödelten im Haus herum und schindeten Zeit, bis wir wieder auf die Fahrräder stiegen. Ich saß in der Nähe des Holzofens und schrieb Tagebuch, während Mel bei einem kleinen Mädchen saß und mit ihm Grammatikübungen in einem türkisch-englischen Lehrbuch machte. Die Vorgaben in dem Schulbuch waren derart bizarr, ich war mir sicher, dass Mel sie erfand. »Du kennst Michael Jackson nicht. Oder?«, las sie vor. »Nein«, antwortete das kleine Mädchen feierlich.

Mel seufzte schließlich auf eine Weise, die signalisierte, dass es Zeit war aufzubrechen. Als wir langsam zusammenpackten, protestierte unser Gastvater, es sei zu kalt und regnerisch und die Straße vor uns viel zu gefährlich. »Das ist nicht bloß eine Straße, eine Autobahn!«, warnte er und schüttelte den Kopf. Er sagte, er würde seine Tochter niemals eine solche Reise unternehmen lassen, niemals.

Mel, total charmant mit ihren roten Locken, erwiderte, wenn sie nicht mit dem Fahrrad durch die Türkei reisen würde, hätte sie nie die Möglichkeit, so nette Leute wie ihn und seine Familie kennenzulernen. Da schmolz er dahin. »Du hast recht, okay«, stimmte er herzlich zu. »Ja, das ist wahr!«

Ich verfluchte Mel stumm, weil sie ihn so einfach überzeugt hatte. Im Moment wollte ich nichts anderes vom Leben, als die Wärme und Trockenheit dieses gemütlichen Hauses zu genießen, Bücher neben dem Kamin zu lesen, meine sexy rosa Nägel zu einem bescheideneren Farbton verblassen zu lassen und nie wieder da draußen sein zu müssen.

Was ich wollte, war Wildnis, aber nicht das Schwarze Meer. Jeden Tag fragten uns die Leute, was wir von der Türkei hielten. »Ihr Land ist *chok güzel*, sehr schön«, sagten wir und fügten hinzu, dass wir gern eines Tages im Sommer wiederkommen würden. Aber vermutlich konnten selbst Wärme und Sonnenschein nicht die Abschnitte des Schwarzen Meeres ausgleichen, die besonders steilen und kurvenreichen Landstraßen, auf denen wir gestartet waren und die, wie unser Gastvater gewarnt hatte, in eine stark befahrene Autobahn übergingen. Diese Straße nahm der Küste jeden Reiz und jede Eleganz, die sie einst gehabt haben musste. Meistens hatten wir das Gefühl, durch den schmutzigen Schaum am Rand einer riesigen Badewanne zu radeln.

Diese Analogie passt. Das Schwarze Meer, an das sechs Länder grenzen und das von Flüssen aus zwanzig weiteren gespeist wird, leitet fast ein Drittel des Schmutzes von Kontinentaleuropa ab. Da der einzige Abfluss des Meeres der strangulierte obere Bereich des Bosporus ist, wie Marsigli schon gezeigt hatte, liegen seine tiefsten Schichten relativ ruhig und stagnieren. Diese Bodenwässer sind sauerstoffarm, aber reich an Schwefelwasserstoff, einem farblosen, giftigen Gas, das nach faulen Eiern stinkt. Bis auf ein paar hartnäckige mikrobielle Riffe, die sich von

Methansickerungen auf dem Meeresboden ernähren, überlebt dort unten nur wenig.

Die Straße, die das Schwarze Meer umgibt, war ähnlich düster. Wir fuhren auf einer vierspurigen Autobahn, wo nichts anderes existierte als Geschwindigkeit und Trauer. Wir kamen an Gräben vorbei, in denen nichts als Getränkedosen und tote Hunde dümpelten, Torsos, aufgeblasen wie pelzige Ballons. Wir kamen an einer Frau in einem Wartehäuschen für den Bus vorbei, die ein Gesicht machte wie der ewige Schmerz. Wir fuhren an einer kürzlich überfahrenen Katze vorbei, dann beobachteten wir eine zweite Katze, die durch den Verkehr schlich, um nach ihrem zerquetschten Begleiter zu sehen. Wir konnten nur knapp einem Berg toter Sardellen am Straßenrand ausweichen, und der Geruch von verrottendem Fisch wich meilenweit nicht von uns. Ich dachte darüber nach, wie im 14. Jahrhundert das reiche Byzanz für seinen vielen Kaviar berühmt war, sodass er als Nahrung der Armen galt. Jahrhunderte zuvor berichtete Strabo, dass man Bonito, einen kleinen Verwandten des Thunfischs, mit bloßen Händen aus dem Bosporus holen konnte. Jetzt jedoch war es wahrscheinlicher, dass ich eine Plastikflasche herausfischte.

Obwohl die sauerstoffreichen Untiefen und Unterwasserschelfe des Schwarzen Meeres einst voll von vitalem Leben waren, haben im Laufe der Zeit Küstenstädte in den umliegenden Ländern Pestizide, Düngemittel, Reinigungsmittel und schlecht geklärtes Abwasser in das gemeinsame Wasser des Grenzgebiets eingeleitet. Die so entstandenen üppigen Mengen Stickstoff und Phosphor haben massive Blüten des Phytoplanktons ausgelöst, die in riesigen welligen Blättern aus purpurrotem Glibber wachsen, die das Meerwasser vor Sonnenlicht schützen. Wenn die Blüten abklingen und sich zersetzen, verbrauchen sie große Mengen Sauerstoff, sodass das Oberflächenwasser fast so anoxisch und steril ist wie die Tiefen des Schwarzen Meeres. Nur wenige invasive Arten gedeihen unter solchen Bedingungen, darunter die *Rapa venosa*, die japanische Wellhornschnecke, die ihrerseits dafür gesorgt hat, die einstige Muschelvielfalt im Schwarzen Meer zu dezimieren. Die Strände sind mit durchbohrten Muscheln übersät, die winzigen Löcher markieren die Stellen, an denen kleine Wellhörner in den Panzer gebohrt, Verdauungsenzyme injiziert und schließlich das verflüssigte Fleisch herausgeschlürft haben. Große Wellhörner verschwenden ihre Zeit nicht mit dem Bohren, sondern heben Muscheln mit ihrem gruselig muskulösen Glied auf.

Von allem genug, um das MIT auf einmal wieder attraktiv erscheinen zu lassen. Wenn ich dazu verdammt war, mein Leben mit anoxischen Mikroben und fremden Arten zu verbringen, fehlten in den Labors zumindest der Regen und die Verkehrstoten. Die Türkei war nicht so, wie ich sie mir vorgestellt hatte, sie war nicht wie die Seidenstraße, von der ich geträumt und über die ich so viel gesprochen hatte. Hätte mir jemand zu diesem Zeitpunkt der Radtour einen Raumanzug angeboten, hätte ich ihn dankbar angenommen, dankbar für jede Art von Schutzbarriere zwischen mir und dem Wetter und dem Verkehr am Schwarzen Meer. An welchem Punkt lief ich vor dem Leben davon, und an welchem Punkt lief ich darauf zu? Der Unterschied erschien mir plötzlich genauso entscheidend wie beunruhigend.

Ein Lastwagen fuhr so nah an Mel vorbei, dass sein Luftzug sie vom Seitenstreifen auf die Fahrbahn saugte. Glücklicherweise folgte dem Lkw gerade kein weiteres Fahrzeug. Mel riss den Lenker zurück auf den Seitenstreifen und zeigte dem Lkw-Fahrer den Mittelfinger, aber er sah es nicht oder kümmerte sich nicht darum. Wir beide unterschieden uns nur geringfügig von den Insekten, die auf der riesigen Windschutzscheibe seines Trucks klebten. Als ich als Kind erkannt hatte, dass sich Entdecker selbst auf den Prüfstand zu stellen hatten, konnte ich mir noch nicht vorstellen, dass es sich dabei um türkische Lkw handeln würde.

»Und wir haben uns das so ausgesucht«, verzagte ich. »Wir können niemandem die Schuld geben außer uns selbst.«

»Und Marco Polo«, fügte Mel hinzu.

Stimmt. Obwohl einige Historiker bezweifeln, dass der venezianische Kaufmann jemals über das Schwarze Meer hinaus gereist ist.

Polos Name wird nicht in noch erhaltenen mongolischen oder chinesischen Aufzeichnungen erwähnt, was für einen hochrangigen Diplomaten am Gericht von Kublai Khan merkwürdig scheint. Er brachte zudem die großen asiatischen Schlachten durcheinander, die im Abstand von vielen Jahren stattgefunden hatten. Er versäumte es auch, die Chinesische Mauer, Essstäbchen und andere markante Besonderheiten der Region zu erwähnen, die er angeblich seit mehr als einem Jahrzehnt als Heimat bezeichnete. Wegen dieser Fehler und Auslassungen argumentieren einige Wissenschaftler, insbesondere die britische Historikerin Frances Wood, dass Polo wahrscheinlich Tausende von Meilen vor dem Orient aufgehört habe zu reisen und dass seine Geschichten nur Hörensagen anderer Händler seien.

Sie hätte Neil Armstrong genauso gut vorwerfen können, nicht auf dem Mond gelandet zu sein. Sie sei ihr Leben lang zu Marco Polo verurteilt, bemerkte Wood bedauernd in einem Vortrag, den sie ein Jahr nach der Veröffentlichung ihres scherzhaft subversiven Buches *Marco Polo kam nicht bis China* hielt. Bevor sie mit dem begonnen habe, was sie für eine amüsante kleine Übung zur Relativierung (wenn auch nicht unbedingt vollständigen Zerstörung) einer Legende gehalten habe, habe sie keine Ahnung gehabt, wie unantastbar das Ansehen Marco Polos sei. Ja, er gehört tatsächlich zum Allgemeingut, zumindest dort, wo der venezianische Kaufmann seit jeher ein Begriff ist – als romantisches Synonym für »Entdecker« –, obwohl Polo nur in Länder reiste, die für ihn neu, für andere aber bereits bekannt waren, und nur über das, was er sah, schrieb. Könnte es so einfach sein? Die Vorstellung machte mir seltsamerweise Hoffnung.

Einige Wissenschaftler nehmen Polo beim Wort und argumentieren, welche heiklen Fakten auch immer er falsch wiedergegeben habe – zum Beispiel, dass die nach ihm benannte »Marco-Polo-Brücke« in der Nähe des heutigen Pekings vierundzwanzig statt dreizehn Bögen habe –, viele andere kulturelle und geografische Details habe er richtig verstanden, und das seien weit mehr, als man auf Zufall oder Klatsch zurückführen könne. Außerdem schrieb Polo sein Buch nicht einmal selbst. Er diktierte Rustichello da Pisa die Geschichten, als beide Männer während der venezianisch-genuesischen Kriege inhaftiert waren, und Rustichello stellte sie zu *Die Wunder der Welt* zusammen. Alle Fehler oder Auslassungen im Manuskript können also auch einem miserablen Ghostwriter angelastet werden.

Ich schließe mich den Polo-Anhängern an, allerdings aus einem ganz anderen Grund: Das Buch ist offen gesagt zu langweilig, um reine Erfindung zu sein. Wenn Marco Polo so ein Märchendichter war, warum liest sich dann sein großes Werk wie ein Reiseführer, den ein Händler für andere Händler geschrieben hat? Sein Bericht über die Seidenstraße ist so zweckorientiert, so ohne jegliche Beschreibung der Wunder und Schönheit, dafür aber besessen von pekuniärem Gewinn. Wenn Polo eine traumähnliche Sequenz im Stil von Italo Calvinos *Die unsichtbaren Städte* geschrieben hätte, die eine mögliche Zukunft und unvergessliche Vergangenheit der Seidenstraße beschreibt – Orte der Erinnerung und Sehnsucht, des Verderbens und der Erneuerung –, würde ich Polos Geschichten vielleicht weniger glauben. Andererseits würde ich sie dann auch mehr lieben.

Natürlich beurteile ich Polos Werk nach heute modernen literarischen Maßstäben. Zu seiner Zeit war *Die Wunder der Welt* so sensationell wie ein Science-Fiction-Roman, zumindest für seine meist europäischen Leser, die noch nie von Städten mit zwölftausend Brücken gehört hatten oder von Winden, die so heiß waren, dass Menschen erstickten und zu Staub zerfielen oder sich in schwarze Steine und zu einer schwarzen, brennenden Flüssigkeit verwandelten. Polos Buch bleibt weiterhin der berühmteste und einflussreichste Reisebericht aller Zeiten, der Leute wie Kolumbus dazu anregte, Abkürzungen zu Asiens Gold- und Gewürzschatzkammer zu finden. Als Polos Buch jedoch erstmals veröffentlicht wurde, erhielt er den Spitznamen »Il Milione«, was die extravagante Dimension seiner Behauptungen über den Reichtum und die Gebiete Kublai Khans widerspiegelte. Schon damals zweifelten die Leute offenbar an den großen Geschichten des venezianischen Kaufmanns. Und vielleicht war solche Skepsis berechtigt, wenn man Rustichellos vollmundigen Prolog bedenkt, in dem die Rede davon ist, dass von der Erschaffung Adams bis heute kein Mensch, ob Heide oder Sarazene, ob Christ oder anderen Glaubens, wessen Nachkomme oder von welcher Generationen er auch immer sei, jemals so viele und so große Dinge wie Marco Polo gesehen und erkundet habe. Als Polo auf dem Sterbebett lag, besuchten ihn mehrere Adlige aus Venedig, um ihm ein Geständnis abzuringen, und drohten, dies sei seine letzte Chance, die Wahrheit zu sagen. Aber Polo, trotzig bis zum letzten Atemzug, sagte: »Ich habe nicht die Hälfte von dem erzählt, was ich gesehen habe.«

Wir auch nicht, schon gar nicht unseren Eltern. Als Mel und ich zu Hause anriefen und von der Seidenstraße berichteten, erzählten wir nur den besten Teil: von der Herzlichkeit und Gastfreundschaft des türkischen Volkes, dem köstlichen Essen, das Skorbut unmöglich machte, und der weitläufigen, stimmungsvollen Aussicht über das Schwarze Meer, diese flüssige Grenze, die sich stets zu unserer Linken befand. Vielleicht hatte auch Polo erkannt, dass man einige Dinge am besten verschweigt.

Der Wecker brummte gegen die Zeltplane und war beim Trommeln des Regens kaum zu hören. Ich ignorierte das Läuten, während Mel sofort in die Gänge kam. Sie zog ihre feuchte Radlerhose, die feuchte lange Unterwäsche und die noch nasse Regenbekleidung an, rollte ihren Schlafsack zusammen, ließ die Luft aus ihrer Schlafunterlage, stopfte ihre Sachen in Packtaschen, fing an, im Zeltvorraum Wasser zu kochen, und wärmte ihre Hände über dem Dampf. Ich rührte mich immer noch nicht. Meine Bewegungslosigkeit hatte weniger mit körperlicher Erschöpfung als mit Verzweiflung zu tun. Wenn Ben auf den abgelegenen, gewundenen Nebenstraßen Tibets an seine Grenzen gekommen war, würde ich an der bewohnten, zugepflasterten, nieseligen türkischen Küste an meine geraten. Was Mel betraf, war ich mir nicht sicher, ob sie überhaupt welche kannte.

Verblüfft beobachtete ich sie von meinem Schlafsack aus. Die Distanz zwischen dem Ort, an dem ich schlaff auf dem Zeltboden lag, und dem Ort, an dem sie saß, fertig angezogen und bereit zum Radfahren, kam mir intergalaktisch vor. Als Mel bemerkte, dass ich etwas Motivation benötigte, holte sie ihr Tagebuch aus der Regenschutzhülle und las mir ihre Liste der »Gründe weiterzumachen« vor. Bisher hatte sie vier Punkte notiert:

1. Dieser erste Monat nervt, aber vielleicht der Rest der Reise nicht.
2. Zu jeder anderen Zeit im Leben kannst du es warm und trocken haben.
3. Das hier ist ein Test, bei dem du nicht scheitern willst.
4. Es gibt keine Alternative.

Tief in meinen Schlafsack vergraben, stöhnte ich auf. »Können wir nicht einfach lesen und darauf warten, dass der Regen aufhört?«

»Los, trink das«, sagte Mel und reichte mir einen dampfenden Becher Nescafé.

Der Instantkaffee trieb mich tatsächlich zurück auf die Straße. Mal drückte sich die Autobahn an die Meeresküste, mal wich sie ihr aus, der Asphalt war ein dunkler Fluss voller Fahrzeuge. Links von uns zeigte das Schwarze Meer alle möglichen Farben auf der endlosen Skala zwischen Alge und Perle. Auf einmal meinte ich, einen Bonitosprung zu sehen, wie das Aufblitzen einer gebogenen Messerklinge, und dann sah ich wieder nichts, doch in solchen Momenten erkannte ich fast die Vorzüge des Radfahrens auf dieser Straße. Aber nach ein paar Stunden Radeln ließ das Koffein nach, und jede zuvor vorhandene Klarheit verschwamm wieder, als ob sich etwas Entscheidendes gelockert hätte – ein Rad oder eine Speiche oder vielleicht auch nur eine Schraube in meinem Kopf.

Über unsere Socken und Handschuhe hatten wir knisternde Einkaufstüten gezogen, die einzige Möglichkeit, das totale Aufweichen zu verhindern, bis wir bei einem Anstieg erneut dermaßen schwitzten, dass alles von innen durchnässt wurde. Auch die Abfahrten waren kein Genuss, denn dann setzte uns die Kälte richtig zu, und ich fürchtete mich davor anzuhalten. Auf türkischen Stoppschildern steht *dur*, passenderweise auch das französische Wort für »schwer«, denn das Einzige, was schwieriger war, als in die Pedale zu treten, war, es nicht zu tun. Darum war es kein Wunder, dass wir es der türkischen Polizei, der *jandarma*, verübelten, tagtäglich von ihr angehalten zu werden.

»Oh Gott«, seufzte Mel, als erneut ein Streifenwagen vor uns kreischend bremste. »Nicht schon wieder.«

Zwei Beamte stolperten aus dem Fahrzeug, um unsere Pässe zu überprüfen. Als sie sahen, dass aus den androgynen Gore-Tex-Tümpeln weibliche Gesichter lugten, verwandelte sich ihre *Tough-guy*-Großtuerei sehr subtil in Balzverhalten. Ich kauerte mich neben die offene Tür des Streifenwagens und freute mich über den Schwall Heizungswärme, der aus dem Inneren drang, während die beiden unsere Pässe prüften, die sie allerdings verkehrt herum hielten. Egal, alles eine Täuschung, ein Vorspiel für das, was sie eigentlich wollten: ein Foto. Die Beamten posierten abwechselnd mit uns, der eine grinste und reckte den Daumen hoch, der andere machte etliche Fotos mit seinem Handy, und als wir schließlich weiter in den strömenden Regen fuhren, jubelten sie uns hinterher.

Ein paar Stunden später fielen wir der *jandarma* ein zweites Mal in die Hände.

Wir suchten für die Übernachtung nach einem Platz, der waagerecht und versteckt genug war, was an den steilen, eng besiedelten Ufern des Schwarzen Meeres keine leichte Aufgabe darstellte. Schließlich entdeckten wir auf der anderen Straßenseite ein flaches Feld, aber bevor wir hinübergehen konnten, bemerkten wir zwei Männer mit langen Stöcken, gefolgt von zwei Hunden und einem Dutzend schmutziger Schafe, die über dem Feld auf der Kuppe des Hügels standen. Als sie dann an uns vorbeiliefen und den Geruch von feuchter Wolle verströmten, gaben wir vor, die Aussicht zu bewundern. Schließlich waren sie außer Sichtweite, und wir wollten gerade über die Autobahn rasen, da hielten zwei Transporter voller *Jandarma*-Beamten an. Ein Dutzend uniformierter Männer scharte sich um uns.

»Wohin ihr wollt?«, fragte ein Beamter, der vor allem Autorität ausstrahlte: Fäuste, fleischig wie Steaks, Arme wie überdimensionale Kebabs. Ich versuchte, mich nicht sofort über ihn aufzuregen.

»Hindustan«, antwortete Mel. Das ist Türkisch für »Indien« und war die Wahrheit, wenn auch nicht die Antwort, die er hören wollte.

»Warum?«, hakte er nach und deutete auf unsere Fahrräder.

Eine vernünftige Frage, auf die es keine vernünftige Antwort gab. Warum die Seidenstraße mit dem Fahrrad erkunden? Weil es sein musste, sozusagen, in historischem und metaphorischem Sinne. Weil ich die wilde Ursprünglichkeit der Welt aufspüren und dabei meine eigene ergründen wollte. Bisher, so musste ich leider eingestehen, war das Ganze allerdings etwa so spannend wie die sauerstoffgesättigte Oberfläche des Schwarzen Meeres. Vielleicht weil die Suche nach der Wildnis auf der ältesten Autobahn menschlicher Zivilisation von Anfang an die falsche Voraussetzung war.

Aber ich sagte nichts. Mel erwiderte den strengen Blick des Polizisten. Auf ihrem Gesicht lauter Schlammflecken, ihre Kleidung war vom Regen durchtränkt, die Beine müde verknotet – zumindest wenn ihre Beine das Gleiche fühlten wie meine.

»Weil es Spaß macht«, erklärte sie dem Beamten grimmig.

Der Polizist hob die Augenbrauen an. »Seid ihr verheiratet?«

Unsere Standardantwort lautete natürlich: Ja. Wir waren mit starken türkischen Lkw-Fahrern namens Osman und Mustafa verheiratet, die uns in Begleitfahrzeugen folgten und wahrscheinlich jede Sekunde auftauchen würden. Kam ein Lastwagen in Sichtweite, wie es alle paar Sekunden der Fall war, winkten und lächelten wir dem Fahrer zu, und der erschrockene Fahrer (es war immer ein Mann) winkte zurück und hupte sogar manchmal, was unsere Geschichte glaubwürdig machte. Ein türkischer Freund hatte uns auf die Idee gebracht, diese Geschichte zu erfinden. Denn er meinte, dass sie unsere »beste und einzige Versicherungspolice« sei. Leider war dieser Abschnitt der Straße am späten Nachmittag bemerkenswert verkehrsarm, also zogen Mel und ich einfach unsere Handschuhe aus, um unsere falschen Eheringe zu zeigen.

»Wie viele Kinder?«, fragte der Polizist. Als wir *yok* antworteten, schien er von unserem Türkisch leicht beeindruckt. Daraufhin inspizierte er unsere Räder: in die Reifen kneifen, an den Bremsen ziehen, versuchen, die beladenen Rahmen anzuheben, und scheitern. Inzwischen schossen einige der anderen Polizisten mit ihren Handys diskret Fotos von uns. Der autoritäre Beamte fragte, wo wir schliefen. Ich sagte *çadir*, türkisch für »Zelt«.

»Terroristen«, erwiderte er missbilligend und warf die Arme in die Luft, um auf das Böse hinzuweisen, das in den Bergen herumschlich. »Nicht gut für die Damen.«

Mel und ich blickten uns um und fanden weder Anzeichen von Terroristen noch von Damen.

»Heute Abend geht ihr Samsun«, bestimmte er und machte mit den Händen eine Pedalbewegung. »Ihr bleibt Hotel. Okay?«

Samsun lag fast hundert Kilometer entfernt, und es war fast dunkel.

»Okay!« bestätigten wir. »Kein Problem!«

Die *jandarma* fuhr los, und wir rasten über die Straße. Frostüberzogener Schlamm saugte an unseren Füßen, während wir unseren Platz zum Campen einnahmen. Auf dem nackten Feld wirkte der rote Stoff unseres Glühwürmchens so dezent wie der Schuss aus einer Leuchtpistole. Das Zelt war so riesig, dass wir unsere Fahrräder im vorderen Bereich abstellen konnten und immer noch Platz zum Schlafen und zum Kochen des Abendessens hatten und eine Tanzparty hätten veranstalten können, wenn wir die Energie dazu aufgebracht hätten, aber im ersten Monat waren wir zu müde, um abends überhaupt noch zu sprechen. »Argh«, grunzte ich Mel an, und sie gab mir das Wasser. »Mrmph«, nuschelte sie, und ich tupfte Zahnpasta auf ihre Zahnbürste.

Als ich an diesem Abend vor dem Zelt die Zähne putzte, entdeckte ich auf der Kuppe des Hügels plötzlich zwei menschliche Silhouetten, die etwas in den Händen hielten, das aussah wie Waffen. Der Polizist, der Terroristen verfolgte? Oder die Terroristen selbst? Oder die Hirten mit dem Wanderstab, die vorhin im Schatten ihrer nassen Schafe an uns vorbeigekommen waren? In dieser Nacht schliefen wir mit dem Pfeffer-spray im Anschlag, das für alle Fälle zwischen unseren Schlafsäcken ver-steckt lag.

Als ein paar Tage später zufällig Strahlen von Sonnenlicht auf die Straße trafen, wich ich instinktiv in den Straßengraben aus, weil ich davon über-zeugt war, dass mich das Fernlicht eines Transporters blendete. Dann wurde mir klar, es war nur die Sonne, dieses blasse Sternchen am Him-mel, das sich wie eine klein gedruckte Fußnote auf dem Grund des Schwarzen Meeres zeigte: » Strahlt und wärmt theoretisch.«

Als ich Mel das sagte, sah sie mich an, als wäre ich verrückt, aber selbst sie fing langsam an, den Verstand zu verlieren. An einer Stelle führte die Straße durch einen dunklen, tropfenden zweispurigen Tun-nel, der fast fünf Kilometer lang und gefährlich eng war. Der für uns sicherste Weg ging entlang der etwas erhöhten Felsvorsprünge auf der rechten Seite, gerade breit genug, um unsere Fahrräder vorwärtszu-schieben, aber nicht breit genug, um nicht von den Seitenspiegeln der schnell fahrenden Lkw erwischt zu werden. Glücklicherweise konnten wir sehen, wann sich diese Fahrzeuge näherten, und wir drückten uns entsprechend rechtzeitig an die Wand, während es in dem Tunnel dröhnte, als würde er gleich unter seinem eigenen Gewicht zusammen-brechen. Bevor wir hineingingen, bat ich Mel, etwas in die Kamera zu sagen. Sie murmelte, dass sie den Tunnel im » schnellen Trab« durch-queren wolle. Als wir schließlich auf der anderen Seite in relativ hellem Licht auftauchten, zitternd und fast taub, aber ansonsten heil, konnte Mel nicht aufhören, auf eine leicht irre Art zu kichern. » Ich dachte, mein letztes Wort vor dem Tod, das für immer mit der Kamera festge-halten worden war, wäre › Trab‹!«

Entlang der wuseligen Küste Stellen zu finden, an denen wir unser Zelt aufstellen konnten, war eine echte Herausforderung. Eines Abends, es dämmerte schon, hatten wir noch keinen Platz zum Zelten gefunden. Weiße Flocken versilberten den Himmel, und für einen Moment dachte ich, es schneie, aber dann wurde mir klar, dass es Asche war, die von einem Feuer herübergeweht kam. Bei dem Gestank schätzte ich, dass Müll brannte. Oder vielleicht lag dieser Geruch auch daran, dass das Schwarze Meer ohne Vorwarnung umgekippt war und Schwefelwasserstoff ausstieß, so wie es in anoxischen Becken üblich ist. Offenbar bedarf es nur eines Atemzuges dieses Faule-Eier-Gestanks, und die Chemikalie vernichtet den Geruchssinn komplett, sodass es unmöglich ist zu sagen, ob man noch mehr von diesem tödlichen Miasma einatmet oder nicht. Nach drei Wochen in der Türkei wünschte ich mir, das mit der Luftverschmutzung an der Autobahn würde genauso funktionieren – natürlich nicht bis zur tödlichen Vergiftung von Mel und mir, aber dennoch genug, um unsere Geruchsrezeptoren vor den Lkw-Dünsten zu schützen. Schließlich konnte es selbst mein Fahrradständer nicht mehr ertragen. Von mir nicht beabsichtigt, setzte er bei noch drehenden Rädern den Fuß auf den Boden, als ob er sagen wollte: *Genug ist genug*.

Wir schoben die Räder über den Rasen des Zuhauses der nächstbesten Familie, und mein kaputter Ständer scheppterte. Eine Frau hockte im Garten und zupfte Unkraut, ihr Gesicht war voller Falten, und ihr Rücken krumm wie ein Fragezeichen. Als wir später erfuhren, dass sie erst in den Vierzigern war, schockierte uns das. *Merhaba*, »hallo«, rief ich, und sie schlurfte mit vor Schreck aufgerissenen Augen zu uns herüber. Mel und ich sahen vermutlich aus wie leere Austern, unsere Innereien waren von japanischen Wellhornschnecken geschlürft worden, und unsere Augen waren nur noch zwei sauber gebohrte Löcher.

»*Kamping?*«, wagte ich mich vor. Im Grunde ist es auf Türkisch das gleiche Wort wie bei uns, nur leicht näselnd auszusprechen, was ich nie ganz hinbekam. Die Frau hatte keine Ahnung, was ich wollte. Ich versuchte Handbewegungen, die an ein Zelt erinnerten, Schlafen, Kochen, Essen.

»Lass uns einfach ein Lager aufschlagen«, seufzte Mel. »Es ist einfacher, eine Entschuldigung zu mimen, als um Erlaubnis zu bitten.«

Wir rissen das tropfnasse Nylon aus der Zelttasche. Mehrere Leute schlossen sich der Frau an, um uns zuzusehen, wie wir die Seile entwirrten, die Metallstangen zusammenklickten, sie in ein durchnässtes

Durcheinander aus Stoff gleiten ließen und – Abrakadabra – in unsere Wohnung einzogen. Das Publikum applaudierte mit ansonsten stummer Wertschätzung. Erst nachdem wir unsere Fahrräder entladen, unsere Schlafsäcke aufgerollt und den Spirituskocher angeworfen hatten, forderte uns ein magerer älterer Mann, der, wie wir später erfuhren, Hasan hieß, auf, alles wieder zusammenzupacken. Er erklärte, draußen sei es zu kalt und der Boden zu hart. Oder wir nahmen zumindest an, dass er das meinte. Seine Gesten wirkten rätselhaft, aber das Wesentliche schien klar: Wir waren eingeladen, bei seiner Familie zu übernachten.

Die Wände von Hasans Haus waren mit verblasstem Linoleum beklebt, die Möbel mit Gebetsketten verziert. Der Holzofen machte aus dem Hauptraum eine solche Sauna, dass ich verstehen konnte, warum er unser Zelt für unbewohnbar gehalten hatte. Hasans Nichte und seine zwei Töchter waren modisch gekleidet, zumindest verglichen mit Mel und mir, die in Fleecehosen und Funktionstops schäbig und vollkommen überhitzt aussahen. Als das jüngste Mädchen, Fatma, meine kaum beschädigten und immer noch tadellos lackierten Fingernägel bewunderte, war ich plötzlich sehr dankbar für das sexy Rosa.

Von Hasans Nichte, die etwas Englisch sprach, erfuhren wir, dass er ein sechzigjähriger Bauer war. Doch die Landwirtschaft war nur Hasans Tagesjob, denn seine wahre Berufung war die Schauspielerei. Er drückte sich weiterhin mit bombastischen Gesten aus, die im Laufe des Abends immer theatralischer wurden: Oberschenkelklopfen und gelegentlich heiseres Johlen, Fingertippen an die Nase, Ziehen an den Ohrläppchen, jede Bewegung hatte eine kryptische Bedeutung. Er verpasste uns den gemeinsamen Spitznamen »Melika« und verwendete den Namen so oft wie möglich. Ich fing den Blick seiner Frau auf, deren süßes Gesicht in ein geblümtes Kopftuch geschnürt war, und sie lächelte über Hasans Possen, während sie uns geschälte Haselnüsse und teakholzfarbenen Tee servierte.

Als sie verschwand, um das Abendessen vorzubereiten, wandten wir uns alle dem Fernsehen zu, um Nachrichten zu schauen. Ich interessierte mich ausschließlich für den Wetterbericht, all diese gezeichneten Regenwolken, die winzige gelbe Sonnen bedeckten. Nach den Nachrichten sahen wir uns eine Art Realitydrama über eine Frau an, die einen behinderten Mann heiratete. Die Braut trug ein cremeweißes Kleid, der Bräutigam im Rollstuhl einen schicken schwarzen Anzug. Obwohl mir die Umstände der Hochzeit unklar waren, schien es, als würden empörte Zuschauer in der Sendung anrufen, um die Verbindung des Paares infrage zu stellen. Ein kriecherischer Fernsehmoderator schlichtete die Anrufe und fuchtelte dann wie irre mit seinen drahtigen Armen herum, während er wer weiß was sagte. Das Paar hielt sich an den Händen und verharrte still. Ihr verschleiertes Gesicht war auf den Boden gerichtet. Seine Augen blickten sorgenvoll zur Seite. Ich war über die ganze Sache entsetzt, aber vielleicht hatte ich auch missverstanden, was da vor sich ging.

Dann tauchte Hasans Frau wieder auf und tischte Kohlrouladen und Schüsseln mit Salat auf, der mit Olivenöl und Zitronensaft beträufelt war. Sie riss Brot in Stücke und legte es auf den Tisch, damit wir es als Besteck benutzten. Während wir aßen, fragte Hasan – übermittelt von seiner Nichte – nach unseren Jobs. Mel sagte, sie habe Hilfe zur Selbsthilfe und Ernährungssicherung in ländlichen Gemeinden studiert. Die Übersetzung der Nichte verstand Hasan so, dass er Mel für eine Bäuerin hielt, wie er selbst es war, und er schlug sich vor Vergnügen aufs Knie. Dann wandte er sich an mich. »Ich bin nicht praktizierende Wissenschaftlerin«, sagte ich zu der Nichte. Sie wirkte verwirrt. »Eine Möchtegern-Weltentdeckerin.« War sie verblüfft, weil sie es nicht verstanden hatte oder weil sie wusste, dass ich mir genauso gut wünschen könnte, ein Mastodon, ein ausgestorbenes Rüsseltier, zu sein? Ich suchte nach einer verständlicheren Beschreibung meiner selbst und war genauso neugierig darauf, die Antwort zu hören. Nur eine einzige Bezeichnung schien mir derart vage und abenteuerlich, dass sie passte.

»Schriftstellerin?«, schlug ich vor und zeigte Hasan mein Tagebuch. Als er es nahm und die Seiten umblätterte, befürchtete ich auf einmal, er könnte meine verzweifelten Schimpfwörter über den mörderischen

Verkehr in der Türkei, die überbevölkerte Küste und die Metaphern des Schmerzes verstehen, die ihre Straßen darstellten. Schließlich hielt er mein Tagebuch hoch und verkündete mit für ihn typischer überschwänglicher Geste: »*Jalal al-Din Rumi!*« Zumindest glaubte ich, dass er das gesagt hatte, denn alles, was ich in dem Moment hörte, war eine Reihe von Silben, die mit *Rumi* endeten.

Ich war erleichtert. Wenn er meine Kritzeleien mit Gedichten verwechselte, konnte er den tatsächlichen Inhalt des Notizbuchs nicht verstanden haben. Ich war überrascht zu erfahren, dass die meisten Türken den Sufi-Dichter des 12. Jahrhunderts kannten. Eigentlich hätte es mich nicht wundern sollen, denn Rumi ist so etwas wie eine nationale Ikone. Rumis aus Afghanistan stammende Familie wanderte nach Westen, um vor den erobernden Horden Dschingis Khans zu flüchten, und ließ sich schließlich in Konya nieder, einer Stadt in der Zentraltürkei, wo Rumi viele Jahre lang als wohlhabender Adliger und Gelehrter lebte, bis ein charismatischer Wüstenwanderer namens Shams auftauchte. Der Legende nach warf Shams Rumis wertvolle Bücher in einen Brunnen und erklärte, dass es für Rumi an der Zeit sei, das zu leben, worüber er so lange gelesen und gesprochen habe. So begann eine leidenschaftliche Freundschaft, die die Inspiration lieferte zu dem wirbelnden, derwischartigen Sufi-Orden und mehr als siebzigtausend Verszeilen. Jeden Abend studierte ich viele von ihnen im Zelt auf meinem E-Reader, auf den ich Hunderte von Büchern, Belletristik und Sachbücher, geladen hatte, obwohl ich jetzt eigentlich nur Gedichte las. Nach einem langen, anstrengenden Tag auf türkischen Autostraßen sehnte ich mich einfach nach lyrischer Intensität, die diesem Abschnitt der Seidenstraße zu fehlen schien, und ich sehnte mich auch nach Kürze: Ein paar komprimierte Stanzen waren alles, was ich aufnehmen konnte. Mel jedoch war soldatischer und arbeitete sich durch Tolstois *Krieg und Frieden*.

Ihr Durchhaltevermögen bei der Lektüre wurde nur noch durch ihre soziale Ausdauer übertroffen. Im Moment zeigte sie unseren Gastgebern Fotos von ihrer Familie und ihrem Leben zu Hause. Die Damen begannen beim Anblick von Mels Freund schwärmerisch zu summen und machten eine Geste, als würden sie Trauben von einer hohen Weinrebe pflücken, was ein Zeichen der Zustimmung zu sein schien. Ich schaltete gedanklich ab, trank Tee und dachte darüber nach, wie der Wissenschaftler und Übersetzer Coleman Barks den psychischen Zustand von Rumis Gedichten beschrieb, nämlich als »herzzerreißend, wandernd, wortlos verloren und grundlos ekstatisch«. Ich hatte diesen Satz schmerzhaft nostalgisch in meinem Tagebuch notiert. Auf diese Weise fühlte ich mich, als würde ich durch das Tibetische Hochland radeln, wo jeder Tag zwischen Freude und Leid, Himmel und Erde gespannt war. Andererseits, fragte ich mich in diesem Augenblick, galt das nicht auch für die Türkei, wenn auch in geringerem Umfang? Das Glück nippte neben einem Holzofen in einer Teestube çay, wenn man vor Hunger und Kälte katatonisch war, der Mond sein silbernes Licht über das Meer warf oder uns völlig Fremde wie verlorene Familienmitglieder behandelten. Herzschmerz, in einer milderen Version, war die Straße, die immer nur bergauf führte – ich schwöre es. »Die einzige Regel«, rät Rumi: »Erleide den Schmerz.«

Schließlich bemerkten die Frauen, dass ich gähnte. Sie nahmen uns an der Hand und führten Mel und mich zu unserem Schlafzimmer für die Nacht. Nachdem Hasan protestiert hatte, dass wir draußen auf dem kalten, harten Boden schliefen, überließ man uns nun einen unbeheizten Raum, in dem offenbar mit Granit oder ähnlich hartem Material gefüllte Sofas standen. Mel und ich sahen uns an und lachten. Zumindest war es hier trocken. Ich kroch unter eine dünne Wolldecke, die bei jeder kleinsten Bewegung Staub hustete, und dachte über das Reality-Show-Paar nach. Ich fragte mich, wie die Dinge wohl für sie gelaufen waren. Der Fernseher brüllte weiterhin Nachrichten durch die Zimmerwand, und bald darauf schlief ich ein.

DIE KALTE WELT ERWACHT
Kleiner Kaukasus

Überall am Schwarzen Meer türmten sich verwirrend große Massen von Wolken am Horizont, die Richtung Berge schwebten. Als eines Abends der Regen aufhörte, befanden wir uns in der Nähe von Rize. Irgendwann bogen wir um eine Kurve, und dahinter offenbarte sich eine vermeintliche Fata Morgana als echt. Die gezackten Berggipfel leuchteten korallenfarben über der Stadt, nur für einen kurzen Moment, dann sank die Sonne, und das Kaçkar-Gebirge verblasste wieder. Aber bei diesem kurzen Anblick war der Türkei alles vergeben: der Regen, der Verkehr, die Bronchitis, die ich entwickelt hatte und die nicht weggehen wollte. Michael Ondaatje meint, der erste Satz jedes Romans – und jedes Reisebuchs, wie ich vielleicht hinzufügen sollte – müsste eigentlich lauten: »Glaub mir, das hier wird Zeit in Anspruch nehmen, doch es gibt hierin auch Ordnung, sehr schwach, sehr menschlich. Irre umher, wenn du in die Stadt willst.« Aber wer wollte schon in die Stadt? Ich wollte zurück in die Berge. Und da waren sie, scharfkantig und hoch bis zum Mond, entlang der Seidenstraße.

An diesem Abend hustete ich mich durch einen Small Talk mit dem türkischen Paar, das uns liebenswürdigerweise aufnahm. Meine Kehle kratzte trotz der endlos vielen Gläser Tee, die ich eingeschenkt bekam.

Bessere Medizin war bei Weitem die heiße Dusche, die man mir anbot. Als ich aus dem Badezimmer trat, wartete vor der Tür ein Paar geblümter Pantoffeln mit Absätzen auf mich, die meinem Gang trotz (oder vielleicht auch wegen) der Tatsache, dass sie einige Schuhgrößen zu klein waren, einen seltsam glamourösen Ausdruck verliehen. Die Pantoffeln gehörten der kleinen Tochter des Paares, und sie kicherte, als sie mich sah. Ihre Eltern drängten sie, beim Abendessen mit uns Englisch zu üben. »Hallo, mein Name ist Danke!«, sagte sie schüchtern.

Bevor wir aufbrachen, schrieb die Familie in Rize den Namen und die Telefonnummer einer anderen Familie auf ein Blatt Papier, und so wurden Mel und ich wie Staffelstäbe zwischen großzügigen Freunden in der ganzen Türkei weitergereicht. Die einzige Herausforderung bestand darin, unsere zukünftigen Gastgeber in der nächsten Stadt zu finden, da normalerweise niemand Englisch sprach. Wir stolperten jedoch über eine treffsichere Methode: Bei unserer Ankunft begaben wir uns zu einer belebten Stelle des Ortes und riefen die Nummer der Gastfamilie an. Sobald jemand das Gespräch annahm, drückten wir das Handy wahllos einer (jetzt sehr verwirrten) türkischen Person in die Hand. »*Merhaba?*«, der verblüffte Fremde sprach in das Telefon und erklärte, dass ihm gerade zwei Mädchen mit Fahrrädern das Handy gegeben hätten. Die Gastfamilie, mit der die Person sprach, erkannte, dass der Fremde sich wohl auf die ausländischen Radfahrer bezog, die sie erwartete. Sie erklärten dem Fremden, wo sie wohnten, der daraufhin auflegte und Mel und mich genau dort hinführte, wo wir hinmussten. So kamen wir wenige Tage später an einem hohen, halb fertigen Apartmenthaus an einem steilen Hang über Borçka an.

Die Steinwände des Gebäudes wirkten eher wie aufgestapelt als gemauert und als ob man mit einem Tritt dagegen den ganzen Turm ins Wanken bringen könnte. Ein Mann mittleren Alters und zwei kleine Mädchen, vielleicht acht oder neun Jahre alt, warteten unten auf uns. Sie halfen, unsere Fahrräder und Taschen über bröckelnde Betonstufen und vorbei an rostigen Stahlbetonnetzen in eine wunderschöne fertige Wohnung zu befördern, wo es nach frisch gebackenem Brot duftete. Im

Wohnzimmer befanden sich einer der üblichen Fernseher-Altäre sowie ein Porträt von Atatürk, dessen eisblauer Blick mir überallhin zu folgen schien. Nicht, dass ich mich viel bewegen konnte, denn der Boden, die Couch und mehrere Stühle waren mit Großeltern, Onkeln, Tanten und einem halben Dutzend Kindern besetzt, darunter eine bezaubernde Vierjährige mit rosigen Wangen, dichten Wimpern, flatternden Lidern und einer offenbar dämonischen Seele.

Sie warf Schüsseln mit öliger Suppe auf den Teppich und lachte, als ihre Mutter das Chaos schweigend aufräumte. Sie nahm Kissen von der Couch und schleuderte sie mit furchterregender Kraft und gut gezielt auf ihre Geschwister. Sie trat ihrem gebrechlichen Großvater vors Schienbein und lachte erst recht, als der alte Mann vor Schmerzen aufheulte. Die Familie gackerte missbilligend über diese Mätzchen, schritt aber nicht ein. Alle schienen sie einerseits zu bewundern und andererseits Angst vor ihr zu haben. »Ach, wie komisch«, meinte die Großmutter lächelnd, aber nachsichtig, als wollte sie sagen, dass Kinder eben Kinder sind. Und Psychopathen eben Psychopathen, dachte ich und entging nur knapp einem Tritt gegen mein Schienbein, weil die Kleine anscheinend meine Gedanken lesen konnte und beschlossen hatte, mich zu bestrafen.

In dieser Nacht schoben Mel und ich unser Gepäck von innen vor die Schlafzimmertür, damit die kleine Komikerin uns nicht besuchen konnte. Immerhin waren die kleinen Mädchen, die ihr Zimmer mit uns teilten, niedlich, auch wenn sie von jeder Kleinigkeit an uns wie gefesselt schienen: die Art, wie wir uns die Zähne putzten, die langen Unterhosen, die wir trugen, die Tatsache, dass wir eine Stunde lang stumm auf unbelebte Klötze in unseren Händen starrten, bevor wir schliefen. Das Lesen von Büchern schien sie am meisten zu verwirren. Ich hatte in türkischen Haushalten, abgesehen von Schulbüchern, selten Bücher gesehen und fragte mich, was mit angehenden Lesern und Träumern passierte, wenn sie in Kleinstädten wie dieser aufwuchsen, vor allem bei Eltern, die nachdrücklich schworen, ihre Töchter niemals quer durch die Türkei radeln zu lassen.

Als ich in dieser Nacht im Halbschlaf lag, fühlte ich eine überwältigende Liebe zu meinen Eltern, die, als ich Kind war, alle möglichen Entdeckungstouren angeregt hatten, ob literarisch oder in der realen Welt, obwohl sie vielleicht mittlerweile bedauerten, dass ich dadurch ihrer Meinung nach ein wenig zu furchtlos geraten war. Ein paar Monate nachdem ich ihnen von meinen Plänen zu unserer ersten Radtour entlang der chinesischen Seidenstraße erzählt hatte, hatten Mel und ich gepackt und waren bereit zum Abflug. Zwei Tage vorher war Mel ein letztes Mal im See am Haus ihrer Familie schwimmen gegangen und wurde von einem Motorboot überfahren. Sie schaffte es, der Motorschraube auszuweichen, aber das Boot rammte ihren Oberschenkel, und das Ergebnis war eine schwere Muskelquetschung, die mindestens einen Monat Physiotherapie erforderte, damit die volle Beweglichkeit wiederhergestellt werden konnte. Was das Radfahren in China anbelangte, war Mel in diesem Sommer ein Totalausfall.

Ich erhielt die Nachricht in North Carolina und wusste nicht, wie es weitergehen sollte. Schließlich hatte ich keine Ahnung, wie man Mandarin oder Uigurisch oder Tibetisch spricht (Mel übrigens auch nicht). Trotz bester Absichten, es zu lernen, hatte ich immer noch keinen Schimmer, wie man einen Platten repariert. Und nun, ganz plötzlich, fehlte mir auch noch meine Expeditionspartnerin. Da schien klar, was ich zu tun hatte.

»Ich fahre trotzdem«, erklärte ich meinen Eltern am Telefon.

»Das wirst du nicht tun.«

»Alles wird gut!«

»Vergiss es einfach!«

»Ich liebe euch, bye, ich fahre jetzt zum Flughafen!«

Dass ich nur bis nach Kalifornien flog anstatt nach Peking und statt entlang der Seidenstraße von dort allein quer durch die USA zurück nach North Carolina radelte, erleichterte meine Eltern im gleichen Maße, wie sie zuvor das relative Risiko meiner eigentlichen Pläne eingeschätzt hatten. Diese Strategie erwies sich als gute Lektion für zukünftige Expeditionsplanungen. »Mom, Dad, ich fliege zum Mars«, hatte ich nach meinem Gespräch mit Zuber am MIT ernsthaft angekündigt und mit Bedauern erklärt, dass es sich wahrscheinlich um ein One-Way-Ticket handeln würde. Dann, mitten in ihren liebevollen Protesten, hatte ich gnädigerweise nachgegeben und war mit dem tatsächlichen Plan herausgerückt. »Okay, okay, okay, ist ja gut ... Ich radele nur die Seidenstraße vom Kaukasus nach Kaschmir entlang der afghanischen Grenze und schleiche wieder durch Tibet.«

Ich blickte zu den türkischen Mädchen hinüber und wünschte, ich könnte diese Strategien zur Expeditionsplanung mit ihnen teilen, sie zu einem Leben voller Experimente und Abenteuer anregen, aber ich konnte ihre Sprache nicht, und sie schliefen bereits fest.

Scheinbar über Nacht war unsere Welt außer Rand und Band geraten, denn die Kälte hatte sich vervielfacht. Die Berge ragten auf beiden Seiten der Straße steil empor, und im Vorbeifahren durchschnitt die zusätzlich kalte Feuchtigkeit der Bergbäche die Luft. Der eiskalte Regen am Schwarzen Meer verwandelte sich, je höher wir kamen, in Schnee, und die Straße war von einer dünnen weißen Schicht bedeckt. Der Verkehr wurde spärlicher, riss aber dennoch nicht ab, und irgendwann kroch eine einzelne Limousine an uns vorbei. Ich sah neugierige an die Seitenfenster gedrückte Gesichter, aber ich dachte nicht mehr an das Auto, bis wir die Kuppe des Hügels erreicht hatten und dort den nun geparkten Wagen wiedersahen. Auf dem Seitenstreifen stand ein großer, schlanker Mann in einer Tweedjacke und mit streng zurückgegelter Frisur, sodass sein dünner werdendes Haar trotz des frischen Winds auf unheimliche Art reglos blieb. Als wir uns näherten, hielt er einen Camcorder auf uns. »Woher kommt ihr?«, fragte er. »Wohin wollt ihr? Ist euch kalt?«

»Kanada, Hindustan, nein, aber wenn wir noch länger stehen bleiben, wird uns kalt werden. Auf Wiedersehen!«

Wir kamen nicht weit. Der Schnee wurde so tief, und die Straße dermaßen steil, dass sich Mel kaum bewegen konnte. »Das ist nicht fair«, beschwerte sie sich, weil ihre Räder keinen Halt bekamen und durchdrehten. »Ich strenge mich doppelt so sehr an wie du und bin trotzdem nur halb so schnell.« Dank der wertvollen Fähigkeiten, die ich mir im Doktorandenstudium am MIT angeeignet hatte, nämlich rücksichtslos schnelles Fahren auf rutschigem Untergrund, gelang es mir, eine gewisse Dynamik zu erhalten. Doch im Augenblick wäre es nicht klug gewesen, darüber zu jubeln, wie sehr ich dieses technische Fahren liebte, weil es einen zur totalen Konzentration zwang; darum schlug ich Mel lieber vor, bei der nächsten Bäckerei eine Pause zu machen. Als uns die Dame, die das Geschäft führte, unsere Bestellung, Baklava und Nescafé, brachte, sagte sie, die Straße nach Ardahan sei *kapali*, geschlossen. Mel schien nicht enttäuscht. »Mehr Nescafé?«, meinte sie fröhlich und widmete sich ihrem Buch.

Wenige Stunden später wurde die Straße wieder geöffnet, aber nur für allradbetriebene Kleinbusse mit Schneeketten. Die *jandarma* hatte uns schon einmal wegen eines Schneesturms aufgefordert, die Fahrt über einen Hochpass zu unterlassen, was jetzt bedeutete, dass ich mehr als widerstrebend mein Fahrrad auf das Dach eines Busses lud. Der Bus kämpfte sich hoch zum Kars-Plateau, das – wie Tibet – vor Urzeiten von kollidierenden Landmassen, in diesem Fall Eurasien und Arabien, in die Höhe geschoben wurde. Das daraus resultierende weite Flachland und Gebirge liegt mehr als tausendfünfhundert Meter über dem Meeresspiegel und grenzt an Armenien, Iran und Aserbaidschan. Obwohl der Großteil der Türkei ein gemäßigtes Klima hat, ist *kar* türkisch für »Schnee«, und das gilt für das Plateau im Plural – zumindest passte es, weil wir im Februar dort ankamen. Als der Bus an Weiten vorbeifuhr, die von Wind und Schnee sauber gefegt waren, die Art von Landschaft, in der das Licht zu riesigen kalten Platten zerfällt, schäumte ich innerlich vor Bedauern, gefahren zu werden, schwieg aber. Wenn wir Teile der Seidenstraße mit dem Auto zurücklegen wollten, warum hatten wir uns dann den mörderischen Verkehr und den eisigen Regen am Schwarzen Meer angetan?

»Gott sei Dank fahren wir diese Strecke nicht mit dem Rad«, murmelte Mel.

Wir erreichten Ardahan am späten Nachmittag und verzogen uns gleich in ein Restaurant. Während wir Linsensuppe aßen, sahen wir zufällig und gerade noch rechtzeitig zum Fernseher, um uns beide in den Nachrichten zu sehen. Schnitt auf den spindeldürren Mann in Tweed, der in eindrucksvollem Befehlston in die Kamera sprach. Schnitt, wie Mel und ich langsam den Hügel erklimmen, zwischen keuchenden Atemzügen ein paar Worte nuscheln und dann wieder in der weißen Wüste verschwinden. Das Beste an den Nachrichten dieses speziellen Senders war, dass sie die Berichte wie eine türkische Seifenoper inszenierten: Zeitlupen-Einstellungen, die wiederholt und von einer Musik untermalt wurden, die besser für einen Krimi geeignet war als für eine Reportage. Die Geschichte über uns bildete keine Ausnahme, obwohl Mel und ich auf dem eisigen Untergrund so langsam fuhren, dass wir unsere eigene Zeitlupe lieferten und Spezialeffekte gar nicht notwendig waren. Nachdem wir nach einer unangenehm langen Zeit endlich aus dem Bild verschwunden waren, richtete der Reporter die Kamera wieder auf sich und kommentierte erneut autoritär.

»Was um Himmels willen redet er da?«, fragte sich Mel staunend. »Wir haben mit dem Kerl doch kaum gesprochen!«

Ich blickte mich im Restaurant um, ob uns jemand erkannte, aber vielleicht waren wir ohne unsere Schals, Mützen und Helme nur schwerlich mit dem Fernsehbericht in Verbindung zu bringen. Die Leute tranken weiter Tee, ihre Augen ruhten auf dem Bildschirm, ohne die »Prominenten« in ihrer Mitte zu bemerken, was für uns in Ordnung war. Wir hüllten uns bald wieder in unsere warmen Schichten und radelten weiter in die lungenzerstörende Kälte.

Als ich am nächsten Morgen aufwachte, war das Zeltdach von Eis überzogen. Die Sterne am Himmel schienen fremd, ungeordnet, und für einen Moment war ich mir nicht sicher, auf welchem Planeten ich mich eigentlich befand, denn der Himmel leuchtete in verdächtigem Purpurrot. Dann sah ich auf der quer durchs Zelt gespannten Wäscheleine zwei Paar steif gefrorene Wollsocken und meine Uhr hängen – ein irdisches Zeichen. Ich setzte mich auf, um zu schauen, wie spät es war, und kam versehentlich an die Zeltwand, sodass eine Supernova entstand. Eis schuppte von der Decke, der Stoff des Raum-Zeit-Kontinuums knickte und fiel in sich zusammen, gefrorene Socken plumpsten mir in den Schoß. Es war acht Uhr morgens. »Bist du wach?«, flüsterte ich Mel zu, denn ich wollte aufbrechen. »Nein«, flüsterte sie zurück, Eisblumen verzierten ihre Wimpern.

Ich kroch in meiner langen Unterwäsche aus dem Schlafsack und zog alle Kleider an, die ich bei mir hatte: Fleecehosen, ein Fleecetop, Schneehosen und eine Weste sowie meine Daunenjacke, die an einem Dutzend Stellen mit Klebeband geflickt war. Diese Jacke war wie eine Landkarte all der kalten, einsamen Orte, die mich mit ihrer Schönheit bereits betört hatten: das Tibetische Hochland auf unserer ersten Tour, Norwegen auf einer Skitour während der Semesterferien in Oxford, Kaschmir, nachdem ich das MIT und zwei Freunde verlassen hatte und in Fanny Bullock Workmans Fußstapfen auf den Pinnacle Peak gestiegen war, den sechstausendsiebenhundert Meter hohen Himalaja-Gipfel, wo sie 1906 den Höhenweltrekord für Frauen aufgestellt hatte. Je kälter und rauer die Umgebung, desto lebendiger schien ich zu werden, aber Mel teilte meine Begeisterung für die Tiefkühltruhe nicht. Ihr Schlafsack zeigte keine Anzeichen von Bewegung, also las ich ihr einige inspirierende Zeilen aus Gedichten vor, die ich in mein Tagebuch geschrieben hatte. »Welche Farbe hat die Weisheit?«, schrieb der Dichter Evan S. Connell. »Es muss die Farbe von Schnee sein.« Mel stöhnte von irgendwo tief in ihrem Schlafsack auf. Nescafé, sofort.

Ich zündete den Gaskocher im Vorraum an und brach zur Belüftung den steif gefrorenen Zelteingang auf. Unser einziger Titantopf war noch mit verbrannten Nudeln vom gestrigen Abendessen verklebt, aber ich befüllte ihn trotzdem mit Wasser aus einer Flasche, mit der ich die ganze Nacht gekuschelt hatte, damit der Inhalt flüssig blieb. Der so gebraute Kaffee schmeckte wie Kohlenschlacke, und nicht einmal ein Klumpen Erdnussbutter konnte den verbrannten Geschmack der Haferflocken überdecken. »Lass uns das einfach für später aufheben«, sagte

ich zu Mel, während wir die klebrige Masse in unseren Tassen anstarrten. Dann erklärte ich, dass Polarforscher manchmal gezwungen waren,
auf ihren Lederstiefeln herumzukauen, damit sie an Kalorien kamen.
Aus irgendeinem Grund fand Mel das nicht sonderlich beruhigend.
Stunden nach dem Aufwachen krochen wir schließlich aus dem Zelt
und hüpften auf und ab, um uns aufzuwärmen. Für das Packen unserer
Sachen brauchten wir unsere nackten Hände, und so froren die Finger
an dem Metall fest, das unser Überleben sicherte: Ofen, Zeltstangen,
Fahrräder. Wir rollten den steif gefrorenen Stoff des Zeltes in seine steif
gefrorene Hülle und schoben dann unsere vollgeladenen Räder durch
tiefe Schneeverwehungen zurück auf die Straße.

Der britische Antarktisforscher Apsley Cherry-Garrard meinte einmal, dass »die Polarforschung gleichzeitig die reinste und einsamste
Art ist, eine schlechte Zeit zu haben«. Winterradtouren in der Türkei
hatten allerdings das Potenzial, auf dem zweiten Platz zu landen. Doch
wenn der Verkehr spärlich war, wenn es nicht regnete, wenn das Gebirge
die Atmosphäre der Straße prägte, wenn nichts schmerzte und ich nicht
hungrig oder elend war – und selbst wenn es manchmal doch so war –,
war Radfahren für mich das reinste und einsamste Glück, das ich
kannte. Sogar Mel schien sich zu amüsieren, denn ab und zu hielt sie an
und schlug vor mir am Straßenrand vergnügt ein Rad. Ich hielt weiterhin an, um Fotos zu machen: von der vom Wind blauen und sauber
gescheuerten Luft, von den schneebedeckten Bergen, von einer Landschaft, der vollkommen gleichgültig war, wie sehr ich sie bewunderte,
was auf mich umso unwiderstehlicher wirkte. Mehr Himmel als Erde.
Mehr Wind als Welt. Kein Wunder, dass das Kars mich in die Lüfte hob.

In dieser Hinsicht war ich nicht allein. Millionen von Vögeln fliegen
jedes Jahr über das Plateau und reisen von Westsibirien und dem Mittleren Osten ins südliche Afrika und zurück, obwohl wir leider Monate
zu spät (oder zu früh) waren, um zu sehen, wie der Himmel voller
Federn war. Das Kars ist besonders beliebt bei Raubvögeln: Habichte,
Adler, Geier und Falken, die sich von thermischem Wirbel zu thermischem Wirbel tragen lassen – aufsteigende Warmluft, die unterschied-

liche Oberflächen bildet, die wiederum ihrerseits entsprechende Mengen an Sonnenlicht absorbieren. Selbst riesige Raubvögel steigen mühelos auf, gleiten dann wieder hinunter, um die nächste Thermik zu erwischen, die sich gerade bildet, und reisen auf diese Weise Tausende von Kilometern, ohne auch nur einmal mit den Flügeln zu schlagen. Ich habe mir oft gewünscht, dass Fahrräder nach dem gleichen Prinzip betrieben werden könnten.

Vielleicht ist Grundlage eines jeden Flugversuchs von Menschen Neid auf die Fähigkeit von Vögeln. Mitte des 19. Jahrhunderts sehnte sich der junge Otto Lilienthal danach, mit den Störchen zu fliegen, die in seiner deutschen Heimatstadt den Himmel beherrschten. Nicht, dass er es gewagt hätte, dieses ehrgeizige Unterfangen zu äußern: Damals war die Idee, eine Flugmaschine zu bauen, gleichbedeutend mit der Konstruktion eines Perpetuum mobile oder der Umwandlung von Blei zu Gold – den typischen Ideen von Spinnern und Träumern. Mit Unterstützung seines Bruders Gustav brachte sich Otto alles über den Wind und Flügel bei und arbeitete oft nachts, um von geschwätzigen Nachbarn nicht gesehen zu werden. Durch die Methode »Versuch und Irrtum« fand er heraus, dass Fliegen am einfachsten ist, wenn man *gegen* den Wind startet und nicht mit ihm, denn je schneller sich die Luft gegen eine Reihe von Flügeln bewegt, desto mehr Auftrieb wird erzeugt, was bedeutet, dass Gegenwinde den Flug nicht behindern, sondern ihm eher einen Turboschub geben. An einem besonders stürmischen Tag testete Otto erstmals seine Segelflugzeuge, und es versammelte sich eine Menschenmenge, um ihn johlend auszulachen. Als seine Gleiter jedes Mal ein wenig weiter flogen – zehn Meter, dreihundert Meter, vierhundert Meter –, begannen die Leute zu jubeln. Dank Otto wurde im folgenden Jahrzehnt aus der verrückten Idee, dass Menschen fliegen können, eine ernsthafte Wissenschaft. »Die Zeiten sind vorbei«, erklärte Lilienthal stolz, »wo jeder Mensch, der ans Fliegen dachte, sofort als Scharlatan abgetan wurde.«

Ich dachte an die Fotografien von Lilienthals Segelfliegern, die ich in Oxford gesehen hatte. Ich war damals beeindruckt gewesen, wie sehr sie den Vögeln nachempfunden waren, wie einfach von Ikarus inspiriert, mit Flügeln aus Federn und Stöcken, als ob reiner Nachbau genügend Auftrieb bieten könnte. Die Baukunst von Flugmaschinen verlagerte sich allmählich von der Vogelwelt hin zu eher klar ausgerichteter Effizienz – nicht etwa, weil Vogelschwingen nicht am besten fliegen können, sondern weil wir Menschen es in mehr als einem Jahrhundert nicht geschafft haben, ihr Flattern wirklich nachzukonstruieren. Sogar jetzt, wo Menschen schnarchend transatlantische Flüge erleben und der nächste Raketenstart zur Internationalen Raumstation allgemein mit Gähnen kommentiert wird, stellen Vogelflügel immer noch eine perfekte Verbindung aus mechanischer Effizienz, Energieverbrauch und metaphorischer Anmut dar, die keine menschliche Erfindung je erreicht hat. Außer vielleicht das moderne Fahrrad.

Der klobige Vorfahre der schlanken Maschine, die ich fuhr, erschien erstmals 1876 auf den Straßen von Paris. Ohne Pedale, Antriebsstränge und Reifen wurden diese zweirädrigen »Dandy-Pferde« dadurch angetrieben, dass man sich mit den Beinen rechts und links vom Boden abstieß, was dem Fortbewegungsmittel den Namen *velocipede* einbrachte. Das Wort stammt aus dem Lateinischen und heißt so viel wie »schnelle Füße«. Da Velozipede klein und weniger gut zu sehen waren als ein Pferd oder eine Kutsche, erweckten ihre Fahrradreiter den »komischen Eindruck, durch die Luft zu fliegen«, wie die *New York Times* damals eher spöttisch berichtete.

Aber nur zwei Jahrzehnte später, genau zu der Zeit, als die Segelflugzeuge von Lilienthal Schlagzeilen machten, hatten sich die Velopper schon zum *safety bicycle* entwickelt, einer Konstruktion, die unseren modernen Geräten ähnelte und deren relativ günstiger Preis sowie einfache Handhabung nicht nur eine bequeme Fahrt versprachen, sondern den Menschen auch Flügel verliehen, darunter Fanny Bullock Workman und ihrem Mann, die mit Fahrrädern durch Europa und Indien fuhren. 1896 beschrieb *The Aeronautical Journal* die Ähnlichkeiten von Radfahren und Fliegen nicht spaßig, sondern vollkommen ernst: »Für Radfahrer war es nicht ungewöhnlich, im ersten Moment der Begeisterung, der schnell auf die Unannehmlichkeit folgt, das Stahlross zu zähmen, zu bemerken: >*Wheeling is just like flying!*<«

Das sagte ich zu Mel, als ich im Kars zu ihr aufschloss, aber sie konnte nicht zustimmen. »So habe ich mir das nicht vorgestellt«, stöhnte sie und joggte auf der Stelle. »Ich kann meine Finger und meine Zehen nicht mehr spüren. Ich kann mich nicht einmal mehr erinnern, wie sich Finger und Zehen irgendwann mal angefühlt haben.« Da dämmerte mir, dass ihr Radschlagen kein Ausdruck von Freude war, sondern der Versuch, Blut in ihre Extremitäten zu zentrifugieren. »Das ist hier nicht sicher«, fuhr sie fort. »Wir sind mitten im Nirgendwo, und ich friere, und *ich kann nicht mehr.*«

Sie klang, als würde sie gleich weinen. Ich konnte es nicht genau erkennen, weil Mels Gesicht hinter einer Sturmhaube und einer Sonnenbrille verborgen war. Die Art Brille mit glamourös überdimensionalem Gestell, wie sie Prominente tragen, um ihre Identität oder einen Kater zu verstecken. Sogar hier draußen, dachte ich, sogar auf der zugefrorenen Seidenstraße, wollte Mel immer noch cool aussehen.

Als Teenager waren Mel und ich für eine Weile überhaupt keine Freundinnen gewesen. Wir gingen von »unzertrennlich« während der Grundschulzeit zu einem kurzen Nicken über, wenn wir uns in unserer kleinstädtischen Highschool begegneten, wo selbst ausgedachte Zaubertricks schnell als soziale Währung verloren. Ich träumte davon, Astronautin zu werden und zum Mars zu fliegen, der letzten Grenze, die einer angehenden Forscherin noch blieb. Mel hingegen war beliebt. Sie trug in der Schule Make-up und ging am Wochenende feiern, während ich der Typ Schülerin war, der Schulaufgaben Wochen im Voraus erledigte und paranoide Wahnvorstellungen über die Betäubung mit Lachgas beim Zahnarzt erlitt, weil ich überzeugt war, dass ich von der NASA wegen der Einnahme von Medikamenten, und dazu gehörte meiner Ansicht nach auch Lachgas bei der Behandlung von Zahnfüllungen, ausgeschlossen werden würde.

Mel und ich sprachen jahrelang kaum ein Wort miteinander. Ich nehme an, wir fühlten uns beide von unserer kleinstädtischen Highschool mit ihren engen Gängen und von noch üblerer Engstirnigkeit in den Köpfen gehemmt, aber wir reagierten auf diese Einschränkungen gegensätzlich: Mel bemühte sich zu glänzen, dazuzugehören und cool zu sein, während ich von etwas anderem besessen war, von Flucht. Ich konnte keine ironische Distanz zur Welt vortäuschen. Als meine Familie wieder einmal umzog und ich in eine größere und weniger cliquenreiche Highschool wechselte, war ich erleichtert. Ich investierte meine Energie nun in das Reiten von Pferden, lernte Skateboarden und plante meinen Start ins All. Was vielleicht erklärt, warum auf dem Kars-Plateau ein kleiner, regressiver Teil von mir dachte, dass, wenn Mel früher weniger Zeit fürs Beliebtsein in der Highschool verschwendet und stattdessen mehr Zeit damit verbracht hätte, die Polarexpeditionsgeschichten von Cherry-Garrard und Shackleton und Nansen zu lesen, sie ein besseres Verständnis dafür entwickelt hätte, was Härte und Extremsituationen betrifft. Das war kein Leiden, das war Abenteuer!

»Wir sind wohl kaum mitten im Nirgendwo, Mel«, begann ich mitleidlos. »Ich wünschte, es wäre so! Aber nein, wir sind auf einer asphaltierten Straße, wir haben ein Handy, und direkt vor uns gibt es sogar eine Tankstelle. Das hier ist ein Witz, wir können, wenn nötig, in Millisekunden alles abbrechen. Es gibt keinen sichereren Ort auf der Welt, um der Kälte zu trotzen – und es ist gar nicht so kalt!«

Aufmunternde Worte. Mel antwortete nichts, nicht einmal, um zu Recht darauf hinzuweisen, dass sie diejenige gewesen war, die schließlich mich am Schwarzen Meer aus dem Schlafsack gelockt hatte. Sie stieg auf ihr Fahrrad und fuhr los, um sofort auf dem Glatteis auszurutschen und gegen den Kantstein zu prallen. Als sie etwas weiter die Straße hinunter ein zweites Mal stürzte, war ich von meiner Selbstgerechtigkeit angewidert und beschleunigte, um zur Tankstelle zu kommen, in der Hoffnung, dass sie geöffnet hatte. Als Mel ihr Fahrrad auf die Tankstelle zuschob, hatte ich bereits zwei Packungen Kekse und drei Schokoriegel gekauft, die wir dann sehr schnell und schweigend aßen. Der einsame Tankwart holte uns heißes Wasser, damit wir Nescafé zubereiten konnten, und er kratzte sogar den gefrorenen Haferschleim aus unseren Bechern. Mit solch einfachen Gesten schien es möglich, die Welt wieder in Ordnung zu bringen.

Verschwinden Vorbehalte eigentlich jemals, oder schlafen sie nur wie Schwarzkümmelsamen, der direkt unter der Oberfläche auf ideale Bedingungen zum Keimen wartet? Ich wollte an eine Welt ohne Grenzen glauben, was auch bedeutete, an Herzen und Verstand ohne Grenzen zu glauben, und das war nicht einfach, allein schon, wenn ich meine eigenen Grenzen betrachtete. Oder das Kars-Plateau anschaute, eine Region, die entweder als Ostanatolien oder als Westarmenien bezeichnet wurde, je nachdem, wen man um die Jahrhundertwende gefragt hat.

Damals war diese Region von türkischen, armenischen und russischen Truppen heftig umkämpft. Ein Großteil der armenischen Bevölkerung des Kars wurde getötet, was die Türken immer noch nicht als Völkermord bezeichnen. Und das Blutvergießen hörte nicht auf, bis der Vertrag von Kars im Jahr 1921 den größten Teil des ostanatolischen/westlichen Armeniens an die Türkei abtrat, einschließlich Ararat, dem heiligen Berg der Armenier. Einst als der höchste Punkt der christlichen Welt bezeichnet (obwohl er kaum am Boden des Tibetischen Hochlands kratzt), ist der Ararat der Ort, an dem angeblich Noahs Arche nach der Flut auf trockenes Land traf – zumindest soweit wir das beurteilen können, da in der Schöpfungsgeschichte die GPS-Koordinaten fehlen. Die Türken gaben dem Gipfel den neuen Namen Agri Dagi, »Berg der Schmerzen«, was einer überspitzten nomenklatorischen Degradierung von heilig zu profan gleichkam. Mit dem Ende der UdSSR 1991 erhielt Armenien seine Unabhängigkeit zurück, aber nicht seinen heiligen Berg, der auf Mels und meinem Weg irgendwo auf der türkischen Seite liegen musste.

»Ist das der Ararat?«, fragte Mel und zeigte aus dem Autofenster des Wagens, der uns unweit der Tankstelle abgeholt hatte, auf einen schneebedeckten Gipfel.

»Nein, nein, noch nicht«, knurrte Onder hinter dem Lenkrad, nicht weil er wütend war, sondern weil er immer so sprach. Zerzaust und rund, erinnerte mich der ungefähr dreißigjährige Naturschützer an einen Bären, der vorzeitig aus dem Winterschlaf geweckt worden war. Vielleicht war das auch nicht so weit von der Wahrheit entfernt: Er hatte zwar unseren Anruf erwartet, aber der kam früher als gedacht, nämlich von der Tankstelle, wo wir für die Snacks eingekehrt waren.

Mel und ich fuhren noch ein Stück weiter zur Abzweigung nach Georgien, wo uns Onder auflas und eine Woche später oder so wieder absetzen würde, damit wir weiter nach Tiflis radelten. In der Zwischenzeit hatte Onder angeboten, uns die Naturschutzprojekte seines Arbeitgebers KuzeyDoğa zu zeigen, einer lokalen gemeinnützigen Organisation, die in den türkischen Grenzgebieten tätig war, auch am Fuß des Ararat, oder Agri, je nachdem, von wo aus betrachtet.

»Was ist mit dem da?«, fragte nun ich, als ein weiterer hoher Gipfel zu sehen war.

»Vertrau mir, du wirst Agri erkennen, sobald du ihn siehst«, sagte Alkim und knackte Sonnenblumenkerne mit den Zähnen. Er hatte sich scherzhaft als Filmemacher vorgestellt, »berühmt im Nordosten der Türkei und in Teilen des Irans«, was Onder mit schrillem Kichern quittiert hatte. Sie waren alte Freunde, arbeiteten gemeinsam an einem Film über KuzeyDoğa, und Alkim sah aus wie Onder, nur länger, größer, dünner, glatter, und er trug wesentlich mehr Parfüm. Als Alkim versuchte, die Reste der Sonnenblumenkerne aus dem Autofenster zu spucken, blies der Fahrtwind sie zurück, und sie blieben auf seiner Brille kleben.

Wir fuhren um eine Kurve, und ich erkannte, dass Alkim recht hatte: Der Agri war so offensichtlich der Agri, oder war es der Ararat? Vielleicht bin ich ein wenig voreingenommen, wenn ich alle Berge für heilig halte, wie auch immer ihre Namen lauten, aber dieser, mit seinen hoch aufragenden Zwillingsgipfeln, sah besonders göttlich aus. Er wirkte weniger wie das Ergebnis zusammengeschobener Felsen als vielmehr wie ein abgestürzter, erkalteter Stern. Das typische Minarett ragte über dem Dorf Aralik auf, aber seine relative Prominenz wurde von dem Gipfel dahinter bestimmt. Die Häuser des Dorfs sahen aus, als ob sie aus dem Basalt der Felsen ausgegraben worden wären und nicht gebaut. Wie Körner am Fuß eines Vogelhäuschens lag der Basalt verstreut. Kinder trieben Nutzvieh durch die Straßen und schlugen mit Schilfrohren auf die knochigen Hinterteile der Tiere. Das Schilf stammte aus den Sümpfen neben dem Ort – vielleicht das letzte Überbleibsel der Sintflut, ergänzt durch den steten Fluss des Gletscherschmelzwassers.

Der heilige Gipfel war auf allen Seiten von ähnlichen Feuchtgebieten umgeben, die die Grenzen der Türkei, Armeniens, des Irans und Aserbaidschans überschritten. Da die Sümpfe auf niedriger Höhe liegen, unterhalb des Randes des Kars-Plateaus, sind sie ganzjährig eine eisfreie Oase für Wasservögel. Als wir ein Reiherpaar bewunderten, das auf Stelzbeinen durch ein Sumpfgebiet stakste, röhrte ein Hirte auf einem glänzend blauen Motorrad heran. Er sprach eine Weile mit Onder und gestikulierte zu den Feuchtgebieten, den Feldern und dem Dorf hin. Als der Mann wieder losraste und den Horizont mit einer Staubwolke verwischte, fragten wir Onder, was er gesagt hatte. »Er will die Sümpfe entwässern und Felder für Ackerbau daraus machen.«

Während der leblose Gipfel von Agri ein Nationalpark ist, sind die Sümpfe zu seinen Füßen nicht geschützt, was vergleichbar damit wäre, die Arche mehr zu schätzen als die Artenvielfalt, die sie an Bord hatte. KuzeyDoğa versuchte, die türkische Regierung davon zu überzeugen, die Sümpfe in ein Programm im Rahmen von Ramsar, einem internationalen Abkommen zur Erhaltung und nachhaltigen Nutzung von Feuchtgebieten, zu integrieren, weil das den Lebensraum schützen und gleichzeitig zur Förderung der Vogelbeobachtung in der Region beitragen könnte, einer potenziellen Quelle für Tourismuseinnahmen der Dorfbewohner. »Das ist das Beste daran, dass ihr hier seid«, meinte Onder. »Es zeigt den Leuten, dass dieser Ort, ihre Heimat, mehr ist als nur Weideland.«

Ich hoffte, er hatte recht, war mir aber nicht so sicher. Das türkische Wort für »Ausländer« ist *gavur*, was historisch betrachtet »Ungläu-

bige« bedeutet. Außerdem fühlte ich mich etwas unwohl als Botschaf-
terin des Ökotourismus, der Menschen ermutigt, Dollarzeichen zu
sehen, wenn sie einen Vogel oder ein Feuchtgebiet betrachten, obwohl
sie vermutlich auch Geld im Kopf hatten, als es darum ging, die Sümpfe
als Weideland für Nutztiere oder als Einkommensquelle für den Anbau
von Hülsenfrüchten oder Getreide anzusehen. Ich konnte es ihnen
nicht verübeln, kein bisschen, vor allem, wenn jemand wie ich herein-
schneite, über die Vögel und Berge ins Schwärmen geriet, aber bald wieder gehen würde. Ein Preisschild an die Wildnis zu kleben könne sich
besonders für Orte wie Aralik auszahlen, wo Einheimische Unterstützung und die Feuchtgebiete Schutz brauchen und Ökotourismus beides
ermöglichen kann. Aber ich machte mir Sorgen, dass bei solchen Transaktionen etwas Entscheidendes verloren ginge, nämlich die Erkenntnis,
dass unser Planet über seinen direkten Nutzen hinaus Wert und Bedeutung hat.

Wir kehrten zum Auto zurück, das jetzt von struppigen grauen Eseln
umgeben war, die ringsherum Gras knabberten. Sie blinzelten nicht einmal, als wir die Autotüren öffneten und zuschlugen. Onder wich zuerst
den Eseln und dann den Sümpfen aus, die die türkische Regierung bisher nicht schützen wollte, vielleicht weil Armenien von der Idee begeistert war. KuzeyDoğa versuchte, die Einheimischen an Bord zu holen, in
der Hoffnung, dass die Regierung folgen könnte, aber Naturschutz ist
nicht leicht ins Türkische zu übersetzen. Selbst Onders Großmutter
war immer noch der Ansicht, dass ihr Enkel arbeitslos war, und ihre
Verwirrung war verständlich, wenn man bedenkt, dass sein Job die ganze
Bandbreite von der Erfassung von Wölfen über das Verfassen von Petitionen an Regierungen bis hin dazu reichte, tote Tiere von der Straße zu
kratzen. »Denk dran!«, mahnte eine Notiz, die an der Sonnenblende
im Auto hing. »Zähl die überfahrenen Tiere, wenn du aus der Stadt
fährst.«

Nachdem wir die Esel hinter uns gelassen hatten, kurbelte Mel ihr
Seitenfenster herunter, steckte den Kopf hinaus und genoss den zarten
Hauch von Frühling in der Luft. Der Ararat schien hinter uns immer ge-

waltiger zu werden, er gewann in der Ferne an Volumen und Statur, während der Wind im Schilf knisterte. Auf der anderen Seite des Autos bemerkte ich einen riesigen Dreizack am Horizont, dessen stämmige Zinken Rauch oder Dampf ausstießen, schwer zu sagen. »Oh, das ist Metsamor«, erklärte Onder fröhlich. »Das nächste Tschernobyl.«

Dieser Kernreaktor wurde, damals noch von der Sowjetunion, auf wackeligem Grund errichtet. Nach einem Erdbeben 1988, bei dem fünfundzwanzigtausend Armenier getötet wurden und dessen Epizentrum weniger als hundert Kilometer von Metsamor entfernt lag, wurde die Anlage aus Sicherheitsgründen geschlossen. Doch als sich die Sowjetunion nur wenige Jahre später auflöste, war die neue unabhängige Republik Armenien verzweifelt auf der Suche nach billigen Energiequellen, auch weil die Türkei und Aserbaidschan, ihre feindlichen Nachbarn, bewusst eine Erdgasleitung an Armenien vorbei verlegt hatten. So nahm die armenische Regierung den veralteten Reaktor wieder in Betrieb, der nur zehn Kilometer von der Türkei und nicht viel weiter von Aserbaidschan entfernt frech vor sich hin dampfte. *Wenn ich untergehe*, schien Metsamor zu drohen, *dann nehme ich euch alle mit.*

»Staatsangehörigkeit ist meist Kinderkram«, sagte Ralph Waldo Emerson einmal, und ich stimme ihm größtenteils zu. Je mehr ich über den Südkaukasus mit seinen geschlossenen Grenzen und kriegerischen Enklaven erfuhr, desto mehr schien die Gegend von so etwas wie bösartigem Spielplatzgerangel um Flaggen bestimmt, alles im zweifelhaften Namen des Nationalismus. Und doch sind die politischen Grenzen, obwohl manchmal massiv wie Fels, letztendlich nur so stark wie der gemeinsame Glaube an sie – der fahnenschwenkende Glaube, dass, sagen wir, der Name »Türkei« oder »Armenien« eine Art echte, makellose Souveränität repräsentiert, in Stein gemeißelt und unantastbar ist. Aber als Polo im 12. Jahrhundert durch den Südkaukasus reiste, besuchte er längst vernichtete oder umgestaltete Gebiete der Seidenstraße, wie Klein- und Großarmenien, Turcomania, Georgiana und

Zorzania. »Namen sind nur Gäste der Gegenwart«, bemerkte der chinesische Weise Hsu Yu um 2300 v. Chr. und deutete damit auch an, dass Grenzen kaum mehr sind als kollektive Mythen – Fiktionen, die eine bestimmte Anzahl von Menschen in einem bestimmten Zeitraum für wahr hält.

Am nächsten Tag schien der Boden in Ani nicht weniger wackelig zu sein. Einst die geschäftige Hauptstadt Armeniens, ist die ehemalige Metropole der Seidenstraße heute größtenteils nur noch eine Ruine am modernen Rand der Türkei. In den letzten tausend Jahren war die Stadt von Türken, Georgiern und Mongolen geplündert worden, und was sie zurückgelassen hatten, wurde kurz nach Marco Polos Rückkehr aus China von einem Erdbeben verwüstet. Die kargen Überreste von Anis Kathedralen und Moscheen deuten auf Weltoffenheit hin, aber dahinter verbirgt sich heute die hermetisch geschlossene Grenze zwischen der modernen Türkei und Armenien. Der Fluss Achurjan bildet die natürliche Grenze. Er fließt durch Ani und die Arpaçay-Schlucht, die sich wie eine dunkle Narbe durch das schneebedeckte Plateau zieht. Beide Seiten der Schlucht sind militärische Zonen, die mit Stacheldraht gesichert und regelmäßig von Soldaten patrouilliert werden. Seit fast zwei Jahrzehnten sind Menschen aus der Schlucht verbannt.

KuzeyDoğa hatte jahrelang beim türkischen Militär um Erlaubnis gebeten, die Vielfalt der Vogelwelt in der Arpaçay-Schlucht zu dokumentieren. Nachdem die Genehmigung endlich erteilt worden war, überprüfte ein Biologe der NGO die Länge der Schlucht, lauschte auf Vogelgeschrei und suchte nach Nestern. Dabei entdeckte er ein halbes Dutzend Schmutzgeier-Horste. Diese vom Aussterben bedrohte Raubvogelart hatte dort einen ungestörten Abschnitt des ansonsten selten ruhigen Landes gefunden. Ein ideales Brutgebiet zwischen den beiden Stacheldrahtgrenzen. Vögel Grenzen zu erklären wäre sinnlos, aber sie erkennen einen sicheren Hafen, wenn sie ihn sehen.

Als ich durch ein Fenster der Moschee von Minuchihr in die Schlucht starrte, war ich hin- und hergerissen zwischen dem Wunsch, dieser

Oase der Wildnis Beifall zu spenden, und der Verzweiflung über all den Kampf, den sie ausgelöst hatte. Die Natur ist wie immer das Opfer unserer stumpfen und unflexiblen Grenzen aus Stacheldraht und Mauern, die Ökosysteme in nutzlose Stücke zerlegen und die Bewegung wandernder Arten aufhalten, die sich eigentlich so weit wie der Wind ausbreiten müssen. Doch hier trug eine vom Aussterben bedrohte Vogelart die Grenze wie eine kugelsichere Weste und fand Asyl zwischen den Mauern, die unsere Konflikte erzeugen.

Die Schlucht erinnerte mich an eine andere Grenze, die ich im Jahr zuvor besucht hatte. Nachdem ich an einer Konferenz in Seoul teilgenommen hatte, meldete ich mich für eine günstige Tagestour in die demilitarisierte Zone, die DMZ, an – einen Gürtel aus ehemals bebautem Land an der umkämpften Taille der Koreanischen Halbinsel. Ungefähr vier Kilometer breit und fast zweihundertfünfzig Kilometer lang, wird die Zone mit stacheldrahtbewehrten Stahlwänden abgetrennt, und seit sechzig Jahren ist es den Menschen verboten, diese Zone zu betreten. Während dieser Zeit verwilderte das ehemalige Ackerland langsam. Aus einst kultivierten Feldern wurden widerspenstige Wälder, wilde Kraniche strömten in die Feuchtgebiete, die nicht mehr entwässert wurden, und asiatische Schwarzbären, Leoparden, Wasserwild und andere seltene Arten siedelten sich an. Ein vom Krieg zerrissenes Grenzgebiet war tatsächlich zum am stärksten bewachten Naturschutzgebiet der Erde geworden. Ob wohl das Gleiche mit dem Siachen passieren konnte? Ich hatte für meine Forschung über wissenschaftliche Friedenssicherung in Oxford von der koreanischen DMZ gelesen und wollte ihre Auferstehung mit eigenen Augen sehen.

»An einem klaren Tag wie heute«, versprach der Reiseleiter, als ich in Seoul in den Bus stieg, »kann man bis nach Nordkorea sehen.« Aber als wir Stunden später zum ersten Mal anhielten, war der Himmel so bedeckt wie Mullverband über einer Wunde. Ein Riesenrad und ein Karussell wirbelten zu ohrenbetäubend fröhlicher Musik. Restaurants mit flotten Namen wie *A Walk in the Clouds* und *Popeyes Louisiana Kitchen* warben für ein Essen mit Blick auf die DMZ. Touristen drängten sich in Geschenkläden, die T-Shirts, Schlüsselanhänger, Schnapsgläser und andere Erinnerungsstücke an die militärische Spaltung verkauften. Der ganze Ort verströmte das Gefühl, als würden hier Leute auf einer Beerdigung lachen.

Der letzte Halt der Tour war ein Turm mit Blick auf den südlichen Rand der DMZ. Der Dunst hatte sich etwas gelegt, und der Himmel hatte nun die Farbe eines verblassenden blauen Flecks, das Blau im Inneren einer Flamme oder von Gletschereis. Für umgerechnet einen halben Dollar erstand ich einen Blick durch ein Fernrohr und in die DMZ. Zwischen den Stahlmauern sah ich einen knorrigen Wald mit Kiefern, Tannen, Pappeln und Weiden, die nach einem halben Jahrhundert unkontrollierten Wachstums dicht an dicht gedrängt standen. Ich sah zwei Reiher, die in einem Feuchtgebiet kämpften, und eine unruhige Bewegung im Gras. Mit anderen Worten: Vollkommen schockiert erkannte ich, wie mich von unten die Wildnis eines zum Kampf bereiten Gebiets anstarrte.

Die Atmosphäre in Ani war in jeder Hinsicht weniger angespannt als die der koreanischen DMZ, eher verlassen als aktiv umkämpft und ohne Souvenirhändler – nur dass Alkim Mel filmte, während sie gespielt vorgab, immer wieder dieselben Ruinen zu erkunden. »Noch einmal mit mehr Gefühl!«, bat er beim mindestens sechsten Take. Ich achtete darauf, außer Sichtweite zu bleiben. Während die Sonne kalt und tief über die Berge blinzelte, erhellte sie »die Stadt der 1001 Kirchen« so, wie ich es mir auch von der Geschichte wünschte: Die Überreste und der Verfall leuchteten, einige Fundamente standen noch, und die Graffiti alterten anmutig zu Kunst. Als ich an einer vor einem Jahrtausend erbauten Kathedrale vorbeikam, dachte ich, ich hörte irgendwo tief unter der Erde eine Tür zuschlagen, und die staubbedeckten Ruinen rührten alle Antworten in mir auf. Manche Orte, schrieb Jorge Luis Borges, »wollen uns etwas sagen, oder haben uns etwas gesagt, was wir nicht hätten verlieren dürfen, oder schicken sich an, uns etwas zu sagen«. Was Ani zu sagen schien, war, dass keine Geschichte und keine Wand nur zwei Seiten hat. Alle Definitionen verschwimmen, alle Grenzen wandern, und je länger ich darauf starrte, desto mehr war ich mir sicher, dass sie sich bewegten.

Die Sonne ging unter, und Onder, Alkim und Mel machten sich auf den Weg zurück zum Auto. Ich blickte ein letztes Mal in die Schlucht und hoffte, Geierhorste zu entdecken, aber was mir ins Auge fiel, waren bloß die zerbrochenen Hälften einer Brücke, die zwar in Richtung Achurjan führte, aber mehr auch nicht. In der Blütezeit der Seidenstraße könnte Marco Polo über genau diese Brücke geschlendert sein. Die Workmans hätten vor einem Jahrhundert darüber radeln können. Jetzt konnten nur noch Vögel den Fluss überqueren, in dem sich die beiden Hälften der Brücke spiegelten.

Am nächsten Morgen setzte uns Onder an der Straßenabzweigung nach Georgien ab. Alkim filmte Mel und mich, als wir uns auf den Weg nach Tiflis machten. Wir durchquerten einen Teil des Kaukasus, der einst so dicht bewaldet war, dass man laut Strabo den ganzen Weg in die Stadt laufen konnte, ohne einen einzigen Sonnenstrahl abzubekommen. Die Sonne traf uns tatsächlich nicht, aber auch nur, weil der kalte Himmel wolkenverhangen war. Intensiver Kahlschlag hatte die sagenhaften kaukasischen Wälder längst verwüstet, zumindest in der Osttürkei, wo nur noch vereinzelte Reste von Tannen, Orientalischen Fichten, Armenischen Eichen und Kaukasischen Birken überlebt hatten.

Was bedeutet es, eine so kaputte Landschaft schön zu finden? Ich wusste, dass das Kars ein gezähmtes Relikt einstiger Wildnis war, aber an diesem Morgen wirkte das Ganze einfach erhaben. Natürlich ist *erhaben* per Definition Schönheit, die etwas Besonderes hat, obwohl nicht selten diese Besonderheit eine Gefahr für Menschen darstellt, aber nicht das ist, was von einer Landschaft übrig bleibt, nachdem der Mensch sie sich unterworfen hat. Wie bei den Geiern zwischen den Grenzen in Ani wusste ich nicht, ob die Schönheit des Kars Trost oder ein hilfloser Schrei war. Vielleicht der Ruf zu einem Gebet; zumindest hörten wir den ein paar Stunden später als Zeichen einer Stadt, die wir noch lange nicht sehen konnten.

Wir beschlossen, in Damal anzuhalten und am nächsten Tag den Pass nach Georgien in Angriff zu nehmen, da die Passstraße kurz vor der Stadt steil anstieg und nicht mehr genügend Tageslicht da war, um das Ganze noch am gleichen Tag zu schaffen. Als wir im *Çay*-Salon nach Unterkünften fragten, bot uns ein dünner Mann mit herabhängenden Gesichtszügen an, uns oben wohnen zu lassen. Er zeigte uns einen leeren Raum, dessen Betonwände dem Betonboden entsprachen, der durch die abgenutzten Stellen eines muffigen grauen Teppichs zu sehen war. »*Chok güzel*«, sagte Mel, erleichtert, in dieser kalten Nacht ein Dach über dem Kopf zu haben und nicht im Zelt schlafen zu müssen. Wir einigten uns mit dem Mann auf einen Preis, und der Teehausbesitzer verließ uns, nachdem er mit Gesten erklärt hatte, die Zimmertür abzuschließen und uns um sieben Uhr morgens wieder abzuholen.

Ich war gerade eingeschlafen, als ich draußen einen Tumult hörte. Das Geschrei klang, als ob ein Mob in der Kleinstadt etwas Böses rächen wollte, und ich war froh über die verschlossene Zimmertür. Dann hörte ich unsere Namen. Mel und ich gingen in den Vorraum, der einen Balkon besaß, und leuchteten mit unseren Taschenlampen auf die Straße, die voller Menschen war. Unter ihnen befanden sich auch Onder und Alkim, die verzweifelt mit den Armen ruderten.

»*Girls!*«, riefen sie. »Wartet! Keine Sorge! Wir holen euch da raus!«

»Wovon redet ihr?«, schrie Mel zurück.

Erst später haben wir die ganze Geschichte erfahren: Onder und Alkim waren uns gefolgt aus Angst, dass wir im Zelt erfrieren würden. Als sie Damal erreichten, ohne unser Lager gefunden zu haben, dachten sie, wir seien wohl in der Stadt geblieben, also erkundigten sie sich in einem örtlichen Laden nach uns. »Oh, die ausländischen Mädchen? Sie sind oben im Teehaus eingesperrt«, sagte der Ladenbesitzer. Über unsere scheinbare Inhaftierung schockiert, begannen Onder und Alkim, vor dem Teehaus herumzuschreien, damit wir sie bemerkten, und brachten damit die halbe Stadt in Aufruhr, denn die Leute liefen zusammen, um zu sehen, worum es bei dem Getue eigentlich ging. Die *jandarma* erschien ebenfalls und befahl dem Teehausbesitzer, uns freizulassen. Der arme alte Mann kam die Treppe hinaufgestampft und murmelte atemlos: »Warum ich, warum nur ich?« Als wir dann draußen waren, konnten wir unsere Möchtegernretter davon überzeugen, dass alles in bester Ordnung war. Nein, der Teehausbesitzer hatte uns nicht gegen unseren Willen eingesperrt. Ja, wir waren absolut sicher und glücklich und froren nicht. Schließlich zerstreute sich die Menge, und die Leute wirkten enttäuscht, dass ein so vielversprechendes Drama derart unspektakulär zu Ende gegangen war. Wie man es in solchen Fällen tat – wirklich in jeder Situation in der Türkei –, beschlossen Alkim, Onder, Mel und ich, erst einmal Tee zu trinken. Da das Teehaus zu dieser späten Stunde geschlossen war, trotteten wir über die Straße zu dem Geschäft, wo der Ladenbesitzer von den Problemen, die er verursacht hatte, völlig begeistert schien. Er goss allen dampfenden Tee in die Gläser, auch dem Teehausbesitzer, der uns gefolgt war und immer noch sein Leidensmantra murmelte.

»Er ist wirklich verärgert«, flüsterte ich Mel zu. Sie nickte reumütig. Alkim hatte mich belauscht. »Verärgert? Was meinst du damit?«

Ich erzählte ihm, was der Teehausbesitzer andauernd wiederholte.

»Das ist doch gar kein Englisch!«, lachte Alkim. »Nichts als Kauderwelsch, wie ay-yi-ay-yi oder la-de-da.«

Alkim erzählte dem Ladenbesitzer von unserer Verwirrung. Der wiederum fand das dermaßen lustig, dass er es dem Teehausbesitzer weitererzählte, der sich über unsere mitfühlende Interpretation seines Gemurmels zu freuen schien. Wenigstens lächelte er, als er uns zurück in das Zimmer über dem Teehaus begleitete und uns erneut einsperrte.

Wie versprochen, wurden wir um sieben Uhr morgens herausgelassen. Es hatte die ganze Nacht geschneit und schneite immer noch. Mel und ich stiegen die Treppe hinunter und betraten das Teehaus, wo unsere Fahrräder verstaut waren. Der Raum dampfte und war voller Männer, von denen uns einer freundlicherweise Tee brachte, während wir uns bemühten, Mels Gangschaltung zu reparieren. Ihr Fahrrad schaltete nicht mehr in den kleinsten, den »Oma-Gang«, was angesichts des höchsten Passes unserer bisherigen Tour suboptimal war.

Der Mann, der uns den Tee brachte, fragte, wohin wir wollten, und Mel antwortete: »Gurgistan«, türkisch für »Georgien«. Daraufhin war ein ungläubiges Raunen im ganzen Teehaus zu hören. »No, Miss, car!«, sagte ein anderer Mann. Ich protestierte gegen den Autovorschlag, bis mir aufging, dass er kar meinte, das türkische Wort für »Schnee«. Der Ladenbesitzer von vergangener Nacht schlug vor, dass wir mit ihm kommen sollten. Er wollte an diesem Morgen nach Georgien fahren. Aber ich war entschlossen, in die Pedale zu treten, solange unsere Räder die Straße befahren konnten, und auch dann noch, wenn sie es nicht mehr schafften. Danke, aber nein, danke, sagten wir zu ihm, und daraufhin lachten alle Männer im Teehaus und schnalzten mit der Zunge.

Als wir aber schließlich die Räder nach draußen schoben, machte ich mir doch Sorgen, ob die Männer nicht womöglich recht hatten. Ich konnte gar keine Straße erkennen, nur eine allgemeine Leere da, wo die Straße hätte sein sollen: weiße Wolken, weißer Schnee, ohne Übergang. Mel radelte den gefrorenen Pass in ihrem zweitniedrigsten Gang spielend hoch. Ich fuhr hinter ihr her, hatte ein schlechtes Gewissen und war gleichzeitig dankbar, dass mein »Oma-Gang« funktionierte. Der Boden und der Himmel waren eins, wie sie es manchmal beim Fliegen sind oder auch im freien Fall. Momentan wusste ich nicht, wo was war. Jeder Pedaltritt bewies, dass die Erde oder so etwas Ähnliches noch unter unseren Rädern existierte. Und trotzdem genossen wir die fantastische Zeit, Wolken einzuatmen, Wolken auszuatmen und die Muskeln auf das gemeinsame Ziel auszurichten: die Passhöhe.

Unsere Freundschaft funktionierte einfach am besten, wenn wir in Bewegung waren. Wir hatten während der Unizeit wieder Kontakt zueinander aufgenommen. Dann kam Mel aus heiterem Himmel nach Chapel Hill geflogen, um mich in den Frühjahrsferien zu besuchen. Vielleicht redete ich mittlerweile wie eine Südstaatlerin, oder es lag daran, dass wir uns seit der Highschool kaum gesehen hatten, denn am Flughafen erkannte sie mich fast nicht. »Von welchem Planeten bist du?«, fragte sie und lächelte, als wären wir schon immer beste Freundinnen gewesen.

»Vom Roten«, antwortete ich, obwohl ich nach dem Tragen des Raumanzugs in Utah da mittlerweile meine Zweifel hatte. Ich war mir auch nicht sicher, was ich von Mels Besuch halten sollte, aber eigentlich war ich zu müde, um etwas infrage zu stellen. Am Tag zuvor war ich nämlich aus Jux und mit untrainierten Beinen den Myrtle Beach Marathon gelaufen. Ich hatte mich angemeldet, um einen Halbmarathon im Rahmen einer Wohltätigkeitsveranstaltung zu absolvieren, aber als ich mich bei Kilometer zwanzig noch gut fühlte, rannte ich einfach weiter. Jeder weitere Schritt über die Halbmarathon-Distanz hinaus stellte für mich einen neuen Rekord dar, und diese berauschende Tatsache ließ mich bis ins Ziel schlurfen. Im surrealen, tranceähnlichen Zustand dieses Laufs wurde die lahme Stadt am Strand kurzzeitig fast mystisch: Myrtle Beach schien außerhalb der Welt zu liegen, was ein Beweis für die transzendente Kraft des langsamen Joggens ist. Erst als ich anhielt, bemerkte ich wieder den Strand, der von altersschwachen Motels gesäumt war und von riesigen Plakatwänden, die für Erdnüsse und Jesus in den gleichen kühnen Schriftzügen und mit der gleichen Neonbeleuchtung warben – und was ich auch sogleich bemerkte, war der brüllende Schmerz in meinen Beinen.

In den Tagen danach fühlte ich mich praktisch wie gelähmt. Als Mel eines Abends beim Essen in Chapel Hill beiläufig vorschlug, dass wir mal gemeinsam einen Marathon laufen sollten, schaute ich sie an, als wäre sie völlig verrückt. Aber natürlich habe ich Ja gesagt. Im darauffolgenden Frühherbst begannen wir an unseren jeweiligen Wohnorten, mit für uns typischem Eifer zu trainieren. Das bewirkte, dass ich bald ein Schienbeinkantensyndrom hatte und Mel sich die Hüfte verstauchte. Dennoch liefen wir im November quer durch New York City, tranken an den Versorgungspunkten Wasser aus Styroporbechern und taten im Grunde so, als hätte es die Highschool nie gegeben.

Die Radtour auf der Seidenstraße schien da nur der nächste logische Schritt zu sein. Obwohl Mels Badeunfall ja bedeutete, allein und von

Kalifornien aus zu starten, wirkten auf dieser Reise selbst die ländlichen Nebenstraßen der USA fremd und außergewöhnlich. Kilometer für Kilometer fuhr ich an traurig wirkenden Spielkasinos und spröden Militärstützpunkten in Nevada vorbei, wo Militärjets den Himmel spalteten und Geier ihn wieder schlossen. Ich fuhr durch gewundene rote Schluchten in Utah, die an den Mars erinnerten, in Colorado über die kontinentale Wasserscheide und durch die sauber gefegte Prärie von Kansas, wo ich an einem langweiligen, regnerischen Morgen Mel mit ihrem Fahrrad traf, die immer noch lädiert war, aber bereit loszuradeln.

Mit ausreichend Instantnudeln fürs Abendessen und sauren Gurken als Snack im Gepäck gab es nichts, was uns beide in diesem Sommer aufhalten konnte: hundert Kilometer, hundertfünfzig Kilometer, zweihundert Kilometer an einem Tag! Gebrochene Speichen, platte Reifen, wir reparierten alles! Abgesehen von einem einzigen freien Tag in Virginia – als wir unser Budget für ein *All-you-can-eat*-Pfannkuchenfrühstück sprengten und uns davon den Rest des Tages schlecht war – fuhren wir einen Monat lang nonstop Fahrrad, um auf die andere Seite des Kontinents zu gelangen. In Swan Quarter, North Carolina, war die Straße zu Ende, und wir bestiegen eine Fähre zu den Outer Banks. Während der Überfahrt zuckten unsere Beine, weil sie offenbar kaum glauben konnten, nicht mehr in die Pedale zu treten.

Wir hatten keinen Rekord aufgestellt, und es jubelten auch keine Menschenmassen, trotzdem tauchten Mel und ich unsere Fahrräder feierlich in den Atlantik. Wir schwammen danach gefühlt tagelang im Meer, und ich erinnere mich an meine Euphorie, die Tour geschafft zu haben, und an den brennenden Schmerz, als das salzige Meerwasser an meine vom Sattel wund gescheuerten Körperstellen kam. Was unsere Freundschaft rettete, war die gemeinsame Gabe, uns über körperliche Grenzen zu schleppen, vorbei an Vernunft und Selbstbeschränkung, vorbei an der Vergangenheit, bis zu einem Punkt transzendenter Leere, die unseren Groll aus der Jugendzeit überwand, als wären wir unterwegs in ein neues Land.

Wir erreichten die Passhöhe viel früher als erwartet. Plötzlich tauchte aus dem Nichts ein Schild mit der Aufschrift »Ilgar Dagi Racigi, 2550 m« auf. Doch das verblüffte mich weniger als der Wolf, der auf uns zugetrabt kam. Wir merkten aber schnell, dass es nur eine Hündin war, schlaksig und grau mit langen, vereisten Wimpern. Da sie süß und türkisch war, nannten wir sie Baklava. Mel kraulte sie am Bauch, und ich fütterte sie mit Studentenfutter, bis wir uns entschieden, den Pass wieder hinunterzufahren. Als wir auf die Räder stiegen, folgte Baklava uns.

Wir drei waren circa fünfzehn Kilometer gemeinsam unterwegs, denn es war eine Abfahrt, die Radfahrer (und anscheinend auch Hunde) lieben, solange es nur nicht wieder bergauf geht. Vom Wind liefen mir Tränen über das Gesicht, als ob die Geschwindigkeit ein tiefgründiges Gefühl wäre. Ich drückte die Bremshebel so fest, wie es meine gefrorenen Hände zuließen, aber der Sand und der Regen an der Schwarzmeerküste hatten die Beläge auf dem Metall abgewaschen, sodass Funken sprühten. Je tiefer wir kamen, desto mehr stieg die Temperatur, und lange Rinnsale aus Schmelzwasser liefen die Straße entlang. Baklava raste an unserer Seite, ihre rosa Zunge flatterte im Wind. Sie hielt sich klug vom glücklicherweise nur spärlichen Verkehr fern. Doch auf einmal überholte uns ein gelbes Baufahrzeug und hielt dann abrupt. Ein Mann kletterte heraus und hielt ein Seil in den Händen. »*Mein* Hund«, behauptete er, obwohl Baklava augenscheinlich nicht allzu scharf auf ihn war. Sie hockte neben meinem Fahrrad und schaute demonstrativ in die andere Richtung.

»Kate«, sagte Mel beruhigend und las offenbar meine Gedanken. »Die Grenze ist gleich vor uns. Wir können sie nicht mit rübernehmen.«

Natürlich hatte sie recht. Wir hatten weder die notwendigen Papiere noch genug Schmuggelkapazitäten in unseren Satteltaschen. Und als wir das letzte Mal versucht hatten, auf dem Fahrrad Hunde zu retten, hatte das auch nicht ganz geklappt. Die beiden ausgesetzten Welpen, die wir während unserer USA-Tour in einem Graben vor einer Megakirche in Missouri entdeckten, winselten die ganze Zeit durch die Atemlöcher der Kartons, in die wir sie gesteckt und die wir dann auf unseren Gepäckträgern befestigt hatten – eine vorübergehende Transportmaßnahme, bis wir in der nächsten Stadt einen Fahrradanhänger kaufen konnten. Aber als wir dort ankamen, waren alle Geschäfte geschlossen. Es war ein Sonntag im US-amerikanischen Süden, und am Ruhetag des Herrn arbeitet dort nur die Polizei. Wir gaben uns geschlagen und brachten die Welpen ins Büro des Sheriffs, wo sie prompt auf den Boden pinkelten und an den Holzbeinen der Schreibtische knabberten. »Keine Sorge«, sagte die Empfangsdame in fragwürdigem Ton und wischte die gelblichen Pfützen mit Papiertüchern auf. »Wir werden für diese süßen Kleinen ein gutes Zuhause finden.«

»Wahrscheinlich werden sie erschossen«, meinte Mel todernst, als wir die Polizeistation verließen.

»Mel!«, jaulte ich auf und war bereit, die Welpen erneut zu retten.

»Bloß ein Witz«, erwiderte sie und versuchte, keine Miene zu verziehen. »Die beiden werden bestimmt bald die besten Freunde von kleinen Kindern sein.«

So nah liegen Freude und Herzschmerz auf der Straße: Welpen, genauso wie Nationen, kommen und gehen. Der türkische Fahrer nahm Baklava mit. Wie bei ihren Brüdern in Missouri hoffte ich, dass es ein Zuhause mit liebevollen Kindern sein würde. Mel und ich radelten weiter in ein anderes Land. Auf Wiedersehen, Türkei. *Gamarjoba,* Georgien.

Abgesehen von dem Stempel in unserem Reisepass war der einzige Beweis, dass wir eine Landesgrenze überschritten hatten, die Straße. Auf dem Weg zur Grenze war sie noch sauber gepflastert, nun glich sie einer schlammigen Kraterlandschaft. Als wir ein Fahrzeug auf uns zukommen hörten, wichen wir schnell zur Seite aus, aber der Fahrer hielt direkt auf uns zu. Als er näher kam, war er mir seltsam vertraut. »Warum ich, warum nur ich, hahaha!«, brüllte der Ladenbesitzer von Damal aus dem offenen Seitenfenster. Er steuerte den Truck mit einer Hand um die Pfützen herum, und mit der anderen machte er diese traubenzupfende Geste, die Zustimmung zu signalisieren schien. Mel und ich winkten zurück, schauten uns dann an und grinsten: Jetzt würden all die skeptischen türkischen Männer im Teehaus erfahren, dass wir es tatsächlich nach Georgien geschafft hatten.

EINFALLSWINKEL
Großer Kaukasus

Maues Licht, maue Stimmung. Auch die flache Straße war mau, mit Ausnahme der Schlaglöcher, die jeweils eine, was Farbe und Beschaffenheit anbelangte, an Haferschleim erinnernde Pfütze beherbergten. Immerhin regnete es nicht, sondern spritzte nur von unten. Unsere Räder pflügten durch den nassen Schotter und hinterließen wellenartige Spuren. Ich beschleunigte auf eine dunkle Pfütze zu, ohne zu wissen, was unter der Oberfläche war – ein Schlagloch oder ein bodenloser Abgrund. Auf halbem Weg über solch ein Loch traf ich mit einem Reifen auf etwas Unbekanntes und musste einen bis dahin noch trockenen Stiefel opfern, um nicht zu fallen. Eiskaltes Wasser strömte zwischen meine Zehen, die sich sofort taub anfühlten.

Georgien konnte sich offenbar nicht zwischen Winter und Frühling entscheiden. Die kalte Luft schien sich verabschieden zu wollen. Die Landschaft hatte die triste Farbe modernden Laubs. Auf einigen Feldern lag noch Schnee, andere tauten schon zu dunklen Flecken aus Gras und Dreck. Jede Weide war von dünnen, vom Wind verbogenen Baumreihen umgeben. Statt Minaretten waren große Holzkreuze zu sehen – orthodoxes Christentum statt Islam. Nach Armenien war Georgien im 4. Jahrhundert v. Chr. der erste Staat, der sich zu dieser Religion bekannte, und weder die mongolischen Invasionen noch der sowjetische Imperialismus schafften es, den Glauben des Landes zu erschüttern.

Schließlich kamen Mel und ich an eine Kreuzung: Wir konnten entweder wie geplant nach Tiflis, in die Hauptstadt Georgiens, radeln oder zwanzig Kilometer abseits der Straße in ein kleines Dorf, wo ein Freund eines Freundes Englisch unterrichtete und uns zu einem Besuch eingeladen hatte. Obwohl wir unser Kommen nicht bestätigt hatten, beschlossen wir, den Umweg in das Dorf zu riskieren.

Ein Ziel vor Augen, so willkürlich gewählt es auch sein mag, verleiht selbst dem langweiligsten Weg ein Stück Glanz. Nach der Straßenkreuzung radelten wir stetig bergauf in Richtung Dorf. Die Straße war nun wieder gepflastert, aber immer noch glitzerten Pfützen. Diese flüssigen Spiegel schienen gewissermaßen lebendiger als die Landschaft. Als ob ein Rahmen dem Himmel und den Bäumen und den Hügeln eine Frische und Präsenz verleihen würde, die ihnen in der Realität fehlten. Ich tat so, als könnte ich in diese intensivere Gegenwart schlüpfen, wenn ich nur den richtigen Einfallswinkel zwischen meinen Rädern und dem Wasser schaffte, wie ein Spaceshuttle, das wieder in die Erdatmosphäre eintritt: zu steil – und man verbrennt; zu flach – und man wird zurück in den Weltraum gestoßen. Doch irgendwo dazwischen, mit genau der richtigen Geschwindigkeit und genau dem richtigen Neigungswinkel, tritt man in eine neue Welt ein.

Lange vor der Raumfahrt erkannten zwei begeisterte Radfahrer die Bedeutung des Winkels, in dem ein Flügel bestenfalls auf Wind trifft. Wilbur bevorzugte lange, gemächliche Fahrten auf Landstraßen, während Orville das Rennen liebte, je schneller, desto besser. Diese Mischung aus Ausdauer und Enthusiasmus, Standhaftigkeit und Schnelligkeit ermöglichte es den Gebrüdern Wright aus Ohio, dort aufzusteigen, wo andere abgestürzt waren, oft tödlich, darunter auch Otto Lilienthal. Der zum Scheitern verurteilte »Vater des Segelfliegens« fiel 1896 für immer vom Himmel, aber Orville und Wilbur ließen sich von seinen Leistungen inspirieren und beschlossen, ihre eigenen Flugmaschinen mit Werkzeugen und Teilen aus ihrer Fahrradwerkstatt in Dayton zu bauen. Für die Herstellung der Flügel verwendeten sie den ungebleichten Musselin namens »Pride of the West«, ein dicht gewebter Baumwollstoff (»fein wie Leinen, weich wie Seide!«), der bis dahin eher für das Schneidern von Damenunterwäsche verwendet wurde. Für die Rippen der Flügel nutzten sie leichtes Eschenholz und für den Rahmen das Holz einer riesigen Fichte. Sie testeten die Einfallswinkel (auch bekannt als »Angriffswinkel«) verschiedener Flügelformen in einem selbst gebauten Windkanal, und nach jahrelangem Versuchen und Scheitern erkannten sie – ihr persönliches Heureka! –, dass der Zug der Flügelspitzen in entgegengesetzte Richtungen unterschiedliche Mengen an Auftrieb erzeugen konnte, wodurch das Flugzeug kippte und sich drehte. Frühere Segelflugzeug-Konstruktionen zwangen die Piloten, beim Steuern ihr Körpergewicht einzusetzen, was die Kontrolle über den Flug schwierig gestaltete. Die Gebrüder Wright verbanden die Flügelspitzen über Drähte und einen Gurt mit ihrer Taille. Auf diese Weise konnten sie sich von Seite zu Seite bewegen, ähnlich wie beim Radfahren bei hoher Geschwindigkeit, wo man weniger mit dem Lenker als mit der Hüfte lenkt.

Für die Startrampe ihres ersten Flugs wählten die Gebrüder Wright Kitty Hawk, eine kleine Stadt unweit von dort, wo Mel und ich unsere Cross-Country-Tour an den Outer Banks von North Carolina beendeten und wo Sanddünen eine weiche Landung und der zuverlässige Wind ideale Bedingungen für den Flug boten. Orville gewann den Münzwurf, der entschied, welcher Bruder den ersten längeren selbst angetriebenen Flug antrat. Es war an jenem Dezembermorgen im Jahr 1903 kalt, und der Wind stand für die Wrights günstig, das heißt, er wehte ihnen stark entgegen. Obwohl Orville an diesem Morgen nicht weit flog – ungefähr fünfunddreißig Meter oder die halbe Länge einer modernen Boeing 747 –, lag der Reiz im Detail: Eine Maschine unter menschlicher Kontrolle war aus eigener Kraft zwölf Sekunden aufgestiegen und landete auf derselben Höhe, auf der sie gestartet war, ließ sich also nicht einfach nur bergab gleiten. Der erste Flug.

Am selben Tag setzte Wilbur den Pionierflug seines Bruders fort, indem er fast eine Minute in der Luft blieb und zweihundertfünfzig Meter flog, fast die Länge der Marco-Polo-Brücke in Peking. Sieben Jahre später transportierte der erste kommerzielle Frachtflug der Welt zwei Ballen Seide von Dayton nach Columbus, Ohio. Und 1969, etwa ein halbes Jahrhundert später, brachte Neil Armstrong den Originalstoff und das Propellerholz des echten Wright-Flugzeugs zum Mond und wieder zurück. Meiner Ansicht nach beschrieben die prägnanten ersten Worte des Mondastronauten – »Ein kleiner Schritt für einen Menschen, aber ein großer Sprung für die Menschheit« – genau die Leistung der Wrights. Schließlich haben Orville und Wilbur aus dem Nichts heraus entwickelt, wie man fliegt, und das ohne jegliche institutionelle Unterstützung, ohne eine Einsatzzentrale, die jeden ihrer Schritte überwachte. Besonders gefiel mir, dass der Flugerfolg der Brüder vom Fahrrad inspiriert war. Der Wright-Flieger, ein handgemachtes Gerät aus Stoff, Holz und Draht, verließ sich auf eine modifizierte Fahrradkette, um die Doppelpropeller anzutreiben, und die Nabe eines Fahrrades sorgte dafür, dass sich die Flügel öffneten und in die Geschichte eingingen.

Mein eigenes Fahrrad wäre in Georgien fast von der Straße abgehoben, aber nur weil, je höher wir fuhren, die Pfützen zu Eis wurden. »Ich wünschte, wir hätten unsere Reitstiefel dabei!«, rief Mel lachend, und ich war froh, dass sie trotz der sinkenden Temperatur gute Laune hatte. Früher trugen wir beide im Winter unsere abgewetzten Lederreitstiefel in der Schule, nicht weil das dünne Rindsleder unsere Zehen warm hielt oder weil sie nach den ohnehin schon unbarmherzigen Standards der sechsten Klasse stilvoll waren, sondern weil wir entdeckt hatten, dass es sich bei ihren glatten Sohlen sozusagen um Schlittschuhe ohne Kufen handelte. Wir zogen uns in der Pause gegenseitig und abwechselnd über den gefrorenen Schulhof, um zu sehen, wer am weitesten von den Schneerampen springen konnte. Das damals war ein erstes Sichaussetzen, winzige Ausflüge in die Gefahr, und doch schien die Welt bei jeder geglückten Landung etwas größer. Meistens jedoch stürzten wir unglücklich in Schneehaufen, dann schaufelten wir uns wieder frei und versuchten es noch einmal.

Kalte Zehen waren damals erträglich, weil wir wussten, uns erwartete am Ende der Pause das warme Schulgebäude. Und selbst jetzt war die Kälte erträglich, weil wir den Tag in einem gemütlichen georgischen Haus beenden würden. Aber als wir in dem Dorf ankamen und nach dem Freund eines Freundes fragten, behauptete ein düsterer, ungehobelt wirkender Mann, der sei nicht da. Er sei für ein paar Tage verreist oder habe noch nie dort gewohnt oder existiere vielleicht gar nicht – ich konnte die abweisenden Gesten des Mannes nicht wirklich deuten.

Mel und ich lagen falsch damit, einfach nur erwartungsvoll dazustehen und auf eine Einladung zu warten, denn wir waren von der türkischen Gastfreundschaft verwöhnt, und die Vorstellung zurückzufahren behagte uns nicht. Eisiger Schneematsch hatte an den Fahrrädern die Kabel und Zahnräder verklebt, und als ich mit den Zehen wackelte, um sie zu wärmen, schwappte Wasser in meinen Schuhen. Der Mann starrte uns ohne jedes Interesse an, wie aus großer Distanz. Als eine großmütterliche Frau herbeischlurfte, war ich sicher, sie würde mitfühlender sein. Aber sie schlug einfach nur überrascht oder bestürzt die Hand vor den Mund. Ihr Alter bedeutete wahrscheinlich, dass sie einst Bürgerin der UdSSR gewesen war und mitbekommen hatte, wie friedliche Demonstrationen für die Unabhängigkeit Georgiens von sowjetischen Truppen blutig niedergeschlagen wurden. Sie hatte vermutlich Bürgerkriege und gewalttätige separatistische Bewegungen, Brotmangel und Stromausfälle erlebt. Sie misstraute vermutlich dem modernen Versprechen der neoliberalen Demokratie und lag damit nicht falsch. Es handelte sich nur um die neueste Modeerscheinung für die Organisation des Lebens im Südkaukasus, lediglich eine subtile Variante all der Königreiche, Dynastien und Imperien, die zuvor hier aufgestiegen und gefallen waren. Ein goldener Ring steckte an einem dünnen Finger und umkreiste locker den Knochen – eine Hand, die einmal echtem Hunger widerstanden hatte und wahrscheinlich damit rechnete, ihn erneut kennenzulernen.

Mel und ich drehten uns um und zitterten die Straße hinunter, die wir gerade erst hochgefahren waren. Immerhin ging es bergab. Manchmal sind Umwege das Ziel, und manchmal sind es einfach nur Umwege. Als wir Tage später Tiflis erreichten, war ich immer noch nass von all den Pfützen.

Basierend auf den 1,8 Millionen Jahre alten Schädeln des *Homo erectus*, die unweit der georgischen Hauptstadt gefunden wurden, ist der Südkaukasus einer der ersten Orte, an dem sich Menschen (oder uns ähnliche Menschenaffen) aus Afrika angesiedelt hatten. Die natürlichen Barrieren des Schwarzen und Kaspischen Meeres sowie des Großen Kaukasus und des Kleinen Kaukasus bildeten die indigenen Grenzen der Region und sortierten menschliche Gemeinschaften besser, als es Stacheldraht und Bürokratie können. In der relativen Abgeschiedenheit, die durch derart zerklüftete Grenzen entsteht, entwickelten die einzelnen Gruppen unterschiedliche Eigenarten, Haupttätigkeiten und Sprachen, was die Araber veranlasste, die Region Dschabal Al-Alsun oder »Berg der Sprachen« zu nennen. Noch heute beherbergt das Kaukasus-Gebirge (einschließlich der russischen Seite) eine der höchsten Dichten unterschiedlicher Sprachen auf dem Planeten, wobei Georgier, Aserbaidschaner, Armenier, Osseten, Abchasen, Kurden, Talyschen und Lesgier im Allgemeinen nicht in ihrer jeweils für den anderen unverständlichen Sprache miteinander sprechen. Sprachliche Vielfalt ist häufig mit Biodiversität verbunden, und der Südkaukasus bildet da keine Ausnahme. Einige der reichsten und am stärksten bedrohten Ökosysteme der Erde sind auf einem Stück Land von der halben Größe der kanadischen Provinz Manitoba eingepfercht. Ironischerweise sind die Menschen, die sich dem Schutz dieser Wildnis verschrieben haben, ebenfalls in Regierungsgebäuden und NGO-Büros in Tiflis eingepfercht.

Nachdem wir in Tiflis ein Touristenvisum für Aserbaidschan, die nächste Station auf unserer Seidenstraßen-Route, beantragt hatten, zogen Mel und ich in unseren besten Synthetikwanderhosen durch die Stadt und befragten diese Experten. Nach einer Weile kamen immer mehr Beamte oder vielleicht sogar ein Minister dazu. Als wir Fragen zum Schutz der Wildnis stellten, antworteten sie alle im gleichen Wirtschaftsjargon und sprachen über Märkte und Anreize oder boten die gleichen Schlagworte zu *Ökotourismus, natürlichen Ressourcen* und *Nachhaltigkeit* an. Aber nachhaltig für wen, was, warum und wie lange? Nachhaltig für den Planeten oder für den Status quo von Kapitalismus und Konsumismus? Ich hatte Grund, Letzteres anzunehmen, da Georgien erst kürzlich versucht hatte, sein Umweltministerium leer zu fegen, indem die Abteilung für Schutzgebiete dem Energieministerium unterstellt werden sollte. Die Regierung ließ schließlich von dem Plan ab, aber nur, weil sie erkannte, dass ein engagiertes Umweltministerium mehr ausländische Hilfsgelder anlocken würde.

Während dieser Gespräche hatte ich das beunruhigende Gefühl, mit Marco Polo zu fachsimpeln. Er und ich reisten beide mit ähnlich langsamen Verkehrsmitteln zu denselben Orten, aber die Motive, die jeden von uns zu und entlang der Seidenstraße trieben, waren sehr unterschiedlich: Polo wollte an den Handelsplätzen alles monetarisieren und quantifizieren, während ich hoffte, den unermesslichen Wert der Orte dazwischen hervorzuheben. Uns beide »Entdecker« zu nennen entlarvt schlicht den gefährlichen Relativismus des Begriffs, seine unendliche Breite. Genauso wie beim Begriff »Wildnisschutz«, ein Konzept, das so frei formbar ist, dass es schon fast bedeutungslos erscheint. Als ich nach dem Schutz der Wildnis fragte, wollte ich über Ehrfurcht, Genügsamkeit und die Ökonomie des Genugs sprechen. Ich wollte darüber diskutieren, wie die Wildnis uns in jeder Hinsicht am Leben erhält. Ist nicht der offensichtlichste Grund, sich um den Planeten zu kümmern, die Tatsache, dass wir ohne ihn nicht atmen, trinken, essen oder existieren können?

Jeder Versuch, ein langfristig geschlossenes ökologisches System zu schaffen – einen künstlichen, sich selbst erhaltenden Planeten, in dem alle menschlichen Abfallprodukte wie Kohlendioxid, Urin und Kot nachhaltig in Sauerstoff, Wasser und Lebensmittel umgewandelt werden –, ist gescheitert, oft teuer und dramatisch, wie zum Beispiel, als die »Biosphäre 2« in Arizona hypoxisch wurde und ein Massensterben von Pflanzen- und Tierarten auslöste sowie eine explosionsartige Ausbreitung von Heuschrecken, Schaben und Ameisen. Mit dem Wissen, das wir besitzen, können wir nicht den Mars kolonisieren, ohne ernsthaft und dauerhaft auf die »Biosphäre 1«, die Erde, zu vertrauen. Wir brauchen diese Erde, und die Erde braucht uns nicht. Warum verhalten wir uns trotzdem weiterhin so, als ob das Gegenteil der Fall wäre?

Zumindest die NGOs, mit denen Mel und ich zusammenkamen, dachten etwas subversiver, etwas radikaler, vor allem über umstrittene Grenzen im Südkaukasus hinweg. Wenn sich die formelle Zusammenarbeit zwischen den Nationen über ein grenzüberschreitendes Schutzgebiet oder einen »Friedenspark« aufgrund hartnäckiger Konflikte als unmöglich erwies, konnte die Zivilgesellschaft manchmal die Lücke schließen, indem sie über informelle Kanäle unterhalb des politischen Radars arbeitete. Mit anderen Worten, Wissenschaftler von Nationen, die nicht gerade gut aufeinander zu sprechen waren – wie die Türkei und Armenien –, konnten immer noch diskret Daten austauschen und Naturschutzstrategien in »Guerilla«-Manier abstimmen. Doch auch ein solcher Ansatz stößt an seine Grenzen, nämlich die eingeschränkte Befugnis der NGOs, die Politik formal zu ändern. Sie hat aber auch bestimmte Vorteile, wenn man bedenkt, wie wendig und anpassungsfähig die Zivilgesellschaft im Vergleich zu trägen postsowjetischen Bürokratien ist.

Zugegeben, ich war parteiisch und unterstützte die NGOs, weil uns die Kaukasus-Abteilung des World Wildlife Fund (WWF) in ihrem Konferenzraum übernachten ließ. Mel und ich dekorierten den schmucklosen Raum schnell mit unserer Fahrradkleidung und Campingausrüstung, drapierten triefend nasse lange Unterwäsche über Stühle und entfalteten unsere Schlafsäcke unter dem langen Tisch in der Mitte. Das Ganze erinnerte etwas an meine Büro-Campingtage am MIT, auch wenn sich dieses Lager hier nicht neben einem Labor, sondern in der Nähe von georgischen Restaurants, Bäckereien und Cafés befand, die wir gern besuchten, weil es im WWF-Kaukasus-Hauptquartier keine Küche gab.

Keine regionale Küche ist für den unendlichen Appetit von Radfahrern besser geeignet als die georgische, die Kohlenhydrate, Milchprodukte und Nüsse in den kreativsten, köstlichsten und kalorienreichsten Varianten anbietet. Ein Favorit von uns war *Khachapuri Adjaruli*, ein schiffsförmiges Gefäß aus Teig, gefüllt mit geschmolzenem *Sulguni*, einem traditionell hergestellten salzigen Käse, und bedeckt mit frischen rohen Eiern und Butterbrocken. *Badridzhani Nigvsit*, Auberginen und gemahlene Walnüsse, Zitronensaft, Knoblauch und Gewürze zu einer reichhaltigen Paté geformt, mochten wir auch sehr. Wir stolperten über diese Gerichte durch einen köstlichen Zufall, beziehungsweise weil wir bewunderten, was jemand anderes an einem benachbarten Tisch bestellt hatte, denn die Speisekarten waren in Kartuli geschrieben, den georgischen Schriftzeichen. Die dreiunddreißig Schnörkelbuchstaben erinnern an die Spuren von Käfern in Baumrinde. Ins Englische übersetzte Speisekarten waren übrigens nicht viel einfacher zu entziffern. »*Would you like spewed brain with mushpom?*« – »Möchtest du ein gespucktes Gehirn mit Pulzen?«, fragte Mel. »*How about fried chick or minked meat with boiled bough, paired with battle wine?*« – »Oder wie wäre es mit gebratenem Küken oder Fackfleisch mit gekochtem Ast, zusammen mit Kampfwein?«

Wir bestellten natürlich den Kampfwein sowie eine Vielzahl anderer Gerichte. Alexander Puschkin, russischer Schriftsteller der Romantik, bemerkte einmal: »Jedes georgische Gericht ist ein Gedicht«, aber es musste auch etwas ganz Besonderes sein, wenn man bedenkt, wie oft coole Jungen und Männer nach einem Mahl aufstanden, um auf Zehenspitzen mit riesigen Pelzmützen auf dem Kopf herumzutänzeln. Unsere Lektionen über die Herausforderungen der Übersetzung setzten sich in der WWF-Zentrale fort, wo wir nachts mit den Leuten vom Sicherheitsdienst zusammensaßen, fernsahen und hausgemachten Wein tranken, der wie Tinte aussah. Während der Werbespots versuchten sie, uns ein paar georgische Redewendungen beizubringen, die für meine Ohren alle wie erstickte Konsonantenfolgen klangen, zum Beispiel *gvbrdghvnit* (»Du reißt uns in Stücke«) oder *vprtskvni* (»Ich schäle es«). Ein weiterer Favorit lautete *shemomedjamo*, was so viel bedeutet wie: »Ich habe versehentlich alles aufgegessen«, eine Formulierung, die ich schon bei einigen Gelegenheiten hätte gebrauchen können, beispielsweise wenn es um türkisches Baklava ging. Wir lernten auch *zeg* kennen, »übermorgen«, wie der georgische Sekretär in der aserbaidschanischen Botschaft Mel und mir mitteilte, als wir nach unseren Visaanträgen fragten. Ich zweifelte ein wenig daran und vermutete, dass *zeg* das Kartuli-Äquivalent zu *yok* war – nein, noch nicht, niemals –, aber erstaunlicherweise waren unsere Visa tatsächlich wie versprochen zwei Tage später fertig, und so machten wir uns wieder auf den Weg.

Als wir Anfang März Tiflis verließen, schmolz der Winter dahin. An jedem Zweig sprossen Knospen, und die Luft roch nach frisch geschlagener Kiefer, erdig und warm. Endlich wurden alle Sonnenstrahlen freigelassen. Jedes Mal, wenn ich nach einer langen Pause auf mein Fahrrad stieg, war es wie eine Rückfahrt zu mir selbst, der einzige Weg dorthin. Die Zerstreuung des Lebens in der Stadt – Tage voller To-do-Listen, Besorgungen, E-Mails, Small Talk mit Fremden –, das erzeugte eine Art statische Aufladung in meinem Kopf, die ich erst bemerkte, wenn ich anfing, in die Pedale zu treten, und spürte, dass der Druck nachließ, so wie man das Summen eines Kühlschranks nicht wahrnimmt, bis es plötzlich aufhört. Das gehört zur paradoxen Freiheit, die Seidenstraße zu befahren. Da die Richtungen, in die man reisen kann, beschränkt sind, da gewöhnliche Bewegungen mit Schwung betrieben werden, bietet eine Fahrradtour das Seltenste, das am schwersten Fassbare unserer hektischen Welt: die Klarheit ihres Zwecks. Die einzige Verantwortung, die man hat, solange die Beine jeden Tag mitmachen, ist es, zu atmen, zu treten, zu atmen – und sich in der Landschaft umzusehen.

Hügelige, bewaldete Bergausläufer wichen von Mauern umgebenen Feldern und Holzhäusern. Einige waren im zarten Blau von Rotkehlchen-Eiern gestrichen, und die Risse in den Außenwänden erweckten den Eindruck, als ob im Inneren etwas Riesiges bereit war zu schlüpfen. Praktisch jedes Gehöft besaß ein nahezu prahlerisches Wirrwarr von Weinstöcken. Länger als irgendwo sonst auf der Welt wird in Georgien schon Wein angebaut. Einige Schätzungen gehen sogar von der späten Steinzeit aus. Die Georgier scheinen sich, was Lebensmittel angeht, auch heute noch selbst zu versorgen, denn die Regale der Geschäfte waren bis auf einen merkwürdigen Überschuss an eingelegtem Gemüse und dem Waschmittel »Barf« meist leer. Die Dörfer wirkten trist, die Straßen waren dungbespritzt, aber überall herrschte Leben, besonders, als vier kleine Jungen mit aufgeregt roten Gesichtern in einem Pferdewagen die Hauptstraße hinunterrasten und freudig kreischten, weil die Leute zur Seite sprangen.

In der Türkei hatte ich insgeheim ein paarmal Angst gehabt, auf den langen Radstrecken nichts Neues mehr zu entdecken. Was sollte noch passieren, wenn ich doch immer nur die gleichen Bewegungen machte? Auf einer langen Fahrradtour ist jeder Tag wie der gestrige – aber irgendwie auch komplett anders, oder man selbst ist auf einmal anders. Die Welt schien mir umso unergründlicher, je länger ich sie betrachtete. Und je weniger ich mich auf die pure Mechanik des Radelns konzentrierte, auf das Zusammenspiel von Beinen und Lunge, und auf die Kilometer, die schon zurückgelegt waren, und jene, die noch vor mir lagen, desto wacher wurde ich für die Welt um mich herum und ihre alltäglichen Wunder. Ich sah einen bärtigen Georgier, der mit einer Heugabel Stroh auf ein Scheunendach warf, vermutlich zur Isolierung oder Lagerung. Sein graues Haar und sein grauer Wollpullover verschwommen vor dem bewölkt grauen Himmel, sodass seine Bewegung unterging und nur noch das Aufheben und Fallen goldener Strohhalme zu erkennen war. Oder ich beobachtete, wie Mel durch eine Pfütze fuhr und ihre Reifen sozusagen nasse Fossilien auf das Pflaster drückten, die den feinen Knochen der kambrischen Trilobiten ähnelten, dann aber verdunsteten und wieder verschwanden. Ich erinnere mich auch an das Gesicht einer Georgierin mit Damenbart, die an einem Holzofen in einem kleinen Laden saß. Ihr warmes Lächeln und ihre wässrig blauen Augen schienen zu sagen, dass keine Straße lang genug war, um alles zu lernen, was ich wissen wollte, und um dorthin zu gelangen, wohin ich wollte.

Natürlich hatte sie recht, aber ich radelte trotzdem weiter. Wir sehnen uns unser ganzes Leben nach Dingen, die wir nicht kennen, nach Orten, an denen wir noch nie waren, nach Zerstreuungen, die uns auf unerwartete Weise lebendig machen. Was hat die Seidenstraße mit dem Mars zu tun? Alles und nichts. Vielleicht besteht die große Aufgabe moderner Entdecker nicht darin, etwas zu erobern, sondern darin, sich zu verbinden und zu enthüllen, wie eins zum anderen führt: der Rote Planet zur Seidenstraße, Fahrräder zum Mond und eine moderne georgische Autobahn in die Vergangenheit und zur Ujarma-Festung.

Im 5. Jahrhundert die Residenz von König Wachtang I. Gorgassali, auch Wachtang der Wolfskopf genannt, der mit seiner stattlichen Größe von weit über zwei Metern alle überragte, liegt die Festung heute in Trümmern, die nicht viel höher sind. Mel und ich wanderten durch das Labyrinth der zerstörten, mittlerweile von Gras überwucherten Räume und beschlossen, am Fuß der Festung unser Lager aufzuschlagen. Nicht weil wir nach nur wenigen Stunden Radeln bereits müde waren, sondern weil nachmittägliches Lesen in der Sonne nach purer Glückseligkeit klang. Mel marschierte immer noch auf ihrem E-Reader durch *Krieg und Frieden*, während ich die Papierseiten von Don Domanskis *All Our Wonder Unavenged* umblätterte. Das war das einzige echte Buch, das ich mitgenommen hatte, und es erwies sich als perfekte Wahl: Die Worte waren unerschöpflich, fast prophetisch, als ob Domanski einen Tag vor mir die Seidenstraße bereist und über seine Beobachtungen geschrieben hätte.

Als es dunkler wurde, entfalteten Mel und ich das Zelt auf einem Bett aus trockenem Laub. Dazwischen stand eine blasse, zitronengelb-weiße Blume, von der ich annahm, dass es sich um eine kaukasische Pfingstrose handelte, »Molly the Witch«, benannt nach dem polnischen Pflanzenforscher Ludwik Młokosiewicz. Er »entdeckte« diese Pfingstrosenart Ende des 19. Jahrhunderts, das heißt, er berichtete Botanikern in Russland und Europa von ihrer Existenz (die Einheimischen kannten die Blume natürlich bereits). Aber zu seiner Ehrenrettung ist zu sagen, Młokosiewicz erkannte eben auch, dass diese besondere Blume nur an den Hängen des Großen Kaukasus und nirgendwo sonst wächst. Zudem stellte er fest, dass das ebenso für mehrere andere Pflanzen- und Tierarten gilt. Daher forderte er ein Naturschutzgebiet zur Sicherung dieser einheimischen Flora und Fauna. Einige Jahre später, 1912, gründete der russische Zar das Lagodechi-Schutzgebiet am Rande des heutigen Georgiens, das an Russland und Aserbaidschan grenzt. Diesen Naturpark würden wir in wenigen Tagen besuchen. Unterdessen wuchs die Blume genau dort, wo wir gehofft hatten, unser Zelt aufzuschlagen. Darum bauten wir vorsichtig das Vorzelt, fast wie ein Gewächshaus, um sie herum und teilten mit ihr inmitten der Ruine ein Dach über dem Kopf.

Unser nächster Schlafplatz war nicht annähernd so idyllisch, obwohl auch er einen Beleg für die flüchtige Natur des Lebens darstellte, weil er sich bald als Schießstand erwies. Nach unserem Abendessen tauchten plötzlich mehrere georgische Männer in Tarnanzügen auf und schossen auf Ziele, die an die nur circa hundert Meter von unserem Zelt entfernten Baumstämme gepinnt waren. Der Rückstoß der Waffen bewirkte, dass die Jäger nach jedem Schuss einen halben Schritt zurücksprangen – wie testosterongetriebene Kerle, die sich zur Begrüßung gegenseitig auf die Schulter schlagen. Und wir sprangen vor ihnen zurück.

Wenn man das heutige Leben in Georgien für gefährlich hält, so muss man allerdings sagen, im Vergleich zu dem, was der *Homo erectus* auf seinem Weg von Afrika aus erlebt hat, geht es heutzutage sehr friedlich zu. Als ich tief in meinen Schlafsack kroch, dachte ich an die in Georgien entdeckten uralten Menschenaffenknochen mit ihren breiten Wangenknochen und klobigen Backenzähnen. Diese frühen pleistozänen Fossilien wurden in der ehemaligen Höhle einer Säbelzahnkatze gefunden, deren mächtige Eckzähne wie Puzzleteile in die Löcher der Schädelkuppel an den Hinterköpfen der Fundstücke passten.

Am MIT hatte ich mal an einem öffentlichen Vortrag eines Harvard-Professors teilgenommen, der unsere Vorfahren, die Hominiden, als »diese Kreaturen« und die riesigen Karnivoren als »ihre Faunakollegen« bezeichnete. Die kolossale wissenschaftliche Distanz seiner Wortwahl fand ich derart absurd, dass ich sie mir notierte. Es kam mir vor, als ob er einen Vorfahren des Menschen mit einer Laborzange hochhielte. Obwohl, die Vorstellung der »Faunakollegen« gefiel mir sogar, weil ich dabei an eine gesellige altertümliche Atmosphäre dachte, in der Säbelzahnkatzen in Tweed herumschlenderten und auf dem Campus Sprechstunden abhielten. Jetzt waren alle Megakarnivoren ausgestorben, aus dem *Homo erectus* hatten wir uns entwickelt, und die schlimmsten Bedrohungen füreinander stellen Menschen im Allgemeinen selbst dar. Diese Wahrheit wurde schmerzhaft deutlich, als Kugeln die Bäume in unserer Nähe durchlöcherten. Ich hoffte inständig, dass Mels und mein Schädel nicht eines Tages perforiert aus unserem eingestürzten Zelt gegraben würden.

Als es dunkler wurde, brachen die Jäger wieder auf, und ich konnte endlich das Rauschen des Flusses hören, an dessen Ufer wir kampierten. Ich lag da und fragte mich untätig, wie die Seidenstraße wohl in Millionen oder auch nur tausend Jahren aussehen würde, wenn man bedenkt, dass das einzig Beständige der Wandel ist. Vielleicht waren dann die umstrittenen Grenzen bei Ani und am Siachen nur noch historische Fußnoten, kuriose Details in künftigen Studienarbeiten oder einer überarbeiteten Ausgabe von *Die Wunder der Welt*, ihrer Landkarten und Namen, die bereits uns fast fremd waren. Welchen Namen würde Georgien in der Zukunft tragen? Wie würde man mit der Grenzstadt Lagodechi umgehen?

»Lagoducky!«, rief Mel am nächsten Morgen, denn eine Gruppe von Enten watschelte wie ein Begrüßungskomitee auf uns zu. Der gleichnamige Nationalpark war von der Stadt aus durch einen steilen

Ferne Welten unter fremden Sternenhimmeln: Vier Monate folgten Mel und ich auf unseren Fahrrädern der sagenumwobenen Seidenstraße in China.

Nach unserer Reise durch die Taklamakan-Wüste bis nach Tibet wollten wir noch mehr von der alten Handelsstraße zwischen Europa und Asien erkunden...

Fünf Jahre später: Unser großes Abenteuer beginnt mit heftigen Anstiegen am Schwarzen Meer.

Dieser malerische Sonnenuntergang entschädigt uns für das anhaltende Regenwetter der letzten Tage.

Ein paar Ersatzreifen dürfen auf dieser anspruchsvollen Strecke natürlich nicht fehlen.

Nur hin und wieder lichtet sich über den steilen, dicht besiedelten Küstenhängen der Nebel.

Die kalte Welt erwacht: Nach der Etappe am Schwarzen Meer tauchen wir an der Grenze zu Armenien in die Schneelandschaft des Kars-Plateaus ein.

Von Ani, der ehemaligen armenischen Hauptstadt und Metropole der Seidenstraße, existieren heute nur noch Ruinen am modernen Rand der Türkei.

Nach unserem Abstecher gen Süden geht es zurück Richtung georgische Grenze. In den folgenden Wochen werden wir durch den Kaukasus nach Tiflis fahren.

Jenseits des Kaspischen Meers führt unser Weg mit dem Zug dreitausend Kilometer nach Osten – ins kasachische Almaty, wo wir uns Visa für die Weiterreise besorgen.

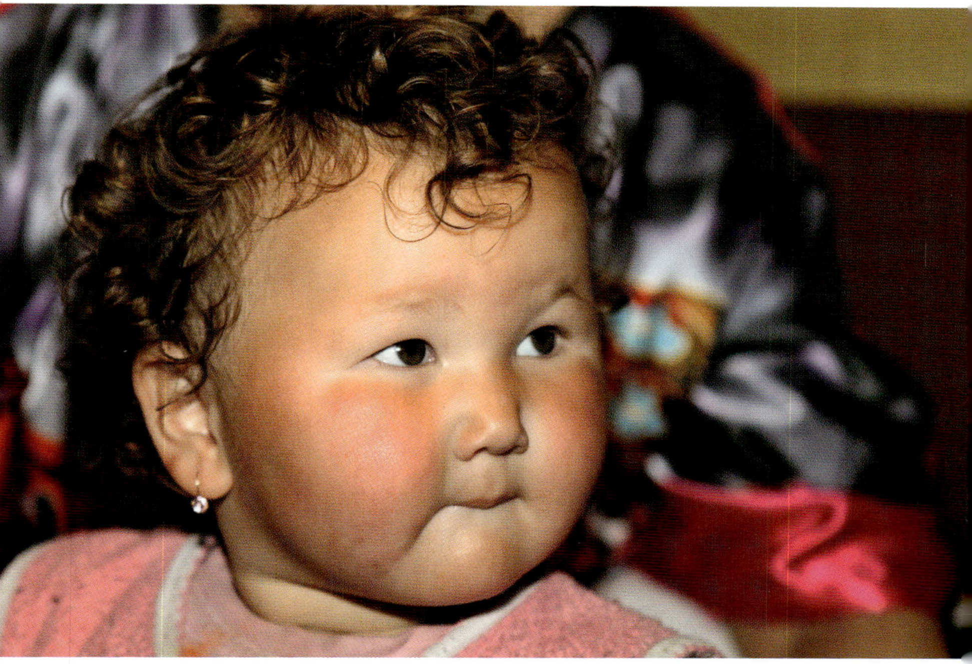

Während der Fahrt wirbeln pausbäckige Kinder durch die engen Gänge, und wir dürfen die Großzügigkeit der Kasachen hautnah erleben.

Mit den usbekischen Visa in der Tasche bringt uns die TransKasachstan zurück nach Beineu. Am Bahnsteig borgt sich eine Dame in rotem Mantel spontan mein Rad.

»Die Seele reist stets im Tempo eines Kamels.« Auf dem Weg zur nächsten Landesgrenze kriechen wir durch die glühende Hitze des Ustjurt-Plateaus.

Endlich »OZBEKSTAN«! Die Ähnlichkeit dieser Nation mit dem Land Oz ist auf den nächsten hundert Kilometern nicht zu übersehen ...

In der Oasenstadt Samarkand, einst eine der blühendsten Handelsmetropolen der Seidenstraße, nehmen wir uns Zeit für eine Erkundungstour.

Die kunstvollen Mosaike an den Kuppeln der Medresen am Registan-Platz zeugen vom längst vergangenen Reichtum der Stadt.

Mit unserem sechzigtägigen Touristenvisum für Tadschikistan sind wir mal nicht in Eile und können die Seidenstraße nehmen, wie sie ist: zäh, heiß und selten horizontal.

Unterwegs kommen wir an einem einsamen Esel vorbei, der im Schatten einer alten sowjetischen Bushaltestelle wartet.

Am Panj, der die Grenze zu Afghanistan markiert, treffen wir im kargen Land immer wieder auf grüne Felder, an denen sich Menschen angesiedelt haben.

Entlang des Flusses begleiten uns Straßenschilder, die vor Minenfeldern warnen – Überreste des tadschikischen Unabhängigkeitskriegs gegen die Sowjetunion.

Das Pamir-Gebirge zeigt uns seine Facetten: von hügeligen grünen Landschaften ...

An einem See genießen wir Einsamkeit und Ruhe. Unser knallroter »Glühwurm«
leuchtet inmitten der weiten Welt des Pamir-Plateaus.

...bis hin zu glutrot leuchtenden zerklüfteten Felsformationen.

Auf dem Weg nach Lhasa treffen wir auf zwei tibetische Pilger, die alle paar Schritte mit Händen, Knien, Körper und Stirn den Boden berühren.

In Tibet begegnen uns immer wieder Statuen von chinesischen Polizisten mit ausgestrecktem Betonarm. Mel verspottet sie gern mit einem High-Five.

Am Rande Ladakhs schlängelt sich die Straße neben einem smaragdfarbenen Fluss durch den Canyon.

Der Taglang La ist mit über fünftausenddreihundert Metern der höchste Gebirgspass unserer Reise.

Gerade noch rechtzeitig, bevor ein Schneesturm die Pässe blockiert, erreichen wir nach etwa zehntausend Kilometern unser Ziel: die indische Stadt Leh im Himalaja.

Ohne den Humor, die Ausdauer und den Mut meiner besten Freundin Mel hätte ich dieses Abenteuer niemals geschafft.

Aufstieg zu erreichen, und als wir hinaufradelten, jubelten uns die Leute am Straßenrand zu. Ein steinernes Tor und Schilder markierten offiziell den Eingang des Lagodechi-Schutzgebiets, und direkt dahinter befand sich ein Granitfels mit einer Bronzeplatte und einem Porträt von Młokosiewicz. Wir parkten unsere Fahrräder und wanderten die nächsten beiden Tage in Begleitung eines kräftigen, gedrungenen Rangers namens Giorgi.

Obwohl er kein Englisch sprach, machte Giorgi das Beste daraus, indem er uns zur nächsten Erklärungstafel führte und hilfsbereit auf die Übersetzung der Texte zeigte. Giorgi hatte grau melierte Augenbrauen und trug einen passenden Schnurrbart. Er war formell gekleidet: eine dicke Jacke und darunter ein Oberhemd und Lederweste. Als er uns in den Wald führte, wurde es kälter, aber Mel und mir wurde beim Wandern warm, was bedeutete, dass wir ständig mit dem An- und Ausziehen der unterschiedlichen Schichten beschäftigt waren, um den Temperaturschwankungen gerecht zu werden. Giorgi jedoch marschierte unabhängig von Sonne oder Schatten, von Bewegung oder Stillstand in seiner schweren Kleidung und hatte offensichtlich sein ganz eigenes Klimasystem.

Die Sonne fiel auf den Wald, und jeder Sonnenstrahl wurde von Ästen geteilt. Mächtige bemooste Eichen, Buchen und Ahornbäume ragten über den Weg. Die offiziellen Erklärungstafeln verschwanden, und ich sah einen Mann, der Holz hackte, und eine Frau, die an einem Hang etwas sammelte und in einen Korb füllte. Ich war verwirrt: War das nicht ein Nationalpark? Doch als ich Giorgi auf die Leute aufmerksam machte, wirkte er unbekümmert. Später am Nachmittag beschrieb ein Freiwilliger des örtlichen Friedenskorps, dass Lagodechi in zwei Zonen unterteilt war: ein kleineres »Managed Nature Reserve« in den unteren Wäldern und ein viel größeres » Strict Nature Reserve« in den Hochlagen. Menschen bewegten sich meist nur im unteren verwalteten Teil, während der obere Teil eher noch dem *zapovednik* glich, wie das gesamte Reservat einst unter sowjetischer Führung genannt wurde. Damals hatten die Einheimischen in dem streng geschützten Gebiet

Holz und Pilze gesammelt, erläuterte er weiter, und zwar so viel wie nur möglich, um die hohe Geldstrafe zu verschmerzen, die sie zahlen mussten, wenn sie erwischt wurden. Da die verwaltete untere Zone Lagodechis nun legal das Sammeln erlaubte, holten sich die Einheimischen nur noch das, was sie wirklich brauchten, da sie wussten, dass sie wiederkommen durften.

Am nächsten Tag führte uns Giorgi zum Machis Tsikhe, einem Sommerquartier georgischer Könige aus dem 5. Jahrhundert. Die Gebäude waren von Moos überzogen, und über die Mauern zogen sich lange, weitverzweigte Risse. Im Inneren der Ruinen – Tageslicht fiel durch die Sprünge in den Außenmauern – wirkten die Wände deshalb, als wären Lichtblitze mitten im Flug erstarrt. Geologen definieren Steine als Fels, der einen bestimmten Zweck erfüllt, oder wie der Dichter Don McKay es ausdrückte: »Das, was passiert, wenn ein Fels zu einem Stein wird, ist schlicht das Menschliche.« Am Machis fragte ich mich, was eigentlich passieren würde, wenn unsere sorgfältigen Steinmetzarbeiten wieder zu Felsen würden. Vielleicht brauchen wir noch ein Wort für Stein, der sich seinem menschlichen Zweck bereits entzogen hat. Oder vielleicht ist das, was zwischen einem Stein und einem Felsen passiert, schlicht der tröstliche Gedanke, dass es keine Rolle spielt. Genauso wie bei meinem Oxford-Abschluss, der auch nicht wiedergibt, was meine Zeit dort so bedeutsam gemacht hat, und seine Möglichkeiten nicht voll ausschöpft: Wir sind nur zufällig hier und nur für eine kurze Zeit, also warum nicht dem Leben so weit und breit wie möglich folgen?

Im Osten deutete Giorgi auf die Grenze zu Aserbaidschan, die dermaßen schlicht und nur angedeutet wirkte, als hätte sie nicht die Kraft zu voller Größe. Die Stämme der Buchen schimmerten silbern in den dunklen Wäldern, und das matte Licht eines bewölkten Tages verlieh allem einen gespenstischen Anstrich, besonders den beiden Männern in Tarnkleidung, die plötzlich aus dem Nebel traten und jeder auf der Schulter ein Gewehr schleppten. Nach einem flüchtigen Blick auf unsere Pässe wanderten die georgischen Grenzschutzbeamten mit uns mit und freuten sich über Gesellschaft auf ihrer sonst einsamen Streife.

Zurück im Hauptquartier des Nationalparks, verbrachten wir den Abend damit, einen anderen Giorgi zu befragen. Er war Verwaltungschef des Lagodechi-Schutzgebiets. Dieser Mann mit Bart und dunklen Augen war eine jüngere, dunkelhäutigere Ausgabe unseres treuen Führers, aber im Gegensatz zu Ranger Giorgi, der kein Englisch konnte, sprach dieser Giorgi » ah liehtell «, was sich als weniger erhellend erwies als gar kein Englisch.

» Welche Arten von gefährdeten Tieren leben im Lagodechi-Reservat? «, fragte Mel.

» Nein, nein, nein «, sagte Giorgi herablassend. » Hier gibt es keine gefährlichen Tiere. «

» Sorry, ich glaube, wir haben uns missverständlich ausgedrückt «, versuchte ich zu vermitteln. » Mit ›gefährdeten Tieren‹ meinen wir gefährdete Arten. «

» Nein, nein, ihr seid nicht in Gefahr, sage ich! «, empörte sich Giorgi. » Meine Damen, in Lagodechi gibt es keine Gefahren! «

Und so ging es etwa eine Stunde lang weiter. Irgendwann gaben wir auf, dankten ihm und gingen verwirrter denn je. Ich tröstete mich mit der Tatsache, dass der Freiwillige des Friedenskorps, mit dem wir am Vortag gesprochen hatten, trotz des schon fast zweijährigen Aufenthalts in Lagodechi immer noch ziemlich verloren schien. » Also, was machen die Leute hier so beruflich? «, hatte ich ihn gefragt. » Ich bin mir ... nicht sicher «, hatte er mit hilflosem, heimwehgeplagtem Blick gestanden.

Das war gewissermaßen die klarste Antwort, die wir bisher gehört hatten. Und es war die ehrlichste Antwort, die er hatte geben können. Denn anders als die offensichtlichen Unterschiede zwischen einem fremden Land und der eigenen Heimat – ähnlich wie die Entdeckung des Polen, dass eine georgische Pfingstrose nirgendwo anders wächst – enthüllt eine Reise weniger die Wahrheit eines fremden Ortes, sondern deutet vielmehr darauf hin, wie komplex die Welt ist, wie instabil und unergründlich. Vielleicht ist das sogar das Beste an langen Fahrradtouren: Sie sind ein Gegenmittel zu geraden Linien und Eile. Sie erinnern einen daran, dass man nicht vergisst, nichts wirklich zu wissen. Nichts vom Sinn des Lebens, nichts davon, was hinter der nächsten Kurve liegt, und nicht einmal den Weg zurück zu unserem Zimmer im Hauptquartier des Lagodechi-Nationalparks, bis Ranger Giorgi ihn uns wies.

Jenseits des imposanten aserbaidschanischen Grenzübergangs, den wir am nächsten Tag offiziell überquerten, stand eine Reihe großer, leerer Gebäude und davor Parkbänke, die noch in Plastik gehüllt waren, als ob sie erst kürzlich dort aufgestellt worden wären. Mel und ich waren wohl weder die Ersten, die die Seidenstraße erradelten, noch würden wir entlang der historischen Strecke irgendetwas Bemerkenswertes im entdeckerischen Sinne auftun – doch nun sah ich meine Chance! Während Mel eine Pinkelpause machte, zog ich ein Stück der Kunststofffolie auf einer der Bänke weg und beanspruchte diskret den allerersten Platz, weil er eben da war. Danach hüllte ich die Bank wieder ordentlich ein, und wir fuhren weiter nach Zaqatala, ins *zapovednik*, das streng geschützte Gebiet, das Lagodechi über die georgische Grenze hinweg spiegelt und an Russland grenzt.

Wenn es keine Zäune, keine Schilder gibt, lässt sich schwer sagen, wann man angekommen ist. Ein Freund des freiwilligen Friedenskorps in Lagodechi hatte uns Anweisungen gegeben, die wortwörtlich wiedergegeben lauteten: »in Mazix anhalten und nach meinem Freund Konul in Gobizara fragen.« Wir schafften es, die richtige Abzweigung nach Mazix zu finden, die uns an Steinmauern und Hütten vorbeiführte, die mich an die englischen Cotswolds erinnerten, nur dass die hier düsterer, ärmlicher aussahen. Frauen mit Kopftuch beugten sich über die schwarze Erde und bepflanzten den frischen, schneefreien Boden. Sanftmütig dreinblickende Kühe wiederkäuten mitten auf der Straße und blieben von uns unbeeindruckt, obwohl wir nur einen Zentimeter an ihren mageren Bäuchen vorbeifuhren. Niemand, den wir ansprachen, schien auch nur im Ansatz zu verstehen, was wir in hoffnungsvollem Ton fragten: »Konul? Gobizara? Zaqatala?« Nein, sagten sie. *Niet, niet, niet.*

Der Schotter unter unseren Rädern wurde zu faustgroßen Steinbrocken, die sich dann wiederum in Schlamm auflösten. Die Straße gabelte sich an einer Stelle, und als wir anhielten, kam ein kräftiger Mann in einer Sportjacke und Jeans auf uns zu. Er hatte eine zottelige Frisur mit Stirnfransen und einen enormen Oberlippenbart. Wir stellten ihm unser Standardtrio von Fragen, und er hörte mit einem ungewöhnlichen Bemühen um Verständnis zu. Dann gab er uns das Standardtrio von Antworten. Wir entschieden uns daraufhin für den Weg links, weil der so aussah, als ob er das Tal hinauf nach Russland und vage Richtung *zapovednik* führte.

Von beiden Seiten schienen die Bäume näher zu rücken. Die Straße verwandelte sich wieder in eine Schotterpiste, und an einer Stelle verschwand sie in einem Bach. Danach wurde aus dem Schotter wieder Dreck, dann Schlamm, dann, als der Wald in eine riesige Lichtung überging, verschwand der Weg komplett. »Mitten im Wald«, schrieb der Dichter Tomas Tranströmer, »gibt es eine überraschende Lichtung, die nur von dem gefunden werden kann, der sich verlaufen hat« – eine treffende Beschreibung unserer Umstände, nur dass auf dieser speziellen Lichtung das Gras gemäht und Dung darauf abgeladen worden war. Mehr eine Kuhweide als pure Wildnis. Wir gaben *zapovednik* für heute auf, schlugen stattdessen unser Zelt auf und konzentrierten uns wieder auf das Essen.

»Auf der Speisekarte stehen heute Abend«, verkündete Mel schwungvoll, »Instantnudeln, Instantnudeln oder, wenn Sie möchten, Instantnudeln.«

»Perfekt«, sagte ich. »Genau das, wovon ich den ganzen Tag geträumt habe.«

Als wir auf dem Gaskocher Wasser erhitzten, schwebte ein Vogelpaar über uns hinweg und versuchte vielleicht herauszufinden, ob Mel und ich tot genug zum Aasen waren. Die dunklen wandernden Himmelskörper glitten weiter in Richtung russischer Luftraum, flogen zurück zu uns nach Aserbaidschan, stürzten sich dann Richtung Georgien und überschritten mit ein paar Flügelschlägen alle Grenzen. Ich dachte an

Halitherses, den älteren Wahrsager in Homers *Odyssee*, der sich rühmte, einen unverbesserlichen Beinamen zu tragen, nämlich »der kühnste der Alten zu sein, der Vogelflug in Sprache übersetzen kann«. Mel und ich versuchten zu erraten, was die Vögel an den Himmel kritzelten. *Denkt über die Grenzen hinaus! Kehrt um, solange ihr noch könnt!* Oder vielleicht *gvbrdghvnit* – »Du reißt uns in Stücke« –, was Ökosysteme zu Zäunen sagen würden. Außer in Ani, in der koreanischen DMZ und an anderen Grenzen, die zufällig die Wildnis gedeihen lassen. Wenn wir Grenzen wie geschriebene Geschichten betrachten, erzählen sie manchmal etwas anderes, als ihre Autoren beabsichtigt haben. Manchmal schießt die ursprüngliche Handlung wortwörtlich ins Kraut.

Nach dem Essen blieben wir draußen und genossen die Ruhe und die Tatsache, dass es langsam wärmer wurde. Ein hoher Gipfel des Großen Kaukasus, kaum sichtbar über den hohen Baumwipfeln, glühte korallenrot im mehr und mehr verblassenden Licht. Diese Berge erinnerten an den Mythos von Prometheus, der den Göttern das Feuer stahl und zur Strafe an einen eisigen Gipfel gekettet wurde – was für mich, bis auf die Ketten, nicht so strafend klang, ebenso wenig wie der Adler, der täglich Prometheus Leber fraß (da er unsterblich war, wuchs sie jede Nacht wieder nach). Aber diese kleinen Details einmal beiseite, wer würde nicht über den Wolken leben wollen, mit Sternen, die sich wie Kletten im Haar verheddern? Andererseits hatte der Frühling hier unten auch seine Vorteile, zum Beispiel Straßen mit zuverlässiger Bodenhaftung, Morgen, die nicht mit Schneestürmen begannen, im Zelt oder draußen, und nun weniger schlecht gelaunte Reisegefährten wie mich.

»Mel?«

»Ja?«

»Es tut mir leid ...«

Dass ich mich insgeheim gefreut habe, wenn du es unterwegs schwer hattest. Dass ich dir immer noch nicht komplett die Highschool-Zeit vergeben habe. Dass ich in der Türkei häufig mehr als meinen gerechten Anteil an Baklava gegessen habe.

»Sorry, dass du es für eine Weile dermaßen schwer mit mir hattest.« Das war keine perfekte Entschuldigung, aber Mel schien zu wissen, dass sie von Herzen kam.

»Von jetzt an kann es nur bergauf gehen. Also richtig hoch, ins Tibetische Hochland.« Mel hielt zuerst inne und fummelte dann in der Tasche mit den Essensvorräten herum. »Wie wäre es jetzt mit einem Dessert? Auf der Speisekarte steht *dieses* winzige Stück Schokolade oder *dieses* winzige Stück Schokolade.«

Während die Sonne hinter den Bergen unterging, genossen wir es, an der Schokolade zu knabbern, was ein umso süßerer Genuss war, weil die Stücke derart klein waren. Und als es zu dunkel war, um zu lesen, was die Vögel an den Himmel schrieben, fühlte sich sogar die Stille beschwingt an.

GRENZLANDIEN
Kaspisches Meer

Die Stadt Zaqatala war leichter zu finden als das Natur-schutzgebiet. Am Morgen nach unserer gescheiterten Mission, *zapoved-nik* zu finden, verließen wir die Kuhweide und fuhren mit unseren schlammigen Fahrrädern in eine geschäftige Stadt, in der alle schwarz gekleidet waren. In meiner roten Synthetikjacke kam ich mir vor wie eine Neonreklame. Mel in einer hellvioletten Version und mit ihren roten Locken war auch nicht zu übersehen. Ohne uns vorher abzuspre-chen, hielten wir sofort an, als wir ein Schild sahen, das für Baklava oder besser gesagt пахлава warb, wie das Gebäck auf Kyrillisch heißt. Die Süßigkeiten führten uns leider sozusagen direkt zurück ans Schwarze Meer, denn als wir das Lokal verließen, goss es in Strömen.

Aserbaidschan erinnerte nicht nur in Sachen Wetter, sondern auch mit seiner Fülle an Teesalons an die Türkei. Wie immer waren sie voller gut gelaunter arbeitsloser Männer (nie irgendwelche Frauen), die uns sehr überzeugend erklärten, dass die Hauptstadt Baku sechshundert, achthundert oder vierhundert Kilometer entfernt liege. Einige dieser teeschlürfenden Aseris baten, einen Blick auf unsere Landkarte werfen zu dürfen – nicht, um die Entfernung nach Baku abzuschätzen, vermu-tete ich später, sondern um zu sehen, wie die Grenzen ihres Landes, das nicht viel größer als die kanadische Provinz New Brunswick ist, auf ausländischen Karten verliefen, insbesondere in dem Teil, der als das Autonome Gebiet Bergkarabach bekannt ist. Diese mehrheitlich armenische Enklave stimmte 1990 für die Abspaltung von der Aserbaidschanischen Sozialistischen Sowjetrepublik, wo willkürlich gezogene stalinistische Grenzen sie außerhalb der ebenso willkürlich gezogenen Grenzen der Armenischen Sozialistischen Sowjetrepublik gefangen hielten. Das Referendum führte in der Folge zu einem ausgewachsenen Krieg. Als 1991 die UdSSR unter dem Gewicht ihres zentralistischen politischen und wirtschaftlichen Systems zusammenbrach und quasi über Nacht in fünfzehn Nationen zerfiel, stand Bergkarabach, das etwa ein Siebtel des gesamten Territoriums Aserbaidschans umfasst, auf einmal unter armenischer Kontrolle, und so ist es bis heute geblieben. Dieser andauernde Konflikt ist ein wunder Punkt Aserbaidschans, das regelmäßig seinen benachbarten Erzfeind ins Kreuzfeuer nimmt, ob mit scharfer Munition oder Worten: *AzerNews*, eine beliebte englischsprachige Tageszeitung, hat die üblichen Rubriken Sport, Politik und Wirtschaft, aber auch eine, die übersetzt »Armenische Kampfbereitschaft« lautet.

Ich war erleichtert, dass unsere Landkarte keine Empörung hervorrief. Wir machten uns auf den Weg nach Baku, wo sich die ehemaligen Verbindungen Aserbaidschans zur UdSSR nicht nur in den Schriftzeichen auf den Straßenschildern zeigten, sondern auch in der augenscheinlichen Besessenheit des Landes von Betonstatuen am Straßenrand. Die meisten, die wir sahen, stellten Tiere dar. Allerdings keine im Kaukasus heimischen Arten, sondern rosa Flamingos, einen Tiger, dem ein Ohr fehlte, und einen Löwen. Wir sahen auch überlebensgroße Statuen eines Mannes und einer Frau, die der UdSSR salutierten, oder möglicherweise auch Gott, oder höchstwahrscheinlich dem lokalen Äquivalent Heydar Aliyev, »Vater der Nation« und erster, diktatorischer Präsident Aserbaidschans. Er vermachte die Regierungsgeschäfte seinem Sohn Ilham, der die Familientradition eklatanter Korruption und Menschenrechtsverletzungen treu fortsetzt, auch wenn er noch nicht dazu gekommen ist, sein eigenes Porträt gegen das seines Vaters auf den Plakatwänden auszutauschen. In jeder Stadt hing ein gigantisch großes Porträt von Heydar Aliyev, der vor einer aserbaidschanischen Flagge gütig strahlt. Die Nationalflagge besitzt übrigens den gleichen achtzackigen Stern und Halbmond wie die türkische, aber vor einem Hintergrund aus blauen und grünen Streifen.

Glücklicherweise hörte der Regen einen Tag später wieder auf. Nun wirkte die Landschaft weniger trist als in Georgien, die Kühe sahen pummeliger aus, und das Gras grüner. Wir folgten einer ruhigen, verträumten zweispurigen Straße, die sich wie ein dunkles Karamellbonbon quer durch Aserbaidschan schlängelte. Je weiter wir nach Osten radelten, desto wärmer wurde es, stellten wir jeden Morgen fest. Als ob wir der Sonne entgegenradelten. Jede kleine Stadt schien wohlhabender zu sein als die davor. Die Straßen waren von Handyläden und Internetcafés gesäumt, obwohl das Land hinter den Stadtgrenzen wieder rasch in Wiesen und Wälder überging. Zu unserer Linken befand sich stets der Große Kaukasus, und die in Eis gehüllten Berggipfel schienen den tiefblauen Himmel zu stützen. Trotz der uralten und dennoch anhaltenden Konflikte in der Region und trotz der längsten historisch belegten menschlichen Besiedlung außerhalb Afrikas war es manchmal schwer zu sagen, wo in Aserbaidschan die Wildnis begann und wo sie endete – bis auf die ausgewiesenen Picknickplätze am Straßenrand.

Diese Raststätten waren fast immer voller aserbaidschanischer Familien. Anscheinend war Picknicken bei Sonnenschein ein beliebter Zeitvertreib. Die zementierten Wege, die schienbeinhohen Metallzäune, überwachsenen Rasenflächen und Blumen, die in Betontöpfen vor sich hin welkten, schrien dort nicht gerade nach prachtvoller Natur, aber zumindest regten sie die Menschen an, sich im Freien aufzuhalten und die frische Luft zu genießen. Außerdem argumentiert der Historiker William Cronon, dass die Wildnis nichts »Natürliches« hat, dass es sich um ein rein menschliches Konstrukt handelt und »die Schaffung ganz bestimmter menschlicher Kulturen zu ganz bestimmten Zeiten in der Menschheitsgeschichte« voraussetzt.

Obwohl mich Marco Polos Ablehnung, vor Bergen und Wüsten entlang der Seidenstraße in Ohnmacht zu fallen, entsetzte, muss man wissen, dass zu seiner Zeit Wildnis alles Dunkle und Teuflische jenseits von Gartenmauern meinte. Nur weil mich der wandernde Sand der Taklamakan-Wüste und die atemberaubende Weite des Tibetischen Hochlands verzaubert, bin ich nicht erleuchteter als Polo oder weiß die Naturwunder besser wertzuschätzen. Es bedeutet allein, dass ich einem Zeitalter angehöre – und einem Land und einer Kultur –, das so privilegiert, so beharrlich bequem ist, dass Gefahr und Mühsal einen glückseligen Reiz ausüben.

Wahrscheinlich bedeutet es darüber hinaus, als Teenager zu viel Thoreau gelesen zu haben. »In der Wildnis liegt die Erhaltung der Welt«, schrieb er und bereitete mich darauf vor, mich nach Orten zu sehnen, die so weit wie möglich von Ballinafad entfernt lagen wie Tibet und der Mars. Solch ein Fernweh auszulösen war wohl kaum Thoreaus Schuld oder Absicht – er selbst war nie außerhalb Nordamerikas gewesen. Und ich in meiner Begeisterung habe ihn falsch verstanden, da Wildheit und Wildnis für mich eins waren und zu einer Art Geisteszustand wurden.

Cronon findet das ganze Konzept von Wildnis beunruhigend, weil es unter anderem fast ausschließlich für abgelegene, unbewohnte Landschaften gilt und das Exotische auf Kosten des Alltags fetischisiert, als ob Natur nur wirklich dort existierte, wo der Mensch nicht ist. Diese Betrachtungsweise bildet dann einen potenziell heimtückischen Dualismus aus, wenn die Menschen glauben, dass sie die Natur nicht zerstören, solange sie sich von der natürlichen Welt fernhalten. Thoreau meinte aber in Wirklichkeit, dass er in Concords *Wildnis* herumgereist war, weil man überall in die wilde Natur reisen kann. Die Wildheit eines Ortes oder einer Erfahrung ist nicht unbedingt an den Ort oder an die Erfahrung gebunden, sondern in einem selbst – in der Fähigkeit, das Wilde zu sehen und zu fühlen. So gesehen ist das Radfahren auf der Seidenstraße eine Übung zur Selbst-Eichung. Die Wildnis des Tibetischen Hochlands erschließt sich jedem. Die Herausforderung jedoch besteht darin, sie auch auf einem Picknickplatz am Straßenrand in Aserbaidschan zu erkennen.

Am späten Nachmittag waren diese Raststätten in der Regel leer. Auf dem Weg nach Baku bauten wir auf einem dieser Plätze unser Zelt auf, aber der Rasen war derart uneben, dass wir die Löcher darin mit Socken und Unterwäsche füllen mussten, damit die Schlafsäcke flach lagen. Einen der Betontische der Raststätte benutzten Mel und ich als Küchenarbeitsplatte und bereiteten unser bisher fadestes Essen zu, nämlich pure Nudeln, gemischt mit geschmacklosen Maiskörnern aus einer Tütensuppe. Als ich versuchte, die Betonbank näher an den Tisch zu ziehen, da sie in ungünstiger Entfernung platziert war, wurde mir klar, dass selbst diese Picknickplätze, so ordentlich und abgesteckt sie auch sein mochten, auf die tiefe Verbundenheit aller Dinge hindeuteten: Die Bank rührte sich nicht vom Fleck und war fest in der Erde verankert. »Wenn wir versuchen, etwas nur für sich aufzunehmen«, beobachtete schon John Muir, »stellen wir fest, dass es gleichzeitig an alles andere im Universum gekoppelt ist.«

Am nächsten Tag koppelte sich ein aserbaidschanischer Junge an mein Fahrrad. Er griff den Gepäckträger und surfte in seinen Turnschuhen die Straße entlang, während ich versuchte weiterzufahren. Und er weigerte sich sogar dann noch loszulassen, als ich stehen blieb, ihn anschrie und das Fahrrad schüttelte. Schließlich ließ er doch los und lief kichernd davon, aber ich hätte schwören können, dass er den ganzen restlichen Tag immer noch an meinem Rad hing und sein Gewicht die steilen Anstiege weiter erschwerte. Wenige Tage später flachte die Landschaft zu einem Wüstenabschnitt mit Schluchten ab, sonnenverbrannt und flirrend. Ein Gebiet, das dem Namen Aserbaidschan Sinn gab, weil er sich aus dem persischen Wort *azer*, also »Feuer«, ableitet. Es war so heiß, dass ich mir eigentlich sicher war, der am Horizont schwankende Wassermelonenstand müsse eine Fata Morgana sein. Nachdem wir uns dann aber tatsächlich mit Früchten abgefüllt hatten, war der Rückenwind, der plötzlich aufkam, nicht weniger wunderbar. Ich genoss den

Wind so sehr, dass ich die Grundregel des Fliegens vergaß: Am einfachsten ist es gegen den Wind, nicht mit ihm, weshalb sich die Ankunft in Baku vielleicht auch wie ein Absturz anfühlte.

Die ölverschmutzte Hauptstadt Aserbaidschans liegt am Westufer des Kaspischen Meers und ist ein Ort, der sich in die Brust wirft, um den Bauch zu verstecken. Bis Anfang des 20. Jahrhunderts deckten die Ölfelder von Baku nahezu die Hälfte des weltweiten Ölbedarfs und füllten die Taschen der regierenden Elite Aserbaidschans. Da die Stadt dermaßen teuer war, suchten wir kostenlose Unterkünfte bei *couchsurfing.com*, einer Website, die auf der ganzen Welt Reisende und Gastgeber verbindet. Wir nahmen das Angebot an, in der Studenten-WG von Amerikanern zu wohnen. Die Wohnung wirkte auf den Fotos im Internet leicht *bohemian*, war aber in der Realität einfach nur heruntergekommen. Wir rollten unsere Schlafsäcke auf dem schimmeligen Teppichboden eines Zimmers ohne Tür aus. Und zwischen den Studenten, die die ganze Nacht zu den Beats von Bob Marley feierten und sich von Flöhen oder Moskitos oder beidem stechen ließen, fanden wir kaum Schlaf. Mel wachte mit riesigen Tränensäcken und einem geschwollenen Gesicht mit Hautausschlag auf, der von derart vielen Insektenbissen rührte, dass die Anzahl ihrer Sommersprossen glatt in den Schatten gestellt wurde. Ich brauchte keinen Spiegel, um zu ahnen, dass ich genauso aussah.

Also machten wir uns mit trüben Augen auf den Weg, um Visa für Kasachstan zu beantragen, unsere nächste Station auf der Seidenstraße, die, wie sich herausstellte, mal wieder weniger eine Straße war als vielmehr ein langwieriger bürokratischer Akt. Verkehr, Wetter, Schlaglöcher, Bergpässe: Das kann man alles vergessen. Der schwierigste Teil beim Radfahren von der Türkei nach Indien ist die Erlaubnis, von der Türkei nach Indien zu radeln. Wir nahmen ein Taxi zur kasachischen Botschaft in Baku, um dann festzustellen, dass sie umgezogen war. Wir recherchierten aufwendig herum und fanden endlich den neuen Standort, aber die Botschaft war geschlossen. Ein Schild erklärte, Visa könnten von Dienstag bis Freitag beantragt werden, und es war Montag. Frustriert nahmen wir ein weiteres teures Taxi zu unserer Couchsurfing-Wohnung, aber wir hatten es versäumt, die genaue Adresse zu notieren. Wir stiegen in einer ungefähr ähnlichen Wohngegend aus, aber wir konnten das Apartment auch nach einstündigem Herumlaufen nicht finden, und unser Handy war tot, also konnten wir unsere Gastgeber nicht anrufen. Nachdem wir schon den größten Teil unseres Bargeldbestands für erfolglose Taxifahrten ausgegeben hatten, versuchten wir, an einem halben Dutzend Bankautomaten Geld abzuheben, aber sie lehnten unsere Kreditkarten ab. Daraufhin versuchten wir, bei vier verschiedenen Banken Travellerschecks einzulösen, aber die Kassierer lehnten auch die ab. Mit nur noch fünf Manat in der Tasche (was circa fünf Euro entspricht) verschwanden wir in einem schmutzigen Restaurant und bestellten Suppe als Ausrede, um unser Handy aufzuladen.

Während wir aßen, las Mel noch einmal ihre logistischen Notizen bezüglich der Beantragung von Visa. Unsere Aufgabenteilung bei der Tour sah vor, dass ich mich um die Aktualisierung der Website und das Fundraising zu kümmern hatte, wobei Letzteres nicht so gut lief, da wir weniger als die Hälfte der Reise zurückgelegt, aber bereits mehr als die Hälfte unseres Geldes ausgegeben hatten. Mel war verantwortlich für Visa und Logistik, was beides bisher sehr gut funktioniert hatte. Doch in den bekanntermaßen bürokratischen Staaten Zentralasiens, den berüchtigten »Stans«, sollte es kniffliger werden. Denn Visa für Kasachstan, Usbekistan, Tadschikistan und Kirgisistan wurden nur mit festen Ein- und Ausreisedaten vergeben, was bedeutete, dass wir uns zeitlich und räumlich perfekt aufstellen und das Ganze wie Züge beim Schachspielen planen mussten.

»Scheiße, Scheiße«, murmelte Mel.

»Was? Ist das da eine Fliege in deiner Suppe?«

»Nein! Oh, verdammt, ja.« Mel fischte die Fliege mit dem Löffel heraus. »Aber es gibt ein noch größeres Problem. Also, äh, es dauert länger, als ich dachte, an Einladungsschreiben für Usbekistan zu kommen.« Dies war eine weitere teure, aber notwendige Voraussetzung für die Beantragung von Touristenvisa, die es Usbekistan ermöglicht, seine Besucher zu kontrollieren und gleichzeitig Geld einzustreichen.

»Wie lange ungefähr?«

»So lange ... dass vorher unsere aserbaidschanischen Visa abgelaufen sein werden.«

Perplex hörte ich Mel zu, die erläuterte, wie kompliziert die Verlängerung von Touristenvisa in Aserbaidschan sei und wie streng die Strafe für das Überschreiten einer Visumfrist. Noch beunruhigender war, dass die einzige chinesische Botschaft in ganz Zentralasien, die zu der Zeit Touristenvisa erteilte, sich in Taschkent, der Hauptstadt Usbekistans, befand, was dieses Land zu einem entscheidenden Stopp auf unserer geplanten Route machte. Bei unserer Ankunft an der Grenze würden wir nepalesische Visa erhalten, und in Kathmandu würden wir dann wiederum indische Visa beantragen, die letzten Stempel, die wir brauchten, um die Seidenstraße zu Ende zu fahren – wenn wir es denn überhaupt so weit schafften, erforderte dies ein erneutes heimliches Schleichen durch Tibet.

Ich konnte die Augen nicht von den Fliegen abwenden, die auf der Fensterbank zuckten und mich an die Schilderungen des russischen Schriftstellers Isaak Babel erinnerten, die ich in Tiflis gelesen hatte. Sie handelten von Fliegen, die in einem Glas mit milchiger Flüssigkeit gelandet waren: »Jede starb auf ihre Weise.« Das Gleiche schien für das Ende aller Abenteuer in Baku zu gelten.

»Du bist sauer auf mich«, sagte Mel.

»Ich bin nicht sauer. Ich bin erschüttert.«

»Richtig. Wegen mir.«

»Nein, nicht *wegen* dir. *Wegen* ist so ein direktes Wort. Ich fühle selten direkt.«

Ich war wirklich in alle Richtungen erschüttert: wegen unseres Geldmangels, der uns in dieser überteuerten Stadt nicht erlaubte, mehr als Suppe zu kaufen, wegen des Juckreizes, weil in der Nacht Insekten über uns hergefallen waren, da wir es uns nicht leisten konnten, irgendwo vernünftig zu übernachten, und wegen der Tatsache, dass wir Wochen zuvor in Lagodechi keine usbekischen Einladungsschreiben (LOIs) beantragt hatten, so wie ich es vorgeschlagen hatte, weil Mel mir damals versichert hatte, dass das noch nicht nötig sei.

Zum Glück war eine dringende Bearbeitung von LOIs zu einem gewissen Preis doch möglich. Mit dem Handy, das jetzt wieder etwas aufgeladen war, konnten wir den Mitarbeiter des Reisebüros erreichen, das uns bei der Beschaffung von Touristenvisa in Zentralasien behilflich gewesen war, und er sagte uns, wir sollten seinen Freund Elchin um sechzehn Uhr treffen und ihm hundertsechzig US-Dollar geben.

Auf der Suche nach einer Bank, die Reiseschecks einlöste, fuhren wir erneut mit teuren Taxis in Baku herum und fanden schließlich eine. Dann begaben wir uns zur vereinbarten Zeit in einen zwielichtigen Stadtteil, wo ein dünner, finster aussehender Mann in engen Bluejeans an einer Hauswand lehnte. Er sah aus wie ein Kerl, der eher windige Geschäfte machte. »Bist du Elchin?«, riefen wir durch das Seitenfenster des Taxis. »*Yessssss*«, antwortete er zögernd. Wir gaben ihm zwei frische Hundertdollarscheine und fragten, ob er wechseln könnte. Konnte er nicht, aber er »kannte da einen Typen«. Und damit verschwand er.

Wir warteten eine halbe Stunde, bevor wir akzeptierten, betrogen worden zu sein. Doch als wir gerade abfahren wollten, sahen wir Elchin ohne besondere Eile auf dem Bürgersteig auf uns zuschlendern. Er überreichte uns vierzig Dollar Wechselgeld, und wir dankten ihm überschwänglich, denn wir waren dankbar, uns nun ein anständiges Abendessen leisten zu können. Wir ahnten zu dem Zeitpunkt noch nicht, dass dies unser Leben in Zentralasien ausmachen würde: eine Flut von unergründlichen Transaktionen, enormes Vertrauen in Fremde und zwielichtige Arrangements, um auf der Seidenstraße ein kleines Stück weiterzukommen. Wir bedankten uns noch einmal bei Elchin und baten um eine Quittung. Er lachte nur, nicht unfreundlich, sondern eher als Hinweis darauf, dass wir unser Glück wirklich überstrapazierten.

» Es gibt etwas, das mag die Mauern nicht «, beobachtete Robert Frost. Aber ebenso existiert etwas, das Mauern liebt, denn wie sonst sollte man ihre Allgegenwärtigkeit erklären, die unaufhörliche Prahlerei der Beschränkung überall? Ob bei Feldwegen oder der Bürokratie, Stacheldraht oder Bestechungsgeldern, die unterschiedlichen Mauern der Welt haben eines gemeinsam: Sie alle präsentieren sich als gerechte und notwendige Bestandteile der allgemeinen Landschaft. Dass wir auf einem gehenkt, gestreckt und gevierteilten Planeten leben, wird von den meisten Kanadiern ignoriert, denn unsere Pässe öffnen überall Türen – mit der bemerkenswerten Ausnahme Zentralasiens, wo Nordamerikaner mit der Art von Misstrauen und Widerstand konfrontiert werden, die auch Touristen aus Usbekistan in Kanada zu spüren bekommen, wenn sie einen Geschmack vom Leben auf der anderen Seite der Mauer erhaschen wollen.

Das Verfahren zur Beantragung von Visa für Kasachstan war ziemlich unkompliziert, obwohl es einen Berg von Papierkram und Geduld mit sich brachte. Mit Kirgisistan war es ähnlich – ein wenig zu ähnlich, denn die Botschaft gewährte uns einfach ein weiteres kasachisches Visum, nur dass der Name durchgestrichen und darüber » KYRGYZ « gestempelt wurde, mit einer Tinte, die auf andere Seiten unserer Pässe abfärbte. Aber die festen Termine, die für unsere Visa galten, überschnitten sich nicht, sodass unsere usbekischen und tadschikischen Visa diese Lücke füllen mussten, sonst wären wir einen Monat illegale Flüchtlinge in Zentralasien. Täglich riefen wir im Reisebüro an, um ein Update über die usbekischen LOIs zu bekommen, erfuhren allerdings nur, dass sie sich auf geheimnisvolle Weise » verspäteten «.

Die Überquerung des Kaspischen Meeres stellte eine weitere Hürde dar. Wir konnten entweder fliegen oder eine Fähre zum anderen Ufer in Aktau, Kasachstan, nehmen. Die Bootsfahrt war billiger und attraktiver, aber wir fanden einfach nicht heraus, wann die Fähre abfuhr. Wen auch immer wir im Hafen fragten, delegierte die Angelegenheit an jemand anderen, der sie an jemand anderen delegierte und so weiter in einer Kaskade von zu vermeidender Verantwortung. » Geh andere!

Immer sie sagen das, immer das, was man will, ist weiter weg«, verzweifelte Atlil, ein Aserbaidschanisch sprechender türkischer Freund eines Freundes, der uns geholfen hatte, durch die schulterzuckende Haltung der Bürokraten in Baku zu navigieren. Als wir schließlich die Fähre *Kassa* (Name des Fährbetreibers) fanden, sagte die mürrische Russin dort, sie wisse nicht, wann die nächste Fähre ankommen werde, wann die letzte Fähre abgefahren sei oder wie lange die Überfahrten im Allgemeinen dauerten, und es sei auch nicht möglich, Überfahrten im Voraus zu reservieren. Da gab sogar Atlil auf. »Sehr Problem«, murmelte er finster und zuckte jetzt selbst mit den Schultern, und es war nicht klar, ob er die *Kassa* oder uns meinte.

Immerhin schliefen wir mittlerweile besser. Mel und ich hatten dankbar ein anderes Couchsurfing-Angebot von einem überschwänglich gut gelaunten Mexikaner namens Julio (»Reimt sich auf coolio!«, stellte er sich vor) angenommen, der eine große, insektenfreie Wohnung mit einem Somali-Kenianer namens Idris teilte. Beide waren Meisterschüler an der Aserbaidschanischen Diplomatischen Akademie, einer Institution, deren Existenz mich überraschte, da dieses Land nicht gerade dafür bekannt war, Außenpolitik mit Fingerspitzengefühl zu betreiben, zumindest was Armenien betraf. Aber vielleicht hatte ich ein zu vorschriftsmäßiges Verständnis von internationalen Beziehungen. Ein Jahr nach unserem Besuch machte Aserbaidschan Schlagzeilen mit seiner »Kaviardiplomatie«, die sich an Mitglieder des Europarates richtete und um Unterstützung warb, indem Luxusreisen nach Baku angeboten wurden und reichlich Geschenke aus Gold, Seidenteppichen und astronomisch teurem Fischrogen, der aus den erschöpften Beständen des Kaspischen Meeres stammte und von Belugastören, deren »schwarzer Kaviar« fast unerschwinglich kostspielig ist.

Da es in Julios und Idris' Wohnung kein Internet gab, begleiteten Mel und ich die beiden manchmal zur Aserbaidschanischen Diplomatischen Akademie. Dort schnitten wir das Videomaterial von der bisherigen Reise zu einem dreiminütigen Teaser, um ihn online zu veröffentlichen, und hofften, auf diese Weise genügend Spenden zu sammeln, um uns für den Rest der Seidenstraße Instantnudeln leisten zu können. In Baku jedoch aßen wir dank Mels Kochkünsten alles andere als Instantnudeln.

»Hallo, Ladys!«, rief Julio jedes Mal, wenn er, mit Lebensmitteln bepackt, nach Hause kam und zuvor für gewöhnlich Mel mehrmals aus dem Lebensmittelgeschäft angerufen hatte, um die Zutaten für Huevos Rancheros, Thai-Curry, Pesto-Knoblauchbrot, Cheeseburger mit Pommes oder chinesischen Bratreis zu bestätigen. Mel konnte in der Küche wahre Wunder bewirken, wenn ihr Arbeitsfeld nicht auf einen winzigen Topf auf einem Campingkocher beschränkt war.

Und so verflogen die Tage in Baku ohne Anzeichen von usbekischen LOIs. Die Fähre über das Kaspische Meer kam und ging, also buchten wir für den Tag, an dem unsere aserbaidschanischen Touristenvisa ausliefen, Tickets für den späten Abendflug nach Kasachstan. Wir hofften inständig, damit Usbekistan genügend Zeit zu verschaffen, uns endlich LOIs und Visa zu erteilen, aber selbst in der Nacht vor unserer Abreise war davon noch nichts zu sehen.

»Hätten wir uns nur schon in Lagoducky beworben«, jammerte Mel.

»Uns bleibt immer noch morgen«, sagte ich zuversichtlich, obwohl ich den Optimismus in dieser Angelegenheit längst verloren hatte.

Wir suchten im Küchenschrank nach den Schokokeksen, die Mel am Abend zuvor gebacken hatte, aber Julio gestand, sie alle zum Frühstück verputzt zu haben. »Sorry, Ladys!«, rief er aus dem Nebenraum, wo er und Idris sich Videospielen widmeten. Also machten wir Tee, tranken ihn schweigend und fragten uns, wohin unsere Seidenstraße von hier aus wohl führte. Der Nachthimmel in Baku war blass und vor lauter Lichtverschmutzung ganz milchig, das Ergebnis der ständigen Photonenabgabe der Stadt in Richtung Kassiopeia und darüber hinaus. Als ich aus dem Fenster starrte, konnte ich mich nicht erinnern, wann ich eigentlich das letzte Mal Sterne gesehen hatte.

Die usbekische LOI-Verzögerung, so stellte sich heraus, war ganz allein meine Schuld. Im Bewerbungsschreiben hatte ich naiv gestanden, Schriftstellerin zu sein, und hatte sogar nach dem MIT die freiberufliche

Tätigkeit für Umweltpolitik bei einer NGO erwähnt. Keine Ahnung, warum ich diese Angaben freiwillig gemacht hatte, da Usbekistan noch in den Neunzigerjahren Journalisten kein Visum erteilt und ausländische gemeinnützige Organisationen des Landes verwiesen hatte. Mel hingegen hatte sich klugerweise als Studentin bezeichnet. Infolge meiner idiotischen Ehrlichkeit untersuchte das usbekische Informationsministerium meine Referenzen und möglichen Motive für die Einreise in ihr Land, erklärte uns das Reisebüro, das unseren Visumantrag bearbeitete. Ob dort der Grund für die Verspätung schon immer bekannt war oder erst kürzlich herausgefunden wurde, blieb unklar. So oder so, die Moral von dieser Geschichte ist, nach Strich und Faden zu lügen, wenn es um Grenzen und Bürokratie geht.

Mel besaß den enormen Anstand, nicht sauer auf mich zu sein, obwohl mein Fehler dazu führte, dass wir, bevor unsere Touristenvisa ausliefen, kaum aus Aserbaidschan herausgekommen waren. Und auch nicht gerade hilfreich war, dass Azerbaijan Airlines uns dazu zwang, die Fahrräder wieder aus den Kartons auszupacken, die wir in Baku mühsam beschafft und zusammengeklebt hatten, und sie stattdessen am Flughafen in teure Kunststofffolie einwickeln zu lassen. Diese dünne angebliche Schutzschicht bedeutete, dass Rahmen, Zahnräder und Reifen ungepolstert waren, bis auf die wichtigsten Stellen, um die wir eilig Kleidung gewickelt hatten. Doch irgendwie landeten die Fahrräder tatsächlich in einem Stück in Aktau, Kasachstan.

Am nächsten Tag schworen wir uns, an die nächste usbekische Botschaft zu klopfen, die sich dreitausendzweihundert Kilometer entfernt in der ehemaligen kasachischen Hauptstadt Almaty befand. »Sind Sie ganz *sicher*, dass wir unsere Fahrräder mit in den Zug nehmen dürfen?«, befragte Mel eindringlich die Ticketverkäuferin im Reisebüro. Mit dem Fahrrad als Gepäck zu reisen ist viel schwieriger, als auf dem Fahrrad zu reisen, also hatten wir darüber diskutiert, unsere Fahrräder und Ausrüstung in Aktau zu lassen, weil wir sowieso vorhatten, mit unseren usbekischen Visa wieder hierhin zurückzukehren. Aber wenn uns keine Visa erteilt würden, gab es auch keinen Grund zur Rückkehr, und das

Zurücklassen der Räder könnte das bürokratische Schicksal nur in Versuchung führen.

Die Mitarbeiterin des Reisebüros versicherte uns, Fahrräder seien kein Problem. »Da, da«, murmelte sie. »Und das Essen ist im Ticket inbegriffen?«, fragte ich. »So etwas wie servierte Mahlzeiten?« Ich nahm an, dass dies bei einer Zweiundsiebzig-Stunden-Fahrt in einem Zug mit Schlafwagenabteilen der Fall sein würde, wollte aber sichergehen.

»Da, da, da, da«, intonierte sie erschöpft.

In diesen halbherzigen Zusicherungen hätten wir gleich die unheilvollen Eröffnungsakkorde von Beethovens Fünfter erkennen sollen. Am nächsten Tag bewachte ich in strömendem Regen unsere Taschen auf dem Bahnsteig, während Mel die Fahrräder zum Gepäckwagen schob, wo sie sich gezwungen sah, den Zugbegleiter zu bestechen, damit er sie überhaupt mitnahm. Zum zweiten Mal in Folge wussten wir nicht, ob wir unsere Fahrräder jemals wiedersehen würden, vor allem, als der Mann Mel eine zweifelhafte handgeschriebene Quittung überreichte. Dann gingen wir an Bord, um angesichts der riesigen Mengen an Lebensmitteln, die andere Passagiere mitgebracht hatten, zu merken, dass es offenbar keinen Essensservice gab. Alles, was wir hatten, war altes Brot, ein paar Äpfel und die Art von Erdnussbutter, die Erdnüsse als letzte Position unter ihren vielen Zutaten auflistete und deren meiste Zutaten ich aus dem Unterricht für organische Chemie kannte. Aber es war zu spät, um unsere Vorräte aufzustocken. Die Türen klappten mit schwacher Kraft zu, und wir knarrten los Richtung Almaty.

Der Zug schwankte trunken auf den Schienen, und die Männer schwankten betrunken durch die Waggons. Die Passagiere lagen in Kojen gestapelt, wie Ware in Marktregalen. Einige waren frisch, andere überreif, die meisten jedoch hatten das Verfallsdatum bereits weit überschritten. Die Einöde vor den Fenstern wirkte stumpf und dampfte vor Regen. Alles in allem bot der Blick nichts als Schmutz und Gras. Alle paar Stunden blinzelten Betonblockstädte herein, durch die klapperdürre Hunde streiften. Ich machte mir Sorgen, dass wir angesichts unseres Nahrungsmangels am Ende der Zugfahrt genauso aussehen würden, obwohl die Luft, geschwängert von Wodka und frittierten Teigdämpfen, hochkalorisch schien. Glücklicherweise waren die Kasachen auf der anderen Seite des Ganges ebenso großzügig, wie sie gut vorbereitet waren. Auf dem Klapptisch zwischen ihren Kojen befand sich eine Festtafel mit gebratenem Fisch, gekochten Eiern, einer speziellen salzigen und öligen Suppe, frittiertem Brot, harten Bonbons und einem enthäuteten Ziegenkopf. Sie besaßen sogar Porzellanteller und Metallbesteck. Nachdem sie uns Gabeln und Messer überreicht hatten, drängten sie Mel und mich, Fleisch von der Stirn der Ziege zu schneiden.

Während des Essens unterhielten sich die Kasachen und scherzten miteinander. Ihr Lächeln war so weit, dass die Augen verschwanden und die Freude kurzzeitig für Blindheit sorgte. Ein grauhaariger alter Mann ging an mir vorbei und zwickte mir scherzhaft in die Nase. Kinder wirbelten durch die Gänge, als ob der Zug ein Klettergerüst wäre, und ich beneidete sie um ihr unangemessenes Verhalten, während Mel und ich bei den Erwachsenen saßen und Tee tranken. Ein rotgesichtiges Kleinkind mit blonden Locken und Beinen wie Baumstümpfen kroch auf Mels Schoß und krallte sich in ihre Oberschenkel. Die Kleine besaß die pummeligsten Wangen, die ich je gesehen hatte. Später wackelte sie den Gang hinunter und küsste alle anderen kleinen Kinder, die sie finden konnte, aber die riesigen Puffer ihrer Wangen verhinderten meist, dass ihre Lippen das Ziel wirklich trafen.

Wir warteten, dass einige andere schlafen gingen, oder zumindest die Kinder, und wollten nicht, dass die Kleinen länger wach blieben als wir, aber schon bald gaben wir auf. Mel rutschte seitlich in die obere Koje, in der sie nur mit angewinkelten Beinen liegen konnte. »So gemütlich!«, kicherte sie. Ich drückte mich in die Koje darunter, deren Decke so niedrig war, dass ich spürte, wie die Hitze meines Atems auf mein Gesicht zurückschlug. Es gab keine Vorhänge an den Kojen, also schliefen wir voll bekleidet. Die Laken, die beim Einsteigen in den Zug und in ihren Plastikhüllen noch so frisch ausgesehen hatten, waren nun zerknittert und klamm von all dem gemeinsamen Atmen im

Waggon. Für ein wenig Privatsphäre zog ich dennoch das Laken über meinen Kopf.

Wann immer der Zug anhielt, stand die bereits heiße Luft und wurde unerträglich. Ich drückte meine Hände und mein Gesicht gegen das kleine Fenster. Das Glas, feucht vom Kondenswasser, war beinahe schon luxuriös kühl. Regen perlte außen über die Scheibe. Die Koje war kaum breiter als meine Schultern, und ich musste mich abstützen, um nicht in den Gang zu stürzen, während der Zug wieder vorwärtsrollte und es einem schwer machte zu schlafen.

Ich dachte darüber nach, dass es Mel als Kind verboten war, im Auto ihrer Eltern zu dösen, genauso wie allen anderen, die Mel besuchten und mit im Wagen fuhren. »Schaut mal, Kinder«, sagte ihr Vater. »Das wollt ihr doch nicht verpassen«, er deutete auf die immer gleichen Felder und Wälder, die wir sowieso jeden Tag vom Schulbus aus sahen. Mel fiel es immer noch schwer, in rollenden Fahrzeugen zu schlafen, und ich fragte mich, ob sie wohl auch jetzt wach lag. Ich wollte sie aber nicht ansprechen für den Fall, dass sie doch schlief.

Schließlich schweiften die Gedanken ab, und ich träumte von Schlangen, insbesondere davon, eine Korallenschlange als Haustier zu adoptieren, was bemerkenswert war, weil ich überhaupt keine Reptilien mochte. Während des Traums musste mein Laken heruntergerutscht sein, doch eine ältere Dame drapierte es sehr süß wieder über mich. Zumindest nehme ich an, dass es so gewesen war, denn alles, woran ich mich beim Aufwachen erinnerte, ließ mich vor Schreck in den Gang stürzen, weil ich überzeugt war, eine Schlange wand sich immer noch um meine Beine. Die Frau, erschrocken von meiner Reaktion auf ihre nette Geste, trat den schnellen Rückzug den Gang hinunter an. »Es tut mir so leid!«, rief ich ihr in der falschen Sprache nach.

»Alles in Ordnung?«, fragte Mel und starrte mich von der oberen Koje aus an. Ich erklärte, was geschehen war, und sie nickte verständnisvoll. Die Geschichte ergab ebenso viel Sinn wie alles andere auf dieser Reise, die von Moment zu Moment surrealer und unvorhersehbarer wurde. Hatte ich schon von Schlangen geträumt, als die Dame das

Laken über meine Beine drapierte, oder hatte erst das Gefühl des Lakens den Traum heraufbeschworen? Lässt ein Traum vorausahnen, oder reflektiert er eine bestimmte Realität? Ich habe mich oft dasselbe hinsichtlich der Seidenstraße gefragt.

Am nächsten Morgen erkundeten wir den Speisewagen. Ein heller, luftiger Raum, und Vasen mit künstlichen roten Rosen schmückten alle Tische. Mel und ich machten es uns mit unseren Büchern in den Sesseln gemütlich und bestellten heißes Wasser, um unseren Nescafé zu brauen, weil wir kaum Geld hatten, um es für etwas Anständiges auszugeben. Bald kam, trotz des Überangebots an freien Sitzplätzen, ein kahler kasachischer Mann mit Bieratem zu uns an den Tisch. Er trug ein ehemals weißes Tanktop mit gelben Achselflecken und starrte stumpf in weite Ferne, wobei er uns gelegentlich eine Frage auf Russisch stellte und sich dabei unangenehm nah zu uns beugte. Wir ignorierten ihn demonstrativ, bis er aufstand, wegging und einen eigenen Tisch fand, wo er ein großes Glas Bier bestellte. Nach ein paar Schlucken schlief er ein.

Vor den Fenstern flog Kasachstan gleichbleibend öde an uns vorbei. Ich drehte regelmäßig die Vase mit künstlichen Rosen, damit ihre Blütenblätter der Sonne folgten. Eine Frau ging mit einer offenen Aktentasche voller schimmernder Metalluhren vorbei, aber niemand im Speisewagen wollte Geld investieren, um zu sehen, wie langsam die Zeit verging. Je langsamer, desto besser, was mich betraf. Die Zugfahrt bot eine willkommene Abwechslung von Stress und logistischen Überlegungen, ein glückliches Sich-dem-Fatalismus-Hingeben. Würden die LOIs für Usbekistan noch kommen? War die Seidenstraße so, wie wir sie uns vorgestellt hatten? Würden wir unsere Fahrräder jemals wiedersehen? Ich trank Kaffee, der die Bewegungen des Zugs mitmachte und hin und her schwappte. Und ich blickte aus dem Fenster, als hätte ich nichts anderes zu tun. Denn, wie ich erleichtert und zugleich erstaunt feststellte, das stimmte sogar.

Die Steppe draußen schien endlos zu sein. Ausgemergelte Pferde suchten mit ihren weichen Lippen in den Dünen nach stacheligem Gras.

Ab und zu überbrückten Industrierohrleitungen die Gleise wie auf dem Kopf stehende Us. Wir kamen an rostigen Maschinenparks und bröckelnden Gebäuden vorbei, Außenposten, die verlassen wirkten, bis kleine Kinder herausgerannt kamen, um dem Zug hinterherzuwinken. Wir kamen an Friedhöfen mit eingezäunten Gräbern vorbei, die von zinnernen Halbmonden gekrönt waren, den stabilsten Bauten, die es hier offensichtlich gab. Und irgendwann, obwohl ich nicht genau sagen konnte, wann und wo, passierten wir nördlich das Kosmodrom Baikonur, die Startrampe des russischen Raumfahrtprogramms.

Das versetzte mir einen Stich. Das Gefühl war nicht wirkliches Bedauern, aber dennoch meldeten sich alte Ambitionen, die eigentlich fast vollständig abgelegt schienen. Ich hatte immer vorgehabt, diesen Teil der Welt zu sehen, aber nicht hinter den beschlagenen Fenstern eines stinkenden, überfüllten Reisezugs. In meiner Kindheit hatte ich mir eher vorgestellt, mich dann in einer *Saturn-V*-Rakete zu befinden, die auf dem Weg zum Mars war. Baikonur, benannt nach einer Stadt, die eigentlich Hunderte von Kilometern entfernt lag, nur um Spione zu narren, war ein eingezäunter Raumhafen und die Startrampe für *Sputnik* ebenso wie für den ersten Mann und die erste Frau im All – und, weniger glorreich, für eine unbekannte Anzahl von interkontinentalen ballistischen Flugkörpern. Astronauten schwärmen davon, dass sie selbst im niedrigen Erdorbit keine Ländergrenzen erkennen können, dabei wird das gesamte Unternehmen der Weltraumforschung von einem fanatischen Nationalismus angetrieben. Die gleiche Loyalität gegenüber willkürlich gezogenen Grenzen, die den Kalten Krieg auslöste, führte auch die Menschen auf den Mond. Wie entsteht bloß aus dem zynischen Ehrgeiz und dem Wunsch nach gegenseitiger Zerstörung etwas so Wunderbares wie ein Mondspaziergang auf dem Mare Tranquillitatis?

Ich dachte an die Gebrüder Wright, die kurz nach ihrem Riesensprung bei Kitty Hawk ihr Fluggerät an das meistbietende Militär verkauft hatten. Eine Tatsache, die mich in Oxford wie ein Messerstich ins Herz getroffen hatte. Aber ob man sich nun wie die Wrights unverhohlen verkauft oder nicht, die gesamte Wissenschaft und Forschung birgt ein prometheisches Risiko: Wenn man den Göttern Feuer stiehlt, ist nicht vorherzusagen oder zu kontrollieren, zu welchem Zweck die Flammen eingesetzt werden. Die Überlebensstrategie des Stärkeren hinter Darwins Evolutionstheorie wurde von den Nazis als eugenische, also erbgesundungstheoretische, Rechtfertigung für den Völkermord eingesetzt. Fanny Bullock Workmans sorgfältige Vermessung des Siachen half letztlich, den Weg zu einem Krieg um den Gletscher zu ebnen. Nachdem Galilei durch das, was wir heute Teleskop nennen, auf die Ringe des Saturn zeigte, wurde das Gerät als »Spionierglas« bekannt, und die Soldaten auf dem Siachen verwenden die Nachfolgemodelle noch immer.

Warum also weiterhin Feuer stehlen? Wann ist Wissen genug und reicht? In Oxford habe ich gelernt, es besteht die Gefahr, dass Wissenschaft und andere Formen der Forschung im Wesentlichen als edle Unternehmungen angesehen werden. In diesem Sinne gleichen wir alle immer noch den Positivisten der 1870er-Jahre, denn wir sind überzeugt davon, mit ein paar weiteren Fakten alles herauszufinden, die ultimative Landkarte zeichnen zu können und Wunder zu schaffen, die uns vor uns selbst retten. Doch »Genauigkeit ist keine Wahrheit«, wie der Maler Henri Matisse es ausdrückte, und der Begriff von Wissenschaft als neutraler Suche sollte Wissenschaftler – oder jegliche Entdecker – nicht vor der moralischen Verantwortung für ebensolche Fakten und Landkarten entbinden, die möglicherweise die Welt entfesseln.

Am Tisch nebenan erwachte plötzlich der betrunkene Kasache, der bis jetzt leise vor sich hin geschnarcht hatte, schüttete den Rest seines Bieres herunter und wurde sofort wieder ohnmächtig. Ich starrte aus dem Fenster auf einen blauen See am Horizont, der bei Weitem blauer war als der Himmel. Das windgepeitschte Wasser sah aus wie zusammengedrückter Samt, und der See war so riesig, dass der Zug neben ihm langsamer zu werden schien und sich mit einem Tempo am Ufer entlangschleppte, dass ich mit dem Rad wohl schneller gewesen wäre. Vielleicht ist das Fahrrad der wahre Höhepunkt all unserer Wissenschaft und Sehnsucht nach dem Aufstieg: eine der seltenen menschlichen Erfindungen, die uns weitergebracht, uns höher gehoben hat, ohne darüber hinaus für einen gespenstischen Zweck missbraucht zu werden. Und für den Moment vergaß ich Baikonur. Denn nun fragte ich mich, wie es meinem Fahrrad im Gepäckwagen wohl ging.

Ich fand es heraus, als der Zug schließlich in Almaty anhielt. Der Rahmen war zerkratzt, aber intakt, und an Mels Fahrrad fehlte ein Lenkergriff. Der Gepäckwächter, ein anderer Mann als der, mit dem Mel in Aktau zu tun gehabt hatte, behauptete, er sei für den Schaden nicht zuständig, weil wir keinen echten Gepäckschein hätten. Er lachte über die Quittung, die Mel ihm zeigte. » So ist das hier eben, akzeptieren Sie es einfach«, kommentierte eine Kasachin in Businesskleidung, die ihr eigenes beschädigtes Gepäck abholte. »Willkommen in Almaty.«

Ich war trotzdem erleichtert, dass wir überhaupt noch Fahrräder hatten. Es war nach Mitternacht, und es regnete, als wir die Räder und unsere gesamte Ausrüstung ungeschickt über drei Eisenbahngleise zum Bahnhofsgebäude schleppten. Vom tagelangen Sitzen fühlte ich mich ganz schlaff, und unbewusst versuchten die Muskeln immer noch, die permanente Bewegung des Zuges auszugleichen. Die Taxis vor dem Bahnhof waren zu klein für unsere Fahrräder, also vergaben wir den Auftrag an eine Familie, die wir zufällig trafen. Sie fuhren uns und unsere Fahrräder in ihrem Kombi zur Adresse von Murat, einem etwa dreißigjährigen Kasachen, mit dem wir abermals über *couchsurfing.com* verbunden waren. Aber der Fahrer konnte die Adresse nicht finden, und wir konnten Murat nicht anrufen, weil wir unser ganzes Telefonguthaben im Zug aufgebraucht hatten, um das Reisebüro mit der Frage zu belästigen, ob unsere LOIs ausgestellt waren (waren sie nicht). Als wir dann endlich die richtige Adresse gefunden hatten, reagierte niemand auf unser Klopfen an der Tür. Mel fing an, Murats Namen zu singen, und der Fahrer und ich schlossen uns an. Schließlich schlüpfte ein großer, kindlich wirkender Kerl zur Tür heraus und lächelte schläfrig.

»Meine Freunde! Willkommen!«, jubelte er herzlich, obwohl wir uns noch nie zuvor begegnet waren.

In der darauffolgenden Woche erwies sich Murat als Schutzpatron unserer Reise. Er sprach anständiges Englisch und leitete mit seinen Eltern ein Reisebüro, sodass er wusste, wie man alle bekannten und unbekannten Regeln der Botschaften in Almaty befolgte, was uns half, ein sechzig Tage gültiges Touristenvisum für Tadschikistan zu erhalten. Der süße hängeschulterige Murat trug ein breites, ruhiges Lächeln im Gesicht. Dass er etwas, das ich gesagt hatte, nicht verstand, erkannte ich daran, dass er schon vor dem Ende des Satzes oder der Pointe lachte.

»Und dann hat diese nette alte Frau im Zug mein Laken wieder über mich gebreitet – «

»Hehehe!« Murat kicherte.

Ich machte mir nicht die Mühe, die Geschichte zu erzählen. Stattdessen checkte ich meine E-Mails und fand eine Nachricht von Julio. »KATE, HEYA! WIE GEHT'S?«, stand dort in Großbuchstaben. »ICH HABE DIESEN NACHRICHT UNTEN AN MEL GESCHICKT. ICH WILL SICHERGEHEN, DASS SIE IHN BEKOMMT. FALLS SIE IHN NICHT ERHALTEN HAT, KÖNNTEST DU IHN AN SIE WEITERLEITEN? DANKE.«

Der angefügte eigentliche Brief lautete: »Liebe Melissa, Du bekommst diese E-Mail absichtlich erst, wenn Du in Kasachstan bist, nicht aus Feigheit, sondern aus Umsicht: Ich wollte nicht, dass Du Dich unwohl fühlst, und ich wollte mich nicht schämen.« Julio fuhr fort, dass die Art und Weise, wie Mel ihn fühlen ließ, »sich nicht mit Welten [sic] beschreiben lässt« – WORLDS und WORDS, er meinte sicher »Worte« und hatte sich bloß vertippt. Jedenfalls erkannte Julio, dass die Chancen nicht gut für ihn standen: »... Du bist unterwegs und hast einen Freund. Ich bin arbeitslos, weiß nicht, was ich tun soll, und kurz davor, die ehemalige Sowjetunion zu verlassen.« Aber egal, wie sie empfinden mochte: »Ich sende Dir meine Liebe und meinen Segen und wünsche Dir viel Erfolg auf Deinen Reisen, damit Du sicher und gesund zu Deinen Lieben zurückkehrst.«

Julio war nicht der Einzige entlang der Seidenstraße, der sich in meine Freundin, die verkappte Herzensbrecherin, verliebte. Kurz nachdem wir das Kars verlassen hatten, hatte Alkim Mel eine Facebook-Nachricht geschickt, in der er gestand: »Du hast einen Pfeil in mein Herz gesteckt [sic].« Dazu ein Link zu einem kurzen Video von unserem Besuch bei KuzeyDoğa, in dem viele der Aufnahmen liebevoll auf Mel verweilten. Alkim war ein Filmemacher, der in der Nordosttürkei, Teilen des Irans und dann in den kleinen Städten in Ontario, wo unsere Eltern lebten, bekannt war, denn das Video kursierte ausschließlich in unseren Familien. Armer pfeilgetroffener Alkim. Mel hatte ihm gnädigerweise zurückgeschrieben, doch bekräftigt, dass sie einen festen Freund hatte.

Auch Mel checkte ihre E-Mails auf Murats Computer, und als sie auf einmal »JA!« rief, war ich ein wenig erschrocken über ihre Reaktion auf Julios Geständnis. Aber es war nicht seine Liebe, die sie feierte, sondern ein Update vom Reisebüro: Unsere LOI-Referenznummern waren endlich da.

Wir drehten vor Freude fast durch, bis Murat die Dokumente genauer unter die Lupe nahm: Die LOIs gewährten uns die Möglichkeit, die usbekischen Touristenvisa in der Botschaft in Baku, aber nicht in Almaty zu bekommen. Zum Glück jedoch bestätigte uns das Reisebüro, dass die ausstellende Stadt angepasst werden konnte. Einige Tage später, nachdem wir draußen in einer Schlange mit zigarettenrauchenden Kasachen gewartet hatten, übergaben wir unsere Pässe, Antragsformulare und Geld an die usbekische Botschaft. Und zwanzig Minuten später erstreckte sich unsere Seidenstraße bis nach China.

Wenn die Visa denn funktionieren würden. Murat fand, sie wirkten gefälscht. Das kirgisische Visum bestand aus einem gefälscht wirkenden Stempel auf einem kasachischen Visum. Das tadschikische Visum war mit kindlicher Schrift und mit einem blauen Stift ausgefüllt. Das usbekische Visum erklärte: »DIESE PERSON WIRD NICHT IN UZBEKIS-TAN ARBEITEN.« Bei diesem Dokument brach Murat wirklich in schallendes Gelächter aus. »Wer würde schon nach Usbekistan gehen, um dort *zu arbeiten*?«, kicherte er, und seine riesigen Wangen wogten auf und ab. Ich wünschte, wir hätten unsere Aliens' Travel Permits aus

Tibet dabeigehabt, um sie ihm zu zeigen, damit er noch einmal dermaßen zügellos lachte. Stattdessen erzählte ich ihm nur von ihnen. Allerdings kam ich nicht weit. Bei: »… und dann haben wir uns der Polizei gestellt«, brüllte er schon auf – nicht, weil er es nicht verstanden hatte, sondern weil es für ihn eine unfassbar komische Vorstellung war, sich den Behörden in Zentralasien zu stellen.

Plötzlich verunsicherte mich unser Plan, ein Land zu bereisen, das Ausländern gegenüber so misstrauisch war, dass wir angehalten waren, jede Nacht in Hotels abzusteigen und die Belege dafür bei der Ausreise abzugeben, um das Land überhaupt verlassen zu dürfen. Das war ein Problem, denn wir hatten eigentlich geplant, auch in Usbekistan zu campen. Aber wir schoben alle Bedenken beiseite und stiegen am nächsten Morgen mit unseren usbekischen Visa in den Pässen in die TransKasachstan. Die Fahrräder wurden offiziell in den Gepäckwagen eingecheckt, und es gab genug Snacks, um die Reise zu überstehen – alles dank Murat.

Die Gänge des Zugs waren überfüllt mit dem üblichen Durcheinander aus molligen Kleinkindern, Familien, die Ziegenkopfsuppe schlürften, und versoffenen Männern, die im Speisewagen dösten. Im Süden ragte am Horizont bereits das Tian-Shan-Gebirge auf, und im Norden wurde die flache Einöde durch das Nicken der Frühlingsgräser gemildert. Schließlich schrumpften die Berge, und die Steppe wirkte im späten Nachmittagslicht beinahe butterig zart. Der Zug hielt an einer staubigen Station, wo Plastiktüten wie Pollen in einer frühlingshaften Brise umherwehten. Die Leute wanderten über den Bahnsteig, schienen aber nicht interessiert, an Bord zu gehen. Vielleicht machten sie einfach nur einen Spaziergang. Frauen mit glänzendem schwarzem Haar, das von leuchtend roten und blauen Schals zurückgehalten wurde, verkauften am Bahnsteig getrockneten Fisch, dessen Stapel aussahen wie Pyramiden gold- und silberschimmernder Schuppen.

Als der Zug wieder gemächlich vorwärtsknarrte, rannten plötzlich ein junger Mann und eine Frau mit hohen Wangenknochen los, um ihn noch zu erwischen. Ihre Gesichter leuchteten, und sie lachten strahlend. Grinsen Menschen immer so, wenn sie noch schnell den Zug bekommen wollen? Ein paar Minuten später gingen die beiden durch den Speisewagen, hielten sich an den Händen und wirkten wieder ernst und normal, und ich fragte mich, ob wir in unseren sehnsüchtigen Momenten am lebendigsten sind, vor dem Start hin zu einem Ort, von dem nicht sicher ist, ob wir ihn wirklich erreichen. Als der Zug in Richtung Kaspisches Meer beschleunigte, gab er plötzlich ein Klopfen von sich, gefolgt von einer seltsam regelmäßigen Pause, als ob in jeder fünften Runde die Räder die Gleise nicht berührten, was mir irgendwie vorher nicht aufgefallen war. Vor dem Fenster, knapp zwei Meter von unserem Zug entfernt, vertrieb ein Esel mit seinem drahtigen Schwanz Fliegen. Er bewegte sich aber ansonsten nicht, genauso wie der Vogel, der zwischen den Ohren des Esels hockte.

Dritter Teil

*Ich würde gern alles Notwendige tun, um aus jeder einzel-
nen Stunde die Essenz zu pressen.*

ELLEN MELOY,
THE ANTHROPOLOGY OF TURQUOISE

WILDNIS/ÖDLAND
Hochplateau von Ustjurt und Aralsee-Becken

In Kasachstan aus dem Zug auszusteigen war wie ein Neustart in Sachen Seidenstraßen-Tour. Nur diesmal richtig, weil wir unseren Ausstieg nicht verpasst hatten. Der Bahnsteig in Beineu war gerammelt voll mit Menschen, und vom Boden war nicht viel mehr zu erkennen als ein schmaler Streifen Dreck, der sich entlang der Gleise in beide Richtungen erstreckte. Wir luden unsere Ausrüstung und die Fahrräder auf dem einzigen freien Platz ab, den wir finden konnten, und lehnten alles gegen die Wand eines weiß getünchten, von Pappeln umgebenen Gebäudes. Dann machte sich Mel auf die Suche nach Trinkwasser. Erst als der Wind drehte, merkte ich, warum ein so verlockender, schattiger Platz überhaupt frei war und warum diese Baumart ausgerechnet hier in der Einöde gedieh. Ich stand neben der öffentlichen Toilette.

Der Gestank hinderte jedoch eine recht dralle Kasachin nicht daran, auf mich zuzulaufen. Der rote Veloursbademantel verschaffte ihr einen derangierten, aber ebenso seltsam glamourösen Look, wie eine Opernsängerin, die gerade erst aufgewacht war. Die Frau gestikulierte zu meinem Fahrrad und machte mit den Händen Pedalbewegungen. Ich zuckte die Achseln, lächelte und bot ihr schließlich das Fahrrad an.

Unter ihrem Kopftuch verschlang daraufhin ein riesiges Grinsen ihre Augen, zwei Grübchen erschienen im aufgehenden Hefeteig, und dann raste sie mit alarmierender Geschwindigkeit davon. Männer in schmutzbefleckten Unterhemden und staubigen Anzügen sprangen zur Seite, um das Fahrrad vorbeizulassen, dann rannte die Menge hinter der Frau her.

» *Velosiped, BYE BYE!* «, rief jemand laut lachend.

Mein Fahrrad war weg, Mel war mit unseren Wasserflaschen wer weiß wohin verschwunden, und die Toilettendämpfe waren dermaßen stark, dass sie einen Zug von den Schienen hätten kippen können. Also warum war mir eigentlich danach, eine Arie zu singen? Weil kurz hinter Beineu das Ustjurt-Plateau lag, eine wüstenartige Steppe, die sich von Kasachstan bis Usbekistan erstreckte, und nach einem Monat bürokratischen Trübsinns sowie hundertvierundvierzig Stunden in Zügen hatten wir endlich die Erlaubnis, dorthin zu radeln. Wenn nötig, war ich auch bereit, die hundert wasserlosen Kilometer bis zur usbekischen Grenze zu laufen. Doch glücklicherweise brachte die Dame in Rot mein Fahrrad zurück, und Mel kämpfte sich mit dem, was dem Wasservorrat mehrerer Kamelhöcker entsprach, in sehr passend Dromedarbeutel genannten Behältnissen zurück, sodass wir uns auf den Weg in die makellose Leere der Steppe begeben konnten.

Es war erst April, aber die Luft glühte vor Hitze. Ohne schattenspendende Häuser, Bäume oder Wolken knallte die Sonne mit ungebremster Intensität auf uns. Die Straße war weniger Bestandteil der Steppe als vielmehr ihre Bestätigung, denn es handelte sich bloß um einen nackten Streifen Land in einer nackten Landschaft, die bis auf den niedrigen Schatten von Gräsern und Kräutern am Wegrand ab sechs Uhr abends keine Abwechslung bot. Salz umhüllte den Staub und vermittelte die grausame Illusion von kühlen Eiskristallen. Das Ganze war aber das Ergebnis jahrtausendealter Brackwasserverdampfung, weil das Ustjurt-Plateau einst auf dem Grund des Paratethys-Meeres, eines Ausläufers des Tethys-Ozeans, gelegen war. Die Paratethys verschwand, als die Tethys unter den eurasischen Kontinent rutschte und dabei Zentralasien nach oben schob. Heute war das Schwappen der Dromedarbeutel auf meinem Fahrrad das einzige Echo der alten Uferlinien, die ich am Horizont erkennen konnte, wo die fensterkittfarbene Einöde in die Farben von Lehm und Gips überging.

Die Piste, auf der wir unterwegs waren, war im Laufe der Zeit offenbar von Trucks, die Waren nach Usbekistan beförderten, in betonharte Gipfel und Täler verwandelt worden. Zum Glück gab es nicht viel Verkehr, und auf den Nebenwegen, die sich entlang der Hauptstraße schlängelten, war gar nichts los, weil die Fahrzeuge, die hier auf der Suche nach einer angenehmeren Fahrbahn gewesen waren, diese schnell wieder verlassen hatten. Als ich durch die Steppe zu einem dieser Nebenwege fuhr, roch ich den Salbei, der von meinen Rädern zerquetscht wurde. Ein Duft, den ich mit dem Herausschleichen aus der Marsforschungsstation damals in Verbindung brachte. Ich hielt an, pflückte Salbei und befestigte einen Strauß des Krauts an meinem Lenker, damit mir auf der Reise durch Usbekistan stets die Würze der Freiheit ins Gesicht wehte.

»Das erinnert mich an Utah!«, jubelte ich Mel zu, die neben mir radelte. Einer der seltenen Momente, in denen wir Seite an Seite fahren konnten, ohne Angst haben zu müssen, überfahren zu werden.

»Richtig, Utah«, sagte Mel plötzlich sehr ernst, »wo du mal im Space Camp warst.«

»Das war kein Space Camp!«, protestierte ich.

»Ja, entschuldige, *die Marssimulation.*«

Mels tiefster Ausdruck von Zuneigung bestand in gnadenlosem Sticheln. Wir hatten viel Spaß, als wären die weiten Horizonte nicht nur eine geografische Tatsache, sondern auch Anlass zu guter Laune. Das Ustjurt-Plateau erinnerte mich an Utah, Ladakh, die Wüste Gobi, die Taklamakan-Wüste und das Tibetische Hochland – im Grunde an jeden Ort, dessen Schönheit, dessen Sinn für tief greifende Möglichkeiten mich je in seinen Bann gezogen hatte. Als einst ein Reporter Orville Wright bat, die Gegend zu beschreiben, wo er das erste Flugzeug der Welt geflogen war, erklärte Wright verträumt grübelnd, dass die Outer

Banks wie die Sahara seien oder zumindest, wie er sich die Sahara vorstelle. Reisen besteht im Grunde nur zu einem Teil aus Geografie und zu neun Teilen aus Fantasie. Man startet von den Outer Banks und landet in den Wanderdünen Nordafrikas. Man macht sich auf den Weg zum Mars und landet – was für ein wundervoller Irrtum! – auf der Seidenstraße, diesem Wunderwerk aus Staub und Licht und Sehnsucht zwischen Europa und Asien.

Marco Polo kannte die Handelsroute natürlich nicht unter ihrem modernen Namen. Der Begriff »Seidenstraße« wurde erst 1877 von einem deutschen Geografen geprägt, um den Waren- und Gedankenaustausch zwischen Ost und West zu beschreiben. Der Name blieb allerdings zunächst ziemlich vage, bis Mitte des 19. Jahrhunderts Entdecker seinen romantischen Reiz erkannten und ihn auf Buchumschläge von Reiseberichten nach China und Zentralasien drucken ließen. Bis heute ist die »Seidenstraße« ein geschickter Marketingtrick, ein einprägsames Etikett, um einzelne Stationen eines Urlaubs zu verbinden und ihm eine Art historische Bedeutung zu verleihen. Denn Tourismus besteht längst nur aus einem Teil Geografie und neun Teilen Souvenirs von und Selfies vor altertümlichen Monumenten.

Auf dem Ustjurt-Plateau jedoch gab es keine Denkmäler, nur die Wüste selbst, was Mel und mir sehr gefiel. Um die Unterscheidung zwischen Touristen und Reisenden wird viel Aufhebens gemacht, vor allem von denen, die, vielleicht ein wenig zu stark, darauf bestehen, der zweiten, angeblich weniger oberflächlichen Kategorie der Auslandserfahrung-Sammelnden anzugehören. Mel und ich waren keine kamerabewaffneten Konsumenten von sogenannten Sehenswürdigkeiten. Wir waren auf der Suche nach dem Ursprünglichen und dem Echten! Zumindest bis wir bei Einbruch der Dunkelheit die kasachisch-usbekische Grenze erreichten, wo ein schwitzender usbekischer Grenzbeamter beim Anblick unserer Pässe die Stirn runzelte und unsere Motive für einen Besuch Usbekistans infrage stellte.

»Journalisten? NGO? Auslandskorrespondenten?«, schlug er listig vor.

»Touristen!«, riefen wir nicht weniger schlau im Chor.

Ein Schild mit kyrillischen Schriftzeichen begrüßte uns in OZBE-KISTAN. Die Ähnlichkeiten dieser Nation mit dem Land Oz würden sich noch als mehr als nur etymologisch erweisen. Angefangen bei der Straße hinter der Grenze, die in der Abendsonne dermaßen strahlte, dass sie mit goldenen Steinen gepflastert schien. Dass sie überhaupt gepflastert war, schien ein Meisterwerk der Zauberkunst zu sein. Im Falle von Usbekistan verbarg sich nämlich hinter dem Eisernen Vorhang Islom Karimow, ein undemokratisch gewählter Despot mit einer gewissen Vorliebe für Korruption, Folter und Kinderzwangsarbeit auf den staatlichen Baumwollfeldern. Obwohl er inzwischen verstorben ist, nötigte Karimow zur Zeit unserer Tour seinen Bürgern derart ängstlichen Respekt ab, dass, als seine Kavalkade an einigen bereits geernteten Baumwollfeldern vorbeizureiten drohte, die einheimischen Bauern rasch die Baumwollbatzen wieder an die Pflanzen hefteten, damit der Präsident den Reichtum der Nation sehen konnte. Eine solch widerwärtige Paranoia ließ keinen Zweifel, dass Mel und ich das Dekret von Karimow ernst zu nehmen hatten, wonach sich Ausländer innerhalb von zweiundsiebzig Stunden nach der Einreise nach Usbekistan beim Office of Visas and Registration (OVIR) zu melden und jede Nacht sorgfältig Quittungen von Hotels zu sammeln hatten, ohne deren Vorlage man das Land nicht wieder verlassen durfte. Zumindest schien es ratsam, unser Zelt gut versteckt aufzubauen. Aber in der Steppe existiert so etwas wie »außer Sichtweite« nicht.

Wir schlugen das Zelt etwa anderthalb Kilometer von der Straße entfernt auf einem Schotterfeld auf, das in saubere Vielecke zersprungen war, wie durch einen enormen Aufprall, möglicherweise durch die gigantischen Mengen usbekischen Gelds, das wir dort ablegten. Ein einziger Hundertdollarschein, den wir Schwarzmarkthändlern direkt hinter der Grenze übergeben hatten, hatte Hunderte von usbekischen Scheinen hervorgebracht, so viele, dass sie mit Gummibändern zusammengehalten werden mussten, wie in einem alten Gangsterfilm. Danach dauerte es neun Tage, bis wir ein Hotel fanden, das bereit war, uns von einem Teil der Scheine zu befreien. Und zwar in Form von Bestechungsgeldern für gefälschte OVIR-Quittungen, die belegten, dass wir in behördlich zugelassenen Touristenunterkünften übernachtet hatten. Zunächst aber vergruben wir das relative Vermögen tief in unseren Taschen und versuchten, das zusätzliche Gewicht zu ignorieren.

Am nächsten Morgen krochen wir über das Ustjurt-Plateau, als ob *velosiped* nicht nur das russische Wort für Fahrrad wäre, sondern eine historisch genaue Beschreibung der von uns genutzten Gerätschaften. Wenn jemand Mels und mein langsames Tempo beobachtet hätte, wäre er sicher auf die Idee gekommen, unseren Rädern fehlten die Pedale, Reifen und Ketten, wie bei den sperrigen Zweirädern, die 1876 auf den Straßen von Paris angesagt waren. Unsere gestählten Beinmuskeln und die hart antrainierte Lungenkapazität waren während der einmonatigen Radelpause verkümmert. Und der gestrige, nur hundert Kilometer lange, aber nicht ganz einfache Ausflug von Beineu zur kasachisch-usbekischen Grenze hatte eine Wirkung, als wären wir nach wochenlanger Bettruhe aus dem Stand einen Marathon gelaufen. Schlimmer noch, die waschbrettähnliche Straße hatte dort, wo für gewöhnlich unsere Hintern waren, nichts als blaue Flecken hinterlassen, sodass Mel und ich beim Aufsteigen auf die Räder gleichzeitig aufheulten. Also traten wir im Stehen in die Pedale, was uns aber nur langsam voranbrachte. Ich tröstete mich mit einem alten arabischen Sprichwort, das ich mal irgendwo gelesen hatte: Die Seele reist stets im Tempo eines Kamels.

In dieser Hinsicht machten wir alles richtig. Irgendwann kamen wir tatsächlich an zwei Kamelen mit schlaff wirkenden Höckern und zotteligen Dreadlocks um die Hufe vorbei, die mit geschürzten Lippen an etwas knabberten, was wie purer Staub aussah. Nach den Buchstaben »AL« zu urteilen, die mit Farbe auf ihre Rippen gesprüht waren, sowie den feschen Schals um ihre Hälse, waren diese beiden Vertreter einer der wenigen großen Tierarten, die die glühende Hitze und Trockenheit des Ustjurt überleben konnten, domestiziert. Eine andere auf Überleben trainierte Spezies ist die Saigaantilope, ein Huftier mit zwei einhornartigen Hörnern. Unterwegs dachte ich immer wieder, sie am

Horizont zu entdecken, um dann enttäuscht festzustellen, dass es sich nur um Kamele handelte. Das kam nicht unerwartet, denn die Population der Saigaantilopen ist durch illegales Wildern stark dezimiert. Die Hörner werden von der traditionellen chinesischen Medizin, der Form von »Heilmethode«, die für den Artenreichtum auf der Erde am schädlichsten ist, als Aphrodisiaka geschätzt. Diese Antilopenherden erleiden darüber hinaus regelmäßig mysteriöse Massensterben, möglicherweise aufgrund von bakteriellen Infektionen durch domestizierte Tiere. Infolgedessen ist die Saigaantilope in Zentralasien noch seltener anzutreffen als das Recht der freien Rede. Ich kenne nur Fotos von ihr, aber mit ihren vorstehenden braunen Augen und einer Nase, die wie ein zu kurzer Elefantenrüssel aussieht, könnte sie auch von dem Kinderbuch-Autor Dr. Seuss stammen, nur eben außerirdischerer Natur. Aber warum sollte ausgerechnet ich mir ein Urteil erlauben dürfen? Aus der Sicht der Usbeken waren Mel und ich die Außerirdischen im Ustjurt. Zwei blasse, stumme Barbaren, die neun Tage durch eine Steppe radelten, die die Einheimischen allenfalls mit dem Auto durchquerten oder ganz mieden. Andererseits besitzt die usbekische Sprache auch kein Wort für »Spaß«.

Bald waren unsere Wasserflaschen und Dromedarbeutel leer. Da keine Häuser oder gar Städte in Sicht waren, entschlossen wir uns, für die neuerliche Versorgung Fahrzeuge heranzuwinken. Dort, wo die Straße auf den Horizont traf, schwappte der Himmel auf das Pflaster, und die Autos in der Ferne schienen geradezu in der Luft zu schweben. Die vielen Risse in der Straße ließen die Fahrtgeräusche wie Schnellfeuerwaffen oder Maschinengewehrsalven klingen, ein rasantes *Tat-Tat-Tat-Tat*, das Mel und mich eigentlich dazu veranlasst hätte, in Deckung zu gehen. Stattdessen aber richteten wir uns kerzengerade auf und winkten mit den Armen.

Auf uns kam ein winziger Pkw zu, der ganz mit pfirsichfarbenen Schaufensterpuppen vollgestopft war. Dutzende von arm-, bein- und kopflosen Torsi waren auf dem Dach befestigt und quollen unter dem Kofferraumdeckel hervor. Mel und ich ließen die Arme sinken und den

Wagen passieren. Etwas später hielt ein kasachischer Lkw, und obwohl der Fahrer kein Wasser für uns hatte, überließ er uns großzügig eine eingedrückte Flasche warmer Coca-Cola. Ich drehte den Verschluss auf und bemerkte, dass die Flasche bereits einmal geöffnet worden war. Noch an Ort und Stelle tranken wir die Hälfte, den Rest hoben wir fürs Abendessen auf. » Ich frage mich, wie Instantnudeln schmecken «, dachte Mel laut nach, » wenn sie in Cola gekocht werden. « Glücklicherweise mussten wir es doch nicht herausfinden. Ein paar Stunden später trafen wir auf eine Gruppe von Straßenbauarbeitern, die erfreut schienen, unsere Wasserflaschen und -beutel zu füllen – anscheinend eine willkommene Pause vom Teerschaufeln bei Gluthitze. Wir posierten mit ihnen für Fotos, und sie dankten uns dermaßen überschwänglich, als hätten wir *ihnen* gerade in der Wüste Wasser geschenkt.

Um die schlimmsten Phasen der sengenden Hitze und des Gegenwinds, der gegen die Temperatur nicht half, zu meiden, änderten wir unseren Tagesrhythmus und bauten am frühen Nachmittag unser Lager auf, um darauf zu warten, dass es kühler wurde, bevor wir wieder losfuhren. Obwohl wir den Zelteingang für den Wind geöffnet und die Schlafsäcke über das Zelt gelegt hatten, um irgendwie eine Art Schatten zu erzeugen, war der Glühwurm dennoch ein unerträglich warmes Treibhaus. Die Venen traten aus meiner Haut und kartierten heiße Blutflüsse. Vor allem meine Hände und Füße fühlten sich in der Hitze seltsam dick an, als ob sich unter meinen Handflächen und Sohlen etwas aufstaute, ohne dass ein Abfluss vorhanden war. Es war zu heiß zum Schlafen, zum Reden, zum Schreiben, zum Leben. Ich lag still auf meiner Schlafunterlage und las, während der Schweiß unter meinen Schulterblättern Pfützen bildete.

Zu den Büchern auf meinem E-Reader gehörte eine Sammlung von John Bergers Essays, aber vielleicht hatte die Hitze der Datei zugesetzt, denn im gesamten Text von Berger war das englische Wort *the* systematisch durch » die « ersetzt: » Die third dimension, die solidity of die chair, die body, die tree, is at least as far as our senses are concerned, die very proof of our existence. It constitutes die difference between die word and die world.« – Also in etwa: »The dritte Dimension, the Stabilität von Stuhl, Körper und Baum, ist zumindest für unsere Sinne, the Beweis unserer Existenz. Es stellt the Unterschied zwischen the Wort und the Welt dar.«

Aber wenn sich die englischen Wörter *word* und *world* – das Wort und die Welt – nur durch den Buchstaben *l* unterscheiden, trennt eine noch schmalere, nicht ebenso einfach durch Buchstaben abzubildende Grenze die Steppe Usbekistans von Wüstenbildung. Mel und ich tauchten in die Wildnis des Ustjurt-Plateaus ein und fühlten uns wie nachdunkelnder Tee, aber einige Hundert Kilometer östlich befand sich eine ähnlich ausgetrocknete Landschaft, die einst der Aralsee war. Ehemals der viertgrößte See der Welt, ist er heute nur noch eine soziale und ökologische Einöde. Historisch gesehen von zwei Flüssen gespeist, dem Amudarja und dem Syrdarja, war der See wegen der usbekischen Industriebewässerung, die in den Sechzigerjahren als sowjetisches Projekt zum Anbau von Baumwolle begann – einer der durstigsten Nutzpflanzen der Welt –, nach und nach verkümmert. Dreißig Jahre später erreichen die Flüsse den See nicht mehr, der neunzig Prozent seines ursprünglichen Volumens verlor und darum seinen Salzgehalt vervierfacht hat, was zum katastrophalen Aussterben von fast dreißig Fischarten und damit gleichfalls zur Vernichtung der usbekischen Fischergemeinden führte.

»Man kann den Aral nicht mit Tränen füllen«, schrieb der usbekische Dichter Muhammad Salih im Exil, und damit hat er recht: Nach aktuellen Salzgehaltsmessungen wären Tränen nicht salzig genug. Ist man sich der jüngsten Geschichte des Aralsees nicht bewusst, könnte man fälschlicherweise annehmen, dass sich das schroffe, widerstandsfähige Ökosystem des Ustjurt danach einfach nach Osten zum ehemaligen Meeresboden bewegt hätte, einem Sandhaufen, der, wie Narbengewebe, ein paar Töne heller ist als das umgebende Gelände. Die Einheimischen nennen diese neue Wüste Akkumy, was »weißer Sand« bedeutet. Und nur ein Friedhof von Holzschiffen, die zwischen den

Dünen gestrandet sind, entlarvt die Landschaft als sonderbar und unnatürlich – keine echte, lebendige Wüste, sondern das Ergebnis einer katastrophalen Versteppung. Vielleicht ist das der wahre Unterschied zwischen einer Wildnis und Ödland: Letzteres ist von uns selbst geschaffen, was die Erde ein wenig steriler, noch ein wenig trockener und jeden Tag ein wenig mehr wie den Mars aussehen lässt.

Als wir nach Einbruch der Dunkelheit losradelten, dachte ich tatsächlich, den Roten Planeten entdeckt zu haben: helle Glut am Horizont wie das leuchtende Ende einer Zigarette. Der Mars – wenn es denn der Mars war – wirkte so winzig, als könnte ich diesen ganzen Planeten mit dem kleinen Finger fortwischen, so wie Neil Armstrong ja einmal sagte, er hätte vom Mond aus die Erde mit dem Daumen auslöschen können. »Haben Sie sich dadurch wirklich groß gefühlt?«, fragte ihn jemand nach seiner Rückkehr zur Erde. »Nein«, gestand der erste Mondspaziergänger in einem seiner seltenen offenherzigen Momente. »Ich fühlte mich wirklich, wirklich klein.«

Usbekistan hatte eine ähnliche Wirkung auf mich, besonders nach Sonnenuntergang. In dieser plötzlich abgekühlten Welt schien keine Geschwindigkeit unmöglich, kein Ziel zu weit gesteckt. Die Steppe war so flach, dass die Sternbilder bis zum Boden reichten, und die Sterne schwebten auf Augenhöhe um mich herum, sodass es schien, als würde ich zu ihnen reisen oder sogar durch sie hindurch. Mit jedem Pedaltritt schwebte ich näher zu den Ringen des Saturn, ich segelte an der Heliopause vorbei, ich flog Seite an Seite mit den Raumfahrzeugen des *Voyager*-Programms, als sie auf Sirius zusteuerten, eine Sonne, die nur 8,6 Lichtjahre von unserer entfernt ist.

Bezeichnenderweise interessiert mich die wissenschaftliche Mission der *Voyagers* nicht so sehr wie ihre skurrile Ladung: Im Instrumentenschacht beider *Voyagers* befindet sich eine sogenannte Golden Record, eine vergoldete Kupferdatenplatte mit irdischen Grüßen in fünfundfünfzig Sprachen, Schnappschüssen aus aller Welt und einem Medley aus Naturklängen und Musik: Walgesang, Wellen, die an einem Ufer brechen, die Herztöne einer verliebten Frau, Bilder von Oxfords Türmen und Giebeln und von einem modernen Flugzeug, das startet. Der Biologe Lewis Thomas hatte vorgeschlagen, das Gesamtwerk von Johann Sebastian Bach aufzunehmen, »aber das«, gab er zu, »wäre zu prahlerisch«. So entschied man sich für nur drei von Bachs Kompositionen sowie für die ersten beiden Takte von Beethovens *Cavatina*, angeblich die einzige Musik, die den tauben Komponisten zu Tränen rührte. Auf der Platte sind außerdem Aufnahmen so unterschiedlicher Art zu hören wie aserbaidschanische Dudelsäcke, ein Navajo-Abendgesang und die Morsezeichenwiedergabe des lateinischen Satzes *ad astra per aspera*, »durch das Raue zu den Sternen«. Diese ganzen Fragmente bieten – einer jeden außerirdischen Intelligenz, die sie entdecken und entschlüsseln kann – eine Art Haiku-Zusammenfassung über die unvorstellbare Bandbreite des Lebens auf der Erde dar.

Soweit ich mich erinnern kann, wurde die Golden Record im naturwissenschaftlichen Unterricht an der Grundschule nicht erwähnt, als man mich dort mit dem Raumschiff *Voyager* bekannt machte. Die goldenen Datenplatten waren schließlich nicht wissenschaftlich, sondern etwas anderes, eher eine Art Poesie, obwohl sie auch nicht im Englischunterricht auftauchten. Allerdings erfuhr ich an der Universität recht früh davon, nämlich aus einem Buch von Carl Sagan namens *Signale der Erde. Unser Planet stellt sich vor*. Sofort bekam ich eine Gänsehaut, denn ich glaubte an das, was ich las: »wie Marco Polo wird die Golden Record die Tore zu einer alten und großen Zivilisation öffnen«. Zu dem Zeitpunkt war ich von Polos Erkundungen der Seidenstraße immer noch fasziniert, das heißt, ich ahnte immer noch nichts von seiner starken kaufmännischen Neigung. Aber auch wenn Polo im Laufe der Zeit in meiner Wertschätzung sank, bleibt Sagan ein Idol, ein Entdecker, der zu gleichen Teilen Wissenschaftler und Dichter war. Er leitete das Team, das für die Zusammenstellung der Golden Record verantwortlich war, und er hatte den Auftrag, die Auswahl in Bezug auf geografische, ethnische und kulturelle Repräsentation fair zu treffen und gleichzeitig einen umfassenden Überblick über das Leben auf der Erde zu vermitteln. Dazu bewies Sagan einen aufschlussreichen Humor. Ein Bild aus Sir

Vivian Fuchs' transantarktischer Expedition von 1958 zeigt eine Sno-Cat, die perfekte Kreuzung eines Monstertrucks mit einem Armeepanzer, in der das Forscherteam versuchte, die Antarktis zu erkunden, dabei aber gefährlich nah an den Rand einer riesigen Gletscherspalte steuerte. »Das Befreien festsitzender Fahrzeuge könnte eine Erfahrung sein, die wir mit außerirdischen Entdeckern teilen, egal, für wie fortschrittlich man sich hält«, bemerkte Sagan. Er fügte der Golden Record auch ein Foto von jemandem bei, der einen zerklüfteten Gipfel in den Alpen bestieg. »Wenn die Rezipienten die Silhouette dieser menschlichen Figur erkennen, wird offenbar, dass es schwierig und scheinbar sinnlos ist, diese Felsspitze zu erklimmen. Der einzige Sinn dieser Leistung liegt darin, es einfach zu tun. Wenn diese Botschaft ankommt, wird sie Außerirdischen etwas sehr Wichtiges über uns Menschen sagen.« Vermutlich, dass wir nicht immer vollkommen rational handeln, obwohl wir oft das Gegenteil behaupten.

Die Golden Record selbst war ein ebenso irrationales Projekt: Warum wertvollen Nutzladeraum in einer Raumkapsel verschwenden, der sonst fruchtbareren wissenschaftlichen Instrumenten gewidmet werden konnte? Die NASA zögerte zunächst sogar, das Foto des »hellblauen Punkts« zu machen, denn dafür musste das Raumschiff gedreht werden (was wegen des Treibstoffs kostspielig war) und eine Kamera auf die Sonne gerichtet werden (was das Risiko barg, dass die Linse verbrannte). Mit anderen Worten: Ein solches Foto war einfach nicht sinnvoll. Es war eine leichtfertige Verschwendung von Steuergeldern. Es würde nichts Neues oder Bahnbrechendes enthüllen, denn wir wussten bereits, wo sich unser Heimatplanet im Sonnensystem befand und wie er aussah.

Leider hat sich die Wissenschaft nie allzu sehr mit der Selbstreflexion beschäftigt. Nur durch das leidenschaftliche Wirken von Carl Sagan gelang es, die Meinung der NASA über das Foto zu ändern. Was die Verwaltungsangestellten und Ingenieure damals nicht zu erkennen schienen, ist, dass Forschung eine systematische Untersuchung der Natur der Dinge ist, aber auch eine radikale, offenbarende Kunst, ähnlich der Wissenschaft selbst. Obwohl Forschung dazu führen kann, Neuland zu erobern oder die Welt besser zu beherrschen, liegt ihr eigentlicher Wert darin, dass sie unser Bewusstsein erweitert, unser Gefühl der Verbindung zueinander und das Universum, zu dem wir gehören. Das bedeutet, scheinbar unpraktische Aktionen wie das Foto des »hellblauen Punktes« oder die Golden Record sind kein Abkommen von ernsthafter Forschung, sondern ihre Essenz. Welchen Sinn hat es sonst zu forschen, wenn nicht, unseren Platz im wilden Schema der Dinge zu offenbaren oder eine kleine Vorstellung von dem, wer wir sind, ins Universum zu senden? Ein Selbstporträt und eine Flaschenpost: Vielleicht sind keine weiteren Hinweise wichtig.

Bei den nächtlichen Fahrten durch Usbekistan fühlte ich mich selbst wie eine Flaschenpost. Ich versuchte, etwas zu erkennen, aber alles, was ich sah, war das schmale Stück Straße, das vom Licht meines Fahrrads beleuchtet wurde. Irgendetwas mit Schlaglöchern, irgendetwas mit Gras, das in den Pflasterfugen hochschoss. Irgendetwas über Orte, die man dank der Straße erreichen kann, und Orte, die man nur erreichen kann, wenn man sich *auf* der Straße befindet – ein Zustand, den man in fast jeden Kontext stellen kann, vor allem auf einer mit Sternen gepflasterten Schnellstraße in Usbekistan. Zumindest bis man so müde ist, dass man fast vom Fahrrad fällt

Gegen zwei Uhr morgens schlugen Mel und ich das Zelt im Licht unserer Stirnlampen auf. Dann schlummerten wir ein paar traumlose Stunden, wachten vor Sonnenaufgang wieder auf und starteten erneut in den Weltraum, um noch vor Monduntergang weiterzukommen. In der ersten Woche hing er am Himmel wie eine angebissene Apfelspalte. *Wie es wohl war, dort oben herumzulaufen?* Neil Armstrong wurde ständig darauf angesprochen, im Lebensmittelgeschäft und im Friseurladen, die Gesichter der Fragenden leuchteten erwartungsvoll. *Wie war es, der Erste gewesen zu sein?* Ich hätte auch gefragt, wenn ich ihm jemals begegnet wäre, obwohl ich wusste, dass die Frage zutiefst unoriginell war. Aber wäre eine andere Art von Small Talk nicht noch alberner? Ich hätte in der lächerlichen Hoffnung gefragt, dass Armstrong, der an einen Ort aufgebrochen war, wo zuvor noch niemand sonst gewesen war, mir etwas aufzeigen konnte, was niemand sonst konnte: eine andere Landkarte, eine neue Religion, Andenken in der Farbe von Sternen, deren Innerstes nach außen gekehrt war.

Jedenfalls antwortete der berühmte schüchterne Mondspaziergänger nicht auf die Frage. Vielleicht war Armstrongs Schweigen reine Höflichkeit, eine Art fantasievoller Großzügigkeit, als ob dieser zutiefst bescheidene Mann gespürt hätte, dass alles, was er sagen könnte, hinter dem zurückbleiben würde, was sich die Menschen erträumten. Oder vielleicht war er auf dem Mond so beschäftigt, dass er keine Zeit hatte, das Wunder des dortigen Daseins abzuspeichern, weil jeder seiner Herzschläge von der NASA mikrogemanagt wurde. Die Checkliste, die auf die Manschette des Handschuhs seines Raumanzugs genäht war, forderte Armstrong auf, Fotos zu machen, den Zustand der Mondlandefähre *Eagle* zu inspizieren, mit Hammer und Schaufel Proben von Mondgestein und Staub zu sammeln – also im Grunde genommen alles, außer über seinen eigenen surrealen Platz im Kosmos nachzudenken.

Außerdem war der NASA am Anfang der prägnante Mut der Testpiloten wichtig, aber nicht unbedingt die Fähigkeit zu aufrüttelnden Meinungsäußerungen, was mir im Nachhinein eine verpasste Gelegenheit zu sein scheint. Schließlich ist die lateinische Wurzel des Wortes Entdecker *ex-plorare*, wobei *ex* »hinaustreten« und *plorare* »einen Schrei ausstoßen« bedeutet. Sich ins Unbekannte zu wagen ist also nur die halbe Arbeit. Die andere Hälfte, und vielleicht die wichtigere Hälfte der Erforschung der Materie jenseits der engen Grenzen des Selbst, lautet: nach Hause zu kommen und davon zu berichten.

In der Highschool war ich von dem Science-Fiction-Film *Contact* begeistert, eine Adaption des gleichnamigen Romans von Carl Sagan. Die Hauptfigur des Films ist Dr. Ellie Arroway, eine unkonventionelle, kluge Astronomin, die von der Idee besessen ist, nach Anzeichen für weiteres intelligentes Leben im Universum zu suchen. »Wenn wir die Einzigen im Universum sind«, begründet sie, »ist das eine ziemliche Platzverschwendung.« Eines Tages in der Wüste New Mexicos, wo das Karl G.

Jansky Very Large Array mit Radioteleskopen geduldig dem Kosmos lauscht, empfängt Ellie schwache, aber unverwechselbare Töne aus der Nähe des Sterns Wega, fünfundzwanzig Lichtjahre entfernt. Das Funksignal wird schließlich in eine Blaupause für eine Maschine decodiert, mit der ein Mensch transportiert werden kann, obwohl niemand weiß, wohin die Reise gehen wird, sobald die Maschine aktiviert ist. Nach einem zermürbenden Auswahlverfahren wird Ellie ausgewählt, um an Bord der Maschine zu gehen und es herauszufinden.

Nach der Zündung stürzt die Kapsel in ein Wurmloch – ursprünglich Einstein-Rosen-Brücke genannt, ein Tunnel aus Raum und Zeit, wie es die allgemeine Relativitätstheorie beschreibt – und nimmt Ellie mit auf eine Warp-Geschwindigkeits-Tour durch den Kosmos, vorbei an schwarzen Löchern, Spiralgalaxien und anderen lebenden und atmenden Welten. Während dieser Reise und trotz ihrer rigorosen wissenschaftlichen Ausbildung greift Ellie nicht nach Messstab, Kompass oder einem anderen Instrument, um die Erfahrung zu quantifizieren und sie als Daten zu fassen. Was sie sucht, sind Worte. Wenn sie die richtigen findet, wird sich das Leben auf der Erde für immer verwandeln, denn was sie sieht und unbedingt mitteilen will, ist, dass das Universum größer, prächtiger, fremder und lebendiger ist, als wir es uns vorstellen können. Dass wir zu etwas viel Größerem gehören als uns selbst und dass niemand jemals allein ist. Ellie sehnt sich mehr als alles andere danach, diese Ehrfurcht, diese Demut, diese Hoffnung zu teilen. Also sucht sie nach Worten, aber wie Armstrong kann sie sie nicht finden. »Sie hätten einen Dichter losschicken sollen«, flüstert sie.

Als Delegierte des Ausschusses für die friedliche Nutzung des Weltraums bei den Vereinten Nationen Grüße für die Golden Record aufnahmen, benutzten viele von ihnen Zeilen von Dichtern ihrer Länder oder sprachen selbst poetische Worte, wie der Nigerianer, der seinen Heimatkontinent beschrieb: »Eine Landmasse, die im Zentrum unseres Planeten liegt und mehr oder weniger die Form eines Fragezeichens hat.« Ich dachte oft an seine Worte, als ich mich bei den nächtlichen Fahrten über meinen Lenker beugte und mich wie ein Fragezeichen im Zentrum des Universums fühlte, denn wo auch immer es uns hintreibt, da sind wir dann. Sogar auf einem Fahrrad, das sich langsam durch Usbekistan schleppt.

Seit Langem sind Wüsten für mich Landschaften von fast prophetischer Offenbarung. Als ob diese sauber geleckte Leere die Empfänglichkeit von Frequenzen erhöht, die sonst im Weißen Rauschen des Alltags untergehen. Das nahm ich auf dem Ustjurt-Plateau vor allem kurz vor Tagesanbruch wahr, wenn der Horizont glühte und schimmerte, als würde gleich etwas Bedeutsames passieren. Wenn dann die Sonne aufging, zerrte sie sozusagen Gold aus dem Boden und warf es überall hin, sodass der ursprüngliche Reichtum des Landes vom Staub befreit wurde. Die Luft roch nach verbranntem Schmutz, gewürzt mit Tau und Salbei. Unsere Fahrräder warfen lange, kühle Schatten, die mit Aufstieg und Abfahrt wuchsen und wieder schrumpften. Die Konturen der Steppe waren manchmal derart subtil, dass wir den Schatten brauchten, um sie zu erkennen. Das Raue der Landschaft und die Geschmeidigkeit des Lichts – wo sich Gegensätze treffen, wirkt Magie.

In den kühleren Stunden vor Sonnenaufgang war der Kinnriemen meines Helms steif vor Salz und glich einer scharfen Klinge an meiner Kehle. Erst wenn ich richtig schwitzte, wurde er wieder weicher. Das dauerte nicht lange. Als die Sonne höher stieg, schien sie aufzuschreien, aber das war nur der Wind, der mit ihr stärker wurde und eine Hitze und ein Energiefeld aufbaute, dass es sich anfühlte, als würden wir in einem bösartig steilen Winkel aus dem Weltraum in die Erdatmosphäre eintreten. Der Horizont entwickelte sich von wunderschön zu grell, und am Rand des Himmels schimmerte eine rote Spur wie eine Lippenstiftkontur. Um neun Uhr morgens schon war die ganze Schönheit der Steppe bereits verbrannt und hinterließ eine Landschaft voller Nuancen und Details, und unser Tempo wurde derart langsam, dass Mel und ich befürchteten, mit toten Tieren am Straßenrand verwechselt zu werden.

Daran glaubte sicherlich der Steppenbussard, der stundenlang über uns kreiste, kaum die breiten Flügel bewegte und spottend am Himmel schwebte, als wäre der ganze Himmel eine Skipiste. Weit unten drehten sich unsere Räder auf der offiziellen, lodernden Piste Usbekistans, und ich roch die wahren Verkehrsopfer, lange bevor ich sie sah. Einem Windhauch von Fäulnis folgte der Anblick einer überfahrenen Eidechse, eines zerquetschten Igels oder einer Schildkröte, deren zersplitterter Panzer wie ein Puzzle des Planeten Erde aussah, wobei ein paar Teile fehlten. Doch dies war nichts im Vergleich zu dem, was ich bei meiner Tour durch die USA gesehen hatte. Irgendwo östlich von Carson City in Nevada begann auf einmal die Straße zu leuchten. Zuerst dachte ich, es liege am Sonnenuntergang hinter mir, der glänzendes Licht über den ganzen Asphalt geschüttet habe. Dann hörte ich das Geräusch. Ein Knirschen und Krachen unter meinen Rädern, wie wenn man Popcorn macht, nur dass die Körner in diesem Fall braun waren und noch höchstens sechs mehr oder weniger hektisch zappelnde Beine besaßen. Heuschrecken. Tausende von Heuschrecken.

Später erfuhr ich, dass es sich um die Mormonen-Heuschrecke handelte, eine gut gepanzerte Sorte von Katydiden, deren Anzahl, ausgerechnet als ich durch Nevada radelte, nach einer Dürreperiode zu gruselig kannibalischen Schwärmen explodiert war. Die Landstraße hatte einen glänzenden Chitinbelag, der von einer breiten Spur halb zerdrückter Ungetüme überzogen war, von denen einige keine Beine mehr besaßen, andere keine Flügel, und ihre harten Chitinpanzer waren durch die heiße Presse von Fahrzeugreifen gegangen. An diesem Abend wurden meine Nudeln kalt, weil ich vergeblich auf Appetit wartete. Ich hatte zuvor Schwierigkeiten gehabt, auch nur einen Fleck Erde zu finden, der nicht von Heuschrecken befallen war, um mein Lager aufzuschlagen, und in der Nacht schlief ich bei dem albtraumhaften Trippeln winziger Beine auf dem Zeltdach ein. Insekten, von denen viele versierte und energieeffiziente Flieger sind, beschwören deutlich weniger Neid herauf als Vögel.

Was Insekten seltsamerweise aber inspiriert haben, ist die Reiseliteratur, zumindest im Falle von Sir Wilfred Patrick Thesiger. Der britische Schriftsteller und Forscher schrieb sein Meisterwerk *Die Brunnen der*

Wüste, nachdem er in den späten 1940er-Jahren für die britische Anti-Locust-Einheit zur Vorhersage und Kontrolle der Heuschreckenausbreitung im Nahen Osten in der weltweit größten Wüste, der Rub al-Chali auf der Arabischen Halbinsel, dem sogenannten Empty Quarter, gearbeitet hatte. Aus den arabischen Wanderdünen tauchten regelmäßig Heuschreckenschwärme auf, die » langbeinig und in schwankendem Flug in der Luft schwebten wie Schneeflocken im Sturm «, schrieb Thesiger. Der Forscher wurde beauftragt, die Brutplätze zu finden, denn die Schwärme überzogen den Nahen Osten regelmäßig mit Hungersnöten. Dennoch nahm Thesiger den Job nicht aus rein altruistischen Gründen an. » Ich war nicht wirklich an Heuschrecken interessiert «, gab er zu, » aber sie waren mein goldener Schlüssel zu Arabien. « Begleitet von Beduinenführern und Kamelen, verbrachte er Monate damit, das Empty Quarter zu durchqueren und gegen Durst und Sandstürme zu kämpfen. » Für andere hätte meine Reise wenig Bedeutung «, erklärte er. » Es käme nichts anderes dabei heraus als eine ziemlich ungenaue Landkarte, die niemand jemals benutzen würde. Dies war eine persönliche Erfahrung, und die Belohnung war ein Getränk mit sauberem, fast geschmacklosem Wasser. Damit war ich zufrieden. «

Nach einer Woche in Oz wäre ich selbst mit wenig Trinkwasser zufrieden gewesen, aber sogar das war knapp. Wir radelten eines späten Nachmittags langsam im gangränösen Licht, das der Landschaft das Aussehen von sonnenverbrannter, sich schälender Haut verlieh. Die tiefe Stille der Wüste lud mich nicht zu ebenso tiefgründigen Gedanken ein, sondern lenkte meine ganze Aufmerksamkeit auf das fehlende Schwappen in unseren Wasserflaschen und Dromedarbeuteln, die mittlerweile so leer waren wie der Aralsee. Doch Mel war plötzlich überzeugt, vor uns ein Gebäude zu entdecken, und ich war ebenso überzeugt, dass sie wahnhafte Störungen hatte, bis wir direkt vor dem Haus standen.

Vor dem Gebäude befand sich ein Gitterbett ohne Matratze, und auf den losen Spiralfedern hatte es sich ein hagerer Mann gemütlich gemacht. Er blinzelte, als wir nach *su*, also » Wasser «, fragten. Vielleicht hielt er uns auch für eine Wahnvorstellung. Dann führte er uns zu ein paar blauen Fässern, die knochentrocken waren. Er schien selbst davon einigermaßen überrascht und winkte uns, ihm zu einer rostigen Leitung zu folgen, aus der Wasser tropfte – und der Geruch von faulen Eiern drang. Er sah zu, wie wir unsere Flaschen und Dromedarbeutel füllten, obwohl wir nicht die Absicht hatten, das Rülpswasser zu trinken, es sei denn, wir wären wirklich verzweifelt.

Als Mel und ich uns gerade wieder auf den Weg machen wollten, fuhr ein Lkw in die Einfahrt, und ein fettleibiger Mann rutschte vom Fahrersitz. Er war nass vor Schweiß. Der dünne Mann lud ihn zum Essen ein, und uns auch. Wir folgten den beiden in einen dunklen, stickigen Raum, in dem weitere schwergewichtige, müde Männer, vermutlich alles Lkw-Fahrer, an einem Tisch saßen und knorpeliges Fleisch von Knochen rissen, die sie aus einer großen Schüssel nahmen. Ihre Finger hinterließen Fettflecken auf den Schnapsgläsern, aus denen sie, wie ich annahm, Wodka herunterkippten. Mel und ich setzten uns auf Stühle, die sie rasch extra für uns herbeigeschafft hatten, blickten uns dann ängstlich an, entschuldigten uns und flohen daraufhin.

Nichts ist so hilfreich wie ein Raum, der nach Hammelfett und Wodka stinkt, um aus einer glutheißen Steppe eine Oase zu machen. Wir zählten die Kilometer bis Nukus herunter, der am westlichsten gelegenen Stadt Usbekistans, und dachten uns neue Wörter für »Durst« aus – zum Beispiel *aghh, wagh, grak* und *mrwak*. »Das klingt alles wie Quaken«, wies ich Mel hin. »Ist eben eine Lautsprache«, entgegnete sie.

Ja, man hätte Dichter die Seidenstraße bereisen lassen sollen, obwohl ich bezweifle, dass selbst Don Domanski die Süße des Tees, den wir in einem Lokal am Straßenrand von Nukus tranken, hätte beschreiben können. Die vulkanische Temperatur des Tees hatte einen paradox kühlenden Effekt, und eine frische Brise schälte den Schweiß von unserer Haut, während er die in der Nähe stehenden Pappeln ins Wanken brachte. Die Bäume säumten die Straße in geordneten Reihen, der untere Teil ihrer Stämme war mit einer Art Insektizid weiß gestrichen worden. Neben ihnen befanden sich Bewässerungsgräben, die voller Algen waren. Die zähflüssige, smaragdgrün glänzende Oberfläche wölbte sich stellenweise von Froschnasen, die wie ein etwas dunklerer Algenschatten aussahen, nur dass sie eben quakten, sodass ich, selbst als ich Tee trank, die ganze Zeit *Durst, Durst, Durst* hörte.

Die vierfache Mutter, die das Lokal führte, lud Mel und mich ein, die Nacht bei ihr zu verbringen, und bot sogar an, uns die Haare zu waschen. Von Hand. Mit einem Eimer. Haare, die mehr als eine Woche lang nichts als Staub und Schweiß und die Innenseite eines Helmes gesehen hatten. Von allen gastfreundlichen Gesten, die uns entlang der Seidenstraße begegnet sind, und davon gab es wahrlich viele, zählte diese zu den großzügigsten und liebevollsten, denn diese Frau pfiff nur leise vor sich hin, während sich der Schlamm von unseren Kopfhäuten löste. Es fühlte sich so gut an, umsorgt zu werden und die Vorsicht komplett fallen zu lassen und entspannen zu können und dermaßen bemuttert zu werden. Später waren Mel und ich vollkommen schockiert, als wir erfuhren, dass die Frau ein paar Jahre jünger war als wir.

Noch vor Sonnenaufgang am nächsten Morgen waren die breiten Alleen von Nukus voller Menschen. Frauen mit fröhlich hopsenden Kindern an der Hand schlenderten in die Stadt, und das Muster ihrer hellen, pyjamaähnlichen Gewänder kollidierte charmant mit dem ihrer Kopftücher. Jungs im Teenageralter trugen enge Bluejeans und fuhren mit knarzenden Fahrrädern an unseren vorbei. Ledergesichtige Männer führten Esel, deren weiche Nasen fast den Boden berührten, während sie Wagen mit Heu, Ästen und in einem Fall drei Kühen zogen. Im staubigen, schrägen Licht der Morgendämmerung wirkte die geschäftige Szene unwirklich und geisterhaft, wie eine Welt voll von sogenannten Nachbildern, wenn man zu lange in die Sonne geschaut hat.

Andererseits fühlte ich mich, als würde ich quasi wieder in zivilisierte Welt eintreten. Viele loben den Mut und die Ausdauer von Entdeckern, aber verkennen, dass einige dieser Sonderlinge Routine weitaus schrecklicher finden als Risiko. Wie sonst sollte man erklären, warum Ernest Shackleton eine Expedition durch die Antarktis plante, sein Schiff im Packeis verlor, daraufhin jahrelang nur Robbenspeck aß, während er darauf wartete, gerettet zu werden, und schließlich, als er gerettet wurde, ein paar Jahre später in die Antarktis zurückkehrte. Oder Meriwether Lewis, der unter allen möglichen Schwierigkeiten litt, als er und William Clark der Indianerin Sacajawea über den amerikanischen Kontinent zum Pazifik und zurück folgten. Aber als er zur Belohnung für seine Leistung zum Gouverneur von Louisiana ernannt werden sollte, fand er das zivilisierte Leben dermaßen unerträglich, dass er angeblich Selbstmord beging. Oder warum es Thesiger immer wieder in die arabische Wüste zurückzog, »in dieses grausame Land, das einen Zauber ausübt, den kein gemäßigtes Klima erreichen kann«, wie er erläuterte.

Weitaus quälender, als in der Wüste auf dem Fahrrad zu schmelzen, war in unserem Fall, in Nukus Instantnudeln zu kaufen. Unsere dünne Kleidung hing nach dem Waschen zum Trocknen draußen, sodass wir keine andere Möglichkeit sahen, als in Fleecehosen und langärmeligen Wollshirts loszuziehen. Ich sehnte mich nostalgisch nach den klimatisierten Supermärkten in den USA, in denen Mel und ich Zuflucht vor der brüllenden Hitze während unserer Cross-Country-Tour gefunden hatten. Dort luden wir einen Einkaufswagen mit all den Lebensmitteln voll, von denen wir träumten: Wassermelonen und Tiefkühlpizzen, Sixpacks Coca-Cola und Windeln, um die Schmerzen der Wunden vom Sattel zu lindern. Das war natürlich nur eine Finte, um lange genug beschäftigt auszusehen, damit wir uns abkühlen konnten. Irgendwann packten wir den Einkaufswagen wieder aus und verließen das Geschäft mit leeren Händen. Die Läden in Nukus hatten keine Klimaanlage, aber zumindest hatte das Hotel Duschen mit kaltem Wasser und einen leicht bestechlichen Manager, der uns rückwirkende OVIR-Quittungen ausstellte. Auf dem Papier waren Mel und ich seit dem Grenzübertritt nach Usbekistan jede Nacht in der Stadt gewesen. In Wahrheit waren vierundzwanzig Stunden in Nukus mehr als genug.

Am nächsten Morgen machten wir uns wieder auf den Weg: welch bedeutungslose Selbstkasteiung, welch tiefe Erleichterung. »Alle Entdecker müssen an Herzschmerz sterben«, sagte der Dichter Charles Wright einmal, aber das schien vor allem für diejenigen zu gelten, die versuchten, wieder ein normales Leben aufzunehmen. Der Schlüssel ist offenbar, *niemals aufzuhören, entdecken zu wollen.* Wie beispielsweise der britische Naturforscher Alfred Russel Wallace, der im 19. Jahrhundert unabhängig von Darwin über die natürliche Selektion als Mechanismus der Evolution stolperte, bevor Darwin seine Ergebnisse auch nur veröffentlicht hatte. Aber statt sich wie Darwin in ein Landhaus zurückzuziehen und nie wieder irgendwohin zu reisen, ließ sich Wallace nie wirklich nieder, weder geografisch noch intellektuell, und verlor nie seinen Sinn für die Wunder der Erde.

In seiner Jugend las Wallace *Die Fahrt auf der Beagle* und verinnerlichte Darwins abschließende Botschaft: »Nichts kann für einen jungen Naturforscher förderlicher sein als eine Reise in ferne Länder.« Aber im Gegensatz zu Darwin stammte Wallace aus einer relativ mittellosen britischen Familie und war das achte von neun Kindern seiner Eltern, die es sich nicht leisten konnten, seine Expeditionen zu unterstützen. Unerschrocken schlug Wallace daher eine eher unternehmerische Strategie seines freiberuflichen Entdeckertums ein und finanzierte die Auslandsreisen, indem er exotische Spezies aus dem Amazonasgebiet sammelte und an Museen verkaufte. Obwohl er kein Kaufmann wie Marco Polo war, verschaffte dieses Geschäftsmodell Wallace die Mittel und Gründe, die Welt zu entdecken, eine Lebensweise, die ihm perfekt entsprach. Auf einen Brief von Freunden, die ihn anflehten, nach England zurückzukehren, antwortete er fröhlich: »Eure genialen Argumente, mich zu überreden, nach Hause zu kommen, sind ziemlich unüberzeugend. Ich habe noch viel zu tun, bevor mein Geist zufrieden ist und ich zurückkehren kann. Sollte ich jetzt gehen, würde ich das für immer bedauern und unglücklich sein.«

Als Wallace nach vier Jahren im Amazonasgebiet schließlich den Weg nach Hause einschlug, sank das Schiff, mit dem er von Brasilien aus segelte, und er wurde von einem anderen Schiff gerettet, das anschließend selbst einem Schiffbruch nur knapp entging. »Seit ich Pará verlassen habe, habe ich an die fünfzig Mal geschworen, sollte ich England erreichen, würde ich mich nie mehr den Ozeanen anvertrauen«, gestand Wallace einem Freund. »Aber gute Vorsätze verblassen schnell.« Schon bald nach seiner Landung plante Wallace die nächste Expedition, diesmal zu einer Inselgruppe im heutigen Malaysia und Indonesien, wo er die natürliche Selektion im Rahmen einer Malariaepidemie aufzeichnen wollte.

Wallace gehörte nicht der damaligen Oberschicht an, also musste er sich täglich der Notwendigkeit stellen, finanzielle Mittel zu organisieren. Dies trug zweifellos dazu bei, ihn rasch wieder aufs Meer zu locken, denn er musste die durch Schiffbruch erlittenen katastrophalen Verluste seiner Speziessammlungen wieder ausgleichen. Wenn Geld das einzige Gebot Wallaces gewesen sein soll, hätte es wesentlich einfachere und sicherere Wege gegeben, den Lebensunterhalt zu verdienen, als der Tätigkeit als freiberuflicher Entdecker nachzugehen. Und wenn Ruhm und Ehre zu seinen Ambitionen gehört hätten, hätte er für seine Co-Entdeckung der natürlichen Selektion auf weitaus hellerem evolutionärem Rampenlicht bestehen können. Doch es ist Darwin, der sich den Begriff Evolution verdient hat und der in den Schulbüchern, in denen Wallace kaum mehr als eine Fußnote ist, wenn er überhaupt erwähnt wird, die Hauptrolle spielt.

Man könnte daraus auch ein evolutionäres Gleichnis gewinnen: Wallace fehlte fatalerweise der klare Fokus. Er schlug keine eindeutige Richtung ein. Er zerstreute den Gehalt und das Genie seines Lebens mit zehntausend dilettantischen Wenden seines Schiffs und segelte schließlich ins Nirgendwo des Besonderen (wenn auch fast überallhin auf der Erde, nämlich zu sechs von sieben Kontinenten, bevor er mit einundneunzig Jahren starb). Aber seit wann ist das Maß für ein erfülltes Leben unsterblicher Ruhm? Je mehr ich in Oxford über Wallace erfahren hatte, desto mehr schien er mir der Entdecker zu sein, der es verdiente, bewundert zu werden. Darwins leise verzweifelte Autobiografie beschreibt seine wachsende Gleichgültigkeit gegenüber den Landschaften und Kunstwerken, die ihm einst »exquisite Freude« bereiteten. Wallaces Memoiren, *My Life: A Record of Events and Opinions*, erzählt hingegen, wie seine Leidenschaft für wilde Spezies und exotische Orte von Jahr zu Jahr wuchs: »immer neue und schöne, seltsame und sogar mysteriöse Formen«. Wenn das höchste Ziel, das wir Menschen erreichen können, das Staunen ist, wie Goethe bezeugte, dann führte Wallace ein erleuchtetes Leben.

Sein produktives Staunen schien von einer Weigerung zu rühren, sich zu spezialisieren und singuläre Expertise auf Kosten der eigenen Seele zu pflegen. Aus der Art, wie Wallace die Welt betrachtete, schloss ich, dass er überhaupt keine Grenzen kannte. Im Laufe der Jahre schrieb er mehr über soziale und wirtschaftliche Fragen als über die Naturgeschichte, und er erklärte offen, dass er den Kampf um persönliche Freiheit für wichtiger halte als das Studium der Naturwissenschaften. In einem Vortrag argumentierte Wallace, dass jedes Mitglied der Gesellschaft »alle wesentlichen Voraussetzungen für ein gesundes und glückliches Leben« verdiene. Und was war wesentlich? Alles, was dem depressiven älteren Darwin fehlte: »reichlich Entspannung, adäquater Betätigungswechsel, die Möglichkeit, die Schönheit und den Trost der Natur zu genießen auf der einen Seite und Kunst und Literatur auf der anderen«, so Wallace.

Ich will damit nicht blind Wallace verherrlichen, der zum Beispiel auch Antiimpfpolemiken geschrieben hat. Niemand ist perfekt, nicht einmal Entdecker, was jedoch nicht bedeutet, dass sie einer gewissen Art von Anbetung nicht würdig sind. Was mich an Wallace am meisten beeindruckt hat, war seine Überzeugung, dass Wissenschaft und Technologie nicht genug sind. Sondern dass wir ein Ethiksystem brauchen, das so stark ist wie unsere Neugierde, und eine allgemeine Zurückhaltung, die genauso groß ist wie unsere Ruhelosigkeit. Bereits 1909, kurz nach dem Pionierflug der Gebrüder Wright, spürte Wallace die Anfälligkeit der Weltregierungen für Waffen und plädierte für einen internationalen Vertrag, der es Flugmaschinen verbot, Vernichtungsinstrumente zu transportieren. »Für diesen großen und heiligen Zweck«, bat Wallace in einem Zeitungsartikel, »wird sich bestimmt die ganze wahre

Weiblichkeit und die wahre Männlichkeit vereinen.« Es heißt ja, nach oben gibt es keine Grenzen, aber Wallace deutete an, dass es vielleicht doch so sein sollte. Schließlich ist die Geschichte der Wissenschaft und Forschung nicht nur eine spannende Abenteuererzählung über eroberte Berge, den Neid auf und den Nachbau von Vögeln und von Beschränkungen aller Art, die zu Staub zerfallen. Die Geschichte der Wissenschaft und Forschung ist auch ein gutes Argument, sich zurückzuhalten.

Das Gleiche galt für den sterbenden, austrocknenden Aralsee. Doch wie die Flüsse, die ihn einst füllten – Syrdarja und Amudarja beziehungsweise Jaxartes und Oxus, wie sie bei den alten Griechen hießen –, würden Mel und ich nicht ganz dorthin gelangen. Unser usbekisches Ein-Monats-Touristenvisum ließ uns bei der anstrengenden Geschwindigkeit von rund neunzig Kilometern pro Tag kaum Zeit, durch das Land zu radeln, geschweige denn hundert weitere Umwege zu Umweltkatastrophen zu machen. Ich wusste, ich würde das später bereuen, denn wann würde ich dem Aralsee jemals näher sein, oder dem, was dann noch davon übrig wäre? Aber wir hatten zu wenig Zeit, und wir waren zu pleite, um mit anderen Beförderungsmitteln dorthin zu gelangen. Stattdessen machten wir uns auf den Weg nach Chiwa, Oasenstadt und Handelszentrum der Seidenstraße, wo man früher auf Sklavenhandel spezialisiert war.

Auf dem Weg dorthin überquerten wir den Amudarja, dessen verschmutzte Ufer so schäumten wie die Hälse der Esel, die sich anstrengten, die schwimmende Brücke zu ziehen, die den Fluss überspannte. Was mich in Chiwa am meisten beeindruckte, waren nicht die enorm dicken Mauern aus gebackenem Lehm, die exquisiten Farbtöne der türkisfarbenen gestrichenen Medresen (mittelalterlich wirkende Islamschulen) oder der Sinn für Geschichte, der sich überall wellenartig aus dem glutheißen Boden erhebt. Wirklich fasziniert war ich vom Naturkundemuseum, dessen Eingangsschild eine aufgeschnittene Wassermelone, einen Dinosaurier und eine getigerte Katze zeigte.

Innen, in einem engen Raum neben einem von Chiwas unscheinbaren Gärten, befanden sich ordentliche Reihen von hohen Gläsern mit präparierten Schlangen und Fröschen. Spinnen und Käfer waren mit Nadeln auf Korkplatten gespießt, obwohl bereits mehrere Tiere abgerutscht oder auseinandergebrochen waren, was mich wieder an Wallace erinnerte. Schon als er einzelne Exemplare für die Ausstellung in Museen sammelte, lehnte er sich gegen einen reduktionistischen Ansatz des Weltverständnisses auf, der die Mechanik von der Bedeutung, die Ideen von den Implikationen, den Kopf von unseren Herzen trennt. Wir alle werden ermutigt, wie Darwin zu einer Art Schleifmaschine eines bestimmten Zwecks zu werden – im Grunde genommen das Gegenteil des umherstreifenden, generalistischen Forschers, der ich gern wäre. Aber hier geht es um mehr als die stille Verzweiflung des älteren Darwin oder mein lautes Unglück im Labor. Denn Spezialisierung ermöglichte es sowjetischen Ingenieuren, Kanäle zu bauen, um eine Steppe zu bewässern, und ließ sie ebenso die Folgen ihrer Konstruktionen ignorieren. Ökologischer Zusammenbruch des Aralsees? Sozialer Zusammenbruch der Küstengemeinden? »Tut mir leid«, könnten die Spezialisten sagen, »aber das gehört nicht in meinen Zuständigkeitsbereich.«

Was können wir über Abgrenzung lernen? Nur, dass Etiketten mehr vernachlässigen, als sie fördern. Indem wir etwas »marginal« nennen, vergessen wir, dass *Gras* in Wahrheit ein anderes Wort für »Wildgewächs«, dass *Ödland* ein anderes Wort für »Wildnis« ist und ein *Sklave* im alten Chiwa eine Person wie du oder ich war. Überall in den Labyrinthen der Lehmmauern der Stadt befanden sich Nischen, in denen noch vor einem Jahrhundert Sklaven ausgestellt waren, und die Darstellungen von Kreaturen im Museum unterschieden sich nicht allzu sehr davon, was die Endlichkeit und Objektivierung des Lebens betraf und die Reduzierung eines zusammenhängenden Lebensgefüges auf einzelne Komponenten oder exotische Kuriositäten. Darum war ich mir nicht sicher, was ich im Museum von einem großen Glas halten sollte, in dem ein toter menschlicher Fötus in Formaldehyd zu sehen war. Ein Etikett beschrieb: »brianless [sic], bornless child«.

Während der Tour durch Usbekistan tauften Mel und ich die Orte, an denen wir unser Zelt aufschlugen: Camp Wunder Hintern, Camp Schweißfleck, Camp Wüstenregen, Camp Kann Keine Haferflocken Mehr Sehen. Mel schaffte es immer noch, den nahrhaften Haferschleim runterzuwürgen, aber eines Tages wachte ich auf und konnte es nicht mehr ertragen. Nach fünf Monaten, in denen jeder Morgen mit der schleimigen, klumpigen Masse begonnen hatte, konnte nicht mal eine Menge Zucker, Milchpulver oder Hunger helfen. Stattdessen trank ich Instantkaffee und machte mich hungrig auf den Weg, sodass ich besonders gereizt reagierte, wenn uns Autos und Lastwagen hupend überholten und uns Straßenarbeiter oder irgendwer anders hinterherpfiff oder jubelte. Sie meinten es nur freundlich, also lächelte und winkte ich gekünstelt, bis die Aufforderungen, andere Menschen zu beachten, dermaßen häufig wurden und darüber hinaus die Straße durch Bauarbeiten so uneben wurde, dass ich es nicht mehr wagte, meinen Todesgriff vom Lenker zu lösen.

»Wir können nicht bei jedem Hupen, Pfeifen oder Schreien winken«, meckerte ich in einer kurzen Pause und erwartete selbstgerecht Mels Solidarität.

»Doch, das können wir«, erwiderte sie mürrisch.

Ich starrte meine Freundin an. Ihr Gesicht schien vor Staub und Sonnencreme zu schäumen. Sie hatte Schweißperlen auf der Haut, als würde sie bei lebendigem Leibe gekocht. So hockten wir in streitlustiger Stille da, während Autos und Lastwagen mit aufgeregtem Hupen vorbeifuhren. Keiner von uns beiden winkte. Ich versuchte, die Arme auf meine nackten Knie zu stützen, aber sie rutschten wegen Sonnencreme und Schweiß ab.

»Nun, warum tust du es dann nicht? Also jedem zuwinken?«, fragte ich schließlich, weil ich nicht wusste, was ich sonst sagen sollte.

Es folgte eine lange, trotzige Pause. »Weil ich müde werde.«

Zentralasien, wo alles gebraten wurde: die Landschaft, Mel und ich, und auch, Gott sei Dank, das Essen. Was unseren Verstand, unseren Appetit und möglicherweise unsere Freundschaft rettete, waren die

Lkw-Stationen am Straßenrand mit köstlich fettigem Essen, die, je weiter östlich wir kamen, immer häufiger auftauchten. Statt wie bisher jeden Nachmittag in einem Zelt zu schmelzen, machten wir Rast auf den erhöht erbauten vergitterten Plätzen, die Mel liebevoll »Laufställchen« nannte. Ich versuchte, nicht daran zu denken, wie viele Menschen wohl schon in die Samtkissen und Decken geschwitzt hatten, die die Sitzgitter bedeckten, obwohl ich selbst in sie hineinschwitzte. Das schlechte Gewissen, dort den ganzen Tag herumzulungern, besänftigten wir, indem wir einen Teller nach dem anderen bestellten. Spiegeleier oder Tomaten- und Gurkensalate, die stets mit einer zyklonischen, surrenden Armada von Fliegen serviert wurden. Ich wünschte mir, ich hätte wie ein Pferd mit einzelnen Bereichen meiner Haut zucken können, um sie loszuwerden. Mel entfloh den Fliegen und machte nach dem Essen Yoga im Laufstall. »Leibesübungen!«, kommentierte ein älterer Mann zustimmend im Vorbeigehen.

Trotz all der Fliegen stach der luftige Schatten dort den Glühwurm aus. Ich lag auf dem Rücken und bewunderte die auf dem Kopf stehende Welt. Die Wolken am Himmel waren wie Sinnbilder von Einsamkeit. Das Licht wurde von den Bäumen gebrochen, ihre Zweige bedeuteten scharfe Umwege für den Sonnenschein. Ein paar Vögel versuchten, ein Nest zu bauen, aber der Wind stahl ihnen die Grashalme aus den Schnäbeln, bevor sie sie platzieren konnten. Um mir die Zeit zu vertreiben, hörte ich »Der Schwimmer« von John Cheever als Podcast von The New Yorker. Allerdings merkte ich nicht gleich, dass Cheevers Beschreibungen eines Mannes, der sich auf einer Wallfahrt von Schwimmbad zu Schwimmbad befindet, genauso qualvoll waren, wie mit Gegenwind quer durch Usbekistan zu radeln. »Der Tag war wunderschön, und dass er in einer Welt lebte, die so großzügig mit Wasser versorgt war, erschien ihm wie eine Gnade, eine göttliche Wohltat.« Fast hätte ich geweint.

Erst in Buchara, ein paar Tage später, begegnete ich so etwas wie dem blassgrünen, von einem artesischen Brunnen gespeisten Pool, mit dem für Cheevers Protagonist die Suche beginnt. Die Teiche Bucharas, einer

Stadt, die einem Seidenstraßen-Museum glich, sahen nachts ganz ähnlich aus, wenn auch nicht wegen Algen oder eines hohen Eisengehalts, sondern wegen grüner Scheinwerfer, die unerklärlicherweise um die gesamte Altstadt herum aufgestellt waren und den alten Lehmwänden eine aufdringlich neue Vitalität einhauchten. In der Abenddämmerung taumelten Mauersegler zwischen den Lichtstrahlen umher und nahmen kurzzeitig die Farbe von Jade an. Und kleine Jungen auf beneidenswert leichten Fahrrädern wirkten wie kleine grüne Schattenmarionetten an den Hauswänden, die ihre Bikes und Hinterradstopps spiegelten und verzerrten. Ein Kind entging nur knapp dem Schicksal, in einen Kanal zu rasen, der irgendwie radioaktiv leuchtete und mich an die »Versorgungsarterien« erinnerte, von denen Percival Lowell meinte, sie Anfang des 20. Jahrhunderts auf dem Mars entdeckt zu haben. Der amerikanische Astronom glaubte, der Strang langer, gerader Linien (die es auf dem Roten Planeten eigentlich nicht gibt) sei ein von Marsmenschen errichtetes ausgeklügeltes System von Kanälen, um Wasser von den gefrorenen Polen in äquatoriale Städte zu leiten. Lowell bemühte dafür sogar Darwin, damit seine Theorie der Existenz von Außerirdischen auf dem Roten Planeten gestützt wurde, und er argumentierte, dass sich schließlich intelligente Wesen auf der Erde entwickelt hätten, also warum nicht auf dem benachbarten Mars? Wallace widersprach so sehr, dass er ein Buch mit dem Titel *Is Mars Habitable?* schrieb – also »Ist Leben auf dem Mars möglich?« –, das Lowells Behauptungen widerlegte. Er erklärte, der Mars sei zu kalt, zu trocken und zu unwirtlich, um eine Hochkultur zu beherbergen, und selbst wenn es dort kleine grüne Männer (und Frauen) gäbe, warum sollten sie solch ein unpraktisches Kanalsystem bauen, bei dem große Mengen Wasser durch Verdunstung verloren gingen? Das Gleiche könnte man die Usbeken fragen. Warum bauen zu Gefühlen fähige Wesen tatsächlich ein solch unpraktisches Kanalsystem, um einen vitalen See zu entwässern und eine der durstigsten Nutzpflanzen der Erde in einer Wüste anzubauen?

Ich stimmte Carl Sagan zu, der ja der Ansicht war, es wäre eine fürchterliche Platzverschwendung, wenn wir tatsächlich die Einzigen im

Universum seien. Ich vermutete darüber hinaus, dass außerirdische Zivilisationen bislang keinen Kontakt zu uns hergestellt hatten, weil sie nach Äonen sorgfältiger Beobachtung beschlossen hatten, dass es auf unserem Planeten komplett an intelligentem Leben mangele. Mel und ich bestätigten diese Schlussfolgerung persönlich, als wir in dem brennenden Inferno, das sich Usbekistan nennt, wieder losradelten. Als wir auf einen betonierten Kanal stießen, legten wir uns voll bekleidet in ihn hinein, trugen sogar noch unsere Helme und kümmerten uns nicht darum, dass das Wasser eine chemische Gülle aus Düngemitteln und Pestiziden war. Wir ignorierten zudem die Tatsache, dass an seinem gepflasterten Ufer ein räudiges, vollkommen vertrocknetes totes Rind lag, dessen Leder immer noch am Schädel klebte wie ein lebensgroßes Giftkennzeichen.

Zumindest zeugten Samarkands prächtige Kuppeln und Türme von menschlicher Intelligenz und Einfallsreichtum, wenn man die Tatsache übersah, dass sie von Sklaven Timurs erbaut waren, des völkervernichtenden Erben Dschingis Khans. Eine verkrüppelte Schulter sowie ein verkrüppeltes Knie hinderten Timur den Lahmen nicht daran, ein Imperium aufzubauen, das im 14. Jahrhundert die Türkei mit Indien verband – und bestehenden interkontinentalen Handelsrouten zwischen Europa und Asien, also den glorreichen Tagen der Seidenstraße, ein Ende setzte. Dieser Kriegsnomade, der Millionen Menschen ermorden und aus ihren Schädeln Pyramiden errichten ließ, verschonte gnädigerweise Künstler, Weber, Glasbläser, Schriftsteller und andere Handwerker in den Städten, die er eroberte, damit sie seiner Hauptstadt Samarkand zu herrlichem Glanz verhalfen, was sie unbestritten taten. Dass Islom Karimow sich als einen Kleinen Timur bezeichnete, sagt alles, was wir über den Präsidenten Usbekistans und seinen Führungsstil wissen müssen. Timur selbst, nicht Usbeke, sondern turko-mongolischstämmig, gilt als mythischer Mitbegründer der usbekischen Nation. Es ist dabei nicht unwichtig, dass das moderne Usbekistan in den Zwanzigerjahren von den Sowjets einfach neu und frei erfunden wurde und dass Buchara und Samarkand traditionell tadschikische Städte sind, die aber wegen der Beliebigkeit der von den Sowjets gezogenen Grenzen im usbekischen Nationalgebiet gestrandet sind.

Die Grenzfrage ist eine Quelle anhaltender Trauer des um Touristen werbenden Tadschikistan, denn die historischen zentralasiatischen Stätten der Seidenstraße, Buchara und Samarkand, ziehen die meisten Besucher an. Mel und ich sahen in diesen beiden Städten in wenigen Minuten mehr Ausländer als in den letzten sechs Monaten auf der ganzen Seidenstraße, obwohl die meisten so taten, als würden sie uns nicht sehen. Die vor allem älteren, meist französischen Gäste weigerten sich, uns in die Augen zu schauen, während sie sich schnell nach ihren Ehemännern oder Ehefrauen umsahen, die sich in Teppichgeschäfte drängten. Solche Touristen waren in der Regel an ihren peinlich sauberen Trekkinghosen zu erkennen, während Radreisende sich sofort durch die hellen Waschbär-Augen, die die Sonnenbrille mit sich brachte, die zerfetzten Kleidungsstücke und unsicher taumelnden Schritte verrieten. Wie Astronauten, die das Gehen auf der Erde neu lernen mussten. Zumindest humpelte ich in Samarkand herum und staunte, wie seine Fliesen und Rundbögen und Mosaike unendliche Ausblicke, unendliche Aussichtspunkte versprachen, auch wenn die Stadt gebaut (und wieder aufgebaut) wurde, um der Erzählung nach eine spezielle Gottheit zu ehren. Mir schien, dass Landkarten diese Art von Grenzenlosigkeit beachten sollten, denn wo mancher eine Straße und ein Land sieht, gibt es tatsächlich viele Orte, die sich für diejenigen, die sie bereisen, ein wenig anders zeigen. Nationen, die fern der ursprünglichen Wahrheit entstehen, und morgen sieht das vielleicht schon anders aus.

Tauben gurrten auf der Mitte von Samarkands Registan-Platz, wo sich seit Jahrhunderten drei unvergleichliche Medresen geradezu anstarren und aus glatten, kahlen Kuppeln türkisfarbener Mosaike Gras sprießt. Auf einer Straße in der Nähe hielt eine Gruppe von Männern mit typischen Kopfbedeckungen die Ecken eines Lakens unter einem Maulbeerbaum gespannt. Hoch oben im Baum steckte ein kleiner Junge, der die Zweige schüttelte, um Beeren herunterregnen zu lassen. Die Männer deuteten auf und debattierten über die Äste, die der Junge schütteln sollte, um den süßesten Niederschlag zu erzeugen. Dann schlurften sie mit dem Laken hin und her, um die weißen Beeren zu fangen, wie es wahrscheinlich seit Jahrtausenden in Samarkand der Fall ist, denn seit dem 4. Jahrhundert v. Chr. werden hier Maulbeerbäume angebaut, deren Blätter das bevorzugte Futter von Seidenraupen sind. Die Männer schütteten die Ernte sanft vom Laken in Schalen. Die Maulbeeren sahen ekelhaft aus, wie zermanschte Larven oder Seidenraupenpuppen. Letztere wurden auch als kompakte, schnell wirkende Proteinquelle für lange Raumfahrtmissionen vorgeschlagen – was mir allein schon Grund genug erschien, auf der Erde zu bleiben. Ich zögerte zuerst, als der Junge mir eine weiße Beere zum Probieren anbot, aber glücklicherweise schmeckte sie weniger nach Larve, als ich dachte.

Auf dem Weg nach Taschkent, der usbekischen Hauptstadt, sahen wir immer mehr Maulbeerbäume, denn das Land war nun üppiger bewachsen. Auf jedem Fleck Ackerland sprossen Nutzpflanzen, grasten Tiere oder breiteten sich menschliche Gemeinschaften aus, was es schwieriger machte, einen Übernachtungsplatz zu finden. Eines Abends hielten wir an einem Feld, auf dem Arbeiter mit krummem Rücken schufteten, und als wir fragten, ob wir unser Zelt in der Nähe aufstellen dürften, zuckten sie bloß die Achseln. Wir betrachteten das als Erlaubnis und suchten daraufhin in den dicht gereihten Pflanzen nach einem freien Platz. Unter dem Kichern von einem Dutzend Jungen und Mädchen, die uns gefolgt waren, schlugen wir unser Nachtlager auf. Das Aufstellen des Zeltes bot ihnen kurzzeitig etwas Unterhaltung, aber als wir anfingen, Wasser für die Instantnudeln zu kochen, langweilten sie sich und wanderten davon.

Bei Sonnenuntergang wurden die Felder von honiggelbem Licht bestrahlt, und sie verströmten den warmen Duft von Heu. Als es nach dem Abendessen dunkel wurde, krochen Mel und ich ins Zelt, obwohl es noch zu heiß für die Schlafsäcke war. Ich lag auf meinem und war gerade dabei wegzudämmern, als ich meinte, Schritte zu hören. Sofort hellwach, lauschte ich angestrengt, konnte aber nur das Zirpen von Grillen, die Autos auf der Straße, bellende Hunde in der Ferne und das tiefe, melancholische Stöhnen von Kühen hören – all die üblichen Geräusche, die wir insgesamt Stille nennen. Dann hörte ich wieder Schritte, gefolgt von gedämpftem Flüstern. Ich stieß Mel an und spürte ihre plötzliche Wachsamkeit. Wir warteten. Die Dunkelheit war voller Möglichkeiten wie Wasser, das sich zu einem Tropfen sammelt. Nichts ... immer noch nichts ... Doch dann ein Tumult aus Affengeschrei, Kuhmuhen, Hundegebell und Wolfsgeheul, nur hin und wieder unterbrochen von wildem Kichern.

Wir blieben ruhig, bis sich Mel, wie immer, nicht mehr zurückhalten konnte. »RINDFLEISCH MIT NUDELN!«, brüllte sie wahllos, und die Kinder kreischten vor Freude auf. Sie lachten und jauchzten: »Rindfleischmitnudeln, Rindfleischmitnudeln«, und wiederholten die fremden Silben wie ein Mantra oder einen Zauberspruch auf ihrem Weg zurück nach Hause oder zumindest, bis wir sie nicht mehr hören konnten, weil wir selbst so laut lachen mussten. Bloß ein weiterer Abend auf der Seidenstraße. Stille breitete sich über die Felder, und die Grillen nahmen ihre eigenen seltsamen Beschwörungen wieder auf, ihre Zaubersprüche, die Tauperlen von Grashalmen heraufbeschworen und uns unter dem Sternenhimmel in den Schlaf wiegten.

DER URSPRUNG EINES FLUSSES
Pamir-Knoten

Auch wenn Marco Polo manches übertrieben geschildert hat, verdient er Anerkennung dafür, die Härten der Reise entlang der Seidenstraße heruntergespielt zu haben. Als die Karawane des venezianischen Kaufmanns in einer persischen Wüste von Räubern überfallen wurde, berichtete er nüchtern in der dritten Person, dass »der Einfaltspinsel Marco in dieser Dunkelheit fast selbst von diesen Menschen gefangen genommen wurde«. Er schaffte es zu entkommen, aber seine Gefährten wurden getötet oder in die Sklaverei verkauft. Ähnlich kurz angebunden berichtete er auch von Krankheiten. Von der Provinz Badachschan, wo Tadschikistan und Afghanistan aufeinandertreffen, erklärte Polo nur – wieder in der dritten Person –, etwa ein Jahr lang krank gewesen zu sein.

Als ich in Taschkent mit Fieber aufwachte, war ich weit weniger stoisch. »Ich glaube, ich sterbe«, krächzte ich Mel in der usbekischen Hauptstadt zu, und meine Stimme klang, als hätte ich mit Stacheldraht gegurgelt. Mein Zustand war vermutlich das Ergebnis des langen Wartens in der Schlange vor der chinesischen Botschaft ein paar Tage zuvor, wo ich hinter einem Mann stand, der regelmäßig gewaltige Schleimexplosionen von sich gab. Das schien mir zu dem Zeitpunkt noch ein fairer Preis für unsere chinesischen Touristenvisa zu sein. Denn ihr Besitz hatte nur noch eine einzige bürokratische Hürde zur Folge. Nämlich uns wieder illegal über die Grenze nach Tibet schleichen zu müssen. Das heißt, wenn wir es aus Usbekistan hinausschaffen würden, was von den Behörden abhing, die unsere gefälschten OVIR-Belege akzeptieren mussten. Als wir auf die Grenze zufuhren, konnte ich nicht sagen, wo mein Fieber endete und die Realität begann. Und als sich die usbekischen Grenzbeamten dann mehr für unseren Familienstand interessierten als für unsere OVIR-Bestätigungen, war ich zu fertig, um erleichtert zu sein.

In Tadschikistan hielten wir am ersten Haus, das wir sahen, und hofften, im Garten unser Lager aufschlagen zu können. Ein glatt rasierter Mann mit nussbraunen Augen kam an die Tür des weiß verputzten Hauses und stellte sich als Bobo vor. Trotz der Hitze wirkte er frisch und makellos rein mit seiner weißen Gebetskappe, einem weißen T-Shirt mit abgeschnittenen Ärmeln und weißen Caprihosen. Seine Sandalen klatschten laut, während er uns zu einem grasbewachsenen Stück Land führte, auf dem wir campen konnten. Ich wollte unbedingt sofort ins Zelt kriechen, aber Bobo lud uns zum Essen ein. Ich war nicht in der Lage abzulehnen, weil ich kaum sprechen konnte.

Als wir zurück zum Haus gingen, wiederholte Bobo leise unsere Namen: »Katerina, Melissa, Katerina, Melissa.« In dem erfrischend kühlen, dunklen Zuhause legte seine Frau zwei Kissen neben das Brot, das wie Teller gestapelt war. Dann brachte sie Schalen mit irgendeinem Fleisch, und beim Anblick der amorphen Formen war ich mir sicher, dass es knorpelig war. Doch als ich die Gabel an den Mund führte, schmeckte ich statt Fleisch die kühle Frische von Tomaten und Gurken. Ich dachte schon, das Essen sei vorbei, da betrat Bobos Frau den Raum mit dem Hauptgericht: einer Pyramide aus *plov*, einer ölreichen Mischung aus Reis, Fleisch und Karotten, die sowohl Tadschikistan als auch Usbekistan als Nationalgericht bezeichnen. Nach ein paar eher symbolischen Bissen zog ich mich endlich in meinen Schlafsack zurück, wo ich eigentlich schon den ganzen Tag hätte bleiben sollen.

Am nächsten Morgen redete ich mir ein, dass der Muskelkater, die Halsschmerzen und mein pochender Schädel schon viel besser waren als am Tag zuvor. Nach einer Stunde auf dem Fahrrad gab ich auf. Ich lag unter einem Baum auf meiner Thermomatte, schluckte Tränen herunter, und der Schweiß rann über meine Haut, als würden Ameisen über mich krabbeln, und manchmal waren es zu meinem Entsetzen tatsächlich Ameisen. Eine oder zwei Stunden später zwang mich Mel zurück in den Sattel, bis wir das nächstgelegene tadschikische Gehöft erreichten. Wieder nahm uns gnädigerweise eine Familie auf, aber in ihrem Haus ging es dermaßen laut zu, und es war so heiß und voller Fliegen, dass mir die Ameisen fast lieber gewesen wären. Ein Deckenventilator rührte die Hitze im Raum um, in dem eine ältere, möglicherweise blinde Frau hockte und mit einer einem Tennisschläger nachempfundenen elektrischen Fliegenklatsche herumwedelte. Wenn sie ein Insekt erwischte, sprühten Funken. Dieses unregelmäßige Geräusch hielt mich trotz meiner Erschöpfung wach, ebenso wie der Fernseher, und als der ausgeschaltet wurde, waren die Hunde, die vor dem Haus bellten, genauso schlimm. Ich verbrachte die ganze Nacht damit, mich entweder voll bekleidet mit einem Schlauch im Hof abzuspritzen oder in der kurzen Kühle des verdampfenden Wassers zu dösen, bis mich das Fieber wieder weckte, woraufhin ich erneut nach draußen schlurfte und das Ritual wiederholte.

Weil ich am darauffolgenden Tag immer noch krank war, arrangierte Mel für uns eine Jeepfahrt nach Duschanbe, der Hauptstadt Tadschikistans, wo ich einen Englisch sprechenden Arzt besuchen konnte. An die Fahrt in die Stadt kann ich mich kaum erinnern, außer an die Technomusik, die so laut dröhnte, dass jeder Bassbeat wie ein Schlag mit dem Hammer auf meine Schädeldecke wirkte. Der alte Mann neben mir schlief die ganze Fahrt über, und wegen der holprigen, rechts und links mit kaputten Autos und Trucks verzierten Piste schwang sein Kopf andauernd wie eine Abrissbirne gegen mich.

Das Englisch des Arztes war weniger flüssig als gehofft. Mit verwirrtem Blick schaute er mir in den Hals und kritzelte dann etwas auf ein

Stück Papier. »Ich schreibe gutes Rezept für dich!«, sagte er, klang aber nicht sehr überzeugt. Ein Apotheker übersetzte das Rezept dann in vier Behälter mit Flüssigkeiten und Tabletten, die ich eine Woche lang zu verschiedenen Tageszeiten einnehmen sollte. Im Hostel in Duschanbe, wo wir unser Zelt im Hof aufschlugen, weil es billiger war, als ein Zimmer zu nehmen, googelte Mel die Etiketten der Medikamente, um sicherzugehen, dass sie nicht mehr schadeten als halfen. Ihre Recherchen ergaben: Silbernitrat wird in der westlichen Welt selten verwendet, da es zu einer schweren Gastroenteritis führen und tödlich enden kann. Dexoral ist in den meisten Ländern nur für den tierärztlichen Gebrauch zugelassen. Und Cipfast war Ciprofloxacin, besser bekannt als Cipro, ein allgemeines Antibiotikum zur Behandlung einer Vielzahl von Bakterieninfektionen. Mel fand keine Informationen über Traclysan. Ich nahm Cipro, legte den Rest des guten Rezepts beiseite und schlief gefühlt eine ganze Woche lang.

Als ich schließlich aus dem Zelt kroch, fühlte ich mich fit genug, um Regierungsmitglieder zum Thema Naturschutz in Tadschikistan zu interviewen. Das war der eigentliche Hauptgrund, warum wir geplant hatten, nach Duschanbe zu reisen, und womöglich haben diese Treffen meine Genesung gefördert, denn sie bedeuteten eine Menge Warterei, die so erholsam war wie Bettruhe.

Beispielsweise vereinbarten Mel und ich ein Treffen für vierzehn Uhr, und der Minister versprach freundlicherweise, einen Wagen zu schicken, der uns abholen sollte. Tauchte bis fünfzehn Uhr, kein Auto auf, riefen wir an, um zu fragen, ob sich die Pläne geändert hätten, und erfuhren, dass »bald« ein Wagen kommen werde. Wir warteten noch eine Stunde, riefen noch einmal an und erhielten die Nachricht »bald, bald«. Eine Stunde später kam das Auto, und der Fahrer beruhigte uns mit »in zwei Minuten Büro«. Zwanzig Minuten später, nach zahlreichen unergründlichen Stopps entlang der baumgesäumten Straßen von Duschanbe, kamen wir schließlich im Büro des Ministers an, um dort Tee serviert zu bekommen und zu hören, dass wir noch etwas länger warten müssten.

Wir lernten schnell, unsere E-Reader auf diese Ausflüge mitzunehmen, und ich verbrachte die Zeit mit einem erneuten Besuch bei Rumi, der am Rande von Tadschikistan und Afghanistan geboren worden war, obwohl er auch Zeit im Iran verbracht und sich natürlich in der Türkei niedergelassen hatte. All diese Länder beanspruchen den Dichter als ihr Nationalheiligtum, was durchaus ironisch ist, da Rumis Werk ein langes Plädoyer gegen Grenzen ist. Außerdem fordert er radikalen Verzicht auf Macht, Reichtum und andere Dinge, die Nationalstaaten jedoch im Allgemeinen schätzen. »Was ist mehr wert, in einer Menge von tausend Menschen zu sein oder die eigene unverfälschte Einsamkeit?«, fragt Rumi. »Freiheit oder Macht über eine ganze Nation?« Ich bezweifelte, dass der diktatorische Präsident Tadschikistans diesen oder einen anderen Vers von Rumi wirklich verstanden hatte, denn zum Gedenken an den achthundertsten Geburtstag des Dichters gab die tadschikische Regierung perverserweise eine Münze mit Rumis Antlitz heraus.

Schwer zu sagen, ob pervers oder vielleicht doch passend, denn Tadschikistan ist der ärmste aller ehemaligen Staaten der Sowjetunion. Dieses Land rühmt sich, mehr Ziegen als Bürger zu besitzen und mehr vertikales als horizontales Land. Aber mehr als die Hälfte des Bruttoinlandsprodukts stammt von Bürgern, die im Ausland arbeiten und Geld nach Hause schicken. Angesichts der fehlenden Mittel für die Grundversorgung in Tadschikistan war ich angenehm überrascht, dass kolossale siebzehn Prozent des Landes als Tadschikischer Nationalpark geschützt sind. Leider ist diese Zahl in der Realität weniger beeindruckend, als sie klingt. Ohne Geld, um Ranger anzuheuern, die im Reservat effizient patrouillieren und aufpassen, ist das meist unbewachte Gebiet ein idealer Ort für Drogenhandel und die illegale Jagd auf Wildtiere – einschließlich der Marco-Polo-Schafe mit ihren spiralförmigen Hörnern und der scheuen Schneeleoparden. Mel fragte einen Minister, wie viele Wildtiere jährlich aus dem Park geraubt würden, und die von der Übersetzerin übermittelte Antwort fiel knapp und bündig aus.

»Keine Wilderei oder keine Statistik – schwer zu sagen«, meinte sie grimmig.

Obwohl Tadschikistan anscheinend nicht über die nötigen Finanzmittel verfügt, um in seinem Nationalpark robuste Zäune zu bauen oder Geldbußen durchzusetzen, zauberte die Regierung auf mysteriöse Weise Millionen von Dollar hervor, um so entscheidende Infrastrukturmaßnahmen wie den Bau des höchsten Flaggenmasts der Welt (der einige Jahre später zum zweithöchsten Flaggenmast der Welt degradiert wurde, weil Saudi-Arabien einen sechs Meter höheren errichtete) durchzuführen.

»Optimismus gehört zu unserer Tradition. Das ist typisch tadschikisch«, erklärte die Übersetzerin, als ich derart Übertriebenes zur Sprache brachte, und sie verzichtete klugerweise auf die Übersetzung meiner Fragen.

»Ist er ein Optimist?«, fragte ich und nickte in Richtung des Ministers. Der runzelte die Stirn, blickte in seinen Tee und klopfte mit dem Fuß ungeduldig auf den Boden.

»Nein, er ist eher kasachisch«, räumte die Übersetzerin ein. »Ein Pessimist.«

Auf alle Fälle schien Pessimismus auch ein ausgesprochen tadschikischer Charakterzug zu sein, wenn wir unsere Pläne erwähnten, über das Pamir-Gebirge zu radeln. »Es ist dort sehr extrem«, warnte uns ein anderer Minister. »*Sehr* extrem. Diese Berge, man kann nicht atmen.« Drei der größten Gebirgszüge der Erde – der Hindukusch, der Karakorum und der Pamir – treffen aufeinander, und Geografen nennen das den Pamir-Knoten. Die Einheimischen tauften das Gebiet Bam-i-Dunya, was aus dem Persischen stammt und »Dach der Welt« heißt. Ähnlichkeiten mit dem Tibetischen Hochland sind mehr als nur nomenklaturbedingt, weil auch hier die tiefsten Täler höher liegen als die meisten Gipfel Nordamerikas und die Bäche auch im Sommer eisbedeckt sind. Aber das Extrem des einen Menschen ist das Wohlbefinden eines anderen, so wie Wildnis relativ ist und vielleicht auch geistige Gesundheit. Das monatelange Radeln durch Steppen und Berge, durch unterschiedlich intensiven Regen, Sonnenschein, Hagel und Schnee? Verständlich. Chemische Analyse des mikrobiellen Äquivalents von

Cholesterin in einem sterilen Labor auf sechs Stockwerken? Sehr extrem.

Offensichtlich ging es mir besser. Als wir ein paar Tage später aus Duschanbe herausradelten, war ich von allem verzaubert: dem verrückten Verkehr, den Schlaglöchern, der Feststellung, dass Autohupen in Tadschikistan wie Polizeisirenen, Eselsglocken, Fahrradglocken oder Trompeten klingen oder wie das Piepen im Fernsehen, wenn ein Schimpfwort übertönt wird. Die Straße aus der Stadt heraus war halb geschmolzen, klebrig wie Teer, aber nach der langen Pause fühlte ich mich dermaßen regeneriert, dass ich für die Fahrt auf dem Sekundenkleber bereit war. Das dauerte etwa eine Stunde. Je mehr die Autohupen nachließen, je weiter wir die Stadt hinter uns ließen, desto mehr schrumpfte meine Energie. In einem Dorf legten wir eine Pause ein und zogen schnell die Aufmerksamkeit einer Menge kleiner Jungs auf uns.

Sie waren mehr an unseren Rädern interessiert als an uns. Nachdem sie fachkundig über die Größe und Anzahl der Gänge und die Menge unserer Taschen gesprochen hatten (das schloss ich aus dem, worauf die Jungs zeigten), machten sie sich Sorgen, dass vorbeifahrende Autos unsere am Straßenrand abgestellten Fahrräder umwarfen. Mit unserer Erlaubnis fuhren sie die Räder zu einer geschützteren Stelle und achteten peinlich genau darauf, sie dort exakt so wieder abzustellen, wie sie sie vorgefunden hatten, bis hin zum richtigen Winkel von Mels Rucksack, der gegen das Hinterrad gelehnt war. Einige Stunden später, während einer weiteren Pause, warf eine andere Gruppe kleiner Jungen Steine in die Äste eines nahen Baumes, um Aprikosen herunterzuholen, die sie uns daraufhin galant anboten. Die Früchte waren köstlich, vielleicht weil sie verboten waren: Während einige Jungen den Baum ausraubten, hielten ein paar andere Ausschau nach dem Besitzer des Obstgartens. Schließlich hatten die Jungen keine Lust mehr, Steine nach Aprikosen zu werfen, und begannen, sich gegenseitig mit den Steinen zu beschießen. Wir lenkten sie ab, indem wir sie unsere Helme anprobieren ließen, die sie großartig fanden, weil sie sich so gegenseitig auf den Kopf schlagen konnten und nichts spürten.

Der Straßenbelag wechselte von gepflastert über Kies bis erneut zu Pflaster. Die Hitze wechselte von gemein zu mörderisch. Irgendwann überquerten wir eine Brücke, auf der ein Wasserrohr geplatzt war, sodass kaltes, klares Wasser überall hinfloss und die Straße und uns nass spritzte. Diese spontane Dusche hielt uns bis zum Gipfel des Passes aufrecht, von wo wir einen Blick über den gesamten Nurek-Staudamm hatten. Er sah aus wie eine Badewanne mit türkisfarbenem Wasser, nur war der Pegel niedriger als üblich, sodass ein Rand aus leuchtend roter Erde freigelegt war, der wie ein riesiger Rostfleck wirkte. Dieser Stausee wurde in der sowjetischen Zeit als Staudamm des Flusses Wachsch angelegt. Er erzeugt Wasserkraft und bewässert auch lokale Ackerflächen. Derselbe Fluss soll bald ein noch größeres Kraftwerk betreiben, sehr zum Leidwesen Usbekistans, das vom Wachsch stromabwärts abhängig ist. Der wahre Reichtum Tadschikistans besteht aus Fels und Wasser: Das Pamir-Gebirge erntet sozusagen Regen und Schnee und speichert sie in Gletschern, die zu Flüssen schmelzen und als Lebensadern des trockenen Zentralasiens dienen. Zu diesen Flüssen gehört auch der Panj, der historisch als Oxus und stromabwärts als Amudarja bekannt ist und den wir vor mehr als einem Monat in Usbekistan überquert hatten.

Um die moderne, weniger flüssige Realität zu verdeutlichen: Die einzige Stelle, an der der Panj noch in den Aralsee fließt, ist auf alten Landkarten zu finden, oder zumindest auf unserer Seidenstraßenkarte. In dieser Nacht fuhr ich im Zelt mit dem Finger entlang der Konturen des Flusses und folgte dem blauen Strich von der usbekischen Steppe nach Tadschikistan, wo parallel zu seinem Verlauf eine Straße war, die am östlichen Vorgebirge begann und sich dann zum Pamir-Plateau hochschlängelte. Der Panj markiert zudem die Grenze zwischen Tadschikistan und Afghanistan, und sofern ich das der Karte entnehmen konnte, gab es eine Verbindung zu dem hoch gelegenen See namens Zorkul – der See schluckt den einzigen visuellen Beweis für die tadschikisch-afghanische Teilung. Mit anderen Worten, dieser Fluss bot die Möglichkeit, eine Grenze bis zu ihrem Ursprung zu verfolgen.

Wir brauchten eine weitere Woche, um die Stelle zu erreichen. Vorbei an sanften grünen Hügeln, die Minzeiskugeln glichen, radelten wir auch an einem Esel vorbei, der im Schatten einer alten sowjetischen Bushaltestelle wartete. Ausnahmsweise waren wir in Zentralasien mal nicht in Eile: Tadschikistan hatte uns großzügig ein sechzig Tage gültiges Touristenvisum erteilt. Genug Zeit also, um zweimal durch das Land zu radeln. Endlich konnten wir die Seidenstraße so nehmen, wie sie war. Und in der westlichen Hälfte Tadschikistans war sie zäh, heiß und selten horizontal. Nach einem zermürbenden Aufstieg in kühlere Luftschichten passierten wir Steilwände, die so rot waren, dass der Fels zu bluten schien, und erst dann trafen wir wieder auf den sagenumwobenen Fluss Oxus.

Unter unseren Rädern befand sich Tadschikistan, am anderen Ufer Afghanistan. Überall um uns herum ragten Berge auf, und der Fluss strömte wie eine Opfergabe aus dem Felsen. Die zerklüfteten Gipfel teilten das Sonnenlicht in saubere, präzise Strahlen, die mal den einen Teil der Welt und dann den anderen erhellten. Entlang des Panj zu radeln war wie Wechselbäder in Schwarz und Weiß. Stunde um Stunde fuhren wir durch karges, scheinbar lebloses Land, Bartstoppeln aus Stein, und dann blühte es plötzlich ringsum grün, weil ein Bach die Hänge versilberte. In dieser Vegetation hatten sich Dörfer angesiedelt. Steingebäude und Steinmauern umgaben saubere Mosaike aus Weizen- und Gerstenfeldern, Plantagen mit Kirsch- und Aprikosen- sowie Maulbeerbäumen, die hier weniger als Futter für Seidenraupen genutzt, sondern wegen ihrer Beeren geschätzt wurden.

Die Berge hinter diesen Dörfern waren in Afghanistan meist höher, auch schärfer gezeichnet, wie die geschliffene Klinge eines Schwerts – wenn man dort mit dem Finger entlangfuhr, würde sicher auch Blut fließen. Und auf der tadschikischen Seite sahen wir weitere Anzeichen von blutigen Konflikten. Militärwachtürme thronten auf hohen Stelzen über dem Panj, und am Ufer standen rostige tarngrüne Panzer. Straßenschilder warnten vor Minenfeldern, die noch aus der Zeit des tadschikischen Unabhängigkeitskriegs gegen die Sowjetunion stammten. Zeichnungen zeigten eindringlich, wie menschliche Extremitäten durch die Luft flogen. Darum blieben wir lieber auf der Straße und vermieden es sogar, am Straßenrand zu pinkeln. Auch unser Nachtlager schlugen wir aus Respekt vor den Landminen in den Gärten von gastfreundlichen Familien auf, aber der gefährlichste Aspekt Tadschikistans war dennoch das Wetter.

Eines Nachmittags, als Mel und ich auf einem ungeschützten Straßenabschnitt unterwegs waren, kam plötzlich ein Sturm auf. Also duckten wir uns unter einen Felsvorsprung und warteten. Donner und Blitz peitschten gegen die Berge, und Hagelkörner in der Größe von Backenzähnen knallten auf die Leitplanken und den Boden, was insgesamt wie lautes Zähneklappern klang. Nach einer Weile wurde aus dem Hagelsturm starker Regen, der die Erde und schließlich den Abhang über uns lockerte, sodass Gesteinsbrocken auf die Straße krachten. Nachdem der Sturm vorüber war und alles wieder ruhig und stabil schien, begaben wir uns erneut auf die Straße und radelten weiter. Sekunden später schlug mit einem ekelhaften Geräusch ein Stein von der Größe eines menschlichen Kopfes direkt neben Mel auf der Straße ein.

Eines Nachmittags entdeckten wir auf einem Hügel und geschützt von einer niedrigen Steinmauer einen idyllischen Platz zum Campen. Bäume warfen angenehmen Schatten, und ein ausgetretener Pfad führte hinauf. Wir gingen davon aus, dieser eindeutige Weg müsse sicher vor Landminen sein, deshalb wanderten wir den Hügel hinauf und streckten uns hinter einem Mäuerchen für ein Nickerchen aus, um erst, wenn es wirklich dunkel war, dort unser Lager unbeobachtet aufzuschlagen. Aber etwa eine Stunde später hörten wir Stimmen. Ich blickte vorsichtig über die Mauer: Sechs oder sieben bewaffnete Männer in Tarnanzügen waren unterwegs in unsere Richtung.

»Sollen wir uns zu erkennen geben?«, flüsterte ich Mel zu, denn ich wollte eine tadschikische Militärpatrouille besser nicht überraschen. Doch es war schon zu spät. Ein Soldat entdeckte unsere Radspuren und folgte ihnen mit den Augen bis zu der Mauer, über die wir spähten.

Mel und ich standen schnell auf und riefen Hallo und wedelten mit den Armen und hofften, dass es als freundliche Geste wahrgenommen würde. Der Soldat gab uns zu verstehen herunterzukommen. Die Männer waren bemerkenswert jung, groß und unbeholfen. Mit den Händen erklärten wir, hier übernachten zu wollen. Zuerst wurde zustimmend genickt, doch nachdem sich die Soldaten miteinander unterhalten hatten, änderten sie ihre Meinung. Einer von ihnen zeigte in Richtung Afghanistan und machte jemanden nach, der über den Fluss schwamm und dann mit einer Waffe zielte. Das Ufer war kaum einen Steinwurf entfernt, aber der Fluss schäumte und wirbelte mit solcher Kraft, dass schwer vorstellbar war, wie ihn jemand schwimmend durchqueren könnte. Die Soldaten bestanden darauf, dass wir zu einem Gästehaus zurückkehren sollten. Das befand sich in einem Dorf, durch das wir bereits gefahren waren und das nun drei Kilometer und eine schreckliche hügelige Schotterstraße hinter uns lag.

Ich wäre lieber fünfzehn Kilometer vorwärts gefahren als drei zurück, aber die Sonne ging bald unter, und wir hatten keine Wahl. Die Soldaten beobachteten, wie wir unsere Fahrräder packten, den Weg hinunterradelten und den ersten steilen Anstieg hinauf. Als wir das Dorf erreichten, wurde uns erklärt, es gebe kein Gästehaus, aber eine Familie mit süßen, wenn auch leicht schrägen Frauen nahm uns auf. Eine Tochter, ungefähr in unserem Alter, kicherte ständig, war aber ansonsten stumm. Eine andere, etwas ältere Tochter hatte ein blindes, trübes Auge und lächelte nicht einen einzigen Moment. Wir halfen den Frauen, ein paar Yaks zu melken, was darauf hinauslief, dass Mel und ich zur Unterhaltung der versammelten Zuschauer erfolglos an den Zitzen zogen, bis die Töchter übernahmen und fachmännisch weiße Spritzer in den Eimern landeten.

Im Haus bedeckten karmesinrote Teppiche mit Blumenmuster nicht nur die Böden, sondern auch die Wände, als ob man auch auf ihnen gehen könnte. An der Decke waren türkisfarben lackierte runde Baumstämme angebracht, und dazwischen befanden sich grobe Bretter. Eine flackernde nackte Glühbirne baumelte an einem Balken, und auf der

Fensterbank blühten Pflanzen, die liebevoll gepflegt aussahen. Ein kastenförmiger Ofen aus Metall balancierte ziemlich unsicher auf Steinen und Holzplanken, und gelegentlich entwich eine Stichflamme durch die Scharniere der Ofentür. Als die Mutter – eine dralle, überschwängliche Frau, deren Brüste ihr praktisch bis zu den Hüften hingen – einen Wasserkessel auf den Ofen stellte, warf ich heimlich einen Blick unter einen der Teppiche: Linoleum in der Farbe von Weizen.

Während wir zum Abendessen selbst gebackenes Brot mit Butter und frischen Gurken aßen, schrieb die Mutter ihre Handynummer sorgfältig auf ein Stück Papier und gab es uns dann. Ich riss eine Seite aus meinem Tagebuch und reichte ihr wiederum unsere Nummer, obwohl es in diesem Teil Tadschikistans keinen Empfang gab, und selbst wenn, konnte keiner von uns auch nur ein Wort des anderen verstehen.

Vor Jahrhunderten gehörten beide Ufer des Panj noch zum Staatsgebiet von Badachschan, das einst von Ismailiten bevölkert und von mehreren Emiraten regiert wurde. Die Grenze, die die Region nun trennt, wurde im 19. Jahrhundert in *The Great Game* gezogen, dem sogenannten Großen Spiel, als Briten und Russen um die Vormachtstellung in Zentralasien stritten. Das Emirat Kabul stand unter der Aufsicht von Britisch-Indien und übergab das Ostufer des Panj an das Emirat Buchara, ein russisches Protektorat. Obwohl nach Festlegung der Grenze fast ein Jahrhundert lang der lokale Handel und Reiseverkehr über den Panj führte, änderte sich die Situation ab 1979 nach der sowjetischen Invasion in Afghanistan, dem Aufstieg der Taliban in den Neunzigerjahren und dem Bürgerkrieg, der 1992 in Tadschikistan begann, wobei die Grenze immer stärker militarisiert und immer weniger durchlässig wurde. Familien fanden sich an gegenüberliegenden Ufern gestrandet, konnten zwar ihre Kleidung im selben Wasser waschen, aber es war ihnen verboten, mit dem Boot auf die andere Seite zu fahren.

Als Mel und ich weiter am Fluss entlangfuhren, verursachte mir diese Teilung echte Schwindelanfälle. Die Straße in Tadschikistan war holperig und nur teilweise gepflastert, und einige der Familien, bei denen wir wohnten, sahen beim Abendessen fern. Auf der anderen Seite des Panj in Afghanistan schien die Zeit Jahrhunderte zurückgedreht. Abends wurde es in den Dörfern mit ihren Steinhütten komplett dunkel, und es gab keine Straße, nicht einmal irgendeinen Euphemismus für eine Straße, nur Eselspfade, die in das Flussufer getrampelt worden waren. Manchmal sahen wir morgens auf diesen Wegen afghanische Mädchen in eleganten indigoblauen Gewändern. Vermutlich gingen sie in einem nahe gelegenen Dorf zur Schule. Sie blickten zu uns hinüber – neugierig? Beunruhigt? Sehnsüchtig? Mitleidig? Ihre Gesichter waren verschleiert, also konnten wir es nicht erkennen.

Selbst für Tadschiken war der Anblick von Ausländern auf Fahrrädern ungewöhnlich. In einer Stadt wusch eine junge Mutter ihren kleinen Sohn in einem Bach, während er uns heranradeln sah. Der Junge war so aufgeregt, dass er hinter uns herrannte und dabei nichts als Sandalen trug. Ich dachte zurück an die Universität in North Carolina, wo ein Heimsieg der Basketballmannschaft manche Studenten dazu brachte, halb nackt auf die Straße zu rennen, um Autos auf die Seite zu kippen und über Lagerfeuer zu springen. Diese Art von Ekstase über einen sportlichen Erfolg hatte ich nie aufbringen können. Um nackt und begeistert auf die Straße zu laufen, bräuchte es für mich schon so etwas wie die NASA, die die Entdeckung von Leben auf anderen Planeten ankündigte – also im Grunde etwas Ähnliches wie das, was den kleinen Jungen dazu gebracht hat, uns zu folgen. Kichernd und sprachlos starrte er Mel und mich an, bis seine Mutter ihn wieder einfing.

Einige Tage später wurden wir von zwei Mädchen, wahrscheinlich Schwestern, mit ähnlicher Ehrfurcht empfangen, allerdings waren die beiden voll bekleidet, trugen bunt gemusterte Kleider, die wie überlange Hemden aussahen. Die Mädchen waren vielleicht zehn und zwölf Jahre alt. Die eine hatte gelocktes braunes Haar, die andere glattes schwarzes, und sie spielten am Straßenrand, als wir kurz anhielten, um Hallo zu sagen. Daraufhin zogen sie alle Register, um Mel und mich zum Bleiben zu bewegen. Zuerst gab es eine Gesangseinlage, dann wurde getanzt. Die beiden wirbelten herum und taumelten, bis ihnen schwindlig war, was eindeutig zum Spaß dazugehörte. Danach führten sie uns auf einen Rundgang durch ihr Puppenhaus, das sie genial aus Flaschen und irgendwelchen Abfällen gebaut hatten, eine wahre Traumvilla am Rande ihres Gartens. Als wir diesem Kunstwerk den Rücken kehrten, schlichen sich auf einmal zwei Jungen heran und stahlen Teile des Puppenhauses, um die Mädchen gemeinerweise damit zu bewerfen. Mel jagte ihnen nach und spritzte sie mit ihrer Wasserflasche nass, sodass die Jungen vor Angst aufheulten und davonrannten. Die Schwestern jubelten. Dann machten die Mädchen und wir eine kleine Wasserschlacht, um uns bei der Hitze zu erfrischen.

Das war ein Nachmittag mit purem Spaß – ziellos und zeitvergessen und Übersetzung nicht nötig. Die Mutter der Mädchen bot uns später an, das Zelt in ihrem Garten aufzuschlagen, was wir zur großen Freude der Mädchen taten. Als das Zelt stand, huschten beide hinein und fegten es mit einem Besen aus, blähten dann die Thermomatratzen auf und entfalteten die Schlafsäcke für uns. Am Abend probierten die Schwestern unsere Helme und Sonnenbrillen und sahen in unserer Fahrradausrüstung besser aus als wir jemals zuvor. Die Räder lehnten auf ihren Ständern, und wir halfen den Mädchen in die Sättel. Sie taten so, als würden sie fahren, obwohl ihre Füße hoch über den Pedalen baumelten. Sie lehnten sich wie in Schleudertrauma-Kurven weit nach rechts und dann nach links, blinzelten durch den Staub, der von den Reifen aufgewirbelt wurde, und beugten sich tief über die Lenker, als ob sie mit enormer Geschwindigkeit unterwegs wären.

In tieferen Lagen bewegte sich der Panj im Rhythmus von jemandem, der kein bestimmtes Ziel besaß. Weiter oben spuckte der Fluss noch Ladungen von Schlamm, und wo er steiler und enger war, wirkte das Wasser indigoblau. Afghanistan rückte immer näher und näher. An einigen Stellen war die Straße von Stromschnellen unterspült, die den Straßenbelag auflösten, und damit wir nicht weggespült wurden, mussten wir einen weiten Umweg nehmen. Die zerklüfteten Berge ragten an allen Seiten steil empor, sodass die Stadt Chorugh wirkte, als würde sie im Maul eines Piranhas stecken. Als wir dort zum Abendessen in einem indischen Lokal einkehrten, begrüßte uns ein riesiges Plakat, auf dem unsere stark gepixelten Gesichter zu sehen waren, persönlich im Pamir-Gebirge – oder besser gesagt, mich und »Mellisa Yue«.

Aziz Ali, ein Freund eines Freundes, hatte erfahren, dass wir durch Chorugh kommen würden, und uns zu Ehren eine Party organisiert. Ursprünglich stammt Aziz Ali aus Pakistan, heute aber lebt er in Afghanistan, wo er an der Gemeindeentwicklung im Pamir-Grenzgebiet zu Tadschikistan arbeitet. Aziz Ali ist ein freundlicher dunkelhäutiger Mann mit runden Wangen und einem Singsangakzent, der selbst aus faden Sätzen wohlklingende Musik macht. Er hielt eine lange Begrüßungsrede, die liebenswert mit vielen »ganz allein« gespickt war, wie zum Beispiel: »Wir sind heute Abend hier zusammengekommen, um diese tapferen kanadischen Frauen zu feiern, die ganz allein von Kanada hierhergefahren sind!« Und als wäre das noch nicht genug, um uns erröten zu lassen, wurden wir mit Rosensträußen und wunderschönen Pamiri-Halsketten beschenkt, einem kompliziert geknüpften Netz mit roten, weißen und schwarzen Perlen, die selbst unsere schäbigen T-Shirts stylish aussehen ließen.

Es waren etwa neun Leute bei diesem Abendessen versammelt, und einer der Männer, der gegenüber von Mel saß, blickte immer wieder zwischen dem Willkommensposter und meiner Freundin hin und her. »Yue ist ein sehr seltsamer Nachname«, sinnierte er laut. »Das klingt Chinesisch, aber du bist doch keine Chinesin?«

Die Gespräche am Tisch verstummten abrupt. Alle starrten Mel neugierig an und warteten auf ihre Erklärung.

»Also, haha …«, wich sie zunächst aus und suchte einen diplomatischen Weg, um den Rechtschreibfehler zu erläutern. »Weißt du, das ist keine große Sache, aber mein Nachname lautet eigentlich Y-u-l-e …«

Rundherum machte sich schlechtes Gewissen breit. Für die Wahrheit gibt es ungeeignete Zeitpunkte und Orte und eben geeignete, stellte sich heraus. Und auf der Seidenstraße waren Letztere selten – eine Lektion, die noch deutlicher wurde, als uns ebenfalls auf der Begrüßungsparty eine Ethnobotanikerin namens Munira fragte, wie viel unsere Fahrräder gekostet hätten. Wir erzählten, dass unsere maßgeschneiderten Titan-Tourenräder ein großzügiges Geschenk einer Fahrradfirma seien. Also fragte Munira, was sie denn gekostet hätten, wenn wir sie hätten kaufen müssen.

»Ähm, um die fünfzig Dollar?«, log ich.

»Ja, so ungefähr«, stimmte Mel schnell zu.

Muniras Augen wurden größer und größer. Später erfuhren wir, dass selbst dieser enorm niedrige Preis mehr war als ihr monatliches Gehalt am Pamir Biological Institute. Obwohl es sich um eine der besten wissenschaftlichen Institutionen Tadschikistans handelt, gibt es dort keinen Internetanschluss, nicht annähernd genug Laborräume oder Büros, keine Abonnements der neuesten wissenschaftlichen Zeitschriften und keine Finanzmittel, um Munira und ihre Kollegen zu internationalen Konferenzen zu schicken, damit sie sich mit einer breiteren wissenschaftlichen Gemeinschaft verbinden könnten – kurz gesagt, dort existieren keine der Ressourcen, die ich am MIT im Überfluss zur Verfügung hatte.

Ein paar Tage später kamen wir im Dorf Darshai bei einem Geografielehrer unter, dessen lebhafter, überbordender Geist viel zu groß war für die mageren Umstände, mit denen er sich auseinanderzusetzen hatte. Obwohl Mubarak Sho etwas Englisch sprach, konnten wir nicht verstehen, was er über das Abendessen sagte, also zeichnete er einen Cartoon von einem langohrigen Kaninchen, das in einer Falle saß (Mel war inzwischen zu einer »zentralasiatischen Vegetarierin« geworden, das hieß, sie aß alles, was ihr angeboten wurde). Das Fleisch – etwas zäh, aber köstlich – wurde nach einer aufwendigen Vorspeise serviert, die aus frischem Brot, Spiegeleiern, süßem, milchigem Chai und einem Teller voller Kekse und Süßigkeiten bestanden hatte, denn in Tadschikistan kommt das Dessert häufig vor dem Hauptgang. Während des Essens enthüllte Mubarak sein intimes, weitreichendes Wissen von der Welt, indem er sich selbst in einer Art Fernsehshow-Quiz prüfte und brillierte. Er nannte die großen kanadischen Seen wie den Superior und

Erie und Flüsse in den Vereinigten Staaten wie den Mississippi und den Missouri. Er beschrieb Stämme im Amazonasdschungel, ahmte mit großem Einsatz die Jagd mit Blasrohren nach und illustrierte die arktische Tundra mit Zeichnungen eines Iglus und einer Walöllampe. Kängurus, Haie, Elefanten und Kobras kamen abwechselnd zur Sprache, ebenso wie alle wichtigen Bergspitzen im Himalaja, vom Everest über den Lhotse bis zur Annapurna.

Wie hatte er sich bloß all dieses Wissen angeeignet, fragte ich ihn. In diesem abgelegenen Dorf in Tadschikistan gab es, soweit ich das beurteilen konnte, keine Bibliothek und kein Internet. Aber Mubarak verstand meine Frage nicht, denn obwohl sein Englisch beeindruckend war, beschränkte es sich offenbar nur auf die Wunder der Welt – die seiner Meinung nach überall zu finden waren, nur nicht in Tadschikistan. »Was ist der Zorkulsee schon im Vergleich zum Machu Picchu?«, rief er aus, als er erfuhr, dass wir zum Zorkul unterwegs waren. »Machu Picchu gebaut von Kosmos. Von Außerirdischen.«

Mubaraks Wissen hatte so seine Grenzen: Als wir eine Woche später am Zorkulsee ankamen, fiel ich wegen seiner Schönheit fast vom Fahrrad. Das dunkle Blau des Sees wirkte wie die flüssige Dämmerung, als ob die Sonne immer auf dem Pamir-Plateau unterginge und die Sterne aus diesem Wasser aufstiegen. Das lange, offene Tal, in dem der See lag, war von Bergen umgeben: scharf zerklüftete Gipfel auf der afghanischen Seite und kiesbedeckte, abgerundete Hänge in Tadschikistan. Sogar das Tal lag viertausendzweihundert Meter hoch, aber den Sauerstoffmangel nahm ich kaum wahr. Die Luft war frisch und kühl und voll von unerwartetem Glück, wie beispielsweise dem Duft von Salbei und Gletschereis. Während ich radelte, löste der Wind meine Schnürsenkel, aber zumindest kam er von hinten und trieb uns voran, obwohl der Schub auf der holprigen Straße meist vergeudet war. Manchmal verschwand der Wind komplett. Wir rollten über üppige Grasteppiche mit gelben Blumen oder Flecken von lila Flechten in perfekten konzentrischen Kreisen. Solange wir den See zu unserer Rechten hielten, konnten wir die Straße, beziehungsweise die schwache Parodie einer

Piste, verlassen, um zu tun, was mir sowieso das Liebste war: querfeldein zu radeln.

Vom Zorkul konnte ich fast das Ende unserer Seidenstraßen-Tour sehen. Auf der anderen Seite des Sees befand sich der Wachan-Korridor, der schmale Finger Afghanistans, der zwischen Tadschikistan und Pakistan in Richtung China zeigt und wo der Siachen in Nordindien übergeht. Der Gletscher war nur ein paar Hundert Kilometer entfernt oder ein paar Tage Radfahren, wenn wir die Luftlinie hätten nehmen können. Doch die Nationalgrenzen bedeuteten für uns, dass es drei weitere Monate dauern würde, bis wir dort ankamen.

Ich dachte an Fanny Bullock Workman, die nicht mehr erlebte, wie ihre geliebte »Rose« den Status als längster unpolarer Gletscher der Erde verlor (der Fedtschenko in Tadschikistan ist gerade mal anderthalb Kilometer länger). Fanny erlebte auch nicht, wie sich der Siachen in eine kriegszerrüttete Müllhalde verwandelte, was ihr sicherlich das Herz gebrochen hätte. Schließlich hatte es mir schon das Herz gebrochen, obwohl ich den Gletscher noch nie wirklich gesehen hatte. Was ich kannte, war das Juneau-Eisfeld, und plötzlich kam mir das sehr bedeutend vor. Denn ohne diesen Sommer in Alaska hätte mich die Geschichte des Siachen wahrscheinlich nicht so sehr beschäftigt. Ich hätte mir einen abgelegenen Gletscher in Kaschmir gar nicht vorstellen und seine Schändung bloß abstrakt beklagen können. So jedoch hatte mich die Sorge um ein eisiges Grenzland dermaßen geprägt, dass ich mich für ein anderes interessierte, das ich noch nie gesehen hatte. Vielleicht heißt Forschung im besten Fall, eine Art metaphorischen Muskel auszubilden. Schließlich kommt der Begriff Metapher aus dem Griechischen *meta* (»oben«) und *pherein* (»tragen«) – also nach oben getragen zu werden, ein Höhenflug zu etwas anderem, sodass, nachdem man lange und weit genug gereist ist, jeder Berg an einen anderen Berg erinnert, jeder Fluss einen anderen Fluss heraufbeschwört und man irgendwann genug Wahrzeichen kennt, um die ganze Welt zu lieben.

Was aber passiert, wenn man nicht reisen kann, weder in Worten noch in der Welt? Entlang des Ostufers des Zorkulsees kamen wir an einem kleinen Haus vorbei, dessen Steinritzen mit Dung verspachtelt waren und vor dem Yaks grasten. Als uns ein kleiner Junge sah, kam er herausgerannt, aber es war an diesem Tag schon zu spät, um noch einmal anzuhalten, also winkten Mel und ich ihm bloß zu und fuhren weiter. Daraufhin warf er eine Handvoll Steine nach uns. Das schien mehr Unfug als böse, aber wir traten trotzdem fest in die Pedale, um außer Reichweite seines Wurfarms zu kommen. Danach fragte ich mich oft, ob dieser Junge vielleicht doch dunklere, schwieriger zu benennende Ziele im Sinn gehabt hatte, wie die Freiheit, in die bestimmte Menschen total zufällig hineingeboren werden, oder die Tatsache, dass derselbe Weg unterschiedliche Menschen an unterschiedliche Orte führt. Mel und ich fuhren an dem Ort, an dem der Junge lebte, einfach vorbei, und der Wind löschte unsere Spuren.

Im Gegensatz zu den Staatsgrenzen, die hier so deutlich und sich feindlich gegenüberstehen – genau hier ist Tadschikistan, exakt dort ist Afghanistan –, sind ökologische Grenzen häufiger unscharf, ein Mosaik aus Geben und Nehmen: das dünner werdende Grün oberhalb der Baumgrenze am Zorkulsee zum Beispiel oder das Zwielicht in der Dämmerung, das Murmeltiere aus ihren Höhlen lockt. Der wissenschaftliche Begriff für solch natürliche Grenzen lautet *Ökoton* und stammt vom griechischen *oikos* (»Heimat«) und *tonos* (»Spannung«) ab, was darauf hindeutet, dass eine echte Verwurzelung eine gewisse Unruhe mit sich bringt, dass Heimat weniger ein statischer Ort ist, sondern den Zustand potenzieller Energie beschreibt. Wenn die starren Mauern der Politik nicht wären, könnte das Konzept für alle Kreaturen im Pamir gelten, von menschlichen Gemeinschaften bis hin zu den Marco-Polo-Schafherden. Allerdings fügten sich die Herden so nahtlos in die Felsbrocken ein, dass Land und Kreatur eins wurden, die Schafe waren der Teil der Berge, der sich bewegte.

»Siehst du? Viele, viele. Da!«, rief Sergej, ein wettergegerbter Bergführer, den wir angeheuert hatten, um die Herden zu finden. Aber als ich durch sein Fernglas blickte, sah ich nur Fels, Himmel, Wolken. Dann schaute Mel durch das Fernglas und schüttelte den Kopf. Die scheue Herde war längst über einer Anhöhe verschwunden.

Wir kletterten zurück in Sergejs Allradjeep, und er versuchte, der Herde näher zu kommen. Also donnerte er einen steilen Abhang aus losem Schotter, Steinbrocken und Gras hinauf. Als irgendwann die Räder durchdrehten, nickte Mel mitfühlend. »*Story of my life*«, bemerkte sie nüchtern. Sergej aber jubelte triumphierend, als er es endlich schaffte, den Abhang zu erklimmen, was Timurlane, seinen vierzehnjährigen Sohn, dazu veranlasste, mit den Augen zu rollen, als ob sich sein Vater einfach nur unerträglich ungeschickt angestellt hätte. Timurlane war ein Stadtjunge, der in den Sommerferien ins Pamir-Gebirge verbannt wurde. Er trug eine schwarze Kunstlederjacke, schwarze Jeans, abgetragene Turnschuhe, eine Pilotensonnenbrille und hatte ein Funkeln in den Augen, das zu jemandem passte, der nach dem mordlustigsten Herrscher Zentralasiens benannt war. Diese Inkarnation von Timur hatte ebenfalls politische Ambitionen, aber glücklicherweise drehte es sich darum, nach Oxford zu gehen und Diplomat zu werden. Als ich erwähnte, selbst in Oxford studiert zu haben, leuchtete sein Gesicht auf, bis ihm wieder einfiel, dass unbändige Begeisterung ja nicht cool war – *the story of my life.*

Sergej hielt das Auto an und deutete auf einen Berghang, der ausgestorben wirkte. Ich blickte durch das Fernglas. Und was ich für Felsbrocken gehalten hatte, entpuppte sich als Hunderte und Aberhunderte von Schafen. Die Herde strömte über das Land wie Licht, zugleich Lichtpartikel und Lichtwellen. Die Tiere bewegten sich mit einer wendigen Anmut den Berg hinauf, die mich schlicht fassungslos machte.

»Können wir jetzt fahren?«, fragte Timurlane gelangweilt. Er spielte weiterhin auf seinem schicken Handy Klingeltöne ab, als ob das für Empfang hätte sorgen können. Sein Vater konnte es sich wahrscheinlich leisten, ihn nach Oxford zu schicken. Aber nicht dank der Einkünfte, die er mit Touristen wie Mel und mir hatte, die Fotos von Wildtieren machen wollten. Er brauchte eher ausländische Trophäenjäger, die scharf schießen wollten. Weil das Marco-Polo-Schaf eine bedrohte Art ist, zahlen Ausländer bis zu vierzigtausend Dollar, um in Tadschikistan die riesigen Spiralhorntiere zu jagen. Ironischerweise waren die begehrten Geweihe über das gesamte Plateau verteilt – Hinterlassenschaften von Wolfs- oder Schneeleopardenangriffen. »Was hier die Wölfe zurücklassen«, kicherte Sergej und trat gegen ein altes gelbes Hörnerpaar, »hängen die Ausländer an ihre Wände.«

Und tadschikische Bergführer hängen Fotos von Ausländern an *ihre* Wände, zumindest war das so in Jarty Gumbez, dem privaten Jagdaufsichtsbüro, für das Sergej arbeitete. In der holzvertäfelten Bibliothek befanden sich ein Billardtisch, ein Großbildfernseher mit Satellitenanschluss und ein Schrein mit Fotos von erfolgreichen Trophäenjagden: triumphale Porträts von rotgesichtigen Männern – ich sah nur eine Frau – in gesteppten weißen Tarnwesten, die neben ihren Trophäen posierten. Auf den Bildern wirkten die wilden Schafe riesig, bis mir klar wurde, dass sich die Jäger ein Stück dahinter befanden, sodass die Perspektive die Tiere in titanische Dimensionen trickste. Auf einigen Bildern waren die Gebisse der Widder zu einem für Schafe untypischen Knurren entblößt. Auf anderen sahen die Tiere entspannt und friedlich aus, als hätten sie gerade ihre prächtigen Köpfe für ein Nickerchen gesenkt.

Ein Schuss ist ein einzigartig atemberaubender Akt von Gewalt, der es leicht macht, die Trophäenjagd zu verurteilen, bei der es sich nicht um Nahrungsmittelbeschaffung, sondern allein um einen Egoschub handelt. Was schwerer einzusehen ist, geschweige denn zu verhindern, ist die weniger sichtbare, komplexere Gewalt des Lebens an sich in einem Land mit begrenzten Möglichkeiten. Chronische Armut in Tadschikistan bedeutet, dass die wilden Schafe auf jeden Fall getötet werden. Die Frage ist nur, wer den Abzug betätigt: Soldaten des korrupten Militärs, die, wie Sergej sagte, die einzigen Menschen in Tadschikistan sind, die nach dem Bürgerkrieg und der Beschlagnahmung von Kriegswerkzeug Waffen besitzen? Einheimische, die gegen Geld Waffen von Soldaten leihen, weil sie verzweifelt auf der Suche nach Fleisch oder dem damit verbundenen Schwarzmarktgeld sind? Oder gelegentlich

Ausländer, die gern eine ausgefallene Wanddekoration in den Händen halten und bereit sind, ein kleines Vermögen dafür zu zahlen? Die Trophäenjagd verschafft zumindest Organisationen wie Jarty Gumbez den Anreiz und die Mittel, wilde Herden von Marco-Polo-Schafen zu schützen, und sei es auch nur, um die Nachhaltigkeit ihres Geschäftsmodells zu gewährleisten. Ein finsteres Kalkül. Aber es gibt Schlimmeres, als alle paar Jahre einen alternden Widder zu opfern, um die Gesundheit der Herde – und auch die der lokalen Gemeinschaften – zu unterstützen, denn diese Art von Naturschutz sorgt für eine Reihe gut bezahlter Arbeitsplätze. Von den geschätzten dreiundzwanzigtausend Marco-Polo-Schafen in Tadschikistan lebt nicht zufällig fast die Hälfte im Gebiet von Jarty Gumbez, die beim Schutz der Tierwelt bessere Arbeit leistet als die Nationalparks. Und wenn die Population von Marco-Polo-Schafen wächst, geht es auch Wölfen und Schneeleoparden gut, die sie nämlich fressen. Und so sind die ausländischen Trophäenjäger unbewusst Helden des Umweltschutzes in Tadschikistan.

Ich schaute erneut auf die Wand mit den Fotos. Die Jäger in ihrer weißen Tarnkleidung sahen eigentlich nicht allzu heldenhaft aus. Die Gewehre hingen wie dunkle Schrägstriche über ihren Rücken. Plötzlich fiel mir auf, dass sie den Soldaten am Siachen ähnelten. Und ich fragte mich, ob der Konflikt in Kaschmir nur eine Ablenkung war, ein auffälliger, aber unpassender Platz für meine Trauer über den Verlust der wilden Natur der Erde. Genauso wie die Trophäenjagd in Tadschikistan leichter zu verurteilen ist als subtilere Formen von Gewalt, wie die Armut, die die Trophäenjäger tatsächlich auf Umwegen lindern. Schließlich sind Gletscher überall auf der Erde anfällig für die langsame Verwüstung, die der Klimawandel mit sich bringt, für den Krieg, den der extravagante Lebensstil in Nordamerika und Europa täglich gegen das Eis führt. Die höchste und größte Müllhalde der Welt ist kein Himalaja-Gletscher, sondern die Erdatmosphäre darüber. In diesem Sinne sind wir alle Bürger desselben Landes, mitschuldig und miteinander verbunden. Und je mehr ich auf die Fotos starrte, desto weniger überzeugte mich, was ich sah. Die weiche Marco-Polo-Schafwolle war nur geringfügig dunkler als das Weiß des Schnees, auf dem die Tiere zusammengebrochen waren – ihre Wolle wirkte wie ein Schatten, wenn Schatten bluten könnten. Um sie herum purpurrote Schlieren, die genauso präzise gezeichnet waren wie jeden Sommer auf dem Juneau-Eisfeld, wenn Schneealgen in grellrotem Glanz auf dem hellgetränkten Eis blühen und der Gletscher kurzzeitig in Flammen zu stehen scheint.

Die unscheinbaren Grenzen sind meist am schwersten zu überqueren. Dies galt in Tadschikistan besonders. Als Mel und ich nördlich an der Stadt Murghob vorbeifuhren, sahen wir als einzige Barriere einen heruntergekommenen niedrigen Stacheldrahtzaun, der das Land von China trennte. Man konnte einfach darüberspringen, und den Spuren nach zu urteilen, taten das auch viele Menschen und Tiere. Ursprünglich in der Sowjetzeit errichtet, um den Rand einer breiten Pufferzone mit China zu markieren, wurde dieser Zaun im Laufe der Zeit zur eigentlichen Grenze zwischen den beiden Ländern, da Tadschikistan fast ein Prozent seines Gebiets an China abtreten musste – als würden etwa Kanada New Brunswick oder die USA Indiana abtreten müssen –, um einen jahrhundertealten territorialen Streit beizulegen. Was die Zäune betraf, so existierten Gerüchte, dass andere Länder der Region im Namen nationaler Sicherheit planten, dem Beispiel zu folgen, was absurd schien, da das Pamir-Gebirge, scharf und zerklüftet wie zerbrochenes Glas, menschliche Übergriffe effektiver verhinderte, als es Stacheldraht je könnte. Berge, Seen und Flüsse sind die ältesten Grenzen und vielleicht die einzige Art, die ich respektiere.

Der eigentliche Grenzposten zwischen Tadschikistan und Kirgisistan befand sich hoch oben auf einem Bergpass. Als wir uns näherten, befahl ein englischsprachiges Schild »STOP«, und darauf hatte jemand gekritzelt: »It's hammertime«. Das Grenzgelände sah tatsächlich aus, als hätte jemand einen Vorschlaghammer geschwungen. Heruntergekommene Wohnwagen standen neben einem Gebäude, das entweder erst halb fertig oder halb demoliert war – schwer zu sagen –, aber beide Varianten vermittelten einen apokalyptischen Eindruck. Ein schläfrig wirkender tadschikischer Soldat tauchte auf einmal aus dem Nichts auf, stellte sich neben uns und inspizierte die Fahrräder. Mels stand auf seinen Ständer gestützt, aber meins lag auf dem Boden, nachdem ich einige Tage zuvor den Ständer verloren hatte. Der Soldat stieß mein Hinterrad immer wieder mit dem Fuß an, sodass es sich in der Luft drehte, und bei jedem Stoß wackelte das Gewehr auf seinem Rücken.

Nach ein paar Minuten führte uns ein anderer Soldat in einen düsteren Wohnwagen voller Tische, die sich unter vergilbten Formularen förmlich bogen. Er gestikulierte, dass wir uns setzen sollten, indem er auf die schmutzige Matratze eines Etagenbetts klopfte. Während er anschließend Details aus unseren Pässen notierte, aß ein weiterer Soldat in der Nähe zu Mittag. Als er uns sah, streckte er uns auf einmal seine Schüssel hin und bot großzügig an, mit uns zu teilen. »Was ist das?«, erkundigte sich Mel. Der Soldat grinste, dann formte er mit den Händen eine Pistole und gab einen Knall von sich. Dann drehten die Zeigefinger an seinen Schläfen, als ob er Verrücktsein andeuten wollte oder jemanden, der plemplem ist, oder eben die charakteristischen Spiralhörner von Marco-Polo-Schafen.

STAUBKORN IN EINEM SONNENSTRAHL

Tarimbecken und Tibetisches Hochland

Sobald Mel und ich die Sprache und die Bräuche eines Landes ganz zaghaft verstanden, waren wir auch schon wieder weitergeradelt. Im Fall von Kirgisistan allerdings erst nach einer Nacht in der nationalen Vorhölle. Weder Tadschikistan noch sein Nachbar fühlten sich offenbar zuständig, die Straße zwischen ihren Grenzanlagen in Ordnung zu halten, denn die Spurrillen und losen Steine führten zu so etwas wie einem Schleudertrauma. Nahe der Wiese, auf der wir schließlich unser Zelt aufbauten, erklang das schrille Pfeifen der Murmeltiere, und am nächsten Morgen erwarteten wir ähnliche Alarmsignale am kirgisischen Grenzposten, als die Wachen verdächtig lange auf unsere kasachischen Visa blinzelten, die lediglich um den Namen ihres Landes ergänzt worden waren. Doch erleichtert stellten wir fest, dass die Beamten schlicht die Schultern zuckten und uns die Einreisestempel gaben. Wenn alles gut lief, würden wir innerhalb von sechsunddreißig Stunden wieder den Ausreisestempel erhalten. China lag gerade mal einen Tag entfernt.

Nun war die Straße gepflastert und spuckte uns ins Alai-Tal, eine üppige Graslandschaft mit Jurten, Pferden und Herden von Hausschafen. Die Bergkette, die wir an diesem Morgen hinter uns gelassen hatten, ragte umso höher, je weiter wir hinunterfuhren, und sie schien uns nun aus weißem Licht zu bestehen. Am ersten und einzigen Abend, den wir in Kirgisistan campten, galoppierten drei Teenager auf Pferden zu uns herüber, und über einem Sattel hing ein totes Schaf. In die Kehle des Schafes war ein grellrotes Lächeln geschnitten, und seine schlaffen Beine schlugen gegen die Rippen des Pferdes. Die kirgisischen Jungen – schlaksig, spindeldünn, von der Sonne dunkel gebräunt – waren freundlich und neugierig, löcherten uns mit Fragen und wiederholten sie lauter, wenn wir sie nicht verstanden, als ob das Verständnis einer fremden Sprache von der Lautstärke abhinge.

Am darauffolgenden Tag versuchten chinesische Grenzbeamte, eine ähnliche Taktik anzuwenden, und erhöhten bei ihrem Verhör stetig die Dezibel. Aber Mel und ich hatten das meiste Mandarin, das wir vor fünf Jahren gelernt hatten, vergessen. Während wir darauf warteten, dass unsere Fahrräder und Taschen durch Röntgengeräte geschoben wurden, fragte ich mich, ob Marco Polo bei seinen Reisen in China ein Wörterbuch besessen hatte. Die waren damals tatsächlich schon im Umlauf, und die Ähnlichkeiten zwischen den Ausgaben des 12. Jahrhunderts und ihren modernen Inkarnationen sind auffällig. Eine tibetisch-chinesische Ausgabe, von der ich aus Polos Zeit gelesen hatte, bot Übersetzungen für Lebensmittel, Kleidung und Werkzeuge sowie Formulierungen für die Suche nach einem Bett und Essen in fremden Städten. Außerdem waren Redewendungen aufgezeichnet, die bei häufigen Reiseproblemen wie Krankheit, Diebstahl oder Anschuldigung wegen eines Verbrechens hilfreich waren, inklusive des zeitlosen Einspruchs: »Was habe ich denn falsch gemacht?« Im Nachhinein wünschte ich, ich hätte mir das auf Mandarin gemerkt, denn an unserem ersten Abend in China hätten wir den Satz gut gebrauchen können.

Jenseits der Grenze befand sich die Truckerraststätte von Simuhana, der westlichsten Stadt des Landes, und ein Ort, der recht blumig manchmal als »der letzte Teil Chinas, den die Sonnenstrahlen berühren«, bezeichnet wird. Als wir dort ankamen, dachte ich, die Sonne hatte schon ihre Gründe für die Verspätung. Denn die Stadt bot von allem, was ähnlich große Orte in Zentralasien auszeichnete, noch mehr: Menschen, Lärm, Lastwagen, Müll. Die Straßen waren ein Abbild extravaganten Elends. Das Plastik von Nudelsuppenverpackungen flatterte im Wind und knisterte unter den Füßen. Die Hauptstraße war mit Glasscherben und dem Blut einer frisch geschlachteten Kuh überzogen, deren Kadaver auf dem Gehweg vor lauter Fliegen regelrecht zischte.

Ich kann mich nicht mehr erinnern, warum wir beschlossen, uns zur Feier unserer Rückkehr nach China eine Übernachtung in einem Gästehaus zu gönnen. Denn wann immer wir dafür bezahlt hatten, irgendwo zu schlafen, statt kostenlos unser Zelt aufzuschlagen, litten wir normalerweise unter Schlaflosigkeit. Sei es wegen eines Wasserhahns im Hotel, der nicht aufhörte zu tropfen (eine andere Form von Wasserfolter, der wir in der Türkei begegnet waren), oder wegen Technomusik, die durch die Dielen des darunter liegenden Lokals dröhnte, das sich nachts in eine Disco verwandelte (wie es bei unserer letzten Reise in China der Fall gewesen war). Aber das Gästehaus, das wir in Simuhana fanden, schien ruhig zu sein. Es wurde von einer uigurischen Familie geführt. Die Uiguren gehören einer türkisch-muslimischen Minderheit an, die in China die gleiche Verfolgung erfährt wie die Tibeter, nur fehlt ihnen das Äquivalent eines Dalai Lama, der im Ausland Mitgefühl für ihre Notlage erweckt. Wir zogen es vor, sie zu unterstützen, statt noch mehr Yuan in die Taschen der Han-Chinesen zu stopfen, der dominanten ethnischen Gruppe des Landes, die im Zuge der chinesischen Politik, kalkulierte Umsiedlung zu betreiben, massenhaft in die autonome Region Xinjiang im Nordwesten Chinas (knapp oberhalb von Tibet) geschickt worden waren. Wir konnten es kaum erwarten, wieder Laghman zu essen, das typische Gericht der Uiguren, ein würziges Gemisch aus handgezogenen Nudeln und Paprika, das uns gleich bei der Ankunft im Gästehaus angeboten wurde.

Nach dem Abendessen schauten die Teenagertochter der Gastwirte, Mel und ich uigurische Musikvideos – junge Männer mit von Khol-Kajal umrandeten Augen, die auf Sanddünen sangen –, als der Raum plötzlich vor lauter Schreien und dem Stottern von grellen Kamerablitzen zu explodieren schien. Ohne an die Tür geklopft zu haben, ohne einen Hauch von Höflichkeit oder Respekt und sicherlich auch ohne richterliche Anordnung, stürmten vier uniformierte chinesische Polizisten herein und hofften, uns und unsere Gastgeber bei irgendeiner kriminellen Handlung zu erwischen: den Aufstand der Uiguren zu planen oder einfach dieselbe Luft zu atmen.

»*PASSPORTS!*«, befahl ein Beamter, den ich nicht sehen konnte, weil ich von den Kamerablitzen derart geblendet war.

»*Janada, Botschaft, big problem!*«, rief Mel tollkühn. Dann tat sie so, als würde sie vom Handy die kanadische Botschaft anrufen, obwohl wir noch gar keine chinesischen SIM-Karten gekauft hatten.

»*PASSPORTS!*«, bellte der Polizist erneut auf Mels Bluff hin. Wir haben nie wirklich erfahren, was diese polizeiliche Invasion eigentlich ausgelöst hatte, aber soweit wir mitbekamen, besaßen unsere Gastgeber nicht die richtigen Genehmigungen, um Ausländer als Gäste aufzunehmen, was uns bis dahin nicht bewusst war. Mel und ich wollten unsere Pässe nicht abgeben, also händigten wir der Polizei Fotokopien aus und vereinbarten, am nächsten Morgen zur Polizeiwache zu kommen. Denn wir ahnten, wenn wir einfach so die Stadt verließen, würden das nicht wir, sondern unsere Gastgeber ausbaden müssen. Als die Beamten endlich gingen, war ich erleichtert. Der Teenager widmete sich wieder den Musikvideos, als ob in Simuhana eine Razzia der Polizei gang und gäbe wäre. Und vielleicht war es das für die Uiguren in China auch. Unnötig zu sagen, dass ich in dieser Nacht nicht gut geschlafen habe.

Im Morgengrauen machten wir uns auf den Weg zur Polizeiwache. Dort, wo gestern die tote Kuh auf dem Gehweg gelegen hatte, wurde gerade ein Schaf geschlachtet. Uigurische Frauen in langen gemusterten Kleidern fegten Staub von den Wegen, eine heldenhaft sinnlose Anstrengung auf Straßen, die förmlich aus verdichtetem Staub bestanden. Chinesische Männer standen vor Haustüren und spuckten dunkle Schleimfetzen aus. Sie trugen T-Shirts, die über die haarlosen Kugeln ihrer Bäuche gerutscht waren, entweder eine lokale Mode oder eine

Taktik, um bei der schon am frühen Morgen heftigen Hitze frisch zu bleiben. Als wir an den Männern vorbeigingen, hörte ich das Murmeln von »*polis*«, »*pass*« und »*Janada*«. Mel und ich setzten bei der Polizei unsere Namen unter eine undurchschaubare Aussage, die wer weiß was für Verstöße belegte, und verließen schnell die Stadt.

Der ehemalige US-amerikanische Präsident John F. Kennedy hat einmal erläutert, dass das chinesische Wort für »Krise« aus zwei Schriftzeichen besteht. Das eine bedeutet übersetzt »Gefahr«, und das andere »Möglichkeit«. Eine scharfsinnige und faszinierende Beobachtung, abgesehen von der Tatsache, dass sie nicht stimmt – was aber Managementgurus, Motivationsredner und New-Age-Gelehrte nicht davon abhielt, das Ganze zu verbreiten. Das erste Zeichen im chinesischen Wort für »Krise«, *wēijī*, impliziert »Gefahr«, aber dass der zweite Teil als »Möglichkeit« übersetzt wird, ist ungefähr so sinnvoll, wie wenn die Vorsilbe *Ent* automatisch auf *Entdecker* hindeuten würde. Stattdessen meint *jī* eher »einen aufkommenden Moment« oder »einen entscheidenden Wendepunkt«. »Der Begriff *wēijī* bezeichnet in der Tat eine echte Krise, einen gefährlichen Moment, eine Zeit, in der Dinge schiefgehen«, erklärt Victor Mair, ein angesehener Professor für chinesische Literatur. »Also keinen Zeitpunkt, der Vorteile und Nutzen verspricht.«

Als Mel und ich jedoch Kashgar erreichten, schien China selbst die Fehlübersetzung von »Krise = Gefahr + Möglichkeit« angenommen zu haben. In dieser Oasenstadt treffen sich nach der Taklamakan-Wüste die nördlichen und südlichen Routen der Seidenstraße. Trotz wiederholter Plünderungen, zunächst durch Dschingis Khan, dann durch Timur und zuletzt durch die chinesische Regierung, ist die Stadt seit Jahrtausenden ein wichtiger Zwischenstopp für den Handel. Als wir 2006 zum ersten Mal nach Kashgar radelten, war das Labyrinth der strohgedeckten Lehmbauten in der Altstadt ein so exquisit erhaltenes Beispiel für traditionelle islamische Architektur, dass sie im Kinofilm *Drachenläufer* die Kulisse für das Afghanistan der Siebzigerjahre darstellte. Zwei Jahre nach unserem ersten Besuch, also im Jahr 2008, verschaffte das Erdbeben im fernen Sichuan der chinesischen Regierung die Gelegenheit, die historischen Viertel von Kashgar zu zerstören, denn es wurde behauptet, sie seien seismisch gefährdet. »Welche Regierung würde ihre Bürger nicht vor den Gefahren einer Naturkatastrophe schützen?«, begründete ein Han-Politiker die Maßnahme und erwähnte natürlich nicht, dass der Abriss der Altstadt ein bequemer Weg war, die dort lebenden Uiguren zu verdrängen. Da Rechte zum friedlichen Protest nicht gegeben waren, verübten daraufhin einige Uiguren Bombenanschläge und griffen han-chinesische Polizisten und Bürger mit Messern an, woraufhin die Regierung mit noch mehr Gewalt reagierte. Jede Krise, die von »uigurischen Separatisten« ausgelöst wurde, diente China als Vorwand, die Kontrolle über die verärgerte Minderheit und umstrittene Grenzen zu verschärfen und die Grenzstraßen auszubauen, damit Militärkonvois zweckmäßiger patrouillieren konnten. Deshalb war nun die Nationalstraße 219 gesperrt, diese zerfurchte, jenseitige Straße, die wir beim letzten Mal über das Tibetische Hochland genommen hatten und die aus Xinjiang in die ebenfalls unterdrückte TAR führt.

Wenn ich an Ben dachte, war ich froh, dass all diese Schotterhaufen am Straßenrand jetzt endlich verschwanden, aber mich deprimierte, nicht zum Aksai Chin zurückkehren zu können. Die Alternativroute über das Tibetische Hochland war die Nationalstraße 109, die in Golmud beginnt, einer dreitausend Kilometer entfernten Industriestadt in der Provinz Qinghai. Weil uns die chinesischen Visa nicht genug Zeit ließen, zuerst von Kashgar nach Golmud zu radeln und dann weiter anderthalbtausend Kilometer über das Hochland nach Nepal, luden wir unsere Fahrräder schließlich wieder in einen Zug. Die begrenzte Verfügbarkeit von Fahrkarten bedeutete, dass Mel und ich andere Züge und Busse benutzten als die Fahrräder, die wir in Dunhuang, einem historischen Handelsposten der Seidenstraße, wiederzusehen hofften. Dann sollte es mit dem Bus weiter nach Golmud gehen. Aber als wir in Dunhuang ankamen, fehlten die Räder.

Ein großer, hagerer Radfahrer aus der Schweiz, Philippe, befand sich in der gleichen Situation. Doch er nahm die schlechte Nachricht mit

bemerkenswerter Gelassenheit entgegen, vielleicht weil er ein Laienmönch zen-buddhistischer Tradition war. Wir waren uns in Kashgar begegnet, und als er von unseren Plänen hörte, über das Tibetische Hochland zu radeln, schloss er sich uns an, obwohl er nicht ganz sicher war,
wie weit er sich in Richtung Lhasa trauen würde.

Als Mel und ich 2006 durch Tibet schlichen, hätte es genauso gut
Shangri-La sein können, verglichen mit dem Zustand zwei Jahre später,
der an Nordkorea erinnerte. Im Frühjahr 2008, als die Tibeter noch
hofften, die Weltgemeinschaft werde China im Vorfeld der Olympischen Sommerspiele in Peking unter die Lupe nehmen, brachen in der
TAR Proteste aus, die mehr Unabhängigkeit für Tibet forderten. Chinesische Sicherheitskräfte reagierten, indem sie auf unbewaffnete Demons-
tranten schossen, Massenverhaftungen durchführten, Gefangene brutal
behandelten und Verdächtige folterten – alles im Namen der Wahrung
nationaler Einheit.

Noch im selben Jahr initiierte die chinesische Regierung ein Über-
wachungsprogramm der Volksbewegung namens »Die Fundamente
verfestigen, der breiten Masse nützen«. Beamte wurden in Dörfer und
Klöster in der gesamten TAR entsandt, um die abweichenden Meinun-
gen der Tibeter zu erschnüffeln und Propagandasitzungen zu leiten, die
unter anderem »die abscheulichen reaktionären Verbrechen der vier-
zehnten Dalai-Sippe aufdecken« sollten. Der offizielle Slogan dieser
orwellschen Überwachungsinitiative, die ursprünglich auf drei Jahre
befristet war, aber noch heute läuft, lautet: »Alle Dörfer werden zu Fes-
tungen, und jeder ist ein Wächter.« Alle, außer Touristen, weil China
nicht will, dass Außenstehende all das mitbekommen. Bei unserer letzten Tour nach Tibet war eigenständiges Reisen von Ausländern nur auf
dem Papier verboten. Mittlerweile war es Realität. Mel und ich hatten
keine Ahnung, ob eine heimliche Überquerung des Hochlands überhaupt noch möglich war, aber eines war sicher: Um das herauszufinden,
brauchten wir unsere Fahrräder.

Für die Zeit, in der die Bahngesellschaft nach ihnen suchte, schlug
Philippe uns vor, in Dunhuang die Mogao-Grotten zu besuchen, die

»Thousand Buddha Caves«, mit buddhistischen Fresken und Schreinen aus dem 4. Jahrhundert. Philippe musste sich wie ein Schweizer Messer zusammenklappen, um in das Taxi zu passen, das wir uns teilten, aber glücklicherweise war die Fahrt nur kurz. Die uns für die Grotten zugewiesene chinesische Reiseleiterin war blass und schlank und stellte sich als Frau Chan vor. Sie trug eine Sonnenbrille und einen Regenschirm, selbst in den dunklen Höhlen, vermutlich um ihre zarte, durchscheinende Haut zu schützen, die von blauen Venen durchzogen war. Obwohl Frau Chan wusste, dass wir aus Kanada kamen, war sie aus irgendeinem Grund davon überzeugt, dass Mel und ich kein Englisch verstanden. »Kennen Sie den Begriff >abblättern<?«, fragte sie und deutete auf ein Wandbild mit abblätternder Farbe. »Es ist ein sehr technischer Begriff, dieses >Abblättern<.« Ihr englischer Wortschatz war undurchschaubar reichhaltig: Sie bezeichnete zum Beispiel einige mollige Figuren in einem Wandbild als »verheißungsvolle Feen mit robusten Körpern«. Mein unterdrücktes Grinsen verwirrte Frau Chan, und sie sagte: »Kennen Sie das Wort >robust<? R-o-b-u-s-t?«

Von den ursprünglich zu Konglomeratgestein geformten tausend Höhlen sind heute nur noch vierhundertzweiundneunzig erhalten. Der Rest wurde durch Erdbeben zerstört. Wie bei den Gebäuden am MIT hat jede Grotte eine Nummer, und die Ziffern auf den Türen verleihen den Höhlen das Aussehen eines trendigen Apartmentkomplexes für spirituell Veranlagte. Im frühen 20. Jahrhundert waren viele Höhlen von Entdeckern wie Sven Hedin und Aurel Stein geplündert worden, die unermesslich wertvolle Manuskripte stahlen, Teile von Wandbildern entfernten und mitnahmen und im Namen archäologischer Erhaltung religiöse Skulpturen entwendeten (und billig verkauften). Diese Männer wurden dank ihres Diebstahls zu Rittern geschlagen, und viele der Schätze dieser Höhlen landeten in Museen in ganz Europa. Eine Situation, die die Chinesen zu Recht wütend macht: Das ansonsten neutral gehaltene Buch der Dunhuang Research Academy nennt Stein und seinesgleichen »abscheuliche Schatzsucher«. Zum Glück schützte die schiere Dimension des Inhalts von Höhle 96 vor Plünderungen: Der drittgrößte steinerne Buddha der Welt sitzt dort und ist so hoch wie ein Spaceshuttle. Die Skulptur vermittelte selbst dann noch die Stille eines Berges, als sich chinesische Touristen gegenseitig anrempelten, um einen besseren Blick auf sie zu erhaschen.

Ich dachte daran, dass der Ur-Buddha (Sanskrit für »erleuchtete Person«) nie so angestarrt werden wollte. Zu seinen Lebzeiten protestierte Siddhartha Gautama gegen alle Formen der ikonischen Repräsentation, denn er befürchtete, dadurch göttlicher und weniger menschlich zu erscheinen. Er war kein Gott, sondern ein Mensch, beharrte er, und was er lehrte, war keine Religion, sondern eine praktische Anleitung zur Erleuchtung. In den ersten Jahrhunderten nach seinem Tod respektierte das Volk die Wünsche des Buddha zunächst und zeigte ihn nur seitlich oder seinen leeren Thron oder einen seiner Fußabdrücke. Erst ab dem 1. Jahrhundert n. Chr. kamen anthropomorphere Darstellungen in Mode, aufwendige Fresken und Skulpturen, wie sie diese Grotten bevölkerten. »Triffst du Buddha, töte ihn«, sagte Philippe, als wir die riesige Statue betrachteten beziehungsweise versuchten, sie durch die drängelnde Menschenmenge zu sehen. »So lautet ein Zen-Sprichwort«, erklärte er schnell, damit wir ihm keine destruktiven Tendenzen zuschrieben.

Aber wo sollte man anfangen? Sie waren überall, ganze Bataillone von Buddhas meditierten an Höhlenwänden, ein Beweis dafür, dass die Seidenstraße einst mit Buddhismus ebenso wie mit Waren gehandelt hatte. Auf den ersten Blick wirkten die meisten Höhlen verrußt und trostlos, doch im Strahl von Frau Chans Taschenlampe erwachten sie zu voller, bunter Lebensfreude. Ich fragte mich, ob jede Dunkelheit eine ähnlich farbige Komplexität verbarg wie der Blick auf Frau Chans Gesicht, als sie mit ihrer Schirmspitze auf einige Bodhisattvas deutete, deren Gesichter fortgemeißelt waren. »Von den Muslimen«, erklärte Frau Chan sachlich.

Der Islam hatte ab dem 11. Jahrhundert den Buddhismus entlang der Seidenstraße im westlichen China verdrängt. Ikonografie wurde verurteilt – eine perverse Umkehrung des ursprünglichen Dekrets von

Buddha gegen gottähnliche Darstellung. Einige der zerstörten Gesichter gehörten Heiligen, andere wohlhabenden Gönnern, die den Bau der Schreine unterstützt hatten. Ich fand es seltsam passend, dass bei ihrer Zerstörung keine Unterschiede gemacht worden waren, dass niemand wegen seiner Heiligkeit oder seines Reichtums oder Adels verschont geblieben war.

Von diesem Erbe wäre noch mehr verloren gegangen, wenn nicht vor tausend Jahren weise Mönche in einer der Höhlen eine fest verschlossene Kammer geschaffen hätten, die eine Bibliothek mit Zehntausenden von buddhistischen Handschriften enthielt und die erst im Jahr 1900 wiederentdeckt wurde. Die Höhlen überlebten auch die große Kulturrevolution Chinas, eine Art Massenhysterie, die 1966 vom Vorsitzenden der Kommunistischen Partei Chinas, Mao Zedong, initiiert wurde, um die »Vier Alten« zu eliminieren: alte Bräuche, alte Kultur, alte Gewohnheiten und alte Vorstellungen. In nur einem Jahrzehnt, das von Chaos und Umwälzungen bestimmt war, starben im gesamten kommunistischen China fast zwei Millionen Menschen, wobei Banden von Studenten, die als Rote Garden bekannt sind, Schulen und damit die Ausbildung übernahmen und Lehrer zwangen, künftig in Fabriken und auf Feldern zu arbeiten. Bildung, Wissenschaft und Kunst wurden weithin als »intellektuell« und »bourgeois« verurteilt. Klöster, Tempel, Bibliotheken und Kunstwerke wurden im ganzen Land systematisch abgerissen. Allerdings griff Zhou Enlai – erster Premier der Volksrepublik China und Vordenker hinter dem Straßenbauprojekt, das den Streit um das Aksai Chin auslöste – persönlich ein, um die Mogao-Höhlen vor den Roten Garden zu schützen.

Frau Chan erwähnte nichts davon, vielleicht weil sie zu jung war, um den kollektiven Wahnsinn mitbekommen zu haben, der unter Mao durch ihr Land gezogen war. Aber zweifellos sagte sie auch nichts dazu, weil China nicht gerade ehrlich ist, wenn es um seine Vergangenheit geht. Die Kommunistische Partei Chinas, die noch immer die Macht im Land innehat, gab 1981 in einer Resolution zu, dass die Kulturrevolution ein »umfassender, langwieriger und schwerwiegender Fehler« gewesen sei. Aber dieselbe Resolution betont auch, dass »unsere Errungenschaften der letzten zweiunddreißig Jahre das Wichtigste sind. Es wäre ein nicht minder schwerwiegender Fehler, unsere Leistungen zu übergehen oder zu leugnen.« Zu den Leistungen gehörte natürlich auch die »friedliche Befreiung« Tibets.

Frau Chan schloss ihren Regenschirm, als ob der Sturm, auf den sie gewartet hätte, vorübergezogen wäre. Die Führung war zu Ende. Wir schlurften zurück in die gleißende Hitze, und Philippe faltete sich wieder in ein Taxi. Auf der Fahrt zurück nach Dunhuang konnte ich nicht aufhören, an die Höhlen zu denken, die sich offenbar in meine inneren Augenlider gebrannt hatten. Mit jedem Blinzeln sah ich tausend Buddhas.

Im Gästehaus erwartete uns eine erfreuliche Nachricht: Die Bahngesellschaft hatte unsere Fahrräder in Lanzhou, das ein gehöriges Stück gen Chinas Osten lag, gefunden, und sie sollten umgehend nach Golmud transportiert werden. Mel, Philippe und ich packten unsere Sachen und nahmen den Nachtbus nach Golmud.

Der Bus fuhr an etwas vorbei, das nach einer Chemiefabrik roch und wie ein Bergwerk aussah. Wie bei einer Wunde sickerte aus dem Boden eine helle Flüssigkeit. Auch nach Einbruch der Dunkelheit war es immer noch heiß, und ich beneidete den Mann ein paar Kojen vor mir, weil er sein Hemd ausziehen konnte. Sein Rücken war so blass und glatt wie der eines Teenagers, aber als er sich umdrehte, war ich schockiert, ein Jahrzehnte älteres Gesicht als erwartet zu sehen, einen rauen Bimsstein aus Falten und Narben. Rechts von mir kuschelte ein kräftiger chinesischer Mann mit einer Frau, die halb so groß und alt war wie er. »Ah, junge Liebe«, flüsterte Mel, als ich sie auf die beiden aufmerksam machte. Schuld waren die Chemikalien in der Luft oder der mangelnde Schlaf in einem Bus, dessen sargartige Kojen und ausladende Bewegungen dazu dienten, die Passagiere wach zu halten. Denn als wir in Golmud ausstiegen, vergaß ich Mels Helm im Bus und merkte es erst, als der Bus weiterfuhr.

Die hohen Pässe Tibets ohne Helm zu befahren war unmöglich. Also bestand unsere erste Aufgabe in Golmud darin, nach Ersatz zu suchen. Leider waren die einzigen Alternativen für Motorradfahrer bestimmt – massige, vollflächige Panzer, die mindestens fünf Kilo wogen und mit Kinnschutz und getönten Visieren ausgestattet waren. Mel stimmte mutig zu, solch einen auf der Straße nach Lhasa zu tragen, und lehnte mein Angebot ab, das Modell gegen meinen verschwitzten, schmutzigen Helm zu tauschen. »Dieser hier ist sehr robust«, scherzte sie aus dem Inneren eines der höhlenartigen Motorradhelme. »Kennst du das Wort? R-o-b-u-s-t?«

Ein freundlicher junger Verkäufer in dem Geschäft fand irgendwann heraus, dass unsere Zweiräder gar nicht motorisiert waren, und begleitete uns über mehrere Umwege und Sackgassen zu einem richtigen Fahrradladen. Mel probierte einen aerodynamischen königsblauen Helm, und ich wanderte durch das Geschäft und bewunderte die ausgestellten Neuheiten: Schläuche, Ersatzräder und mindestens sieben verschiedene Arten von Radlerhosen. Dann sah ich in der Ecke ein Schwarzes Brett mit Fotos, auf denen Radfahrer vor dem Potala-Palast die Faust in die Luft reckten. »Sehr beliebt«, bemerkte der Ladenbesitzer. »Viele, viele Chinesen fahren die Qinghai-Tibet-Route, eine Teilstrecke der Nationalstraße 109.« An den Fahrrädern auf den Fotos wehten leuchtend rote chinesische Wimpel, und die Radfahrer trugen Helme, dunkle Brillen und Gesichtsmasken aus Polyester, vermutlich zum Schutz vor der Sonne oder Staub. Ich konnte nicht erkennen, ob die Radfahrer weiblich oder männlich, jung oder alt, kanadisch oder chinesisch waren ...

»Verkaufen Sie Gesichtsmasken und Fahnen wie diese?«, fragte ich und versuchte, nicht so aufgeregt zu klingen, wie ich war.

Als Mel, Philippe und ich am frühen Abend aus Golmud herausradelten, konnte ich durch das Polyester kaum atmen, aber ich sah so anonym asiatisch aus, dass es mir egal war. Auf der Straße war es ruhig, nur gelegentlich brachten chinesische Trucks unsere chinesischen Wimpel zum Flattern. Sedimentfels ragte aus dem ansonsten flachen Gelände. Das Licht am späten Nachmittag war so intensiv, dass es wie eine feste

Tatsache erschien, etwas, an dem ich mich festhalten und beruhigen konnte. Diese Art von Unterstützung brauchte ich auch beim ersten Checkpoint von Dutzenden auf dem Weg nach Tibet, obwohl wir uns keine Sorgen machen mussten, da wir ja noch nicht in der TAR waren.

Die Polizei schenkte uns natürlich keine Beachtung, als wir unter dem offenen Schlagbaum hindurchradelten. Danach beschleunigten wir wieder, ich wechselte in einen höheren Gang, und meine Kette verklemmte sich hinter dem Kettenblatt. Also hielt ich kurz hinter dem Checkpoint an, um die Sache zu reparieren, während Mel und Philippe Wache hielten. Aber sosehr ich auch zerrte, die Kettenglieder hatten sich ineinander verkeilt. Schließlich musste ich die Kette durchtrennen und das Hinterrad und die Zahnräder abschrauben, um die Kette frei zu bekommen. Dann fügte ich ein Ersatzglied ein. Dabei verbog ich offenbar eine Speiche, sodass mein Hinterrad nicht mehr die Spur hielt. Das aber bemerkte ich erst am nächsten Tag, weil ich mit Mel und Philippe kaum Schritt halten konnte. Zuerst war mir nicht klar, warum: War es der stete Anstieg? Nach wochenlanger Pause fast siebzig Kilometer zu radeln? Erst als wir unser Lager aufschlugen und ich mein Fahrrad von der Straße rollte, sah ich, dass die Bremsen am Reifen scheuerten.

Wir campierten an einem Fluss unter einer Brücke, über die der Hochgeschwindigkeitszug nach Lhasa fuhr. Diese in Höhenlage im Permafrost gebaute Eisenbahnstrecke war genauso umstritten wie kompliziert zu errichten. Ein chinesischer Popsong lobt die Qinghai-Tibet-Strecke als »erstaunliche Straße in den Himmel ... die uns ins Paradies führt«, und es scheint klar zu sein, auf wen sich das »uns« bezieht: han-chinesische Arbeiter, die die Eisenbahnlinie nach ihrer Fertigstellung im Jahr 2006 in den »Wilden Westen« Chinas scharenweise bevölkerten und so den Tibetern Arbeitsplätze und Weiterentwicklungsmöglichkeiten nahmen und ganz nebenbei die chinesische Kontrolle über die TAR weiter festigten. Als ich auf die Gleise starrte, sah ich hoch oben jemanden stehen und winken. Ich winkte zurück. Kurz darauf tauchten ein Dutzend Männer in militärischer Tarnkleidung auf.

Die chinesischen Soldaten umkreisten uns, inspizierten die Zelte und Fahrräder und stellten uns Fragen auf Mandarin, die wir nicht verstehen konnten. Als einer von ihnen mit einem Handfunkgerät eine Meldung machte, schien offensichtlich, dass wir in Schwierigkeiten steckten. Trotz des miesen Gefühls im Bauch reparierte ich ungerührt mein Rad. Eine halbe Stunde später tauchte ein weiterer Soldat in Uniform auf, und nach seinem ausgefalleneren Tarnmuster und dem dekorierten Revers zu schließen, war er eine Art Offizier oder Kommandant.

»Hallo! Willkommen in China«, sagte er in einwandfreiem Englisch. Er erklärte äußerst entschuldigend, dass wir uns auf militärischem Boden befanden, der bis zu den Eisenbahngleisen reichte. »Ich fürchte, wir müssen Sie bitten, sich mindestens einen Kilometer die Straße hinaufzubewegen.«

Kein Problem, beruhigten wir ihn und waren sehr erleichtert.

»Ich wünsche Ihnen allen eine gute Reise«, fuhr er herzlich fort. »Kann ich noch etwas für Sie tun?«

Ich überlegte, ob ich ihn nicht nach Aliens' Travel Permits fragen sollte, entschied aber, dass das wohl nicht klug wäre. Er ging davon aus, dass wir lange vor der TAR von der Qinghai-Tibet-Strecke abbiegen würden. Bisher war unsere Fahrt völlig legal.

Nachdem die Soldaten wieder gegangen waren, radelten wir die Straße hinauf und schlugen unsere Zelte mit Erlaubnis des Hausmeisters, eines elfengleichen Chinesen, der mir gerade bis zur Schulter reichte, auf dem Gelände eines buddhistischen Tempels auf. Als Philippe sein Mönchs-Rakusu herausholte, ein westenartiges Gewand, das auf seine Laienordination in der zen-buddhistischen Tradition verwies, beschrieb das Lächeln des Hausmeisters die gleiche Kurve wie das Dach der Pagode nebenan.

Im Tal zog ein riesiger gelber Bulldozer energisch seine Runden über die Hänge, eine Arbeit, von der ich annahm, dass sie bei Einbruch der Dunkelheit eingestellt würde, aber als es zu dämmern begann, wurden schlicht die Scheinwerfer eingeschaltet. Als ich in dieser Nacht aus dem Zelt schaute, sah ich frisch abgeschabte Berghänge, die wie weiße

Zähne leuchteten, und das Zermalmen und Bohren des schweren Geräts ging bis zum Morgen weiter. Ich wachte mit Kopfschmerzen auf und schob es auf die Höhenluft.

In Wirklichkeit waren wir noch nicht allzu hoch. Erst ein paar Tage später erreichten wir den ersten von einem Dutzend Pässen über das Tibetische Hochland, die Straße, die durch Berge führte, deren schmutzige Gletscher aussahen wie Eis, über das Zimt gestreut war. Ich verbrachte die meiste Zeit des Anstiegs damit, frisch gebackene Zimtwecken herbeizufantasieren. Oben auf dem Pass angekommen, grub Mel in ihren Taschen und zog eine Schachtel mit Schokolade gefüllter alter Brötchen heraus. Aber als wir hineinbissen, war dort keine Schokolade, sondern nur ein Loch, wo die Schokolade hätte sein sollen. Es fühlte sich fast an wie ein Déjà-vu.

»Die Nummer eins unter den Zutaten von verpackten Lebensmitteln in China?«, sagte Mel. »LÜGEN.«

»Und an zweiter Stelle?«, meinte ich, während ich das unerträglich süße Zeug kaute. »ZUCKER.«

Da der chinesische Energieriegel, den wir danach aßen, auf dem Etikett »lockere Muskeln« und »Fleischaroma« versprach, hofften wir natürlich, dass Lügen und Zucker wieder die primären Zutaten waren, obwohl Letzteres bedeutete, dass ich nach dieser Seidenstraßen-Tour als ewiges Souvenir neun neue Zahnfüllungen bekam. Wir boten Philippe Snacks an, die er höflich ablehnte, um sich sein Lächeln zu bewahren. Inzwischen hatte er sich entschieden, die Fahrt nach Lhasa nicht zu riskieren. Stattdessen würde er sich auf den Weg nach Yushu machen, einem Teil des Hochlands, das ethnisch tibetisch war, aber jenseits der TAR lag, was zur Folge hatte, dass man keine Genehmigung und keine Führer oder Tarntaktiken brauchte.

Mel und ich bedauerten, den Schweizer Laienmönch ziehen zu lassen, vor allem, weil die ruhige Schotterpiste, die er einschlug, viel attraktiver wirkte als die asphaltierte Landstraße, der wir uns stellten. Wir waren umgeben von riesigen Stromleitungen, die Geräusche wie das Knacken von Handknöcheln von sich gaben. Um Nepal zu erreichen, bevor unsere chinesischen Touristenvisa ausliefen, mussten Mel und ich auf dieser Straße rund siebzig Kilometer pro Tag zurücklegen, über unerbittlich hohe Höhen, mit heftigem Gegenwind, Gesichtsmasken tragend, dem Gesetz ausweichend – und das für weitere zwanzig Tage. Keine längeren Pausen, keine Zeit für Fehler und kein Essensnachschub – nicht, weil Lebensmittelgeschäfte und Lokale in Osttibet nicht weitverbreitet wären, sondern weil wir es aus Angst, erwischt zu werden, nicht wagten anzuhalten. Aus dem gleichen Grund versteckten wir unser Zelt jede Nacht, was in einem Land mit weitem Horizont nicht sehr einfach war.

Zumindest war das Radfahren im Tarnmodus weniger erstickend, nachdem wir in unsere Gesichtsmasken Atemlöcher geschnitten hatten. Ob wir lächelten oder mit offenem Mund schwer atmeten, die Masken verliehen uns stets ein beinahe anzügliches Grinsen, was ein angemessener Gruß für die herumkreuzende chinesische Polizei zu sein schien. Zuerst geriet ich beim Anblick dieser strahlend weißen SUVs mit roten Lichtern auf den Dächern in Panik, aber beim Vorbeifahren verlangsamten sie weder ihr Tempo, noch starrten sie uns an: Wir reihten uns schlicht in die diversen chinesischen Radfahrer auf dieser Straße ein, obwohl die Unterschiede für mich allzu offensichtlich waren. Zum einen besaßen die Fahrräder der Chinesen nur zwei Taschen statt unserer vier. Was daran lag, dass die anderen unterwegs in Lokalen essen und in Gasthäusern übernachten konnten. Außerdem tendierten die anderen in scharfen Kurven dazu, in einen extrem hohen Gang zu schalten, während wir für ein schnelleres Drehen einen niedrigeren Gang wählten. Und obwohl es sich um eine asphaltierte Straße handelte, fuhren die chinesischen Radfahrer Mountainbikes, die mindestens vorn, wenn nicht sogar doppelt gefedert waren. Die einzige Ausnahme war eine etwa vierzigjährige Frau aus Peking, die ein Klapprad mit wenigen primitiven Gängen fuhr. Irgendwie schaffte sie es, mit ihrem Sohn im Teenageralter mitzuhalten, der ein Mountainbike fuhr – zumindest die eine Stunde, die Mel und ich die beiden auf ihre Einladung hin begleiteten. Sie wollten Englisch üben, denn in dem Moment, als wir »Ni hao!«

sagten, schlossen sie aus unserem Akzent, dass Englisch unsere Muttersprache war. Obwohl die beiden chinesischen Radfahrer wussten, dass wir ohne Guide gar nicht auf dieser Straße hätten sein dürfen, erwähnten sie es freundlicherweise nicht.

Trotz unserer Entschlossenheit, nirgendwo anhalten zu wollen – alle Gelübde haben mal ein Ende. Mels und meins brach, als wir ein tibetisches Antilopen-Rehabilitationszentrum am Rande der Landstraße erreichten. Die Belohnung für unsere eklatante Unvorsicht war, von Dutzenden verwaister Babyantilopen mit runden braunen Augen und bezaubernd mattem braunen Fell umringt zu werden. Die seltsame Krümmung ihrer Stelzenbeine ließ es aussehen, als würden sie auf Zehenspitzen laufen, und sie knabberten nur zaghaft am Gras, als wären sie sich nicht sicher, ob ihnen der Geschmack wirklich gefiel. Auf unserer vorherigen Fahrradtour hatten wir wilde tibetische Antilopen, Tschirus, gesehen, die wie Rauch über das westliche Plateau schwebten. Diese Wanderspezies ist im Tibetischen Hochland heimisch und wegen ihrer weichen, seidigen Unterwolle, Shahtoosh genannt, die pro Unze mehr wert ist als Gold und Diamanten, stark von Wilderei bedroht. Der chinesischen Regierung ist hoch anzurechnen, gegen die illegale Wilderei vorgegangen zu sein und großzügige Abschnitte der Qinghai-Tibet-Eisenbahnlinie überbrückt zu haben, um den nomadischen Herden ihre gewohnten Wege zu ermöglichen. Leider nahm China aber auch den Schutz der Wildtiere als bequeme Ausrede, um tibetische Nomaden aus ihren traditionellen Gebieten und in seelenlose Trabantenstädte zu vertreiben.

Ein weiterer Tag, ein weiterer Pass, jeder höher als der vorherige. An manchen Tagen schafften wir gleich zwei Pässe, beide über viertausendachthundert Meter, wie zum Beispiel, als wir Qinghai offiziell verließen und in die TAR fuhren. Die Grenze ist durch den Tanggula-Pass gekennzeichnet, was wohlklingend übersetzt »Berg auf dem Plateau« heißt, aber in Wirklichkeit ein trostloser Zirkus aus Autos und Müll war. Die Plastikfolien und Tüten, die auf dem Pass umherflatterten, waren wie Parodien tibetischer Gebetsfahnen. Ein steinernes Denkmal zeigte etwas, das aussah wie ein Soldatenpaar, von dem einer am Telefon sprach. Am Fuß des Denkmals lagen Haufen menschlicher Exkremente. Mel und ich flohen so schnell, wie wir nur konnten.

Erst Tage später fühlten wir uns tatsächlich in Tibet zurück. Wir erreichten den Gipfel eines weiteren Passes, der mit echten Gebetsfahnen markiert war. Sie verhedderten sich im Wind mit Yakschädeln, in die » *Om mani padme hum* « geschnitzt war. Hier gab es keinen Müll, keine Menschenmassen, überhaupt keine Menschen, bis ein paar tibetische Männer auf Motorrädern auftauchten, die mit ihren breitkrempigen Hüten, Smokings und spitzen Lederstiefeln wie funky Cowboys aussahen. Sie zeigten uns die kalte Schulter, und erst als sie wieder losfuhren, ahnte ich, warum. Natürlich. Wir sahen chinesisch aus.

Unsere wehenden Wimpel und die Gesichtsmasken waren jedoch unerlässlich und der einzige Weg, um von Tibet zu sehen, was uns China verwehren wollte: die Checkpoints zur Bewegungseinschränkung der tibetischen Bevölkerung am Ein- und Ausgang einer jeden Stadt; die traditionellen Häuser unter chinesischer Flagge, die wie Blutflecken vor den weißen Wohngebäuden wirkten; die Betonstatuen von Polizisten, die in regelmäßigen Abständen entlang der Straße auftauchten und deren Gesichter oft keine Konturen mehr hatten, weil sie zerstört worden waren, an ihren Hälsen baumelten leere Bierflaschen und weiße Gebetstücher; und die Straßenschilder, auf denen die tibetischen Schriftzeichen winzig klein unter viel größeren chinesischen Schriftzeichen zu sehen waren, was die gesellschaftliche Unterordnung bis zur Schriftgröße verdeutlichte. Als wir durch die Städte radelten, waren wir zu paranoid, um anzuhalten. Wir campierten jede Nacht außer Sichtweite von irgendwem. Und auf hohen Pässen Tibeter zu treffen, die nicht einmal in unsere Richtung schauten, fühlte sich mit der Zeit an, als würde ich in einem subtilen, aber unvermeidlichen Abstand zur » Realität « leben. Was ich in Tibet sah, war nicht Tibet, sondern eine verschwommene, bruchstückhafte Version, verzerrt durch die Grenzen meiner Art der Entdeckungsreise. Ich befand mich tatsächlich hinter Plexiglas.

Alexandra David-Néel hatte sich auch verkleidet, um dieses verbotene Land zu sehen, aber es dämmerte mir, dass sie Buddhistin gewesen war und ihr Pilgergewand eine tiefere Wahrheit widergespiegelt hatte. Das Mantra »Om mani padme hum«, das überall im Hochland wiederholt wurde, war ein echtes Gebet. Als wir an tibetischen Familien vorbeiradelten, die Gerste aus den Stoppeln goldener Felder sammelten oder Bergpässe mit Gebetsfahnen bestückten, war der Drang, mich zu erklären, mich zu entschuldigen, fast unwiderstehlich. Stattdessen schwieg ich und trat weiter in die Pedale, und in der Stille des Vorbeifahrens konnte ich den Wimpel am Heck meines Fahrrads flattern hören, eine Art Schande, die mich rot und laut verfolgte.

Nach ungefähr der Hälfte der Reise auf der *Beagle* hatte Darwin genug. Seekrankheit, Isolation und die körperliche Belastung machten ihn fertig. »Ich habe manchmal Angst«, gestand er in einem Brief nach Hause, »dass ich es nicht schaffen werde, die ganze Reise durchzuhalten.« Mir ging es auf halber Strecke durch Tibet hin und wieder genauso. All die Ungerechtigkeit der Welt schien vor uns ausgebreitet. Sich in der Nähe eines Gehöfts auf dem Land für die Nacht zu verkriechen erschien immer weniger verlockend. Da wir ja unser Zelt verstecken mussten, hieß das nämlich beispielsweise auch mal, in einer Müllgrube zu übernachten, die voll zerbrochenen Geschirrs, alter Tablettenverpackungen, eines karierten Hemds und einzelner Schuhe war. In dieser Nacht peitschte ein Sturm mit solcher Wucht gegen unser Zelt, dass die Regentropfen wie Kieselsteine klangen. Ich erwartete jeden Moment, lebendig begraben zu werden, aber ich war zu müde, um etwas dagegen zu unternehmen. Nach nur wenigen Wochen im Tibetischen Hochland sahen Mel und ich hager und ausgelaugt aus. Unsere Beinmuskeln wirkten wie Kaugummi, der an Knochen klebte.

»Mir tut alles weh«, stöhnte Mel am nächsten Morgen, als wir gerade eine Rast einlegten. »Aber ich habe das Geheimnis entdeckt, wie man die Schmerzen überwindet.«

»Sag schon!«, meinte ich neugierig.

»Hör bloß nicht auf deinen Körper!«

Aber als mein Verstand *Stopp!* schrie, stimmten meine Beine in den Chor mit ein. Ich vermisste Jeans, Sofa, Pizza. Ich vermisste es, morgens aufzuwachen und es kaum abwarten zu können zu sehen, was hinter der nächsten Kurve lag, statt wie jetzt zu zweifeln, ob ich das überhaupt wissen wollte. Ich vermisste es, mich wie ein echter Mensch zu fühlen und nicht wie ein Geist, worüber ich mich bei Mel oft beschwerte. Aber bei der ersten richtigen Begegnung mit Tibetern kam ich gar nicht klar.

Eines Tages konnten wir nirgendwo eine flache Stelle oder ein Versteck finden, um unser Zelt aufzuschlagen, also nahmen wir zögerlich die Einladung einer Familie an, hinter ihrem Haus zu campen. Mel und ich hatten Sorge, sie in unseren illegalen Stunt zu verwickeln, aber der Übernachtungsplatz war von der Straße aus schlecht einzusehen, und rundherum grasten Yaks mit ihren zotteligen Röcken, sodass es unwahrscheinlich schien, dass wir entdeckt wurden. Es war ein strahlend schöner Tag und gerade erst Nachmittag, aber ich kroch trotzdem ins Zelt und in meinen Schlafsack, denn ich konnte es nicht ertragen, draußen zu sein. Die Müdigkeit vertrieb mich sozusagen aus der Reise. Ich war ähnlich verzweifelt und der Welt überdrüssig wie Rimbaud – genug gesehen, genug gelernt, genug aufgenommen, *einfach genug.*

Ich lag mit geschlossenen Augen im Zelt und hörte selbst auf die Entfernung noch, wie die chinesische Flagge vor dem tibetischen Haus flatterte, ganz zu schweigen von den Wimpeln an unseren Fahrrädern, die vor dem Zelt im Gras lagen. Ich stellte mir Militärkonvois vor, die auf der Landstraße patrouillierten und aus Lautsprechern Propaganda verbreiteten. Ich stellte mir vor, wie Nomaden in Trabantenstädte getrieben wurden, während Tschirus in Wildreservaten frei herumliefen. Ich sah vor mir ein schaurig steriles Land, in dem kein Horizont von Staatsautorität verschont wurde, keine Bewegung unbeaufsichtigt blieb und jeder Hauch friedlicher Proteste unter dem Stiefelabsatz des Staatsapparats zertreten wurde. Und dann war da ich – auf Vergnügungsreise durch diese bedrückende Landschaft. Eine Touristin in einem Regime, in dem sich Tibeter wortwörtlich in Brand steckten, um zu protestieren und zu entkommen. Allein im Jahr unserer Tour opferten sich elf Menschen – Männer und Frauen, vielleicht zwanzig oder dreißig Jahre alt. Sie riefen: »Das tibetische Volk will Freiheit!« oder »Lang lebe der Dalai Lama!«, bevor sie sich mit Benzin übergossen und ein Streichholz daranhielten. Ein Jahr später waren es sechsundachtzig Tibeter. Denn die chinesische Regierung beschlagnahmte mittlerweile auch die Pässe der TAR-Bewohner und machte es ihnen äußerst schwer, neue zu erhalten, wodurch letztlich sechs Millionen Tibeter inhaftiert wurden. Diese Ungerechtigkeit machte mich krank, genauso wie meine Erleichterung darüber, dass ich ja abreisen konnte. Ich konnte es kaum erwarten abzureisen. Mel besuchte die tibetische Familie, bei der wir wohnten, ohne mich und erklärte ihr, ich würde mich nicht wohlfühlen.

Yaks grunzten und schnaubten um das Zelt herum und kamen mampfend näher und näher. Ich schüttelte die Zeltplane und löste ein Donnern von sich zurückziehenden Hufen aus. In der Ferne dröhnte der Verkehr, und ich hörte das leise Schwirren von Fliegen, die zwischen der Innen- und Außenhaut des Zelts gefangen waren. Ich lag in meinem Schlafsack, mir tat alles weh, und ich hoffte innig, dass es die Menschen nie zum Mars schafften. Wir haben einfach keine neue Welt verdient, denn wir würden auch sie wieder zerstören. Als Kind habe ich wirklich daran geglaubt, dass die Entdeckung unbekannten Lebens, ob nun fühlende Wesen oder Mikroben, das Leben auf der Erde verändern und eine Art göttlicher Revolution zur Folge haben würde. Zumindest wären die Menschen freundlicher zueinander, da sie dann wüssten, dass wir alle Erdlinge sind, jeder Einzelne, ob türkisch oder armenisch, indisch oder pakistanisch, tibetisch oder uigurisch oder han-chinesisch. Wir würden endlich ein kollektives Erwachen erleben und feststellen, dass wir alle gemeinsam in diesem Mysterium gefangen sind. Das dachte ich damals.

Jetzt war ich keineswegs mehr davon überzeugt. Selbst die Entdeckung außerirdischen Lebens würde nichts ändern, so wie uns die Verwirklichung des Traums vom Fliegen menschlich betrachtet auch nicht in die Lüfte gehoben hat, so wie der »hellblaue Punkt« den

Nationalismus nicht auflöste, obwohl das eigentlich hätte geschehen müssen, wenn wir das aus der *Voyager* geschossene Foto der Erde *wirklich* verstanden hätten. »Schau auf diesen Punkt«, flehte Carl Sagan geradezu. »Das ist hier. Das ist unsere Heimat. Das sind wir. Auf diesem Punkt befindet sich jeder, den du liebst, jeder, den du kennst, jeder, von dem du jemals gehört hast, jeder Mensch, der jemals gelebt hat, lebte auf diesem Punkt ... auf diesem in einem Sonnenstrahl schwebenden Staubkorn.« Inzwischen haben wir Mikroben entdeckt, die sich in kochend heißen Schloten auf dem Meeresboden von Schwefel ernähren, und erdgroße Exoplaneten, die ferne Sonnen umkreisen. Überall existieren Beweise für die Einzigartigkeit, den Einfallsreichtum und die Pracht unseres Lebens im Universum – dennoch scheinen solche Fakten unsere Prioritäten keinen Millimeter zu verändern. Was nützen Wissenschaft und Forschung, wenn Menschen so leben und sterben, wie sie es immer getan haben, nämlich ganz offensichtlich egoistisch?

Vielleicht beginnt die Unendlichkeit, wenn wir keine Vergangenheit mehr sehen, keine Vergangenheit mehr lieben können. Und wenn wir erkennen, wie klein wir sind. Das Problem mit den Grenzen ist nicht, dass es sich um monströse, abstoßende und unnatürliche Konstruktionen handelt. Das Problem mit den Grenzen ist das Gleiche wie das Problem mit dem Bösen, das Hannah Arendt identifizierte: die Banalität. Wir akzeptieren Grenzen als Teil der Landschaft – zumindest diejenigen von uns, die privilegiert sind, weil sie international anerkannte Pässe besitzen. Wir nehmen Grenzen hin, weil sie unsere tiefsten, am wenigsten erhabenen Wünsche nach Prestige und Beständigkeit, nach Ordnung und Sicherheit artikulieren, immer auf Kosten von jemandem oder etwas anderem. Grenzen verstärken die Vorstellung des Fremden, des anderen, und fördern Geschichten, die sich von unseren eigenen unterscheiden. Aber würden solche Fiktionen wirklich weiterhin Bestand haben, wenn sich die Mehrzahl von uns nicht einverstanden zeigte oder wir, wenn auch nur leise, von den Ungleichheiten nicht profitierten? Der Stacheldraht beginnt in uns und schneidet durch unseren tiefsten Kern, die Seele.

Auf einmal hörte ich Schritte, die sich dem Zelt näherten. Der Reißverschluss am Eingang wurde geöffnet, und Mel steckte den Kopf hinein.

»Alles okay?«, fragte sie. »Ich dachte, ich hätte Schreie gehört.«

»Das müssen die Yaks gewesen sein«, log ich und dachte wieder an »alle Entdecker müssen an Herzschmerz sterben«.

Die Orakelknochenschrift des antiken China hat die Welt so festgehalten, wie sie damals war: Ein Feuer war ein Feuer, ein Fisch ein Fisch, ein Berg ein Berg. Diese früheste Form der chinesischen Schrift war so bildhaft, dass man fast ahnen kann, was Wahrsagungen bedeuten, die während der Shang-Dynastie um 2000 v. Chr. in Schildkrötenpanzer und Tierknochen geschnitzt wurden. Moderne chinesische Schriftzeichen haben sich aus diesen Symbolen weiterentwickelt, und obwohl die gegenwärtige Inkarnation dieser Schrift weniger bildlich, sondern esoterischer ist, kann man in den einzelnen Zeichen immer noch viel lesen. Das Symbol für »allmählich« zum Beispiel basiert auf der Darstellung von Wasser, das einen Weg gefunden hat, durch Stein zu fließen.

Dies war der sanfte, aber beharrliche Ansatz des Dalai Lama für die Befreiung Tibets. Obwohl die chinesische Regierung den im Exil lebenden buddhistischen Führer als Terroristen diffamiert, hat sich der »einfache Mönch«, den ich in Oxford gehört und gesehen habe, nicht einmal für die Unabhängigkeit Tibets ausgesprochen, sondern nur für eine wahrhaftigere Autonomie Tibets innerhalb Chinas. Sein nicht nationalistischer, gewaltfreier Ansatz frustriert einige Tibeter, die die Taktik als zu weich, als Ausweichmanöver ansehen, weil sie ihr Land schlicht zurückhaben wollen. Der Dalai Lama hat sich mittlerweile als Oberhaupt der tibetischen Exilregierung »in Ruhestand begeben«, und er hat an seiner Stelle ein demokratisches Regierungssystem eingeführt, was darauf hinausläuft, dass seine Führungsaufgaben jetzt rein spirituell sind. Und in dieser Eigenschaft, als menschliche Inkarnation des Bodhisattva des Mitgefühls, ist es seine Aufgabe, das Leiden nicht nur seines Volkes, sondern *aller* Menschen zu beenden. Statt gute Tibeter und schlechte Chinesen zu betrachten, wie Pico Iyer in *The Open Road: The Journey of the Fourteenth Dalai Lama* bemerkt, sieht der Dalai Lama *potenziell* gute Tibeter und *potenziell* gute Chinesen. Ich versuchte während der Fahrradtour über das Tibetische Hochland, genauso differenziert und offen zu sein, doch alles, was ich sah, lieferte starke Argumente für Voreingenommenheit.

Es war erst Ende August, aber das Laub der Pappeln funkelte bereits golden. Die herabgefallenen Blätter knisterten unter unseren Rädern, und die Gebetsfahnen, die auf den Bergpässen wehten, machten ein ähnliches Geräusch. In der Hoffnung auf Glück warfen die Tibeter buntes Papier in die Luft, und zumindest hatte dies den Soforteffekt, dass der dunkle Straßenbelag aufgehellt wurde. Auf einem Pass fuhr ein Bus an mir vorbei, und die Passagiere warfen die Papierfetzen aus den Seitenfenstern, sodass ihre Gebete sozusagen um mich herumflatterten. Ein Blatt verfing sich am Rand meines Helms und fiel nicht zu Boden. Ich steckte das salbeigrüne Quadrat aus grobem Papier in mein Tagebuch. Auf dem Glücksbringer war ein Windpferd dargestellt, das ein Juwel auf dem Rücken trug, also ein *lung ta*, ein präbuddhistisches Symbol für innere Bewegung und positive Energie. Wenn das *lung ta* in einem schwindet, sagen die Tibeter, ist man durch Negativität geerdet, und wenn das *lung ta* zunimmt, sieht man die Dinge positiver und schwebt über ihnen. »Derselbe Gedanke kann zu einem Zustand von Freiheit oder zu einem Zustand von Verwirrung führen«, schrieb einmal ein tibetischer Mönch, »und die Richtung, die der Gedanke nimmt, hängt vom *lung ta* ab.«

Starker Gegenwind machte die Abfahrt vom Pass fast so anstrengend wie den Aufstieg. Ich wollte, dass der Wind die Richtung änderte, und als das nicht funktionierte, versuchte ich, mein Windpferd in eine andere Richtung zu schubsen: Warum sollte diese Tour für mich einfach sein? Ich hatte gelesen, dass das chinesische Schriftzeichen für »Gegenwart« von früheren Piktogrammen abgeleitet ist, die eine Hand zeigen, die den Mond verdeckt. Und darum fragte ich mich, ob ich Neil Armstrong genug Wertschätzung geschenkt hatte. Vielleicht war das, was der Astronaut wirklich gesagt hatte, als er während der *Apollo*-Landung den Boden mit dem Daumen berührt hatte, so etwas wie: *Sei im Jetzt, ganz im Jetzt. Diese Welt verdient volle Aufmerksamkeit.* Mit anderen Worten, was diese anstrengende Reise anbelangte: *Wach auf. Konzentrier dich auf das, was größer ist als die Traurigkeit in dir, denn die Traurigkeit verbirgt und deutet gleichzeitig auf ein größeres Enigma.* Das tat ich dann, ähnlich wie Pilger.

Man konnte sie nicht wirklich übersehen. Sie lagen flach auf der Straße, als ob sie von einem Auto überfahren worden wären, abgesehen von der erleichternden und lebensbejahenden Tatsache, dass sie regelmäßig aufstanden. Der tibetische Mann und die tibetische Frau legten die Handflächen auf die Brust, hoben sie dann zur Kopfspitze und senkten sie danach in einer fließenden Abfolge von Gesten auf Stirn, Hals und Herz. Sie beugten den Oberkörper, bis Hände, Knie, Körper und dann die Stirn den Boden berührten, wobei der Straßenverkehr nur ein paar Zentimeter weiter um sie herumkreischte. Dann standen sie wieder auf, machten ein paar Schritte nach vorne, hoben die aneinandergelegten Handflächen über ihren Kopf und wiederholten das Ritual. Und so würden sie das Ganze bis nach Lhasa oder bis zur Erleuchtung wiederholen.

Als wir die beiden erreichten, zog Mel ihre Gesichtsmaske und Sonnenbrille ab, und ich tat das Gleiche. Die Pilger rissen die Augen auf und starrten auf Mels Sommersprossen und mein schmutziges blondes Haar, dann lachten sie. Wir schüttelten uns gegenseitig die Hände, strahlten uns an und tauschten die wenigen Worte, die wir gemeinsam verstanden. Mel und ich waren froh über unsere Stirnlampen und die gerade mal ausreichend warmen Bekleidungsschichten, unsere Campingausrüstung und Instantnudeln, um uns über das Tibetische Hochland zu bringen, aber diese beiden besaßen nichts als die Kleidung, die sie am Leib hatten. Dicke Wollstulpen schützten ihre Arme, Lederschürzen die Knie und eine Art Holzpaddel die Hände. Wir boten ihnen ein Snickers an, und ich versuchte, sie nicht die ganze Zeit ungläubig anzustarren: In der Mitte ihrer Stirnen befand sich eine münzgroße Narbe, ein drittes, nicht zwinkerndes Auge, das durch die Reibung von Pflaster und Stirnknochen verursacht war.

Schließlich verabschiedeten wir uns, *tashi deleg*, und gingen unserer jeweiligen Wege. In meinem Rückspiegel am Lenker sah ich, wie sie auf der Landstraße hinter uns immer kleiner wurden. Ich hielt den Atem an, als sie ein Truck nur knapp umkurvte, und atmete erleichtert aus, als die beiden wieder aufstanden. Von der Straße stiegen Staub und Gerüche wie Weihrauch auf. Beschleunigten Fahrzeuge, schoss Schotter in den Rinnstein. Mit jedem Schritt, mit jeder Wiederholung ihres Rituals mussten die Schwielen über den Augenbrauen der Pilger dicker und dichter werden, und die Haut verhärtete sich zu einem dauerhaft dunklen, glänzenden Stirnmal. Hin und wieder sind Narben eine Art Schutz, der das Gebet überhaupt nur ermöglicht. Manchmal braucht sogar die Wildnis eine Mauer. Die Pilger verschwanden aus meinem Blickfeld, und ich fuhr weiter, nichts in der Tasche außer Geschichten, Wind und allen Arten von Wetter.

Als wir in Richtung Lhasa radelten, dem bisher am stärksten überwachten Streckenteil der Seidenstraße, fuhren Konvois von Armee-Lkw an uns vorbei, die schlechte Luft aus ihren Auspuffen und Propaganda aus den Lautsprechern spuckten. Ich unterdrückte den Drang, *Ruhe!* zu schreien. Um Ruhe zu bitten ist bereits im historischen Seidenstraßen-Phrasenkatalog aufgeführt, also war das im Tibet des 12. Jahrhunderts wohl genauso relevant wie heute.

Bergab absolvierten wir förmlich einen Spießrutenlauf zwischen lauter Checkpoints und wichen Fahrzeugen aus, die gezwungen waren, an jedem einzelnen zu halten. Gefühlte Stunden später stürmten wir in das heilige Herz von Lhasa, wo »alle Bewohner der Stadt fremde Kleidung trugen und sich dem Feind unterwarfen; aber jedes Jahr, wenn sie ihre Vorfahren huldigten, zogen sie ihre eigentlichen Kleider an und weinten bitterlich, wenn sie sie wieder ablegten«. Nur, dass sich diese Aussage, die die Hauptstadt Tibets unter chinesischer Herrschaft zu porträtieren scheint, sich tatsächlich auf das von Tibet besetzte China bezieht.

Um territorial zu expandieren, eroberte das tibetische Reich im 7. und 8. Jahrhundert eine Reihe chinesischer Außenposten. Unter ihnen war Dunhuang, und es war die kolonisierte chinesische Bevölkerung dieser Stadt, nicht die Tibeter im modernen Lhasa, die in der Passage aus den königlichen Annalen der Tang-Dynastie beschrieben wird. Andere Dokumente, die aus Höhlen in Dunhuang geborgen wurden, verdeutlichen die Spannungen zwischen den Chinesen und ihren tibetischen Lehnsherren. In einem Regierungsschreiben befasst sich ein tibetischer Minister mit Petitionen gegen die damalige Gewohnheit tibetischer Beamter, chinesische Frauen zu entführen und zu ihren Ehefrauen zu machen. »Es ist ihm zugutezuhalten«, stellt der Tibetologe Sam van Schaik fest, »dass er mit einem Verbot der Praxis der Entführung reagierte und verfügte, dass die Frauen nach ihren eigenen Wünschen heiraten sollten.«

In einem weiteren Schriftwechsel wies ein tibetischer Minister nach einem Aufstand der Chinesen gegen die tibetische Führung die Forderungen chinesischer Beamter nach größeren Befugnissen mit knappen Worten zurück und skizzierte stattdessen eine strenge Hierarchie der Positionen innerhalb der Regierung. »Diese lange Liste ist eine Schatzkammer für all jene, die die bürokratische Ordnung des Tibetischen Reiches studieren«, schreibt van Schaik. »Aber lassen Sie uns eines festhalten: Der Brief macht deutlich, dass selbst der niedrigste Tibeter über einen höheren Status verfügt als der ranghöchste Chinese.«

Tibets eigene Geschichte ist also von Gier und Kolonialismus geprägt. Ich wusste, sich innerhalb eines aktuellen geopolitischen Konflikts auf eine bestimmte Seite zu schlagen erforderte standardmäßig ein gewisses Maß an historischer Amnesie. Das gilt im Guten wie im Schlechten: Vergeben heißt Vergessen, aber auch manchmal das Vernachlässigen unbequemer Tatsachen, wie beispielsweise des im 9. Jahrhundert unterzeichneten chinesisch-tibetischen Friedensvertrags. Darin vereinbarten der König von Tibet und der Tang-Kaiser, dass »sowohl

Tibet als auch China das Land und die Grenzen, die sie jetzt besaßen,
behalten« und es »von beiden Seiten dieser Grenze aus keinen Krieg,
keine feindlichen Invasionen und keine Beschlagnahme von Territorium geben wird«. Dieser Vertrag war als Inschrift sowohl in tibetischer
als auch in chinesischer Schrift auf einer Steinsäule in der Nähe des
Wallfahrtstempels Jokhang in Lhasa zu lesen, »damit er in jedem Alter
und von jeder Generation gefeiert werden kann«.

Mel und ich waren nicht lange genug in Lhasa, um die Säule zu finden, obwohl sie angeblich immer noch steht. Der Vertragstext ist auf
alle Fälle von Jahr zu Jahr etwas verwitterter und unleserlicher geworden, wie in einer traurigen Ehe von politischer und geologischer
Erosion. Ein neueres Denkmal erinnert an die »Friedliche Befreiung
Tibets«, aber dafür haben Mel und ich auch nicht angehalten. Die Statue, die wie ein vereinfachter, in Beton gegossener Mount Everest wirkt,
hatte auf den Fotos, die ich gesehen hatte, genauso viel Ähnlichkeit mit
dem Chomolungma – so der tibetische Name für den Everest, was
übersetzt ungefähr »Muttergottheit der Welt« bedeutet – wie die derben Umrisse einer Boeing 747 mit der Anmut eines Vogels. In der
Inschrift des Denkmals wird natürlich nicht erwähnt, dass die Befreiung Tibets mit militärischen Luftangriffen auf Klöster verbunden war.
»Die Tibeter sahen riesige Vögel sich nähern, die seltsame Objekte fallen ließen«, berichtet der chinesische Schriftsteller Jianglin Li, »aber
sie besaßen kein Wort für Flugzeug oder Bombe.« (Das tun sie jetzt,
zumindest für »Flugzeug«: *namdu*, was so viel heißt wie »Raumschiff«.) Mel und ich haben in Lhasa nirgends angehalten. Unser einziges Ziel war, schnell wieder aus der Stadt zu kommen.

Auch Alexandra David-Néel verweilte nicht länger, relativ betrachtet.
Nachdem sie ein halbes Leben versucht hatte, Lhasa zu erreichen, was
ihr im Februar 1924 gelang, verhinderte ihre Verkleidung als Bettlerin,
sich in den intellektuellen und spirituellen Kreisen zu bewegen, die
sie am meisten faszinierten. Sie und ihr Adoptivsohn Yongden reisten
bereits zwei Monate später wieder ab, aber sie verbrachte den Rest ihres
Lebens damit, verstehen zu wollen, was sie im Tibetischen Hochland

gesehen hatte – oder auch nicht. Dennoch ist ihre beschwörende schriftliche Aufzeichnung von Tibets Magie und Geheimnis ein unschätzbares Zeugnis vom Charakter dieser Kultur, bevor die Chinesen die Herrschaft übernahmen.

Wie ein Mantra rezitierte ich Alexandra David-Néels Namen, während ich Mel aus der Stadt folgte – vorbei an Touristen und Polizeiautos, vorbei an Einkaufszentren, Bars und Diskotheken, vorbei an Neonschildern, die auf allgemeiner Heiterkeit bestanden und in Peking beliebte Marken bewarben. Irgendwann hörte ich hinter mir einen Schrei und trat fester in die Pedale, weil ich mir vorstellte, verhaftet und gezwungen zu werden, alles zu gestehen. Ja, Officer, ich bin in ferne Welten aufgebrochen, ohne Geld oder die Absicht zurückzukehren. Nein, Officer, ich habe keinen einzigen Atemzug dieses oder irgendeines anderen Lebens als selbstverständlich betrachtet.

Aber niemand bemerkte, wie wir aus der sagenumwobenen Stadt flohen. Eine Weile folgte die Straße dem Lhasa He, einem Nebenarm des Yarlung Tsangpo, des längsten Flusses Tibets und oberen Teils des Brahmaputra. Nach ein paar Stunden sahen wir wieder eine dieser Polizistenstatuen am Straßenrand – die Miene ausdruckslos, den steifen Betonarm ausgestreckt, um den Befehl zu geben anzuhalten. Als Mel an der Figur vorbeiradelte, verspottete sie sie mit einem High-Five.

In den darauffolgenden Tagen quetschten sich der Fluss und die Straße durch eine enge Schlucht. Kaum jemand war unterwegs, bis auf Nutztiere. Einmal sprang ein Yak direkt vor mir aus einem Graben heraus, sodass ich erschrocken bremste, genauso wie der Bus auf der gegenüberliegenden Spur. Das Yak blieb unverletzt, aber mein Vorderreifen zischte und verlor Luft. Während ich den Reifen flickte, behielt Mel ein Auge auf das Tier, das nun friedlich im Graben auf der anderen Seite graste und mit dem schwarzen Besen seines Schwanzes das Gestrüpp fegte. Ein Dorn steckte in meinem Vorderreifen, also zog ich ihn heraus, reparierte den Schlauch und pumpte ihn wieder auf, um einen Augenblick später einen weiteren Dorn in meinem Hinterreifen zu entdecken.

Als ich ihn herauszog, zischte auch dieser Schlauch. Also flickte ich ein zweites Mal und sah dann, die Seitenwand meines Hinterreifens war gerissen und wölbte sich nach außen, sodass das Rad nicht die Spur halten konnte. Dabei war das schon mein »neuer« Reifen, den ich den ganzen Weg von Istanbul mitgeschleppt und in Tadschikistan aufgezogen hatte, nachdem mein vorheriger Reifen kaum noch Profil besessen hatte. Nun hatten wir keinen Ersatz mehr.

Ein chinesischer Radfahrer – der erste, den wir seit Lhasa gesehen hatten – holte uns ein, hielt an und teilte sein tibetisches Brot mit scharfer Soße mit uns. Er war ebenfalls auf dem Weg nach Nepal, erklärte er in gebrochenem Englisch, und wir wussten, er würde dort vor uns ankommen, als wir hörten, wie weit er jeden Tag radelte. »Neunzig bis einhundertzwanzig Kilometer?« Mel und ich starrten ihn fassungslos an: Wir kamen auf kaum achtzig pro Tag. Wir drei fuhren danach ein paar Stunden zusammen. Das heißt, er hängte uns auf seinem nur leicht beladenen Mountainbike bei den Anstiegen ab, und wir überholten ihn bei den Abfahrten dank des schweren Ballasts unserer Expeditionsausrüstung.

Als Mel und ich um zwei Uhr nachmittags beschlossen, ein Lager aufzuschlagen (wir waren schon vor Tagesanbruch aufs Rad gestiegen), schien der Chinese verblüfft. »Aber was macht ihr denn jetzt?«, fragte er. Als gäbe es auf einer Fahrradtour nichts anderes zu tun als Radfahren. Lesen, schreiben, schlafen, antworteten wir. Oder den Brahmaputra beobachten, diesen Strom aus Schlamm und Lärm, der an unserem Zeltplatz vorbeifloss. Und ausruhen, damit wir morgen wieder von vorne anfangen konnten.

Die schmale Schlucht wurde zu einem weiten Tal mit sibirischem Flair: hellblauer Himmel, stachelige Baumgruppen, ein breiter, träger Wasserstrudel auf dem Weg zum Meer. An manchen Stellen war der Fluss über die Ufer getreten, die Bäume standen bis zu ihren tiefsten Ästen im Wasser, sodass sie wie Menschen wirkten, die zum Protest oder kapitulierend die Arme hochreckten. Auf einmal begannen überall Hinweise auf Industrie und Militär zu wuchern: Eisenbahngleise im

Bau, eine mustergültige Luftwaffen- oder sonstige Militärbasis. Und eines Nachts hörten wir vom Zelt aus im Tal mysteriöse Explosionen.

Doch südöstlich von Lhasa, vor allem hinter der zweitgrößten Stadt Xigazê, waren plötzlich weniger chinesische Flaggen und weniger Polizeistreifen zu sehen. In den tibetischen Dörfern wehte der Duft von schwelendem Wacholder, Salbei und Yakdung. Ordentliche Weizen- und Gerstenfelder tauchten in den Tiefebenen auf. Und Frauen sangen mit glockenhellen Stimmen bei der Feldarbeit. Ein paar Kinder liefen für ungefähr einen Kilometer an einem steilen Hang neben uns her. Sie keuchten kaum, während wir in der dünnen Luft japsten. Oben angekommen, sahen wir in der Ferne scharfkantige, glitzernde Gipfel, aber Wolken verdeckten leider den Chomolungma. Die kurvenreiche Strecke hinunter schmiegte sich an einen türkisfarbenen Fluss und endete kurz vor Shelkar, auch New Tingri genannt, wo wir auf die Dunkelheit warteten, um uns dann über den abschreckendsten Checkpoint von allen zu schleichen.

In Radsportforen und Blogs hatten wir gelesen, dass ausnahmslos alle Fahrzeuge, einschließlich Fahrräder, gezwungen waren, an diesem Kontrollpunkt anzuhalten, und die Fahrer die Papiere zeigen mussten. Ein australischer Radfahrer berichtete, er war als Mitglied einer ganzen Reisegruppe und mit einem Guide unterwegs gewesen und hatte nach Schlupflöchern gesucht, um in Zukunft nicht in einer begleiteten Gruppe radeln zu müssen. Er war zu dem Schluss gekommen, dass dieser Checkpoint unmöglich zu überwinden war: Der Militärkomplex war rechts und links durch hohe Schutzgeländer gesichert, die in eine Brücke über einen Fluss übergingen, sodass man den Fluss überwinden musste. Erst im vorangegangenen Frühjahr schlich sich ein amerikanischer Radfahrer ohne Guide oder Genehmigung erfolgreich von Golmud nach hier, aber vor diesem Kontrollpunkt schreckte er schließlich zurück, gab auf und stellte sich den Beamten. In seinem Fall warfen die Wachen einen Blick auf seinen Pass, hielten den Radfahrer eine Weile fest und ließen ihn dann gehen, möglicherweise, weil er sowieso zwei Tage später Tibet verlassen wollte.

Aber nachdem wir so weit gekommen waren, wollten Mel und ich jetzt nicht aufgehalten werden, und der Amerikaner hatte eine vielversprechende Spur erwähnt: Anscheinend bog kurz vor dem Checkpoint ein Feldweg von der Straße ab, der möglicherweise einen Ausweg darstellte. Das Problem war nur, dass wir den Feldweg nicht finden konnten. Alles andere an Shelkar entsprach der vagen Beschreibung des Amerikaners: Der Weg sollte sich kurz nach einem Anstieg in der Stadt vor der Abzweigung zum Everest Base Camp befinden. Ein Schutzgeländer, ein langer Korridor von Gebäuden und die Brücke über den Fluss. Alles, was fehlte, war der Feldweg.

Links von unserem Versteck graste eine Herde von Schafen und Ziegen mit Glöckchen um den Hals, was wie ein Windspiel klang. Ein junger, magerer tibetischer Hirte wanderte über den Schotterhügel, hinter dem wir hockten und versuchten, bis zum Einbruch der Dunkelheit nicht aufzufallen. Keine drei Meter entfernt saß der Hirte auf seinem Hintern und starrte uns ausdruckslos an. Wenn wir nicht solche Angst vor dem gehabt hätten, was uns in der Nacht erwarten würde, wenn wir nicht so erschöpft und besorgt gewesen wären, dass er jemanden auf uns aufmerksam machen könnte, wären Mel und ich freundlicher gewesen. Wir ignorierten ihn, was einfach war, weil er nicht versuchte, mit uns in Kontakt zu treten. Er saß einfach da und schaute starr zu, wie wir in unsere Tagebücher schrieben, dann etwas dösten und danach die üblichen Instantnudeln zum Abendessen kochten. Was für eine Erleichterung, als er schließlich wegging, um sich um seine Schafe zu kümmern.

Später am Abend begegnete ich ihm jedoch wieder, als ich eine mögliche »Höhenroute« oberhalb der Stadt auskundschaftete. Ich hoffte, den Checkpoint zu umgehen, indem wir uns an den grasbewachsenen Hang links von der Hauptstraße drückten. Der junge Hirte winkte mich freundlich grinsend zu sich und bot mir seine Limonadenflasche an, in der ein weißes, joghurtähnliches Getränk war, das leicht sprudelte und erfrischend schmeckte. Er bestand darauf, dass ich die Flasche behalten und den Rest Mel geben solle, die bei den Rädern geblieben war. Dann winkte er zum Abschied und eilte wieder zu seiner Herde. Ich ging zurück zu unserem Versteck, und es machte mich ganz krank, dass wir vorhin direkt vor ihm gegessen und ihm nichts angeboten hatten – als hätten wir für Tibeter weder Essen noch Zeit übrig, als hätten wir die Gesichtsmasken bereits so lange getragen, dass sie sogar noch an uns klebten, wenn wir sie längst abgezogen hatten.

In dieser Nacht war es sinnlos, die Gesichtsmasken zu tragen oder die chinesischen Wimpel zu zeigen. Dunkelheit war die einzige Verkleidung, die uns helfen konnte. Als wir um Mitternacht aufbrachen, nieselte es. Da keine Straße oder ein Weg existierte, mussten wir die beladenen Fahrräder über den unebenen Hang zerren und gelegentlich kurz die Stirnlampen einschalten, um den Boden zu sehen, möglichst ohne uns zu verraten. Wir stolperten eine Stunde blindlings durch die Landschaft. Dann erreichten wir den gegenüberliegenden Stadtrand weit hinter dem Checkpoint. Dort überquerten wir die Brücke, die uns den weiteren Weg bereitete. Geschafft!

Ein Lkw donnerte an uns vorbei, und sein Fernlicht enthüllte die Kurven der Straße, die leicht bergab führte, sodass wir, ohne in die Pedale zu treten, ohne jegliches Verständnis von Distanzen oder Dimension immer weiterradelten. Viele Abschnitte der Seidenstraße waren mir als Sternbilder besser bekannt als der Boden unter den Rädern. Etwa einen Kilometer vor uns stoppte der Truck, Lichter flackerten, und wir dachten, das müsse die Abzweigung zum Everest Base Camp sein. Als wir näher kamen, löste sich das Licht in einen Korridor von Gebäuden auf, die von hohen Leitplanken gesichert waren: der Checkpoint, von dem wir dachten, dass wir ihn bereits hinter uns gebracht hätten.

Mel und ich stießen leise eine Reihe von Flüchen aus. Dann schlugen wir uns in die Büsche, um wieder nach dem berüchtigten Feldweg zu suchen. Und tatsächlich, wie der amerikanische Radfahrer beschrieben hatte, führte circa fünfzig Meter vor den Militärgebäuden ein Trampelpfad von der Hauptstraße weg. Wir fuhren ihn hinunter, bis das Gelände so schlammig wurde, dass wir die Räder schieben mussten. Das erwies sich als ziemlich gut, denn so war weniger Gewicht auf den Reifen, als wir über zerbrochenes Glas rollten, das plötzlich überall glitzerte wie Sternenstaub. Für die Akten und alle künftigen Entdecker: Der Feldweg endet bei einer Müllhalde.

Wir fuhren querfeldein zum Fluss und sammelten dabei pfundweise Schlamm an unseren Schuhen und Rädern. Als wir diese *dark side of the Silk Road*, die dunkle Seite der Seidenstraße, bereisten, hatte ich immer wieder das beunruhigende Gefühl, gegen etwas Riesiges, gegen etwas Formloses zu stoßen. Vielleicht war es nur mein Herz, das sich den Weg nach draußen bahnen wollte. Wir erreichten das Ufer und erkannten gleich, dass der Fluss zu schnell und zu tief war, um ihn zu überqueren. Der einzige Weg war die Brücke hinter dem Checkpoint, die wir nun im Licht einer Wachstation sehen konnten. Dasselbe Gebäude warf den einzigen Schatten, also schlichen wir dort hin, vollkommen nervös, weil wir derart nah bei den Soldaten waren, die ich im Inneren herumlaufen sehen konnte. Ich hoffte, wenn sie aus dem Fenster blickten, konnten sie bloß ihr eigenes Spiegelbild erkennen.

Mel und ich warteten am Fuß des Damms, der zu der Brücke führte. Er war vielleicht drei Meter hoch, besaß aber eine gefühlte Steigung von sechzig Grad, obwohl dieser Eindruck zweifellos von meinen Nerven beeinflusst war. Ein Lastwagen dröhnte vorbei, und im Schutz seines Lärms kletterte Mel auf die Brücke. Dann verschwand der Lkw wieder in der Dunkelheit. Ich versuchte, Mels Beispiel zu folgen, aber an meinem Fahrrad klebte so viel Schlamm, dass ich es kaum bewegen konnte. Ich befand mich mitten auf dem Damm, bevor ich auf die Knie fiel, und das im offenen Lichtkegel der Wachstation. Dann hörte ich die Motorengeräusche eines Fahrzeugs, und Angst strömte durch meine Adern. Ich hob das Vorderrad auf die Brücke, zog an den Bremsen, um mich zu halten, und wuchtete mich hoch. Erst als ich aus dem Licht der Wachstation kam, hielt ich an, um Luft zu holen. Doch dann sah ich einen Lichtkegel, der hinter mir größer wurde.

Ich sprang in den Sattel und versuchte, in die Pedale zu treten, aber dermaßen viel Schlamm hatte meine Kette und mein Schaltwerk eingehüllt, dass sich nichts drehte. Ich wischte und kratzte an dem Schlamm herum und versuchte es erneut. Das Fahrrad taumelte vorwärts und gewann an Geschwindigkeit, während es gleichzeitig Gewicht verlor. Um mich herum keine Geräusche, außer den abfallenden Schlammbatzen, die auf die Brücke patschten, meinem Herzen, einigen bellenden Hunden und dem Rascheln meiner Regenhose. Ich raste an Mel vorbei, die auf der anderen Seite der Brücke in der Finsternis auf mich wartete, und steuerte schnurstracks in einen Graben. Mel folgte ein paar Sekunden später, kurz bevor das Fahrzeug vorbeifuhr. Wir blickten auf und sahen eine Gruppe tibetischer Männer und Frauen, die auf der Ladefläche eines offenen Pick-ups auf irgendwelchen Bündeln saßen und uns erstaunt anstarrten. Jeder Herzschlag erzählt die Geschichte von Entscheidungen, von bestimmten Wegen, die man eingeschlagen, und von solchen, die man außer Acht gelassen hat, bis man genau dort landet, wo man jetzt ist. Ich hob meine Hand, um zu winken, aber das Fahrzeug brauste weiter in die Nacht.

Zwischen uns und Nepal stand nun nichts, außer zwei atemlos hohen Pässen, gefolgt von einem drei Kilometer langen Sturzflug durch die Wolken und hinunter vom Tibetischen Hochland. Einige Tage später kamen wir in Zhangmu an, kurz nachdem das chinesisch-nepalesische Grenzgebiet für den Rest des Tages geschlossen worden war. Es regnete in Strömen. Die warme Luft roch nach feuchter Erde, Blumen und grünen Pflanzen, fast honigsüß in ihrem Reichtum, ihrem Sauerstoffüberschuss. Wir standen tropfnass und erschöpft am geschlossenen Tor des chinesischen Grenzübergangs, bis die Wachen Mitleid mit uns hatten und gestatteten, dass wir uns unter einem Dach unterstellen durften.

»Pässe?«, fragte einer der Beamten, also gaben wir sie ihm.

»Wo ist euer chinesischer Führer?«, wollte ein anderer wissen. Mel wühlte in ihrem Rucksack herum, zog einen Reiseführer heraus und strahlte den Mann unschuldig an.

Die Wachen fanden das nicht sehr komisch, aber sie wollten an ihrem freien Tag schnell nach Hause gehen. Sie führten uns in ein kleines Büro, wo einer von ihnen gestikulierte, dass Mel und ich auf ziemlich schicken Ledersesseln Platz nehmen sollten. Wir lehnten ab und wiesen darauf hin, wie nass und schmutzig unsere Regenhosen waren: Wir würden das Leder ruinieren. Der Offizier lächelte zum ersten Mal und wiederholte dann entschlossen, dass wir uns setzen sollten. Sobald wir saßen, tippte er Informationen aus unseren Pässen in einen Computer. Nach einer Weile verschwand er mit unseren Dokumenten und schloss die Tür hinter sich.

Mel und ich warteten schweigend in dem winzigen Büro. Die Nässe meiner Kleider kam mir noch feuchter vor, wenn ich herumzappelte, also verhielt ich mich still, obwohl mein Verstand am liebsten den Kopf gegen die Wand geschlagen hätte. Wir hatten von anderen Radfahrern gehört, die schwerwiegendsten Folgen, die einen erwarteten, wenn man sich unerlaubt nach Tibet eingeschlichen hatte, waren, wieder aus dem Land geschmissen zu werden. Aber in den vergangenen Jahren hatten es nur wenige Menschen geschafft, eigenständig hierherzureisen, und die chinesische Politik änderte sich ständig. Es gab keine Garantie, dass sie an uns kein Exempel statuieren würden. Wenn es dazu kommen sollte, schwor ich, wenn nötig sogar hinter Gittern, über Tibet zu schreiben, um meine zweite Pflicht als Entdeckerin zu erfüllen. Sogar Marco Polo hatte es geschafft, seinen Reisebericht im Gefängnis zu diktieren, und sollte ich weder Laptop noch Papier zur Verfügung haben, konnte ich orakelknochenähnliche Symbole in die Wände kratzen und die Tausende von Kilometern der Seidenstraße mit ein paar Symbolen darstellen: Flügel, Zäune, Sterne, ein Staubkorn in einem Sonnenstrahl.

Der Beamte betrat wieder den Raum und händigte uns die Pässe aus. Wir blickten verständnislos. »Sie können gehen«, erklärte er dermaßen aufrichtig und großherzig, dass ich mir sicher war, er log. Mel und ich dankten ihm für den Fall, dass er nicht log, und taten unser Bestes, um die Ledersessel sauber zu wischen, die nun fast so schlammig waren wie unsere Hosen. Dann stürzten wir gerade so schnell nach draußen, dass es nicht wirkte, als wären wir auf der Flucht.

Ich erwartete die ganze Zeit, zurückgerufen und angeschnauzt zu werden oder zumindest eine Geldstrafe zahlen zu müssen, aber niemand hielt uns auf, als wir das chinesische Grenzgebiet verließen und die Räder sehr bedächtig zur Friendship Bridge schoben, die über den Fluss Bhote Koshi führt und Nepal mit Tibet verbindet. Die Luft war stickig und feucht wie ein heißer, nasser Lappen auf dem Gesicht. Die Metallstollen meiner Fahrradschuhe klackerten stumpf auf dem regenfeuchten Beton der Brücke. Ich dachte an Alexandra David-Néel und versuchte wie sie, mich mit jedem Schritt der wilden Natur des Himmels anzupassen. Ich dachte an die Pilger, die durch die Welt gingen, als ob es ihre größte Aufgabe wäre, auf Wunder zu stoßen. Die Brücke schien unendlich, obwohl sie nur ungefähr fünfzig Meter lang war. Auf der anderen Seite angekommen, machten Mel und ich im erstbesten Lokal Halt und bestellten alles Frittierte von der Speisekarte.

AM ENDE DER STRASSE
Indus-Ganges-Ebene und Himalaja

Der Bhote Koshi entschmilzt den Gletschern Tibets und fließt westlich des Chomolungma nach Nepal und durch steile Schluchten, in die Dörfer wie winzige Keile menschlichen Daseins getrieben sind und wirken, als wollten sie den Himalaja auseinanderbrechen. In Nepal schließen sich dem Fluss sechs weitere an, um zum Sapta Koshi zu werden, der schließlich in Indien auf den heiligen Ganges trifft und mit dem Brahmaputra in Bangladesch verschmilzt, bevor er in den Golf von Bengalen fließt. Auf dem Weg zum Meer wendet sich der Fluss schon bald in Richtung des Kathmandu-Tals, das vor dreißigtausend Jahren noch ein See war, erreicht das Tal aber nicht ganz. Entweder öffnete die stetige Brandung oder eine plötzliche tektonische Verschiebung seine Uferlinie. Das Wasser verschwand und enthüllte eine riesige Fläche fruchtbaren Lands, auf der später eine Millionenmetropole Fuß fasste.

Mel und ich wanderten benommen durch hektische Straßen voller Tempel, Gebäude und Geschäfte, die mit Dingen handelten, die wir größtenteils nicht brauchten, aber einige schon, wie zum Beispiel Visa für Indien und neue Fahrradreifen. Es verwirrte uns, keine Berge mehr zu sehen. Obwohl die nepalesische Hauptstadt faktisch nah genug am

Himalaja liegt, ist Kathmandu dermaßen von Smog beeinträchtigt, als wollte man die Stadtbewohner vor der Erkenntnis ihres Kleinseins schützen. »Ein Berg prägt immer jeden Ort«, beobachtete der buddhistische Dichter Dōgen, aber ich war noch nie derart erleuchtet, dass ich nicht das Reale gebraucht hätte. Manchmal habe ich Angst, nicht wild, sondern schrecklich anfällig für Zähmung zu sein. Ich schätze nicht nur riesige, den Geist klärende Horizonte – ich brauche sie wie eine Krücke. Diese harten Konturen, an denen ich Halt finde und mich hochziehen kann, um die Weite zu sehen, aus der wir stammen und zu der wir alle zurückkehren werden. Oder zumindest, um etwas frische Luft zu kriegen, die in Kathmandu wirklich knapp war.

Was die Stadt im Überfluss anbot, war Essen. Aber an irgendetwas von dem, was ich an der chinesisch-nepalesischen Grenze hinuntergeschlungen hatte, hatte ich mir den Magen verdorben. Und das bedeutete, die einzigen Kalorien, die ich vertrug, waren die gleichen einfachen Nudeln, von denen wir schon im Tibetischen Hochland gelebt hatten. Eine grausame gastronomische Strafe, wenn plötzlich alle Küchen der Welt angeboten wurden: Thai-Curry, indische Samosas, deutscher Kuchen, französische Croissants – was auch immer, in Kathmandu gab es alles. Während ich Salmonellen oder etwas in der Art hatte, denn die Diagnose der Reisemediziner erwies sich als nicht eindeutig, und zwar nicht nur im Hinblick auf das, was mir wortwörtlich auf den Magen schlug. »Sehr geehrter Mr Kate Harris«, begann die E-Mail mit den medizinischen Laborergebnissen, die ich anschließend in den nächsten sechs Monaten wöchentlich erhalten sollte, trotz meiner Antworten, die klarstellten, dass (a) ich eine Miss sei, vielen Dank, und (b) diese Benachrichtigung bereits erhalten hatte. Aber die Testergebnisse kamen immer wieder – Bürokratie selbst ist ein Virus.

Eine Woche später machten wir uns mit der Sonne im Rücken auf den Weg. Nachdem wir östlich über den Kaukasus und Zentralasien und dann von Süden aus durch Tibet geradelt waren, fuhren wir jetzt nach Westen über die Indus-Ganges-Ebene Nepals, dann in Indien wieder nach Norden zurück in den Himalaja, um wie ein Raumschiff, das von der Schwerkraft eines Planeten in die Umlaufbahn gezogen wird, spiralförmig zum Siachen zu gelangen. Als wir das Kathmandu-Tal verließen, wirkte dieselbe schwache Kraft gegen uns. Wir kämpften uns den steilen Stadtrand hinauf. Das Tal schien ein ruhiger See zu sein. Unsere Gesichter und Kleidung waren tropfnass wie am Schwarzen Meer, nur kam hier die Feuchtigkeit aus uns selbst.

Laut buddhistischer Überlieferung waren es nicht Tektonik oder Erosion, die einst das Kathmandu-Tal entwässerten, sondern Bodhisattva Manjushri, der eine Lotosblüte mitten im See wachsen gesehen und darum eine Schlucht gebohrt hatte, um das Wasser abzulassen, damit die Menschen das fruchtbare Land bewirtschaften konnten. Die Figur Manjushri wird typischerweise mit dem Begriff Einsicht in Verbindung gebracht, aber die Sache mit dem See war keine so kluge Entscheidung, weil das ehemalige Seebett seismisch instabile Tonschichten und Erdreich bewegt, und das in einem der tektonisch anfälligsten Gebiete des Planeten Erde. Wir verließen Kathmandu, kurz bevor ein kleines, aber dennoch verheerendes Erdbeben mit vielen Toten die Stadt erschütterte. Wir erfuhren erst eine Woche später davon, als wir unsere E-Mails checkten und eine Menge besorgter Nachrichten von Freunden und Familie lasen. Vier Jahre später erschütterte ein Erdbeben der Stärke 7,8 das ganze Land, tötete fast zehntausend Menschen und verletzte Zehntausende weitere.

Selbst in dem kurzen Moment der relativen Stabilität, die wir dort erlebten, schien die Stadt kurz davor zu stehen auseinanderzufallen. Wir fuhren an klapprigen Wohnhäusern vorbei, aus denen die Bewehrungsstahlstäbe wie unfertige Gedanken herausragten. Unsolide angebrachte Balkone schienen zusammengehalten von den auf ihnen gespannten Wäscheleinen, auf denen bunte T-Shirts und Saris wie städtische Gebetsfahnen im Wind flatterten. Der Straßenverkehr war genauso lebhaft wie prekär, denn er bestand hauptsächlich aus Lastwagen, darunter viele Tatas, die mit orangefarbenen, roten und grünen Mustern sowie fröhlichen Namen und Sprüchen bemalt waren: »Road King«, »Big Boss« und »One Mistake, Game Over!« – »Ein Fehler, und alles ist vorbei!« Die Trucks grunzten schwarze Abgaswolken aus, als sie die Straße hinaufschnauften. Sie wirkten gefährlich, aber auch komisch, wie Nilpferde auf Rädern. Wenn die Fahrer uns sahen, hupten sie – ein schrilles, überraschend mädchenhaftes Kichern von Tönen. Ich konnte allein an diesem Hupen erkennen, wie weit vor oder hinter mir Mel fuhr. Ungefähr so, wie man die Entfernung eines Gewitters anhand der Sekunden zwischen Blitz und Donner vorhersagt.

An der Abzweigung nach Pokhara, einer beliebten Trekkingstadt, stauten sich auf beiden Fahrspuren fünf Kilometer lang die Fahrzeuge. Die Atmosphäre war bemerkenswert ruhig, sogar fröhlich. Fahrer machten auf Bambusmatten im Schatten ihrer Lastwagen ein Nickerchen, und geschäftstüchtige Verkäufer wanderten zwischen den Fahrzeugen hin und her, um frische Kokosnussstücke und Vanilleeis in neonorangefarbenen Waffeln zu verkaufen. Wir schlängelten uns durch den Stau und nahmen bei Bedarf die Satteltaschen ab, um an den eng geparkten Fahrzeugen vorbeizukommen, zum Beispiel einem Bus, in dem ein Mädchen mit von Khol-Kajal umrandeten Augen aus dem Fenster schaute. Als Mel lächelte und winkte, wirkte die Kleine völlig verängstigt. »Ich bin wirklich gut im Umgang mit Kindern«, gestand meine Freundin.

In Narayangarh ein paar Tage später sahen wir weder Kinder noch sonst irgendjemanden. Die Stadt war bei unserer Ankunft gespenstisch verlassen. An allen Geschäften waren die Stahlgaragentore heruntergezogen. Die Gehwege waren ausgestorben, bis auf eine einzelne Frau, deren nackte knöcherne Beine zuckten, als ob sie elektrische Schläge bekämen. Mit verzweifelter Miene starrte sie ins Nichts. Und in ihrer Bettelschale aus Metall fand sich nichts als das Sonnenlicht. Wir radelten weiter zur Hauptkreuzung, wo eine riesige Menschenmenge etwas sang, was wir nicht verstanden. Polizei in Kampfausrüstung schlurfte nervös um die Menschengruppe herum.

»Politik«, meinte der Besitzer des Gästehauses, das wir dort ansteuerten, als ich fragte, was los sei. Jemand sei ermordet worden, erklärte er, und seine Bekannten forderten die Hinrichtung des Mörders. Vielleicht hat mich ja das allgegenwärtige Unbehagen in der Stadt in dieser Nacht wach gehalten. Das Gefühl, dass wir auf so viele unterschiedliche Arten von wackeligem Boden standen. Hitze und Feuchtigkeit waren darüber hinaus natürlich nicht eben schlaffördernd, und auch nicht das unregelmäßige Surren des Deckenventilators, der die stickige Luft im Zimmer umrührte. Irgendwann stand ich auf, um Wasser zu holen, und blickte aus dem Fenster, als ein Gecko auf der anderen Seite der Scheibe auftauchte. Seine winzigen Finger klebten an dem Glas, sein Körper glitzerte im Schein meiner Stirnlampe. Draußen war der Mob längst verschwunden, aber die Frau saß noch genauso da wie ein Bündel Stöcke auf dem Gehweg. Ich konnte sie nur indirekt sehen, indem ich die etwas hellere Dunkelheit um sie herum betrachtete, wie man ja auch Sterne am besten sieht, wenn man auf den schwarzen Himmel zwischen ihnen schaut. Sie bewegte sich nicht, zuckte nicht einmal mehr, dabei blickte ich recht lange in die Leere, die sie umgab. Dann duschte ich voll bekleidet und schaffte es einzuschlafen, bevor die kühlende Feuchtigkeit meiner Kleider wieder verdunstet war.

Hilfreich ist in Nepal ein regnerischer Tag. Ein Tag, an dem die Sonne keine Schatten hervorbringen kann, ein stürmischer Tag. Es nieselte, als wir in Lumbini ankamen, einem langweiligen Ort mit Feldern und Wäldern, der bis auf eine Ausnahme in jeder Hinsicht unscheinbar ist: Siddhartha Gautama, der Begründer des Buddhismus, schrie hier nach der Milch seiner Mutter. Der Legende nach wurde Siddhartha vor mehr als zwei Jahrtausenden als Prinz in Lumbini geboren. Er wurde in Reichtum aufgezogen und vor allen Formen von Traurigkeit und Verzweiflung geschützt. Erst im Alter von neunundzwanzig Jahren wagte er sich erstmals vor die Tore des heimischen Palasts, in die reale Welt. Er war daraufhin von dem Leid derart erschüttert, dass er auf seinen Wohlstand und sein Königreich verzichtete und auf der Suche nach universeller Heilung auf Wanderschaft ging. Nach fünf Jahren fand er irgendwo zwischen strenger Askese und sinnlichem Genuss Erleuchtung. Er erkannte Verlangen als Quelle allen Leidens und entwickelte einen systematischen Weg zur Befriedigung. Obwohl der Buddha nur deshalb zum Buddha wurde, weil er aus diesem Ort und dem damit verbundenen Leben privilegierter Leichtigkeit geflohen ist, ist Lumbini heute UNESCO-Weltkulturerbe, und seine Ruinen, Schreine und Gärten sind Wallfahrtsorte.

Als wir ankamen, kauerte eine Gruppe Inderinnen in hellen Saris unter Schirmen, während sie Weihrauch verbrannten, der in Schwaden im Regen aufstieg. Mehrere Mönche in safranfarbenen Roben saßen unter einem Bodhibaum. Die dicken Äste ragten hoch in alle Richtungen und reichten dank der Gebetsfahnen, die wie Fühler an die Zweigspitzen gebunden waren, noch weiter. Einer der Mönche wickelte mir ein rotes Band um mein Handgelenk, als Segen für die Straße. In der Nähe schlummerten ein paar Rikschafahrer im Schutz ihrer Rücksitze und warteten auf Passagiere. Als uns einer von ihnen aufforderte, eine Fahrt mit seiner Rikscha zu machen, wies Mel darauf hin, dass wir selbst mit dem Fahrrad unterwegs waren. »Also müsst ihr euch jetzt ausruhen!«, rief der Mann.

Das Wasser spritzte von den Rädern hoch wie ein Düsenstrahl. Es war ziemlich angenehm, einmal das Gepäck eines Fahrrads zu sein und nicht sein Motor. Und die Rikscha hatte ein Dach. Wir fuhren an einer riesigen goldenen Buddha-Statue im Lotossitz vorbei, die selbst im Regen leuchtete. Ich fragte mich, wie dick die Schicht des kostbaren Materials der Statue wohl war. Handelte es sich etwa um massives Gold, wie der *paiza*, den Marco Polo angeblich trug, eine Tafel, die als diplomatischer Pass innerhalb des Reiches von Kublai Khan diente? Oder war diese Buddha-Figur nur von einer dünnen Schicht des Metalls bedeckt, wie die Golden Record der *Voyager*, die vor allem aus Kupfer besteht? Die Hülle der Golden Record ist aus Aluminium, und sie ist mit Hinweisen versehen, die ihren Inhalt und ihre Herkunft erklären: Schallplattenaufnahmen und ein Stift für die Wiedergabe, eine Karte, die den Standort unseres Sonnensystems in Bezug auf vierzehn Pulsare in unterschiedlichen Perioden und mehr zeigt. Zudem besitzt die Golden Record ein unsichtbares Furnier aus Uran, ein radioaktives Element, das im Laufe der Zeit natürlicherseits in Tochterisotope zerfällt, sodass, welche wissenschaftlich gebildete außerirdische Zivilisation auch immer die *Voyager*-Sonde entdecken wird, ein Gefühl für die seit ihrem Start vergangenen Äonen vermittelt werden wird.

Vielleicht sind die Geschichten, die wir uns selbst erzählen, unsere lang gehegte Einstellung zu den Dingen, ähnlich anfällig für langsamen Verfall wie Uran. Je weiter ich entlang der Seidenstraße reiste, desto mehr schien mir die Golden Record als eine Lüge, und das nicht nur, weil ihre Oberfläche nicht ihre Tiefe widerspiegelt. Weitaus aufschlussreicher als die Botschaft der kosmischen Flaschenpost schien mir das, was Sagan und sein Komitee nicht berücksichtigt haben, nämlich solche Details wie Frauen, die einsam auf Gehwegen zucken. Tatsächlich enthält die Golden Record keinen Hinweis auf Krieg oder Gier oder Tod oder Grausamkeit. Am nächsten kommt der Existenz von Traurigkeit in dieser Welt noch die Aufzeichnung eines weinenden Babys. Und die zartbesaitete Darstellung einer Schlupfwespe, die ausgewählt wurde, um das natürliche Phänomen des Fliegens zu veranschaulichen. Eine seltsame Wahl, wenn man bedenkt, dass dieses parasitäre Insekt sich in anderen Insekten vergräbt, um seine Eier abzulegen, die dann zu Larven schlüpfen und sich ihren Weg nach draußen bahnen. »Andere Insekten, wie Bienen, haben ein Leben, das eher unserem moralischen und sozialen Anspruch entspricht«, räumte Sagan ein, »aber dieses Wesen ist auch ein Bewohner der Erde, und wer sind wir, dass wir über seine Lebensweise urteilen sollten?«

Trotzdem fällte Sagans Komitee unzählige Urteile darüber, was bezüglich des Lebens auf der Erde bedeutsam war und was nicht, und beschloss schließlich, mit wenigen Ausnahmen unsere beste und hellste Seite zu präsentieren. Infolgedessen liest sich die Golden Record wie eine desinfizierte Enzyklopädie der irdischen Existenz, das Gegenstück zu der gekürzten Version von Marco Polos Reisen, die ich als Kind verschlungen habe. Doch immerhin fügte Sagans Komitee auch Blind Willie Johnsons eindringliche Bluesdarbietung von *Dark Was the Night* hinzu, ein alter Song darüber, wie es ist, bei Einbruch der Dunkelheit keinen Schlafplatz zu haben, sondern nur den kalten, harten Boden. Allerdings ist das bei der Version für die Golden Record nicht dem Text zu entnehmen, weil es einfach keinen Text gibt. Johnson spielt die Slidegitarre und summt wortlos durch den dreiminütigen Track. All das Staunen und der Herzschmerz der Welt sind überwältigend deutlich in all dem, was er gerade nicht in Worte fasst, aber ich bezweifle, dass außerirdische Wesen solche Feinheiten begreifen. So porträtiert die Golden Record die Erde wirkungsvoll als einen Planeten, dessen friedliche Bewohner sich der Musik, dem Fliegen und der Kunst des Möglichen widmen. Die Art von gemütlicher, bornierter Welt, in die Siddhartha Gautama geboren wurde. Was die Tatsache, dass er sie verlassen hat, umso bemerkenswerter macht.

Der Regen hinterließ überall schleimige Schneckenspuren, auch auf den Schnecken selbst. Als die Rikschatour zu Ende war, setzte uns der Fahrer vor einem Café ab, wo wir den neuerlichen Regenguss abwarteten. Ein Ochse hatte eine ähnliche Idee und schlurfte unter die Markise des benachbarten Obst- und Gemüsegeschäfts. Riesige Knochen ragten aus der straffen Haut des Tieres. Ein Buckel von der Größe und Form eines menschlichen Kopfes starrte aus dem Rücken und hielt Ausschau, während der Ochse an Limetten knabberte, die zu ordentlichen grünen Pyramiden gestapelt waren. Der Ladenbesitzer erschien mit einem Eimer Wasser und versuchte, den Ochsen zu vertreiben, indem er Wassertropfen in sein Gesicht schnippte – in das echte Gesicht, nicht den Buckel, aber so oder so glich das Ganze eher einer Taufe als einer Abschreckung. Schließlich schlenderte der Ochse davon, ein langsames, gelassenes Schaukeln, das seinen Buckel in alle Richtungen, von rechts nach links und auf und ab, bewegte, in dieser für den indischen Subkontinent so typisch nickenden Weise, als ob er zu allem und jedem gleichzeitig Ja und Nein sagen würde.

Wie immer, wenn man ein neues Wort gelernt hat und es dann plötzlich überall auftaucht, begegnete mir nach Lumbini auf einmal überall in

Nepal das Wort Siddhartha. Beispielsweise bei der Siddhartha Bank, wo der dicke Bauch des Kassierers einen dunklen Heiligenschein durch sein Hemd schwitzte, während er uns Rupien vorzählte. Oder der Siddhartha Highway, ein schnell realisiertes, ehrgeiziges Bauprojekt mit vereinzelt plattgefahrenen Kobras, die aus der Ferne wie Risse im Asphalt aussahen. Werbung in Nepal schien durch den universellen Glauben bestimmt, dass das Wort Siddhartha jede Marke retten, assoziativ heiligsprechen oder zumindest religiöse Kunden anziehen könnte. Was würde wohl der echte Buddha dazu sagen, fragte ich mich, als ich am Siddhartha Internet Café vorbeifuhr? Würde er sich durch solcherlei geehrt fühlen? Vielleicht würde er daran erinnern: Je langsamer man auf dem Siddhartha Highway unterwegs ist, desto bedeutsamer die Reise. Vielleicht würde er betonen, dass Geld ein falsches Götzenbild ist, eine Fata Morgana, die durch den Temperaturunterschied zwischen unserem Kopf und unserem Herzen verursacht wird. Aber vielleicht würde er auch einfach kichern und sagen: *kein Problem.* Wie es angeblich der Dalai Lama tat, als er gefragt wurde, was er von den Bars und Nachtklubs hielt, die die Chinesen in der Nähe des Potala-Palasts eröffnet hatten. Ich nehme an, das spirituelle Leben hängt, genauso wie jede Reise, eben auch von Alltäglichem und Belanglosigkeiten ab, selbst wenn man darüber spottet. Was der Dalai Lama mit seiner Reaktion andeutete: Materielles zählt, aber nicht allzu sehr.

Weiter westlich waren die Straßen flacher und voller Fahrräder. Viele waren ähnlich bepackt wie unsere oder sogar noch mehr. Einige transportieren Käfige, in denen lebendige Hühner, an den Beinen festgemacht, kopfüber hin und her schwangen. Andere Räder waren voller halb reifer Bananen. Die in Nepal beliebten Eingangräder besaßen einen hohen Lenker, der ihre Fahrer in eine extrem aufrechte Haltung zwang und den Pelotonen königliche Würde verlieh. Diese Fahrräder waren nicht nur Transportmittel, sondern auch ein Mittel, die eigene Persönlichkeit auszudrücken, sei es in Form von Blumensträußen, die am Lenker befestigt waren, oder von leuchtenden Stoffstücken, die rund um die Radnaben flatterten. Andere Radler zeichneten sich durch ihre kreative Fahrweise aus, wie das kleine Mädchen, das noch zu klein für sein Rad war. Also fuhr sie es, ohne im Sattel zu sitzen, durch den Rahmen – ein Bein hatte sie zwischen Ober- und Unterrohr gefädelt – und raste mit einer Selbstverständlichkeit an uns vorbei, als ob Fahrräder für genau diesen Fahrstil gebaut wären.

Weiße Schmetterlinge begleiteten unsere Fahrt in Richtung Bardia-Nationalpark. Einmal fuhr ich durch eine Ansammlung von ihnen, und meine Räder schienen zu schweben, als Flügel und Staub von der Straße aufstiegen. Für den Nationalpark nahmen wir uns ein paar Tage radelfrei und hofften, dort auch mal nepalesische Wildtiere zu sehen, die nicht tot im Straßengraben lagen. Trotz Hitze und Luftfeuchtigkeit wünschte ich mir, ich hätte lange Hosen und ein langärmeliges Shirt getragen, als wir zwei Guides ins Babai-Tal folgten, ein Ökosystem, das sich auf Spießen und Pfählen spezialisiert zu haben schien: hohe Gräser, deren Spitzen so scharf waren, dass man das Gefühl hatte, an Messerklingen entlangzuspazieren, und Krokodile, die mit ihrem Sägeblattlächeln faul an Gewässern rumlungerten. Ich verwechselte wieder Wasserbüffel mit Nashörnern, aber Letztere bekamen wir erst am nächsten Tag zu sehen, als eine Nashornmutter und ihr Baby am anderen Ufer eines Flusses auftauchten. Keine Ahnung, wie lange wir sie beobachtet haben, aber lang genug, um den frischen, glänzenden Schlamm auf ihrer Haut zu stumpfem Gips trocknen zu sehen. Diese Nashornart – die größere mit einem Horn, also *Rhinoceros unicornis* – lebt aufgrund von Lebensraumverlust, Sportjagd (mittlerweile verboten) und Wilderei in ihrer ehemaligen Heimat der Indus-Ganges-Ebene nur noch in wenigen Naturschutzgebieten. Das Horn findet Verwendung in der traditionellen asiatischen Medizin, darum erzielt es auf dem Schwarzmarkt hohe Preise, obwohl es bloß aus Keratin besteht. Medizinisch betrachtet könnten Kranke genauso gut an ihren eigenen Fingernägeln knabbern. Ich konnte das Horn des Mutternashorns kaum sehen, und ihr Junges hatte noch keines, nur ein Paar Augen wie nasse Kieselsteine, die uns durch Galaxien anstarrten. Wir geben Millionen von Dollar aus, um mit außerirdischen Zivilisationen in Kontakt zu treten, dachte ich staunend, aber wir wissen immer noch nicht, was ein Nashorn meint, wenn es schnaubt und durchs Gras schlendert. Zumindest wusste ich es nicht, doch unser örtlicher Reiseleiter schien etwas zu ahnen. »Zeit zu gehen«, sagte er und gab zu verstehen, dass wir uns schleunigst zurückziehen sollten.

Auf dem Weg zurück zu unserer Lodge rasierte Schilf meine nackten Beine. Unterwegs erklärte der Guide, wie Affen Alarm schlagen, um Hirsche zu warnen, wenn ein bengalischer Tiger hinter ihnen her ist. Als Gegenleistung, wenn auch unbewusst, nähren die Hirsche Läuse, die die Affen dann von ihrem Fell klauben. Wir hörten Affenalarme, aber sie galten wahrscheinlich uns, weil wir weder Hirsche noch Tiger gesehen haben. Was wir sahen, war ein Erdloch in Form und Größe eines großen Zaunpfostens. Ich wäre nie auf die Idee gekommen, dass es sich um einen Fußabdruck handeln könnte, bis der Guide erklärte, von welchem Tier der Abdruck stammte. Elefanten gehören zu den klügsten, einfühlsamsten Wesen der Erde. Ihr Gehirn ist neural ähnlich komplex wie das von Menschen. Elefanten benutzen Werkzeuge, begraben ihre Toten, vergießen Tränen und bekommen hin und wieder einen Wutanfall. Der Reiseleiter beschrieb, dass Elefanten von Zeit zu Zeit die Reisfelder bei Bardia zerwühlen, die Ernte ruinieren und alle reetgedeckten Lehmhäuser zerstören, die ihnen im Weg stehen. Und wer könnte es ihnen verübeln, wenn Menschen von allen Seiten in ihr Gebiet eindringen? Um den Park herum war zum Schutz der Dorfbewohner ein Elektrozaun gezogen worden, aber er funktionierte nur, wenn es Strom gab, und der Strom fiel oft aus, wie wir an diesem Abend nach dem Essen mitbekamen.

Als die Lichter erloschen, verzog sich Mel in unser Zimmer, aber ich blieb im Speisesaal und las im Schein meiner Stirnlampe und einer Kerze, die jedes Mal ein wenig heller wurde, wenn sich ein Käfer in die Flamme verirrte. In der kleinen Bibliothek der Lodge fanden sich vor allem die üblichen Mysterygeschichten, Krimis und Liebesromane, die sich ja gern an Orten stapeln, die von stets wechselnden Reisenden besucht werden. Doch zu meiner Überraschung fand ich auch ein Buch über Milarepa, den tibetisch-buddhistischen Mönch und Dichter, der in einer Höhle und von Brennnesseln gelebt hatte, die ihm weniger den Weg zur Erleuchtung als vielmehr den zu Wahnsinn und Verhungern wiesen. Ich wollte den Buddhismus unbedingt verstehen, konnte aber nicht einmal seine grundlegendsten Prinzipien kapieren. Ist das Verlangen nach Erleuchtung nicht immer noch Verlangen? Wird nicht das Ziel durch die Sehnsucht nach ihm vernichtet? Und was ist überhaupt so reizvoll am Nirwana? Ist die permanente Abkehr von den Zyklen der Wiedergeburt nicht nur eine verherrlichte Art des Abhauens, wie eine One-Way-Mission zum Mars? Der Wunsch, *samsara* zu entkommen, der Erscheinungswelt mit all ihren Fehlern und Illusionen, kam mir vor wie eine Flucht vor der Realität. Lieber dieser schöne, kaputte Planet als makellose unbeschriebene Blätter. Andererseits fällt es wohl am schwersten, die eigenen Fehler und Illusionen anzuerkennen, geschweige denn ihnen zu entfliehen.

Draußen im Dunklen zirpten Zikaden, ein metallisch klingender Chor wie schepperndes Besteck. Mit der Stirnlampe machte ich mich auf den Weg zu unserem Zimmer und dachte über Siddharthas verrücktes Ansinnen nach, das Leiden aller Wesen zu beenden: Man konnte dem Kerl nicht vorwerfen, dass er zu tief zielte oder sich mit dem Machbaren zufriedengab. Und warum nicht kühn irren, wenn es um dieses eine Leben geht? Natürlich sehen Buddhisten das mit dem einen einzigen Leben anders, trotzdem gibt ohne jeden Zweifel der Entdeckergeist die rationalste Antwort auf die eigene Existenz. Man wacht plötzlich in einem fremden Land auf: Was gibt es sonst zu tun, als sich umzusehen? Der Beruf des Entdeckers mag im historischen Sinne ausgestorben sein, aber Forschung existiert immer noch und wird immer existieren: Es ist die grundlegende Sehnsucht zu erfahren, was wir hier im Universum eigentlich machen. Als Akt der »Aufmerksamkeit in ihrer reinsten Form« rief die Philosophin Simone Weil zum Gebet auf. In jeder kleinen, nutzlosen, suchenden Geste – einer Pilgerfahrt, einem Gedicht –, die das Leiden nicht leugnet, auch wenn es das Gleichgewicht der Welt nur kurz und unermesslich in Richtung Ursprünglichkeit aus den Angeln hebt.

Mel schlief tief und fest, und das Zimmer war dunkel. Ich putzte die Zähne im Schein der Stirnlampe und legte mich auf eine Matratze, in der die Hitze des Tages noch gespeichert war. Beim Einschlafen träumte ich von Nashörnern, die in weite Nebel blickten, und von Tigern, die mit großen, runden Augen durch den Wald streiften – Leben voller Mängel, Rastlosigkeit und Begierden. Oder anders ausgedrückt: voller Sterne.

Die wahren Risiken bei Reisen sind Enttäuschung und Veränderung: die Angst, nicht mehr derselbe Mensch zu sein, wenn man wieder nach Hause fährt, und die Angst, sich nicht verändert zu haben. Hinzu kommt vor allem auf indischen Straßen die Angst, es überhaupt nicht nach Hause zu schaffen.

Zuerst war der Verkehr hinter der indisch-nepalesischen Grenze, der letzten Grenze unserer Reise, ruhig. Dann sahen wir am Horizont Autos, die unberechenbar hin und her schlingerten, als hätten die Fahrer den Verstand verloren oder würden riesigen Schlaglöchern ausweichen. Tatsächlich wichen sie Affen aus. Eine kreischende, kratzende, umherschlurfende Ansammlung von Primaten hatte die Straße besetzt. Einige Affen trugen Babys auf den gewölbten Rücken. Irritierend menschenähnliche Köpfe drehten sich nach uns um. Die plötzlichen, ruckartigen Bewegungen, mit denen wir um diese Straßenpylone manövrierten, vermittelten nun den Eindruck, als wären auch wir derangiert – ein Wort aus dem Französischen, das »aus geordneten Reihen fliehen« bedeutet und das das Organisationsprinzip für den Verkehr in Indien ausgezeichnet beschrieb. Die Straße wurde zu einem nervenvernichtenden Gewühl aus Staub, Hupen, Menschen und Abgasen. Autos schwirrten über den Asphalt wie Fliegen auf verwesendem Fleisch. Vor lauter Luftverschmutzung und Hitze wirkte der Himmel vergiftet und wie von Blutgerinnseln überzogen. Die Luft roch abwechselnd oder gleichzeitig nach Scheiße, Curry, brennenden Reifen, verbranntem Holz, nach dem schwefelhaltigen Anzünden von Streichhölzern, kochendem Urin und einer Art Chemikalie, die meine Nasenschleimhäute ähnlich verätzte wie Schwimmbadchlor. Gelegentlich fegte das laute Hupen eines Omnibusses die verstopfte Straße frei, wie ein Überschallpflug, und das zurückbleibende Klingeln in unseren Ohren war fast eine Erleichterung, denn so konnten wir für eine Weile die permanenten Rufe »Hello!«, »How are you?« und »What is your name?« nicht hören.

Mel und ich ignorierten diese *catcalls*, diese Anmache. Aber unsere neue Mitradlerin Hana hielt sie für aufrichtig freundliches Grüßen und winkte immer zurück, wenn jemand laut hupte. Hana, eine befreundete Juristin für Umweltrecht, stammte aus British Columbia und baute in ihrer Freizeit Gitarren. Sie war nach bestandenem Juraexamen, und bevor sie einen Job in einer Anwaltskanzlei antrat, nach Indien geflogen, um uns ein paar Wochen Gesellschaft zu leisten. Ihre Idealvorstellung von einem Urlaub war, jeden Tag den ganzen Tag Rad zu fahren – durch riskanten Verkehr, ständiges Geglotze, erstickende Umweltverschmutzung und ausdörrende Hitze. Hanas Offenheit für diese Art von Erfahrung war wirklich bewundernswert, aber ich befürchtete, ihre Begeisterung würde mit der Zeit nachlassen. Tatsächlich war das Gegenteil der Fall, denn ihre häufigen freudigen Ausrufe – »Holy Cow!« – machten uns auf Dinge aufmerksam, die Mel und ich schlicht für bizarr hielten. Wie hatten sie und ich uns nur so rasch an heilige Kühe gewöhnen können, die im ringsum knurrenden Verkehr im Müll herumstöberten?

Wir drei machten gerade eine Pause, als wir ein Schild für einen Süßwarenladen sahen. Im Geschäft suchte ich mir dann etwas Grünes, Kandiertes aus, das köstlich aussah, aber als der Ladenbesitzer es mir reichte, bemerkte ich einen Fliegenflügel, der daran klebte. Ich wies den Ladenbesitzer darauf hin. Er wirkte entsetzt und tauschte das Stück gegen ein anderes aus, an dem ein anderer Fliegenflügel klebte. Ich steckte es schnell in die Tasche, als der Mann nicht hinsah, weil er sich an eine Gruppe freundlicher junger Inder wandte, die uns umringten und in rasender Geschwindigkeit auf uns einredeten: »Wie geht es dir?«, »Woher kommst du?«, »Wie ist dein Name?«. Immer wieder, in so schneller Folge, dass selbst Hana ein wenig nervös wurde. Schließlich drängte sich ein kräftiger junger Mann mit einem Hauch von Autorität nach vorne und wies alle anderen an, sich zu beruhigen. Er stellte sich als Alok vor und erklärte in dringendem Tonfall, dass nebenan Leute auf uns warteten.

»Wie bitte?«, fragte Mel.

»Bitte, Ladys, nur fünf Minuten. Ihr müsst kommen«, flehte er. »Sie warten!«

Wer wartete? Warum und auf wen? Das sind die großen Geheimnisse der Welt. Ich freute mich über jeden Vorwand, nicht gleich wieder aufs Rad zu steigen, oder jemals wieder. Also folgten wir Alok zu einem nahe gelegenen Gebäude, an dem ein Schild angebracht war, das es als Englischschule auswies. Im Inneren hingen an den Wänden Poster mit inspirierenden Sprüchen wie »Impossible Says I, Am Possible« – das Unmögliche behauptet also, durchaus möglich zu sein – und »Great Communication Is Demand of Universe« – also: Sprachen zu lernen ist ein Befehl des Universums. Die Leute warteten tatsächlich auf *uns*, und das mit Chai und Samosas. Die indischen Schüler stellten, dank der Moderation ihrer Lehrer, ihre Fragen auf Englisch nun in einem eher gesprächsorientierten Tempo, und wir wechselten uns ab, um sie zu beantworten. »Uns geht es sehr gut, danke.« – »Wir sind aus Kanada.« – »Ich heiße Kate, das ist Mel, und das ist Hana.«

»Wie gefällt euch Indien?«, fragte ein Mädchen ernst.

Dutzende von ernsten Gesichtern drängten sich um uns und warteten gespannt auf die Antwort. Mel blickte zu mir, damit ich antwortete, ich blickte zu Hana, und Hana blickte zu Mel. Die angespannte Stille hatte etwas von zunehmender Geschwindigkeit beim Radfahren. Dann räusperte sich Mel und wandte sich dem Mädchen zu, das gefragt hatte.

»Es ist sehr heiß«, meinte sie diplomatisch. Die Schüler lachten einvernehmlich und erleichtert.

Erst im Vorgebirge des Himalaja kühlte die Welt wieder etwas ab. Sogar das Licht wirkte schärfer, kantiger, geschliffen zu größerem Glanz.

Die Luft roch nach Kiefer und Schatten und Nebel, und mir war, als könnte ich zum ersten Mal seit einem Monat wieder atmen. Allerdings hatten wir etwas geschummelt, um dorthin zu gelangen – wir hatten nämlich den sicheren Tod betrogen, weil wir etwas mehr als hundertfünfzig Kilometer abscheulichen Verkehr ausgelassen und im Bus nach Shimla gefahren waren. Diese auf Hügeln errichtete, ehemals britische Stadt wirkte wie ein Stein, der gerade ins Wasser fiel: Nebel umhüllte die Hügel, die sich in konzentrischen Kreisen ausbreiteten und zu kopfsteingepflasterten Plätzen und Gebäuden im Kolonialstil führten. Obwohl Shimla für die Himalaja-Region nicht allzu hoch liegt, war die Stadt genau richtig, um die Hitze loszuwerden. Von Shimla aus kann man auch höher reisen, allerdings ist für den Besuch des indischen Bundesstaates Jammu und Kaschmir, in dem Ladakh liegt, eine Sondergenehmigung erforderlich.

Hana ordnete ihr Haar, bevor sie für das Foto für die Inner Line Permit, die nötige Genehmigung, posierte. Mel und ich merkten es aber erst, als wir unsere Porträts verglichen. Obwohl Hana vor demselben grellen weißen Hintergrund gestanden hatte, zeigte ihr Foto weiches Licht, das ihren makellos gebürsteten Locken einen Heiligenschein verlieh – geradezu ein *glamour shot*. Während *mugshot*, also Polizeifoto, ein noch geschönter Begriff für Mels und mein Foto war. Doch Hana besaß auch einen unfairen Vorteil: Zu ihrer »Expeditions«-Ausrüstung gehörten vier (vier!) Duftseifen, Deodorant und Outfits, die farblich auf das Rot ihres Fahrrads und ihrer Satteltaschen abgestimmt waren. Mel und ich hatten je nur ein Paar Radlerhosen, Hana brachte gleich zwei mit, obwohl sie das erst eine Woche später verriet, als ein Affe meine stahl. Zumindest nehme ich an, dass es ein Affe war, denn wer sonst sollte ein stinkendes Paar Radlerhosen stibitzen, die über Nacht zum Trocknen aufgehängt waren? Hana bot mir auf alle Fälle großzügig ihr zweites Paar an.

Zum Glück gab es auch ein paar Dinge, mit denen wir Hana ärgern konnten, denn sie war Bionikerin, turboschnell und überholte uns an den Bergpässen, als wäre sie schon neun Monate lang auf der Seidenstraße unterwegs. Als ich weit hinter ihr schnaufte, fiel mir ein, dass Hana ja auch weniger schweres Gepäck hatte – keine Kameras oder einen Laptop und statt eines Zelts bloß einen leichten Biwaksack –, aber ich wusste, Gewicht war nur oberflächlich eine Behinderung. Wenn der Asphalt verschwand und der Straßenbelag zu rutschiger Erde wurde, konnte ich einen leichten technischen Vorteil ausspielen. Auf einer dieser beschwerlichen Strecken kamen uns zwei Hirten entgegen und schrien »Atcha!« und »Tigge!«, während sie Hunderte von gehörnten Tieren in Richtung eines schmalen Berghangs trieben. Links von uns ging es steil bergab, und rechts befand sich eine nicht weniger steile Felswand. Also konnten wir den Schafen nicht ausweichen, aber die Herde teilte sich ordentlich um uns, als wären wir menschliche Felsbrocken in einem Moschusfluss.

Wir erreichten Kalpa, als die Sonne unterging. Das Glühen wanderte gemächlich von den Berggipfeln zu den Sternen. Obwohl wir eigentlich noch nicht in Ladakh waren und hinduistische Schreine entlang der Straße häufiger zu finden waren als Gebetsfahnen, dröhnte in einem buddhistischen Kloster in der Stadt aus gigantischen Lautsprechern eine musikalische Interpretation von »Om mani padme hum«. Religion ist in Indien nichts, wenn sie nicht laut zelebriert wird, zumindest vor den Tempeltoren. Im Inneren hockten die Mönche in kontemplativer Stille.

Ich wollte unbedingt ein Foto machen, wagte aber nicht, sie zu stören. Ich hätte mir darüber offenbar keine Gedanken machen müssen: Irgendwann klingelte irgendwo tief in den Falten des Gewandes eines runzeligen alten Mönchs ein Handy. Er fischte es heraus und plauderte laut drauflos, während seine Gefährten weiter meditierten.

Hinter Kalpa wurde das Gelände so steil, dass ich zurückschreckte, als ein Vogelschwarm über mich flog, denn ich dachte, die Vögel wären herabfallende Felsbrocken. Weiter unten segnete ein Wasserfall jedes vorbeifahrende Auto (und jeden Radfahrer). Nach viereinhalb Stunden im Sattel, die sich über den ganzen Tag hinzogen, sahen wir das Straßenschild der Stadt Pooh. Auf Hanas Gesicht breitete sich ein Strahlen aus. Daraufhin wühlte sie in ihren Taschen und hielt ein paar Sekunden später Aufkleber von Winnie-the-Pooh hoch.

» Die hast du zufällig dabei? «, rief ich.

» Immer gut vorbereitet! «, neckte Mel sie.

Ein Freund hatte Hana die Aufkleber gegeben, weil er der Ansicht war, sie seien ein leicht zu transportierendes Geschenk für Kinder, denen man unterwegs begegne. Nun klebten wir sie auf das Straßenschild. Als Hanas Urlaub einige Tage später endete, waren Mel und ich traurig, sie gehen lassen zu müssen.

Je weiter nördlich Mel und ich kamen, desto kälter wurde die Luft in den Bergen. Weite Hänge aus bröckelndem Gestein lehnten am Fuß der Böschung. Serpentinen wanden sich nach oben und um Wölbungen, sodass die Strecke in der Ferne abzubrechen schien. Der Horizont war in die eine Richtung ebenso zweideutig wie in die andere, was zum Reiz des Himalaja gehört – die Art und Weise, wie die Landschaft einen immer wieder rätseln lässt.

Dasselbe könnte man von der Seidenstraße behaupten. Das Ende unserer Tour schien noch dermaßen weit weg, dass ich es nicht ertragen konnte, darüber nachzudenken. Zumindest ich hatte bis dahin nicht viel darüber nachgedacht, obwohl sich Mel schon von Kashgar aus um einen Job beworben hatte. Sie wusste, was sie tun wollte und wo sie leben wollte: für eine gemeinnützige Organisation in Toronto arbeiten. Alles, was ich wusste, war: Es gab kein Zurück ins Labor, trotzdem wollte ich niemals aufhören zu forschen.

Der französische Segler Bernard Moitessier hatte die richtige Idee gehabt: Nachdem er 1968 bei der Premierenregatta des Sunday Times Golden Globe Race – eines Wettrennens von Einhandseglern um die ganze Erde – mit großem Abstand vorne gelegen hatte, stellte er fest, er war mit dem Leben auf den Ozeanen so glücklich, dass er die Ziellinie ausließ, auf das Preisgeld und den Weltrekord verzichtete und einfach weitersegelte. » Vielleicht kann ich jenseits meiner Träume kommen «, sinnierte er, » und zum Wahren vordringen. «

Was also war jenseits der Seidenstraße, wo das Wahre schlummerte? Ich wollte nicht immer und immer wieder um die Welt reisen wie ein Astronaut, der in einer niedrigen Umlaufbahn festsitzt, kreist und die Erde doch andauernd verpasst. Meine Vorstellung vom Ende der Tour war ein mit Büchern vollgestopftes Blockhaus in der Nähe des Juneau-Eisfelds – ein Leben, reich an Bergen, Worten, Sternen, Wildnis, wirklich allem außer Geld, denn wer braucht schon mehr als genug? Da mir Darwins geerbter Wohlstand fehlte, schwebte mir ein einfaches Leben vor, wie das von Wallace. Ich wollte freiberufliche Entdeckerin sein und gerade genug bezahlte Arbeit leisten, um Zeit und Platz zum Lesen, Wandern und Schreiben zu haben. Ich sehnte mich nicht mehr nach einer anderen Welt, sondern nach dieser, die jedoch anders und besser für alle war. Vielleicht könnten uns die richtigen Worte dorthin oder, besser gesagt, nach Hause bringen.

Die Straße kletterte über einen Fluss, der die Farbe der Mosaikkuppeln in Samarkand hatte, also zehntausend unterschiedliche Türkistöne. Die Bergbäche waren zu flach, um eine bestimmte Farbe zu haben, ihr Wasser glich klarem Eis. Einer von ihnen floss aus einem tropfenförmigen See, an dem laut unserer Landkarte im Sommer eine Reihe von *dhabas*, also Straßenlokale, betrieben wurden. Nun war alles verlassen. Am Ufer lagen bloß ein paar glänzende Tretboote. »Genau unser Sport!«, rief Mel. »Mit diesen Beinen werden wir Wellen schlagen.« Doch die Boote waren mit Vorhängeschlössern gesichert und mit Wasser vollgelaufen. Also bauten wir unser Zelt auf und kochten Abendessen.

Das letzte Tageslicht verschwand hinter den Berggipfeln. Wir saßen in Daunenjacken vor dem Zelt und tranken Tee. Ich beobachtete, wie der fast komplette Vollmond über den Gipfeln schwebte, und je höher er stieg, desto kleiner wurde er. Mir kam erneut Armstrongs Spaziergang in den Sinn oder vielmehr, was danach geschah. Als er und Buzz Aldrin zur *Eagle*, der insektenartigen Mondlandefähre, zurückkehrten, entdeckten sie einen Defekt an dem Schalter, der zum Zünden des Steigflugmotors erforderlich war. Die Astronauten berichteten der Einsatzzentrale von dem Problem und versuchten, etwas zu schlafen, während die Ingenieure auf der Erde Lösungen entwickelten. Stunden vergingen, und Astronaut Michael Collins kreiste etwa hundert Kilometer entfernt im Kommandomodul *Columbia* über Armstrong und Aldrin und konnte nichts tun. Ob eine Eingebung oder schlichte Verzweiflung schuld war, dass Aldrin schließlich einen Filzstift in den Schutzschalter rammte, ist schwer zu sagen. Wie auch immer, das Provisorium funktionierte, und so war es der Raketenantrieb, aber vor allem ein Stift, der die Astronauten zurück vom Mond und später zurück in die Umlaufbahn zur Erde brachte.

Ein paar Tage später machten wir uns auf den Weg nach Baralacha La, einem Pass, der den Rand Ladakhs markiert. Die Straße schlängelte sich abwärts durch flammengeküsste Berge, dann durch einen Canyon mit einem smaragdfarbenen Fluss. Schließlich ging die Straße in eine Hochebene über, und in der Abendsonne leuchteten gelbe Gräser. Die Yakherden schienen auf purem Licht zu grasen. »Kein Wunder, dass du Ladakh liebst!«, sagte Mel, als wir Seite an Seite radelten. »Hier sieht es aus wie auf dem Mars, nur lebendiger.«

Ladakh wurde durch die gleichen tektonischen Kontinentalverschiebungen gebildet wie das Tibetische Hochland. Dennoch empfand ich Ladakh in vielerlei Hinsicht tibetischer als Tibet selbst. Ich dachte an meinen ersten Morgen in Leh, der Landeshauptstadt, die ich schon einmal in den Sommerferien am MIT besucht hatte: Damals war der Dalai Lama an meinem Hotel vorbeigefahren. Mit seiner typischen Brille auf der Nase grinste er breit hinter dem Wagenfenster. Menschen mit glimmenden Weihrauchsträußen in den Händen säumten die Straße in die Stadt und beobachteten in entrückter Stille, wie er vorbeifuhr. Und jenseits der Grenze, in Tibet, kaum hundertfünfzig Kilometer entfernt, konnte man verhaftet werden, wenn man auch nur ein Foto von Seiner Heiligkeit besaß.

Aber mehr als die sonnengebleichten Gebetsfahnen an jedem Pass, mehr als die buddhistischen Klöster in den Felswänden, mehr als die Umgebung aus Eis und Fels und Himmel, war es das Licht, das mich zurück nach Tibet zog. Es fiel wie eine riesige Tagesdecke aus Seide über die Berge Ladakhs und betonte die Falten und Verknitterungen der Landschaft, die immer mehr dem Gesicht eines Menschen nach dem Aufwachen ähnelte, wo sich auf den Wangen noch das Muster des Kissenstoffs abzeichnet. Ich konnte nicht aufhören, mir verwundert die Augen zu reiben.

Nichts übertrifft eine Motorsport-Rallye, um richtig wachgerüttelt zu werden. Mel und ich drehten gerade die erste von einundzwanzig Serpentinenkurven der Gata Loops, einer Passstrecke, die sich wie ein Dünndarm einen Berg hinaufschlängelt. Ich verschwendete keinen weiteren Gedanken an das Dirtbike, die Motocross-Maschine, die an mir vorbeigerast und Schotter gespuckt hatte. Doch ein paar Minuten später hätte uns in einer Haarnadelkurve fast ein anderes Dirtbike erwischt. Dann preschte ein aufgemotzter Jeep vorbei – die glatten weißen Helme von Fahrer und Beifahrer wirkten wie außer Kontrolle geratene Eier in einem Eierkarton. Dann folgten mehr als sechzig Motorräder, Quads und Rallyefahrzeuge, denn versehentlich waren wir als langsamste Teilnehmer in das Feld der Raid De Himalaya, der höchsten und härtesten Motorsport-Rallye der Welt, geraten.

Bei diesem »ultimativen Test für Mensch und Maschine«, der in Shimla beginnt und in Leh endet, legen die Rennfahrer innerhalb einer Woche bis zu dreihundert Kilometer täglich zurück, wobei die Route von Jahr zu Jahr variieren kann. Am Anfang des Rennens haben die Fahrer noch mit Nichtrennfahrzeugen zu kämpfen, also so etwas wie unseren Fahrrädern, aber der Manali-Leh-Highway wird für den weiteren Verkehr gesperrt, wenn sich die Rallye nach Norden bewegt. Mel und ich jedoch wussten nichts von der Sperrung, weil wir nicht in der Stadt gecampt hatten, und die Fahrer wussten nichts von uns, denn sie nahmen an, dass niemand außer ihnen auf der Straße war. Dies sorgte für einige beängstigende Beinahezusammenstöße, insbesondere in Serpentinen, da man dort nicht einfach ausweichen konnte. »Ahh, Gelassenheit«, seufzte Mel, während wir uns erneut an eine Felswand drängten, um nicht überfahren zu werden.

Das viele Auf und Ab dieses Tages führte dazu, dass wir die geplante Strecke nicht schafften. Statt vier hohe Pässe zu fahren, gaben wir nach dem dritten auf, in einem Tal namens Whisky Nala, wo wir hofften, seinen Namenspaten oder zumindest etwas Wasser zu finden. Aber das einzige fließende Gewässer war zugefroren, und das Tal ausgestorben bis auf einen Kontrollpunkt für die Raid De Himalaya. Nachdem ich die Motorsport-Rallye den ganzen Tag verflucht hatte, fragte ich die Freiwilligen am Checkpoint schüchtern nach Wasser. Als der letzte Teilnehmer mit heulendem Motor vorbeigefahren war, überreichten sie mir ein paar Flaschen Wasser und rasten dann selbst davon.

Stille legte sich über die Gipfel. Die Sonne sank hinter die Berge, und die Luft wirkte sofort zwanzig Grad kälter. Mel und ich zogen alle unsere Klamotten an und krochen ins Zelt und gleich in unsere Schlafsäcke. Es war noch keine Schlafenszeit, aber es war zu kalt, um zu reden, zu essen, zu lesen. Als ich an die Decke starrte, dachte ich an einen Buddhisten, der einmal gesagt haben soll: »nirgendwo ankommen, nichts tun«. In dem Moment staunte ich, wie genau er zu der Zeit unser Leben auf der Seidenstraße beschrieben hatte. Nirgendwo ankommen und nichts tun, außer sich warm zu halten, still zu verharren, auf die Dunkelheit zu warten, die wie ein Tintenklecks von einer Seite auf die andere Seite des Papiers fließt.

Wir schliefen, bis die Sonne das Zelt erleuchtete, ein langsames Aufflackern von Wärme. Aber über Nacht war alles gefroren: die Wasserflaschen, die wir ans Fußende unserer Schlafsäcke geschoben hatten, damit sie nicht einfroren, unsere Zahnpasta, unsere Nasen und Zehen, sogar das Fahrradkettenschmiermittel, wie Mel feststellte, als sie versuchte, es auf ihre quietschende Kette aufzutragen. Unser Gaskocher weigerte sich, bei so wenig Sauerstoff zu brennen, und als er schließlich zum Leben erwachte, dauerte es ewig, bis das Eis im Topf auftaute. Wir zwangen uns lauwarme Haferflocken in den Magen und machten uns mit klappernden Zähnen auf den Weg, einen fast fünftausend Meter hohen Pass zu erklimmen.

Die Risse im Asphalt schienen von einem enormen Druck von unten, einem monströsen Wurzelsystem oder einer neuen Gebirgskette zu zeugen. Mel hatte die leeren Raid-De-Himalaya-Wasserflaschen auf den Gepäckträger ihres Fahrrads geschnallt, wo sie zunächst herumklapperten und hin und her schlugen und irgendwann davonflogen. »Nein!«, jammerte Mel. »Meine Lebensversicherung!« Ich hielt an, um ihr zu helfen, die Flaschen wieder einzusammeln, und wünschte mir sogleich, ich hätte es nicht getan: Zehn Sekunden nachdem ich wieder in die Pedale trat, spürte ich das typische Rauschen tiefer Müdigkeit in den Beinen, wie die Übersäuerung durch die Oberschenkel und Waden strömte. Mel ging es genauso, aus unserem gleichzeitigen Aufstöhnen zu schließen. Der Schmerz, wieder in den Sattel zu steigen, machte nach jeder Pause jegliche Erholung zunichte. Wir lernten auf der Tour, dennoch weiterzufahren, egal, wie langsam, auch wenn die einzige Kraft, die die Pedale bewegte, das Gewicht unserer Beine war, die durch die Schwerkraft heruntergezogen und schlapp wieder nach oben transportiert wurden. Ich konnte mich nicht mehr erinnern, wie es eigentlich war, mich frisch zu fühlen, mit starken, einsatzbereiten Beinen und Händen, die den Lenker fest im Griff hatten, statt schwächlich über ihm zu schweben. Meine Finger nahmen kaum noch Kontakt auf, weil meine Handgelenke von den Waschbrettstraßen derart wund waren.

Alles zerfiel und löste sich auf. Unsere Kleidung war zerfetzt, unsere Zehen guckten aus den Löchern in unseren Schuhen, mein Uhrenarmband war kaputt, und die Batterie der Uhr leer. Mels Fahrrad hatte seit Kirgisistan keinen Lenkergriff mehr, ein elastischer Spanngurt war dauerhaft um ihre Hinterradnabe gewickelt, und mein Fahrradständer und Rückspiegel hatten mich schon lange verlassen. Unsere Fahrradschläuche bestanden inzwischen aus mehr Flicken als Gummi, und die Ketten und Zahnräder protestierten bei jedem Pedaltritt lautstark. Die Zeltreißverschlüsse weigerten sich zu schließen, das Stück Draht, das den Brenner mit dem Gaskocher verband, war hinüber, und unsere sich selbst aufblasenden Thermomatten besaßen dermaßen viele mikroskopisch kleine Löcher, dass wir sie nicht finden und flicken konnten, und wir wachten auf und umarmten den eiskalten, harten Boden. Nach fast einem Jahr auf der Seidenstraße war es aber ein Wunder, dass überhaupt noch etwas funktionierte – vor allem unsere Freundschaft.

Die wurde durch kleinste Kleinigkeiten gerettet: die Art, wie Mel auf dem Fahrrad ihre Beine albern zur Seite streckte, wenn ich mich nach ihr umblickte. Ihr Gefühl für Absurdes passte einfach perfekt zu der Landschaft, in der wir waren. Und Mels Kommentare waren immer aufschlussreich, wie zum Beispiel, als wir auf einen Fleck Erde stießen, der ganz gruselig mit langen grauen Haaren übersät schien. »Satanische Rituale mit Scheren an älteren Menschen«, erklärte Mel. »Das kommt mir ein wenig zu kenntnisreich vor«, entgegnete ich belustigt. Wir beide sehnten uns nach Einsamkeit genauso wie nach Gesellschaft. Vor allen Dingen war es die Fähigkeit, auch gemeinsam man selbst zu sein, die uns die Reise überstehen ließ. Natürlich hatten wir schlechte Tage, schreckliche Tage. Beispielsweise als sich Mel zum Frühstück einen großen Becher Instantkaffee genehmigte und alles austrank, bevor sie bemerkte, dass sie mir kaum heißes Wasser übrig gelassen hatte. »Ups!«, sagte sie bloß, als ob es beim Morgenkaffee nicht um Leben und Tod ginge. »Du bist doch mit Geschwistern aufgewachsen, Mel!«, schäumte ich. »Dann weißt du doch, dass gerecht zu teilen *wichtig* ist!« Natürlich trieb ich sie auch manchmal in den Wahnsinn, trotzdem folgte sie mir bis ans Ende der Welt, und ich folgte ihr, denn darum ging es jeden Tag. Wir fuhren immer weiter, egal, in welcher Stimmung und bei welchem Wetter, bis wir nach zehn Monaten endlich so nah dran waren, wie die Seidenstraße auch nur an die Sterne reichen konnte.

Vielleicht war ich auch nur von der Höhe benommen, denn Taglang La war mit fünftausenddreihundertsiebzehn Metern der höchste Punkt unserer Reise. Aber ich schwöre, von diesem Pass aus sah man die Erdkrümmung. Ich war überzeugt, dass noch nie ein Fahrrad so hoch oder so weit durch die Landschaft geflogen war. Klar, das stimmte nicht: Andere sind noch weiter und höher geradelt und bestimmt auch schneller und mit weniger platten Reifen und falschem Abbiegen. Aber Entdecken ist wie Verlieben: Die Erfahrung fühlt sich einzigartig, beispiellos und revolutionär an, obwohl andere es auch schon einmal erlebt haben. Niemand kann sich für dich verlieben, genauso wie niemand die Seidenstraße für einen radeln oder stellvertretend für jemand anderen auf dem Mond spazieren kann. Diese mächtigen, überwältigenden Erfahrungen sind nicht auf Landkarten zu verzeichnen. Sie sind auch nicht wortgewandt, zumindest nicht, wenn man zu atemlos ist, um überhaupt irgendwas zu sagen. Mel und ich banden eine Reihe von Gebetsfahnen an das Gewirr der dort bereits flatternden Fahnen und überließen ihnen das Reden.

Danach brauchten wir zurück zum Planeten Erde Stunden. Wir fuhren durch eine Landschaft, die in ihrer Strenge fast mondähnlich war, eine prächtige Ansammlung von zerklüfteten violetten und roten Gipfeln. Auf halbem Weg den Pass hinunter schimmerte plötzlich ein weiß getünchtes Kloster hoch oben auf sonnigen Felsabbrüchen, und die Mauern des Dorfes darunter waren ordentlich mit Dungfladen bedeckt, die dort zum Trocknen lagen, um im Winter ein tüchtiges Feuer in der Küche zu entfachen. Entlang der Straße hatten die Pappeln ihr Laub verloren, und die Blätter wirkten goldener, als es Münzen je könnten. Wir bogen in eine Schlucht ab, die aus riesigen aufeinandergestapelten Felsplatten zu bestehen schien, die wie Dinosaurierwirbel aussahen. Der Fluss, dem die Straße folgte, hatte mal die Farbe von Aprikosen, dann wieder die von Kupfer oder Gold, je nach Lichtstimmung des Gebirges, das er reflektierte. Weiter oben ließ ein himmelblauer Fluss den Verlauf des Wassers durchs steile Gebirge erkennen.

Als wir schließlich das Indus-Tal erreichten – unsere Lungen waren wieder voller Sauerstoff –, war ich beinahe versucht, auch noch die letzten circa fünfzig Kilometer nach Leh zu radeln. Aber warum zum Ende unserer Tour hetzen? Stattdessen hielten wir in einem Lokal in Upshi und aßen *momos*, eine Art Knödel. Dann brachten wir am Ufer des Indus, des Schmelzwasserstroms des Siachen, zum letzten Mal den Glühwurm zum Leuchten.

Näher konnten wir dem Gletscher nicht kommen. Am nächsten Morgen radelten wir nach Leh, und zwar gerade noch rechtzeitig: Kurz danach blockierte ein Schneesturm die hohen Pässe, die wir gerade überquert hatten. Und die Straße wurde für ein ganzes Jahr gesperrt. Eine andere Straße zum Nubra-Tal und zum Siachen blieb offen, aber wir benötigten Genehmigungen, um dorthin zu fahren, und das sollte Tage dauern. Um uns die Wartezeit zu vertreiben, teilten wir uns mit anderen einen Jeep und fuhren zum indischen Ufer des Pangong-Sees, des türkisfarbenen Gewässers, in dem wir bereits fünf Jahre zuvor in Tibet geschwommen waren.

Am Rand des Winters, am Rand des Tibetischen Hochlands. Mel und ich standen zitternd an der Stelle, an der wir gelandet wären, wenn wir uns bei unserer ersten Seidenstraßen-Tour im Sommer immer weiter nach Osten bewegt hätten – eine Ölspur aus Sonnencreme hinter uns herziehend. Doch Abkürzungen führen nie an denselben Ort. Wir trugen Daunenjacken und warme Hosen, die wir hochgekrempelt hatten, damit wir ins Wasser waten konnten. Das war so ruhig und klar, dass es uns wie ein Spaziergang durch die Luft vorkam. Zehn Sekunden später schlurften wir genauso wieder heraus, taub von den Schienbeinen bis zu den Zehen. Am Abend wärmten wir uns im Dorf Spangmik bei einem Dal- und Reisessen gemeinsam mit zwei indischen Touristen. Alles, woran ich mich von unserem Gespräch erinnere, ist, dass die Männer aus einer riesigen Stadt stammten, Mumbai oder Kalkutta. Und am Pangong-See hatten sie zum allerersten Mal im Leben Sterne gesehen.

Zurück in Leh, holten wir unsere Genehmigungen für das Nubra-Tal ab und fuhren dann mit dem Auto nach Panamik, dem letzten zivilen Außenposten vor dem Siachen. Der Fahrer ließ uns am letzten Checkpoint, den wir behördlich genehmigt sehen durften, und mehr als siebzig Kilometer vor dem Gletscher raus. Wir gingen auf das niedrige Geländer zu, als ein kalter Wind in die Ketten fuhr, die es sicherten, sodass sie klirrten. Dann hielten wir an und starrten zum Ende der Straße. Ich weiß nicht, warum ich angenommen hatte, dass es diesmal anders sein würde, der Gletscher auf wundersame Weise leichter zugänglich, obwohl sich politisch nichts geändert hatte. Soldaten beider Seiten lebten noch immer das ganze Jahr über in absurder Höhe, kämpften gegen Lawinen und Höhenkrankheit, trugen die gleiche weiße Tarnkleidung und sprachen im Wesentlichen die gleiche Sprache – eigentlich wie eine vereinte Armee. Überall um sie herum, schimmernd wie eine Fata Morgana, waren Berge, die von Grenzen durchschnitten waren, von denen die jeweilige Regierung behauptete, dass sie schon immer existierten.

In Panamik brannte die Sonne auf die Spitzen der Gipfel. Ein Vogelschwarm faltete und entfaltete den Himmel. Mehr kalte Böen entrissen den Pappeln die wenigen noch verbliebenen Blätter. Im Wind steckte mehr Leben als in den Ästen, die er bewegte, und er war so gewaltig, dass es nur der Atem der Berge sein konnte. Mel ging zurück zum Auto, die Hände in die Jackentaschen gestopft. Ich warf einen letzten Blick in Richtung Gletscher, nicht um sein Eis zu betrachten, sondern um seiner wilden Natürlichkeit meine volle Aufmerksamkeit zu schenken, wenn auch nur für diesen einen Moment.

Dann drehte ich mich um. Am Ende war der Siachen, genau wie der Mars, kein Ziel, um zu bleiben, sondern ein Grund, immer wieder aufzubrechen.

EPILOG

Eine Reise zu beginnen ist an sich einfach: Man tritt aus der Tür, steigt aufs Fahrrad und lässt sich vom Wind des eigenen Lebens treiben. Was wesentlich schwerer ist: nach einer Reise nicht zurückzuschauen, Gewinn oder Verlust der verstrichenen Zeit nicht zu messen, schmerzende Beine oder die schielenden Meilensteine des eigenen Ehrgeizes. Man ist auf dem richtigen Weg, wenn man das Trommeln des Regens als Morsezeichen für das eigene Vorankommen entschlüsselt. Man kommt schneller voran, wenn man Zweifel als die schwerste Last auf dem Fahrrad erkennt und sie beiseitewirft. Denn wenn es ums Entdecken geht, ist jede Richtung gut. Man ist endlich angekommen, wenn man merkt, dass das anhaltende Knarzen, das man die ganze Zeit gehört hat, weder von den Rädern stammt noch ein merkwürdiges Produkt des eigenen Verstands ist, sondern der Klang der Erde, die sich dreht.

Ich beobachtete in Leh, wie Leute aus einem überfüllten Bus stiegen und sich in einer ordentlichen Reihe aufstellten, vermutlich um eine Toilette zu benutzen. Ich lag falsch. Sie warteten darauf, die riesige Gebetsmühle in der Nähe des Stadttores zu drehen, an der Mel und ich vor ein paar Tagen vorbeigefahren waren, was mir nun wie eine Ewigkeit vorkam. Viele Frauen trugen ihr Haar in langen Zöpfen, die sie wie Zügel bei einem Pferd auf der Rückseite ihres Halses miteinander verbunden hatten. Einige Männer trugen Heuballen auf dem Rücken. Jedes sonnengegerbte Gesicht war voller Lachfalten – die Landkarte eines harten Lebens mit bestimmten erlösenden, heiteren Momenten, wie der Hund, der sich direkt unter der Gebetsmühle ausstreckte und einfach all das gute Karma aufnahm. Ich hatte andere Hunde unter ähnlichen Gebetsmühlen in ganz Ladakh gesehen, denn sie wussten einen sicheren Hafen oder zumindest kühlenden Schatten zu schätzen. Die Männer und Frauen in Leh achteten peinlich genau darauf, nicht auf den Schwanz dieses Hundes zu treten, während sie das Rad im Uhrzeigersinn drehten und den Mantras Schwung verliehen.

Mel und ich gingen getrennt voneinander durch die Stadt. Wir genossen es, mal allein zu sein, und kauften Souvenirs, die unserer wohlverdienten Erschöpfung gerecht wurden. Mel traf Reisevorbereitungen für ihren Freund, der sich ihr für einen Urlaub anschließen wollte, wenn ich schon nach Hause geflogen war. Wir hatten uns für später am Nachmittag in einem Teehaus verabredet. Ich war als Erste da und der einzige Gast, also holte ich den Laptop raus und fing an, Fotos zu bearbeiten, um mir die Zeit zu vertreiben. Die seichten Sonnenstrahlen warfen Schatten auf den kalten Betonboden, trotzdem wirkte das Lokal gemütlich mit Kerzen auf jedem der roten Plastiktische und einem großen Poster des Potala-Palasts an der Wand. Schließlich trat eine stämmige, mütterlich wirkende Frau mit einer Gesichtsfarbe wie geschmolzene Butter an den Tisch heran, um meine Bestellung aufzunehmen. Ich schaute schnell auf die Speisekarte: Es gab unter anderem *momos*, *tsampa* und *yuck*, also Buttertee.

»Ich möchte einen Becher Honig-Zitronen-Ingwer-Tee, bitte.«

»*Oh noooooooooo!*«, heulte die ladakhische Frau auf. Sie raste zum Eingang des Teehauses, zog das rostige Metallrollo herunter und schaltete dann alle Lichter aus. Ich saß leicht beunruhigt im Dunkeln und fragte mich, was ich wohl gesagt oder getan hatte, um dies auszulösen.

»Wir haben vergessen! Hee heeee!«, kicherte die Frau irgendwo im Dunkeln. Daraufhin hörte ich, wie ein Streichholz angezündet wurde, dann brannte eine Kerze. Die Frau winkte mir zu, damit ich zu ihr in den vorderen Bereich des Teehauses kam.

»Schau, schau«, drängte sie und zeigte auf ein Loch im Wellblech, wo mal ein Bolzen gesteckt haben musste.

Ich blickte durch das winzige Loch, als würde ich durch den Sucher eines Mikroskops oder den Nachbau von Galileis Teleskop blinzeln, und erwartete beinahe, die Ringe des Saturn, *Rhodospirillum rubrum* oder das Schild des King's Arms Pub in Oxford zu sehen. Doch stattdessen strömten draußen Menschen vorbei. Einige trugen Transparente, andere Kerzen – ein stiller Fluss von Flammen.

»Das ist für Tibet«, flüsterte die Frau.

Sie und ihr Mann hätten die Demonstration für Solidarität mit Tibet vergessen, erklärte sie, als hätten sie versehentlich die Schule geschwänzt. Aus Gründen, die ich nicht verstand, war es offenbar besser, so zu tun, als wären sie nicht da, als sich dem Zug zu spät anzuschließen.

»Aber ich kann gehen?«, fragte ich.

»Nein, Miss, Leute werden sehen!«, widersprach die Frau. »Setz dich, setz dich, trink Tee.«

Sie brachte mir einen dampfenden Blechbecher und etwas Honig. Ich zeigte ihr auf dem Laptop ein Foto aus Tibet und erzählte, dass meine Freundin und ich gerade mit dem Fahrrad dort gewesen seien. Die Frau setzte sich völlig fasziniert neben mich. »Mehr?«, fragte sie.

Ich zögerte, ihr die Bilder mit den androgynen Gesichtsmasken und chinesischen Wimpeln zu zeigen, die Mel und ich zur Tarnung benutzt hatten. »Das ist gut, so klug«, kommentierte sie und kicherte verschwörerisch. Erleichtert fuhr ich mit dem Fotoalbum fort, und wir kamen zu den roten chinesischen Fahnen an den traditionellen tibetischen Häusern. »Sie müssen«, sagte sie seufzend. »Sie keine Wahl.« Ihr Blick hellte sich auf, als sie die Stromleitungen entlang der Autobahn sah – »Gut, das ist gut« –, und es hätte mich nicht überraschen sollen, aber ich war es dennoch. Als ich ihr die Pilger zeigte, die sich auf dem Weg nach Lhasa auf die Straßen warfen, murmelte die Frau etwas, das ich nicht verstehen konnte. Bei den Fotos von chinesischen Touristen auf den Hochpässen, wo Plastiktüten zwischen den Gebetsfahnen flatterten, schnalzte sie mit der Zunge und war anschließend für einen Moment ganz still. Dann sagte sie leise: »Chinesische Regierung sehr schlecht. Aber Chinesen nicht schlecht. Sie haben gleiche Probleme wie Tibeter.«

Und damit verschwand sie in einem Hinterzimmer und ließ mich fassungslos zurück, weil ich nicht glauben konnte, dass sie keine Partei ergriff. Eine Minute später kam die Frau mit eigenen Fotos zurück: ein Familienschnappschuss mit Reihen feierlich gekleideter Menschen in dunklen Gewändern, deren Ärmel so lang waren, dass sie die Hände versteckten. Ein Kloster, das zwischen düsteren Bergen thronte. Und ein buddhistisches Gemälde mit komplizierten Kurven, Symbolen und Mustern in Gelb, Grün, Rot, Weiß und Blau.

»Sand«, erklärte die Frau. »Das ist Sand.«

Ich hatte davon gelesen, wie buddhistische Mönche solche Bilder aus farbigem Quarz mühsam zu einer geometrischen Darstellung des Universums oder zu Mandalas arrangieren und dann das Kunstwerk als Geste der Ungebundenheit verwischen. Das Foto, das ich in den Händen hielt, war der einzige Beweis dafür, dass das Sandmandala je existiert hatte. Allerdings war das wahre Mandala nicht das fertige Kunstwerk, sondern der Versuch. Dieser Akt reinster Achtsamkeit, das Hin und Her der Bewegung.

Nun kicherte der Ehemann der Frau neben mir. Jetzt klickte er durch die Fotos auf meinem Laptop, und er hatte das Bild von Mel entdeckt, auf dem sie der Statue eines chinesischen Polizisten High-Five gab.

Nachdem ich den Tee ausgetrunken hatte, packte ich meine Sachen zusammen, und die Frau hob das Rollo an, um mich aus dem Lokal zu lassen. Inzwischen war die Demo vorbei, die Straßen waren dunkel und ausgestorben, bis auf ein wackelndes Licht in der Ferne, von dem ich annahm, dass es vielleicht Mel war, die zurück zum Gästehaus radelte, weil sie die Teestube geschlossen vorgefunden hatte. Ich rief ihr hinterher, aber die Figur verschwand schon um die Ecke. Ich knipste meine Stirnlampe an und machte mich auf den Weg in die gleiche Richtung. Die Luft war so kalt, dass meine Zähne schmerzten. Schneeflocken tanzten vor meinem Licht und verschwanden dann im Dunkel. Ein Rudel streunender Hunde heulte irgendwo in der Stadt seine Jaulhymnen. In wenigen Stunden, noch vor Tagesanbruch, würde über Leh der schrille und heraldische Gebetsruf des Muezzins erklingen, gefolgt von dem tiefen Brummen buddhistischer Langhörner. In ein paar Tagen schon würde eine Flugbegleiterin fragen, ob ich lieber Steak und Reis oder Rindfleisch mit Nudeln essen möchte, und ich würde auflachen und kaum widerstehen können, »Rindfleischmitnudeln, Rindfleischmitnudeln!« zu rufen. Jetzt, hier in Leh, überwältigte mich die Nostalgie – obwohl Nostalgie vielleicht nicht der richtige Begriff ist, wenn einem die Beine noch viel zu wehtun für alles, aber ich wusste nicht, wie ich diese Sehnsucht nach einer beliebigen Nacht in Usbekistan sonst nennen sollte. Die Sehnsucht nach den hungrigen Tagen, an denen Mel und ich von Instantkaffee und Gelächter und Lichtfetzen gelebt und gut gelebt hatten. Und in ein paar Monaten würde ich mit dem Menschen, den ich liebte, in eine Hütte in Atlin, in der Nähe des Juneau-Eisfelds, ziehen, wo ich die Seidenstraße in Worten immer und immer wieder bereisen und erst allmählich verstehen würde, wo ich eigentlich gewesen war.

Natürlich ahnte ich davon noch nichts, als ich durch das dunkle Leh wanderte und mich so verloren fühlte wie noch nie in meinem Leben. Meine Stirnlampe war fast am Ende, also schaltete ich sie aus und spazierte vorwärts, indem ich mich an der schmalen Lücke zwischen den Dächern der Gebäude und dem tiefen Weltraum orientierte. Die jaulenden Hunde beruhigten sich, und für einen Moment hörte ich Walgesang, ein weinendes Baby und wie der blinde Willie Johnson den Blues summt. Dann Stille. Die Stille des Schnees, der alle Straßen für einen Neubeginn reinigt.

DANK

» Polarforscher sind nie einsam «, bemerkte Annie Dillard einmal. Und das Gleiche gilt für Schriftsteller. Jede Seite dieses Buches und die darin beschriebenen Erfahrungen wurden durch die Zugewandtheit von Fremden ermöglicht, die sich mit mir anfreundeten und mir auf meinen Reisen halfen. Die Lehrer in der Schule, die meine Sucht nach Fragen förderten, und die Autoren, die mich nach draußen trieben und schließlich wieder an den Schreibtisch. Ich habe so vielen Menschen zu danken.

Am allermeisten Mel Yule, meiner lieben Gefährtin in Sachen Weltentdeckung, die mich, seit wir zehn Jahre alt waren, an Orte getrieben hat, die ich mir allein niemals zugetraut hätte. Creighton Irons, Laura Boggess und Jesse Stone Reeck haben mir meine Zeit in Carolina mit Albernheiten und Herzlichkeit versüßt. The Jar Kids, Marcie Reinhart, Mike Moleschi und Jamie Furniss haben für mich aus Oxford einen magischen und geheimnisvollen Ort gemacht. Sara Bresnick, Linnea Koons, Andrew Frasca und Alex Petroff haben mir glücklicherweise auf langen Radtouren oder im MIT-Labor Gesellschaft geleistet. Lori Ormrod, Bernadette McDonald und David Roberts haben seltsamerweise bereits an dieses Buch geglaubt, als ich noch keine einzige Zeile geschrieben hatte. Sarah Stewart Johnson hat mich in meiner Überzeugung bestärkt, dass wir nicht allein sind im Universum. Alison Criscitiello und Rebecca Haspell werden immer mein Fanny Pack sein. Danke an meine Freunde im Norden – besonders Wayne und Cindy Merry, Philippe und Leandra Brient, Dick Fast und Maggie Darcy, Judy Currelly und Stephan Torre, Oliver Barker und Piia Kortsalo, Cathie Archbould und Jacqueline Bedard – für die Unterstützung bei diesem Buch, nicht zuletzt, indem ihr mich davon weg und zu Spaziergängen gelockt und Essen für mich gekocht habt. Danke auch an Libby Barlow für die Hütte am Ende der Straße.

Die Morehead-Cain- und Rhodes-Stipendien haben meine Weltsicht dermaßen geöffnet, dass ich es eigentlich nicht in Worte fassen kann, aber ich hoffe, dieses Buch ist ein Anfang und zugleich ein Zeichen meiner Dankbarkeit. Ein herzliches Dankeschön an Seven Cycles, Polartec, WINGS WorldQuest, OneWorld Sustainable Investments, The Wild Foundation und alle anderen, die die »Cycling Silk Expedition« gefördert haben, insbesondere Milbry Polk, Vance Martin, Ruthann Brown sowie Berna und Diarmuid O'Donovan. Für das Team von »Earth Negotiations Bulletin« zu arbeiten war immer wieder toll, auch für mein Konto – mein großer Dank geht an Kimo Goree: Ich schulde dir immer noch eine Radtour.

Der Ellen Meloy Desert Writers Award, das Banff Mountain and Wilderness Writing Program, das British Columbia Arts Council und das Canada Council for the Arts haben es mir zeitlich und finanziell ermöglicht zu schreiben. Marni Jackson, Tony Whittome, Fred Stenson, Lori, Kim Rutherford, JanaLee Cherneski, Erin Fornoff, Elizabeth Reed, Karen McDiarmid, Tanya Rosen und Mel haben Entwürfe und erste Kapitel dieses Buches gelesen und erheblich verbessert. Alle Schwachstellen und Flüchtigkeitsfehler gehen selbstverständlich nur auf meine Kappe. Mein Dank gilt ebenfalls Doug Carlson und Stephen Corey, die einen Essay von mir in *The Georgia Review* veröffentlicht haben, aus dem dann die Idee zu diesem Buch wurde. Rückzugsorte zum Schreiben wurden mir großzügig zur Verfügung gestellt von: Karen am Shawnigan Lake, Mel Ashton und Chris Pleydell in Ségur-le-Château, Cathie und Jacqueline am Lina Creek sowie Jan und Pat Neville in North Carolina.

Danke auch meinem wundervollen Agenten Stuart Krichevsky, der mir geholfen hat, aus so vielen Möglichkeiten die eine Seidenstraße herauszukitzeln, und der sie bis zum Ende mit mir gefahren ist. Zutiefst dankbar bin ich meinen Verlegerinnen Anne Collins bei Knopf Canada und Lynn Grady bei Dey Street Books, die immer begeistert an mich geglaubt haben. Ich danke Ross Harris, dass dieses Buch auch in anderen Ländern gelesen werden kann. Danke an Rick Meier für die geschickte und souveräne Arbeit bezüglich der englischen Abdruckgenehmigungen. Danke auch Five Seventeen für das umwerfende Design der Originalausgabe. Und ein Dankeschön an Deirdre Molina, Ruta Liormonas und Libby Collins für alles, was sie im Hintergrund tun. Besonders dankbar bin ich Amanda Lewis, die für mich das Schreiben selbst zu einem aufregenden Experiment und Abenteuer gemacht hat, und Lynn Henry und Matthew Daddona, die von Anfang an solch leidenschaftliche Verteidiger dieses Buchs waren.

Und schließlich danke ich meinen Eltern, meinen Brüdern und der gesamten Großfamilie, die wirklich geglaubt (und befürchtet) haben, dass ich es zum Mars schaffe. Ich würde jederzeit lieber mit euch allen in einem Schafstall leben als in einer fremden Galaxie. Danke, Kate Neville, meine Liebe ist so tief wie der Sloko Inlet an einem Spätsommertag, wenn der Wind leise weht und der See still ruht und ich im Gebirgslicht auf dem Schmelzwasser des Gletschers nach Hause paddele.

LITERATURAUSWAHL

In diesem Buch zitierte, erwähnte oder anderweitig benutzte Quellen.

Prolog

Woolf, Virginia: *Die Wellen.* Frankfurt am Main 1994.

Dillard, Annie: *The Writing Life.* New York 2009.

Solnit, Rebecca: *Die Kunst, sich zu verlieren.* München 2009.

Meloy, Ellen: *The Anthropology of Turquoise.* New York 2003.

Erster Teil

Marco Polo war schuld – Nordamerika

Thesiger, Wilfred: *Die Brunnen der Wüste.* München 2013.

Cherry-Garrad, Apsley: *Die schlimmste Reise der Welt.* München 2012.

Nansen, Fridtjof: *Auf Schneeschuhen durch Grönland.* Lenningen 2016.

Service, Robert: *Songs of the Sourdough.* Toronto 1908.

David-Néel, Alexandra: *Mein Weg durch Himmel und Höllen.*
Frankfurt am Main 2004.

Rugoff, Milton: *Marco Polo's Adventures in China.* New York 1964.

Yule, Henry, und Cordier, Henri: *The Travels of Marco Polo:
The Complete Yule-Cordier Edition,* Vol. I and II. London 1993.

Moule, A. C., und Pelliot, Paul: *Marco Polo: The Description of the World*. New York 2010.

Polo, Marco: *Il Milione: Die Wunder der Welt*. Berlin 2003.

Das Dach der Welt – Tibetisches Hochland

DeLillo, Don: *Unterwelt*. Köln 1999.

Harrer, Heinrich: *Sieben Jahre in Tibet*. Berlin 1997.

Hilton, James: *Der verlorene Horizont*. München 2003.

Naturgeschichte – England und Neuengland

Shakespeare, William: *Der Sturm*. Berlin 1986.

Kuhn, Thomas S.: *The Structure of Scientific Revolutions*. Chicago 1996.

Darwin, Charles: *Die Fahrt auf der Beagle*. Stuttgart 2016.

Dillard, Annie: *Teaching a Stone to Talk: Expeditions and Encounters*. New York 1988.

Thoreau, Henry David: *Walden oder Leben in den Wäldern*. Hamburg 2016.

Darwin, Charles: *Mein Leben*. Berlin 2008.

Emerson, Ralph Waldo: *Nature and Selected Essays*. London 2003.

Workman, Fanny Bullock, und Workman, William Hunter: *Two Summers in the Ice-Wilds of Eastern Karakoram*. New York 1916.

Longstaff, Thomas: *Glacier Exploration in the Eastern Karakoram*. The Geographical Journal 35 (1910): 639.

Ali, Saleem: *Peace Parks: Conservation and Conflict Resolution*. Boston 2007.

Didion, Joan: *Das weiße Album*. Hamburg 1997.

Zweiter Teil

Unterströmungen – Das Schwarze Meer

Ascherson, Neal: *Black Sea.* New York 2007.

Wood, Frances: *Marco Polo kam nicht bis China.* München 1996.

Calvino, Italo: *Die unsichtbaren Städte.* Frankfurt am Main 2013.

Barks, Coleman: *The Essential Rumi.* New York 2010.

Die kalte Welt erwacht – Kleiner Kaukasus

Ondaatje, Michael: *In der Haut eines Löwen.* Berlin 1990.

Connell, Evan S.: *Notes from a Bottle Found on the Beach at Carmel.* Berkeley 2013.

Cherry-Garrad, Apsley: *Die schlimmste Reise der Welt.* München 2012.

Bildstein, Keith L.: *Migrating Raptors of the World: Their Ecology and Conservation.* Ithaca 2006.

Lilienthal, Otto: *Der Vogelflug als Grundlage der Fliegekunst.* Heidelberg 2014.

Herlihy, David V.: *Bicycle: The History.* New Haven 2004.

Crouch, Tom: *The Bishop's Boys: A Life of Wilbur and Orville Wright.* New York 2003.

Domanski, Don: *All Our Wonder Unavenged.* London 2007.

Einfallswinkel – Großer Kaukasus

Herlihy, David V.: *Bicycle: The History.* New Haven 2004.

Waal, Thomas de: *The Caucasus: An Introduction.* Oxford 2010.

Domanski, Don: *All Our Wonder Unavenged.* London 2007.

Tranströmer, Tomas: *The Half-Finished Heaven: The Best Poems of Tomas Tranströmer.* Minneapolis 2001.

Homer: *Odyssee.* München 2016.

Grenzlandien – Kaspisches Meer

Cronon, William: *Uncommon Ground: Rethinking the Human Place in Nature.* New York 1995.

Muir, John: *Nature Writings*. New York 1997.
Babel, Isaak: *The Collected Stories of Isaac Babel*. New York 2002.
Frost, Robert: *The Poetry of Robert Frost: The Collected Poems, Complete and Unabridged*. New York 2002.
Matisse, Henri: *Matisse on Art*. Edited by Jack Flam. Berkeley 1995.

Dritter Teil

Wildnis/Ödland – Hochplateau von Ustjurt und Aralsee-Becken

Berger, John: *Selected Essays*. New York 2008.
Weinthal, Erika: *State Making and Environmental Cooperation: Linking Domestic and International Politics in Central Asia*. Boston 2002.
Nelson, Craig: *Rocket Men: The Epic Story of the First Men on the Moon*. New York 2009.
Sagan, Carl: *Signale der Erde*. München 1980.
Smith, Andrew: *Moondust: In Search of the Men Who Fell to Earth*. London 2006.
Sagan, Carl: *Contact. Eine Mission ins Herz des Universums*. München 1997.
Wallace, Alfred Russel: *My Life: A Record of Events and Opinions*. London 1908.
Alfred Russel Wallace's letter to The Daily News, February 6, 1909: 4, http://people.wku.edu/charles.smith/wallace/S670.htm.
Cheever, John: *Der Schwimmer. Stories*. Köln 2009.
Lowell, Percival: *Mars and Its Canals*. New York 1906.
Wallace, Alfred Russel: *Is Mars Habitable?* New York 1907.

Der Ursprung eines Flusses – Pamir-Knoten

Hopkirk, Peter: *The Great Game: The Struggle for Empire in Central Asia*. London 2006.

Staubkorn in einem Sonnenstrahl – Tarimbecken und Tibetisches Hochland

Mair, Victor: Pīnyīn.info, *www.pinyin.info/chinese/crisis.html*.

Wines, Michael: *To Protect an Ancient City, China Moves to Raze It*, The New York Times, May 28, 2009, *www.nytimes.com/2009/05/28/ world/asia/28kashgar.html*.

China: No End to Tibet Surveillance Program, Human Rights Watch, *www.hrw.org/news/2016/01/18/china-no-end-tibet-surveillance-program*.

Darwin, Charles: *The Correspondence of Charles Darwin: 1821–1836*, Vol. 1. Cambridge 1985.

Sagan, Carl: *Blauer Punkt im All*. Augsburg 1999.

Hinton, David: *Hunger Mountain: A Field Guide to Mind and Landscape*. Boston 2012.

Shakya, Tsering: *Dragon in the Land of Snows: The History of Modern Tibet since 1947*. New York 1999.

Iyer, Pico: *The Open Road: The Global Journey of the Fourteenth Dalai Lama*. New York 2008.

Orgyen Tobgyal Rinpoche's teaching, August 17, 1999, *www.rigpawiki.org/index.php?title=Lungta*.

Schaik, Sam van: *Tibet: A History*. New Haven 2011.

Siling, Luo: *A Writer's Quest to Unearth the Roots of Tibet's Unrest*, The New York Times, August 14, 2016, *www.nytimes.com/2016/08/15/ world/asia/china-tibet-lhasa-jianglin-li.html*.

Am Ende der Straße – Indus-Ganges-Ebene und Himalaja

Snyder, Gary: *Practice of the Wild*. Berkeley 2004.

Weil, Simone: *Schwerkraft und Gnade*. München 1989.

Moitessier, Bernard: *Der verschenkte Sieg*. Münster 2016.

Als alleinreisende Frau im Iran

Hier reinlesen!

Nadine Pungs

Das verlorene Kopftuch

Wie der Iran mein Herz berührte

Malik, 256 Seiten
€ 16,00 [D], € 16,50 [A]*
ISBN 978-3-89029-494-0

Ohne Kopftuch auf die Straße gehen, Wein trinken und sich in einen Mann verlieben. All das erlebt Nadine Pungs im Iran, obwohl es streng verboten ist. Auf ihrer Reise erkundet sie, wie das Land jenseits westlicher Klischees tatsächlich tickt.

»Hier ist eine Frau unterwegs, die nichts versteckt, auch nicht die Mühsal der Fremde, die Sprachlosigkeit, die Unruhe. Und die sie in einem Ton schildert, der swingt und uns daran erinnert, was dreißig stille Buchstaben vermögen.« *Andreas Altmann*

MALIK

Leseproben, E-Books und mehr unter **www.malik.de**